Prontuário para Projeto e Fabricação de Equipamentos Industriais

Dados Internacionais de Catalogação na Publicação (CIP)
(Câmara Brasileira do Livro, SP, Brasil)

Santos, Valdir Aparecido dos
Prontuário para projetos e fabricação de
equipamentos industriais : tanques, vasos,
trocadores de calor, colunas, reatores,
serpentinas, agitadores, etc. / Valdir
Aparecido dos Santos. -- 1. ed. -- São Paulo :
Ícone, 2010.

ISBN 978-85-274-1103-5

1. Equipamentos industriais - Processos de
fabricação 2. Equipamentos industriais - Projetos
I. Título.

10-03478 CDD-621.82

Índices para catálogo sistemático:

1. Equipamentos industriais : Fabricação e
projetos : Engenharia   621.82

VALDIR APARECIDO DOS SANTOS

PRONTUÁRIO PARA PROJETO E FABRICAÇÃO DE EQUIPAMENTOS INDUSTRIAIS

Tanques, vasos, trocadores de calor, colunas,
reatores, serpentinas, agitadores, etc.

1ª edição
Brasil – 2010

© Copyright 2010
Ícone Editora Ltda.

Projeto gráfico, capa e diagramação
Richard Veiga

Revisão
Juliana Biggi
Rosa Maria Cury Cardoso
Saulo C. Rêgo Barros

Revisão técnica
Valdir Aparecido dos Santos

Proibida a reprodução total ou parcial desta obra,
de qualquer forma ou meio eletrônico, mecânico,
inclusive através de processos xerográficos, sem
permissão expressa do editor (Lei n° 9.610/98).

Todos os direitos reservados à

ÍCONE EDITORA LTDA.
Rua Anhanguera, 56 – Barra Funda
CEP 01135-000 – São Paulo – SP
Tel./Fax.: (11) 3392-7771
www.iconeeditora.com.br
e-mail: iconevendas@iconeeditora.com.br

Prefácio

Não desvendarei todos os segredos quanto ao projeto e fabricação de equipamentos, mesmo porque, nem em milhares de páginas conseguiria fazê-lo. Porém, disponibilizarei tabelas práticas, padrões de fabricação, desenhos e informações que, certamente, auxiliarão o leitor a desvendá-los com mais facilidade.

Algumas tabelas e informações foram tiradas de catálogos e informativos de domínio público; outras, da vivência de trinta e três anos dentro dos setores de projeto, fabricação e instalação de equipamentos.

Não esmiuçarei cada assunto além da necessidade pura do entendimento, pois, além dos ótimos livros e cursos, existem as recomendações de fornecedores e normas.

Utilizei uma linguagem simples, com uma sequência correspondente aos conhecimentos necessários para projetar e fabricar equipamentos.

Valdir Aparecido dos Santos

Algumas dicas

- Leia muito e converta a teoria em prática.
- Estude sempre.
- Mantenha a humildade de quem está sempre disposto a aprender e ensinar.
- Não tenha pressa em aprender, pois o aprendizado correto requer tempo, bom-senso, respeito, firmeza, humildade, tolerância e tantas outras virtudes que só conseguimos à medida que envelhecemos.
- Nem sempre ser o melhor significa ser o "chefe". Cuidado, as promoções não dependem de nosso julgamento próprio, e sim, da análise de empregadores e seus representantes.
- Por mais importante que sejamos para as empresas, temos que saber e aceitar que somos uma peça da máquina administrativa ou produtiva; portanto, somos substituíveis. Mantenha-se atualizado, enquadrado e atento a tudo, talvez assim não seja surpreendido por uma falta de promoção ou uma dispensa inesperada.
- Faça seu trabalho com muita paixão e profissionalismo, sempre.
- Antes de qualquer um acreditar, você tem que acreditar em si mesmo. Parte de seu sucesso dependerá disto.

Sumário

PARTE 1, 25

Capítulo 1
INTRODUÇÃO, 27

  1.1 **Definições, 27**
     1.1.1 Caldeiraria, **27**
     1.1.2 Calandrar, **27**
       1.1.2.1 Costado, **28**
       1.1.2.2 Casco, **28**
     1.1.3 Fechamentos de equipamentos (tampos), **28**
       1.1.3.1 Tipos, **28**
     1.1.4 Tanque ou reservatório, **28**
       1.1.4.1 Pressão atmosférica, **28**
       1.1.4.2 Vácuo, **29**
         1.1.4.2.1 Graus do vácuo, **29**
     1.1.5 Vasos de pressão, **29**
       1.1.5.1 Reator, **30**
       1.1.5.2 Coluna, **30**
     1.1.6 Trocador de calor, **30**
       1.1.6.1 Tipos, conforme norma *TEMA*, **30**
       1.1.6.2 Componentes básicos (casco e tubos), **30**
     1.1.7 Agitador, **31**
       1.1.7.1 Modelos "simplificados" de agitadores, **31**
       1.1.7.2 Misturadores para alimentos sólidos secos, **32**

  1.2 **Normas, 33**
     1.2.1 Seções do código *ASME*, **33**

10   Prontuário para Projeto e Fabricação de Equipamentos Industriais

1.2.2   Outras normas, **34**
1.2.3   Visualização de normas (capas), **34**

1.3   Cálculos básicos, 44
1.3.1   Desenvolvimento do círculo, **44**
1.3.2   Transformação de unidades, **44**
1.3.3   Área do círculo, **44**
1.3.4   Volume do cilindro, **45**
1.3.5   Triângulo retângulo, **45**
1.3.6   Fatores de conversão, **46**
1.3.7   Desenvolvimento de dobras, **47**

Capítulo 2
MATERIAIS, 49

2.1   Aço-carbono, 49
2.1.1   Classificação, **49**
2.1.2   Sistema de classificação, **49**
2.1.3   Características, **50**
2.1.4   Chapas usadas na fabricação de equipamentos, **50**
    2.1.4.1   Espessuras de chapas, **51**
2.1.5   Materiais de uso geral, **52**
2.1.6   Tubos e suas aplicações, **53**
    2.1.6.1   Composição química de tubos, **54**
    2.1.6.2   Dimensões de tubos (conf. *ASTM* A-106/A-53 e *API* 5L), **55**
    2.1.6.3   Dimensões de tubos (conf. *DIN* 2440, série média), **56**
    2.1.6.4   Dimensões de tubos para trocador (conf. *ASTM* A-178, 179, 192, 210, 213, 214), **57**
2.1.7   Tratamentos térmicos, **58**
    2.1.7.1   Calórico, **58**
    2.1.7.2   Termoquímicos, **60**
    2.1.7.3   Alívio de tensões em solda e equipamentos, **61**

2.2   Aço inoxidável, 62
2.2.1   Classificação, **62**
2.2.2   Influência dos elementos de liga, **62**
2.2.3   Composição química, **63**
2.2.4   Dimensões de chapas laminadas a frio, **64**

2.2.5 Dimensões de chapas laminadas a quente, **65**
2.2.6 Tubos e suas aplicações, **66**
2.2.7 Dimensões de tubos, **67**

2.3 Alumínio, 69
2.3.1 Classificação, **69**
2.3.2 Sistema de classificação, **70**
2.3.3 Aplicações, **71**
2.3.4 Dimensões de chapas, **72**

2.4 Cobre e suas ligas, 73
2.4.1 Ligas trabalhadas, **73**
2.4.2 Ligas fundidas, **74**
2.4.3 Aplicações, **75**
    2.4.3.1 Cobre, **75**
    2.4.3.2 Bronze, **76**
    2.4.3.3 Latão, **77**

2.5 Polímeros, 78
2.5.1 Termoplásticos, **78**
2.5.2 Termofixos, **78**
2.5.3 Elastômeros (borrachas), **78**
2.5.4 Propriedades, **78**
2.5.5 Materiais, **79**

2.6 Isolamento térmico, 82
2.6.1 Lã de rocha, **82**
2.6.2 Lã de vidro, **83**
2.6.3 Fibra cerâmica, **83**
2.6.4 Silicato de cálcio, **83**
2.6.5 Poliuretano, **84**

Capítulo 3
PARTES DE EQUIPAMENTOS, 85

3.1 Tampos, 85
3.1.1 Localização e cuidados com as soldas, **86**
3.1.2 Tolerâncias, **87**
3.1.3 Determinação da calota central e gomos da semiesfera, **88**

3.1.3.1 Tabela 3, **88**
3.1.3.2 Tabela 4, **89**
3.1.4 Tampo toricônico, **90**
3.1.5 Volume teórico, *ASME* 10%, **91**
3.1.6 Volume teórico, *ASME* 2.1, **92**
3.1.7 Exemplo de planilha para dimensionamento, **93**

3.2 Flanges, 94
3.2.1 Composição e tolerâncias, **95**
3.2.2 Faces, **96**
3.2.3 Ranhuras, **97**
3.2.4 Dimensões (parcial), **98**

3.3 Conexões forjadas ou estampadas, 100

3.4 Conexões sanitárias, 105

3.5 Parafusos e porcas, 112

3.6 Juntas, 115
3.6.1 Espessura e acabamento, **116**
3.6.2 Faces do flange, **116**
3.6.3 Acabamento superficial, **116**
3.6.4 Não metálicas, **116**
3.6.5 Elastômeros, **116**
3.6.6 Fibras, **117**
3.6.7 Emendas para juntas de grandes dimensões, **117**
3.6.8 Especiais, **117**
3.6.9 Metálicas, **117**

3.7 Visualização de alguns componentes usados em equipamentos, 118
3.7.1 Transmissão direta, **118**
3.7.2 Transmissão indireta, **118**
3.7.3 Retentores, **118**
3.7.4 Rolamentos, **118**
3.7.5 Rodízios, **119**
3.7.6 Redutor e motorredutores, **120**
3.7.7 Conversores ou inversores de frequência, **120**
3.7.8 Válvulas manuais diversas, **121**
3.7.9 Válvulas manuais de diafragmas, **122**
3.7.10 Válvula automática, **122**

Sumário

3.7.11 Válvula de segurança, **122**
3.7.12 Purgadores e filtros, **123**
3.7.13 Manômetros e termômetros, **123**
3.7.14 Acessórios para manômetros, **123**
3.7.15 Tubos aletados, **123**
3.7.16 Juntas de expansões, **123**
3.7.17 Cilindro (pistão) hidráulico ou pneumático, **123**
3.7.18 Resistências elétricas, **124**
3.7.19 Selos mecânicos, **124**
3.7.20 Células de cargas, **124**
3.7.21 Internos para colunas, **124**
3.7.22 Telas industriais, **125**
3.7.23 Chapas perfuradas, **125**
3.7.24 Bombas de engrenagens, **125**
3.7.25 Bomba centrífuga, **125**
3.7.26 Visor, **126**
3.7.27 Visor com limpador, **126**
3.7.28 Visor com luminária, **126**
3.7.29 Forjado, **126**
3.7.30 Curvamento por indução, **126**

Capítulo 4
DESENHOS, 127

4.1 **Representação em três vistas, 127**

4.2 **Cotagem, 128**

4.3 **Desenho em corte, 129**

4.4 **Tolerância (*ISO*), 130**
4.4.1 Sinais de acabamento, **130**
4.4.2 Recomendações "práticas" de ajustes, **131**

4.5 **Planificação, 132**
4.5.1 Elipse, **132**
4.5.2 Cone, **133**
4.5.3 Tronco de cone, **133**
4.5.4 Curva gomada, **134**

14 Prontuário para Projeto e Fabricação de Equipamentos Industriais

4.5.5 Curva "seca", **134**
4.5.6 Intersecções, **135**
4.5.7 Vantagem na utilização de *software* (ref. *Caldsoft*), **136**

4.6 Forma construtiva de trocador de calor (conf. *TEMA*), **138**

4.7 Dimensional de motorredutor (ref. SEW), **139**

4.8 Desenhos de tanque *API* (Turin, ótima caldeiraria antes de falir), **140**
4.8.1 Conjunto, **140**
4.8.2 Bocais, **141**
4.8.3 Escada e guarda-corpo, **142**
4.8.4 Planificação, **143**
4.8.5 Boca de visita no teto, **144**
   4.8.5.1 Boca de visita no costado, **145**
4.8.6 Serpentina interna, **146**

4.9 Desenhos (Montix, Cobrasma, Nordon, Jean Lieutaud, Mecânica Continental, CBI, Cleber, Arasanz, Mecânica Inox, QuimInox, Boreal, Nordon e outras que também não fazem mais parte de caldeirarias ativas), **147**
4.9.1 Vaso de pressão, **147**
4.9.2 Tanque móvel capacidade 200 litros (tampa articulada), **148**
4.9.3 Tanque móvel (com escada de acesso), **149**
4.9.4 Tanque *CIP* móvel (com bombeamento), **150**
4.9.5 Reator com serpentina interna (isotérmico), **151**
4.9.6 Serpentina interna dupla, **152**
4.9.7 Fermentador com agitador e acessórios, **153**
4.9.8 Tanque com agitador (alta eficiência), **154**
4.9.9 Emulsificador, **155**
4.9.10 Reator com meia-cana e agitador (âncora), **156**
4.9.11 Simulação de retirada do impelidor do interior do reator, **157**
4.9.12 Tanque isotérmico com agitador (harpa com raspadores em *teflon* ou *nylon*), **158**
4.9.13 Reator com agitação magnética, **159**
4.9.14 Rosca transportadora, **160**
4.9.15 Filtro de placas (padrão Niro), **161**
4.9.16 Feixe tubular em U, **162**
4.9.17 Castelo para agitador (gaxeta), **163**
4.9.18 Castelo para agitador (selo mecânico), **164**

Capítulo 5
PADRÕES DE CONSTRUÇÃO, 165

5.1   Perna, **165**

5.2   Sapata para trocador, **166**

5.3   Sapata para vaso, **167**

5.4   Berço ou sela, **168**

5.5   Suporte "cadeira", **170**

5.6   Abertura em saia, **171**

5.7   Escada marinheiro e guarda-corpo no teto, **172**
   5.7.1   *Clip* e degrau para escada marinheiro, **173**

5.8   Plataforma circular, **174**
   5.8.1   *Clip* para plataforma, **175**

5.9   Suporte para isolamento, **176**

5.10   Localização de alças, olhais e sacadores para trocadores, **177**
   5.10.1   Alça para trocador, **178**
   5.10.2   Olhal e *plug* para trocador, **179**

5.11   Turco, **180**

5.12   Espessura de parede de bocal, **181**

5.13   Colete e revestimento de flange, **182**

5.14   Quebra-vórtice, **183**

5.15   Saída para tanque, **183**

5.16   Bocal desmontável, **184**

5.17   Curva em tubo U (parte reta fixa), **185**

5.18   Curva em tubo U (parte reta variável), **185**

5.19   Groove para expansão de tubo em espelho, **185**
   5.19.1   Solda de ligação tubo/espelho, **186**

5.20   Parafuso sacador para trocador, **187**

5.21   Distância mínima feixe/bocal e defletora (trocador de calor), **188**

5.22   Juntas para trocador de calor, **189**

16   *Prontuário para Projeto e Fabricação de Equipamentos Industriais*

5.23   Alças de içamento, **190**

5.24   Entrada antiespuma, **192**

5.25   *Spray ball*, **192**

5.26   Poço, **192**

5.27   Pé regulável, **192**

5.28   Mancais de fundos, **193**

5.29   Vedação para eixo de agitador, **193**

5.30   Fechos, **194**

5.31   Boca de visita 0,5bar (equip. sanitário), **196**

5.32   Boca de visita "abertura interna" (equip. sanitário), **197**

5.33   Boca de visita 4,5bars (equip. sanitário e outros), **198**

5.34   Boca de visita "atm" (equip. sanitário), **199**

5.35   Boca de visita (vaso para ar comprimido), **200**

5.36   Boca de visita com tampa plana e revestimento, **201**

5.37   Boca de inspeção (equip. sanitário), **202**

5.38   Boca de inspeção (equip. sanitário e outros), **203**

5.39   Válvula quebra-vácuo (equip. sanitário), **204**

5.40   Válvula de segurança (equip. sanitário), **205**

5.41   Visor flangeado com luminária (equip. sanitário), **206**

5.42   Visor SMS com luminária (equip. sanitário), **207**

5.43   Válvula de amostra (equip. sanitário), **208**

Capítulo 6
PERFIS PARA FABRICAÇÃO DE SUPORTE E ESTRUTURA, 209

6.1   Cantoneira, **209**

6.2   Viga U (ou C), **211**

6.3   Viga I (ou H), **212**

Capítulo 7
SOLDAGEM – I, 213

7.1 Designação de processo de soldagem, 213

7.2 Terminologia, 216

7.3 Simbologia, 219
7.3.1 Símbolos básicos, **220**
7.3.2 Posicionamento dos símbolos, **221**

7.4 Simbologia de ensaio não destrutivo, 224

Capítulo 8
RECURSOS PARA PRODUÇÃO, 225

8.1 Movimentação, 225

8.2 Preparação, 226

8.3 Soldagem, 228

8.4 Diversos, 229

8.5 Usinagem, 230

Capítulo 9
MONTAGEM, 231

9.1 Conclusão, 231

9.2 Visualização de equipamentos e partes, 232
9.2.1 Reservatório, **232**
9.2.2 Elevador de canecas, **232**
9.2.3 Tanque isotérmico, **232**
9.2.4 Caldeira, **232**
9.2.5 Silo duplo, **232**
9.2.6 Trocador de calor, **233**
9.2.7 Costado de forno, **233**
9.2.8 Preparação de costado e fundo, **233**
9.2.9 Costado flangeado, **233**

18   Prontuário para Projeto e Fabricação de Equipamentos Industriais

9.2.10   Reator com agitação simples, **233**

9.2.11   Rosca transportadora (dupla), **233**

9.2.12   Radiador (com tubos aletados), **234**

9.2.13   Rosca transportadora (simples), **234**

9.2.14   Serpentina tubular, **234**

9.2.15   Recuperador de calor, **234**

9.2.16   Reator (com camisa *Dimple*), **235**

9.2.17   Vasos (com visores soldados no costado), **235**

9.2.18   Feixe tubular "U", **235**

9.2.19   Barca (estaleiro também é caldeiraria), **235**

PARTE 2, 237

Capítulo 10
CALDEIRARIA, 239

10.1   **Organograma, 239**

10.2   *Layout*, **240**

10.3   **Exemplo de bons prédios, 241**

Capítulo 11
AÇOS INOXIDÁVEIS E AÇOS ESPECIAIS, 243

11.1   **Resistência à corrosão, 243**

11.2   **Classificação, 245**

11.3   **Ligas especiais, 246**

11.4   **Acabamento superficial em chapas de inox, 249**

11.5   **Equivalências de normas, 250**

11.6   **Materiais especiais (Sandvik), 251**

Capítulo 12
RESISTÊNCIA DOS MATERIAIS, 253

12.1 Definição, **253**

12.2 Propriedades mecânicas, **253**

12.3 Tensão admissível, **253**

12.4 Fator de segurança, **254**

12.5 Exemplo de tração, **254**

12.6 Exemplo de compressão, **255**

12.7 Exemplo de cisalhamento, **255**

12.8 Exemplo de flexão, **256**

12.9 Exemplo de torção, **258**

12.10 Flambagem, **258**

12.11 Tabelas e fórmulas práticas, **259**
12.11.1 Tensões, **259**
12.11.2 Dimensionamento de vigas, **260**
12.11.3 Momento e módulo polar, **261**
12.11.4 Momento, módulo e raio de giração, **262**

Capítulo 13
DIMENSIONAMENTO BÁSICO DE VASOS, 263

13.1 Exemplo 1 (vaso em 316L), **263**

13.2 Exemplo 2 (vaso em 516-60), **264**
13.2.1 Calcular a saia, **266**

13.3 Fórmulas práticas para dimensionamento de partes de vasos, 267

13.4 Valores de tensões conforme *ASME* (usada no exemplo 2), **268**

13.5 Valores de tensões conforme *ASME* (usada no exemplo 1), **269**

20 *Prontuário para Projeto e Fabricação de Equipamentos Industriais*

Capítulo 14
DEPARTAMENTOS, 271

14.1 Orçamento, 271
 14.1.1 Teoria, **271**
 14.1.2 Prática, **272**
  14.1.2.1 Exemplos práticos, **272**
 14.1.3 Preço de venda, **315**
 14.1.4 Exemplo de *software*, **318**

14.2 Engenharia, 318
 14.2.1 Recebimento da ordem de serviço, **319**
 14.2.2 Desenhos fornecidos pelo cliente, **320**
 14.2.3 Memorial de cálculo, projetos e desenhos elaborados pela caldeiraria, **320**
 14.2.4 Documentos para aprovação do cliente, **320**
 14.2.5 Documentos comentados, aprovados e certificados, **323**
 14.2.6 Exemplo de desenho "comentado", **325**
 14.2.7 Exemplo de desenho "aprovado", **326**
 14.2.8 Exemplo de desenho "certificado", **327**

14.3 Planejamento, 328
 14.3.1 Teoria, **328**
 14.3.2 Prática, **329**
  14.3.2.1 Cronogramas, **330**
  14.3.2.2 Processos ou instruções de trabalho, **332**
  14.3.2.3 Controle de horas, **334**
  14.3.2.4 Lista de materiais, **334**

14.4 Compras, 336
 14.4.1 Requisição de materiais, **336**
 14.4.2 Consulta de preços, **337**
 14.4.3 Controle de recebimento de materiais, **337**

14.5 Qualidade, 338
 14.5.1 Teoria, **338**
 14.5.2 Prática, **342**
  14.5.2.1 Sistema "simplificado" da garantia da qualidade, **342**
  14.5.2.2 Procedimentos, **344**
   14.5.2.2.1 Recebimento de materiais, **344**

Sumário 21

14.5.2.2.2   Uso de materiais especiais, **348**
14.5.2.2.3   Produto não conforme (recebimento), **349**
14.5.2.2.4   Fabricação de caldeiraria, **350**
14.5.2.2.5   Fabricação na usinagem, **351**
14.5.2.2.6   Produto não conforme (processo produtivo), **352**
14.5.2.2.7   Ensaio por líquido penetrante, **353**
14.5.2.2.8   Teste pneumático, **355**
14.5.2.2.9   Teste hidrostático, **356**
14.5.2.2.10   Teste de vácuo, **358**
14.5.2.2.11   Jateamento, **359**
14.5.2.2.12   Decapagem e passivação, **360**
14.5.2.2.13   Inspeção final, **360**
14.5.2.2.14   Produto não conforme (após entrega), **361**
14.5.2.3   Documentos, **362**

Capítulo 15
SOLDAGEM – II, 381

15.1 Teoria, 381
15.1.1   Soldagem por pressão ou deformação, **381**
15.1.2   Soldagem por fusão, **382**

15.2 Prática, 382
15.2.1   Solda elétrica convencional, **382**
15.2.2   Solda *TIG*, **383**
15.2.3   Solda *MIG/MAG*, **383**
15.2.4   Solda com arame tubular, **384**
15.2.5   Solda por eletrogás, **385**
15.2.6   Solda ao arco submerso, **385**
15.2.7   Solda por eletroescória, **387**
15.2.8   Solda por explosão, **388**
15.2.9   Solda orbital, **389**
15.2.10   Informações práticas, **390**
15.2.11   Tabelas de consumíveis, **395**
15.2.12   Solda pelo processo oxiacetilênico, **410**
15.2.13   Oxicorte, **412**
15.2.14   Plasma, **415**
15.2.15   *LASER*, **419**

Capítulo 16
DESCONTINUIDADES EM JUNTAS SOLDADAS, 421

16.1   Distorção, **421**

16.2   Preparação incorreta da junta, **421**

16.3   Dimensão incorreta da solda, **422**

16.4   Perfil incorreto da solda, **422**

16.5   Formato incorreto da solda, **423**

16.6   Porosidade, **423**

16.7   Inclusões de escória, **424**

16.8   Falta de fusão, **424**

16.9   Falta de penetração, **425**

16.10   Mordedura, **425**

16.11   Trincas, **426**

Capítulo 17
INSPEÇÃO DE JUNTAS SOLDADAS, 427

17.1   Antes da soldagem, **427**

17.2   Durante a soldagem, **427**

17.3   Após a soldagem, **428**

17.4   Ensaios não destrutivos (END), **428**

Capítulo 18
ACABAMENTO, 431

18.1   Passivação, **431**

18.2   Banho de decapagem, **432**

18.3   Banho de passivação, **432**

18.4   Teste de contaminação, **433**

18.5 Lixamento e polimento, **433**

18.6 Sanitariedade, **435**

18.7 Eletropolimento, **436**

18.8 Zincagem ou galvanização a fogo, **438**

18.9 Pintura, **439**

    18.9.1 Graus de oxidação, **439**

    18.9.2 Limpezas de superfície, **439**

    18.9.3 Recomendações básicas para um sistema de pintura industrial, **440**

    18.9.4 Três exemplos de sistemas de pintura, **440**

    18.9.5 Tipos de tintas (ref. Sumaré), **441**

    18.9.6 Equivalências de tintas, **443**

Capítulo 19
TRANSPORTE, 445

19.1 Visualização, **445**

PARTE 1

Capítulo 1
INTRODUÇÃO

1.1 Definições

1.1.1 Caldeiraria

Onde são fabricados os equipamentos.

Coluna com saia e suporte tipo cadeiras

1.1.2 Calandrar

Enrolar uma chapa formando: costado, virola, colarinho, tubulão, etc.

1.1.2.1 Costado
Corpo de um tanque, vaso, coluna, trocador, podendo ter uma ou mais virolas.

1.1.2.2 Casco
Corpo do trocador de calor (casco/tubos).

1.1.3 Fechamentos de equipamentos (tampos)

1.1.3.1 Tipos
Plano, toriesférico, semielíptico, somente abaulado ou bordeado, cônico, toricônico, semiesférico, flangeado e outros conforme necessidade.

1.1.4 Tanque ou reservatório
Destinado a estocagem de produtos "sem pressão, baixa pressão e pressão atmosférica".

Tanque *API*

1.1.4.1 Pressão atmosférica
É a pressão exercida pela atmosfera num determinado ponto. Se a força exercida pelo ar aumenta em um determinado ponto, consequentemente, a pressão também aumentará.

É medida por meio de um barômetro e as unidades industriais mais utilizadas são: kgf/cm², mPa, Atm, PSI ou lb/pol², mmHg.

1.1.4.2 Vácuo
É a ausência de matéria em um volume de espaço.

1.1.4.2.1 Graus do vácuo
Pressão atmosférica = 760torr ou 100kPa
Aspirador = cerca de 300torr ou 40kPa
Bomba de vácuo mecânica = cerca de 10millitorr ou 1,3Pa

1.1.5 Vasos de pressão

São todos os reservatórios, de qualquer tipo, dimensões ou finalidades, não sujeitos a chama, fundamentais nos processos industriais que contenham fluidos e sejam projetados para resistir com segurança a pressões internas superiores a 100kPa ou inferiores à pressão atmosférica, ou submetidos à pressão externa, cumprindo assim a função básica de armazenamento. Em refinarias de petróleo, indústrias químicas, petroquímicas e outras constituem um conjunto importante de equipamentos que abrangem os mais variados usos.

    Vaso de pressão   Reator c/ ½ cana e agit.   Coluna

O projeto e a construção envolvem uma série de cuidados especiais e exige o conhecimento de normas e materiais adequados para cada tipo de aplicação, pois as falhas acarretam consequências catastróficas, até mesmo com perda de vidas.

Regulamentação

No Brasil, após a publicação da NR-13 (Norma Regulamentadora do Ministério do Trabalho e Emprego), estabeleceu-se critérios mais rigorosos para o projeto, inspeção, manutenção e operação de vaso de pressão, tendo como objetivo principal a diminuição de acidentes envolvendo estes equipamentos.

1.1.5.1 Reator
Destinado a modificação de um produto de um processo, podendo ter: serpentina interna ou externa, sistemas de agitação e outros dispositivos para auxiliar na reação.

1.1.5.2 Coluna
Destinado à modificação de um produto em um processo, possuindo internamente: recheios, pratos perfurados, borbulhadores e outros dispositivos.

1.1.6 Trocador de calor

É usado para aquecer ou resfriar fluidos. São encontrados sob a forma de torres de refrigeração, caldeiras, condensadores, evaporadores, leito fluidizado, recuperadores e outros.

1.1.6.1 Tipos, conforme norma *TEMA*
- **Classe R:** condições severas de processamento de petróleo.
- **Classe C:** condições moderadas de operação, aplicação comercial e refrigeração.
- **Classe B:** serviços de processamento químico.

1.1.6.2 Componentes básicos (casco e tubos)
- Casco (1).
- Feixe de tubos.
- Espelhos (2).
- Defletores (ou chicanas) (5).
- Cabeçotes (3 – carretéis e 4 – tampo).
- Tirantes (6).

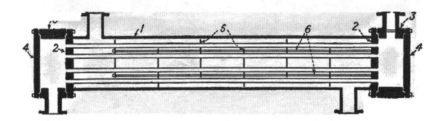

1.1.7 Agitador

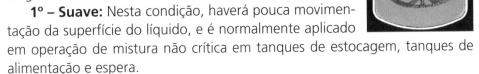

Máquina rotativa que a transmissão de força se dá através de momento torçor, que tem a designação de torque. Na prática, podemos definir quatro tipos de agitação "líquidos" quanto ao grau de turbulência e movimentação interna do fluido.

1º – Suave: Nesta condição, haverá pouca movimentação da superfície do líquido, e é normalmente aplicado em operação de mistura não crítica em tanques de estocagem, tanques de alimentação e espera.

2º – Moderado: Neste grau, a superfície do líquido já apresenta grande movimentação, sem, entretanto, haver a formação de rodamoinhos; é o grau adequado para a maioria dos casos de simples mistura, tanques de ajuste de parâmetros e ajuste de "*PH*" sem controle automático, reatores que requerem baixa energia aplicada.

3º – Vigoroso: Nesta condição, a superfície do líquido apresentará intensa turbulência com o aparecimento de rodamoinhos e grande quantidade de borbulhas, é o grau adequado para a maioria dos reatores, operações críticas de mistura, transferência de calor, tanques com controle digital de "*PH*" ou outro parâmetro de processo.

4º – Violento: Neste, a superfície do líquido apresentará tendência de formação de vortex, com grande formação de rodamoinhos, ondas e borbulhas. É normalmente requerido em reatores de polimerização, operações críticas de mistura e transferência de calor, tanques de dispersão de tintas e transferência de massa de dispersão gasosa.

1.1.7.1 Modelos "simplificados" de agitadores

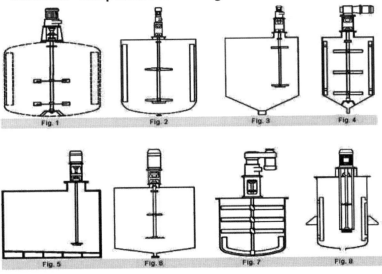

Modelos de hélices "impelidores"

1.1.7.2 Misturadores para alimentos sólidos secos

A mistura deste tipo de produto é bastante irregular, a probabilidade de se obter uma distribuição ordenada das partículas é praticamente nula. A mistura de produtos sólidos se considera em geral como produzida por um ou mais de três mecanismos básicos: convecção, ou seja, transporte das partículas ou grupo de partículas de um ponto a outro; difusão que é a transmissão de partículas individuais de um ponto a outro. Como consequência do movimento das partículas, pode resultar uma segregação devido a diferença em duas propriedades. As propriedades de maior influência da mistura são: o tamanho, a forma e a densidade das partículas.

Misturador rotativo

Ribbon Blender **(misturador de cintas)**

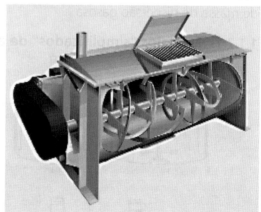

1.2 **Normas**

O código *ASME* é o mais usado para vasos de pressão (no Brasil) e comumente indicado e considerado por outras normas. Praticamente tudo em relação a projeto, fabricação e inspeção de equipamentos está normalizado há muito tempo, e não há necessidade de achismos ou reinvenção da roda.

1.2.1 **Seções do código *ASME***

- **I** – Caldeira
- **II** – Especificação de materiais:
  Parte A – Materiais ferrosos
  Parte B – Materiais não ferrosos
  Parte C – Eletrodos, varetas de solda e metais de adição
- **III** – Subseção NCA – Exigências para as divisões I e II:
  Divisão I: Subseção NB – Componentes classe 1
  Subseção NC – Componentes classe 2
  Subseção ND – Componentes classe 3
  Subseção NE – Componentes classe MC
  Subseção NF – Suportes dos componentes
  Subseção NG – Estruturas de suporte interno
  Apêndices
  Divisão II: Código para vasos de concreto e vasos de contenção
- **IV** – Caldeiras de aquecimento
- **V** – Exames não destrutivos
- **VI** – Regras recomendadas para cuidado e operação de caldeiras de aquecimento
- **VII** – Regras recomendadas para o cuidado de caldeiras
- **VIII** – Vaso de pressão
  Divisão 1
  Divisão 2 – Regras alternativas
  Divisão 3 – Regras alternativas para construção de vaso de alta pressão
- **IX** – Qualificação para soldagem e brasagem
- **X** – Vaso de pressão de plástico reforçado com fibras de vidro
- **XI** – Regras para a inspeção de componentes de centrais nucleares em serviço

1.2.2 Outras normas

- Mais usadas em conjunto com o código *ASME* ⇔ *ASTM, ANSI, AWS.*
- Para trocador de calor ⇔ *TEMA.*
- Tanques atmosféricos e de baixa pressão ⇔ *API* 650 e *API* 620.
- Refinarias ⇔ PETROBRAS.
- Demais: ABNT/NR; *AISC, DIN, AD MERKBLATTER, BS 5500, UNI, JIS, AFNOR.*

Nota
A aquisição de normas (originais) é indispensável para engenharias e fabricantes de equipamentos.

1.2.3 Visualização de normas (capas)

- *ASME* seção I

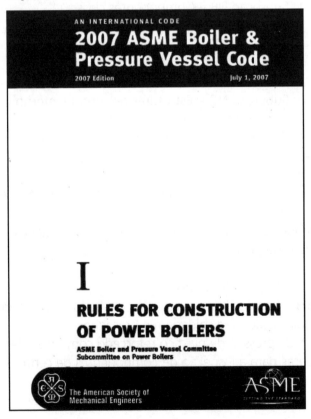

- *ASME* seção II

- *ASME* seção V

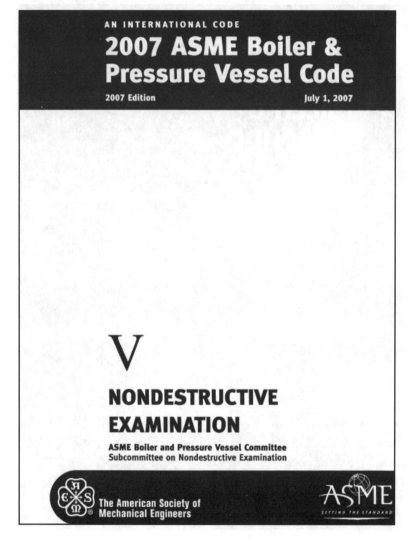

- **ASME seção VIII, divisão 1**

ASME BOILER AND PRESSURE VESSEL CODE
AN INTERNATIONAL CODE

RULES FOR CONSTRUCTION OF PRESSURE VESSELS

Division 1

2004 Edition
July 1, 2004

ASME BOILER ANI
PRESSURE VESSEI
COMMITTEE
SUBCOMMITTEE (
PRESSURE VESSEI

THE AMERICAN SOCIETY OF MECHANICAL ENGINEERS
NEW YORK, NEW YORK

- **ASME seção IX**

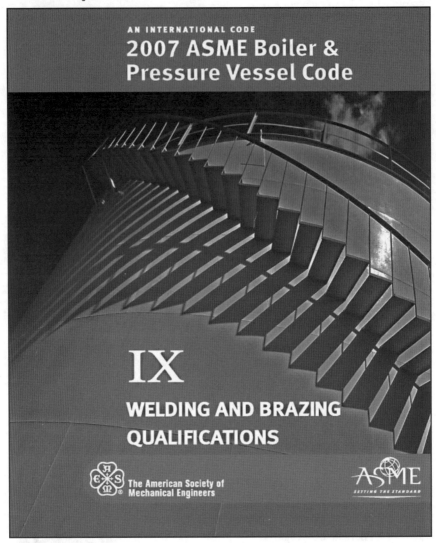

- *ASME/ANSI* **B-16.5**

STD·ASME B16·5A-ENGL 1998 ■■ 0759670 0608491 470 ■■

AN AMERICAN NATIONAL STANDARD

ASME B16.5a-1998

ADDENDA

to

ASME B16.5-1996
PIPE FLANGES AND FLANGED FITTINGS
NPS $\frac{1}{2}$ Through NPS 24

THE AMERICAN SOCIETY OF MECHANICAL ENGINEERS
Three Park Avenue ● New York, NY 10016

- *AWS*

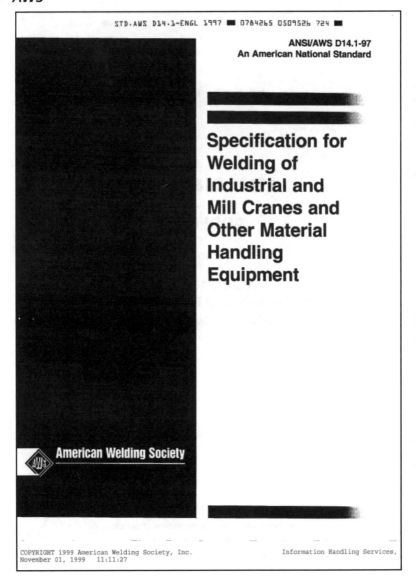

- *API 620*

Design and Construction of Large, Welded, Low-Pressure Storage Tanks

API STANDARD 620
TENTH EDITION, FEBRUARY 2002

American Petroleum Institute

Helping You
Get The Job
Done Right.

• PETROBRAS

PETROBRAS	**N-253**	**REV. H**	**FEV / 99**

CONTEC - SC-02
Caldeiraria

PROJETO DE VASO
DE PRESSÃO

1ª Emenda

Esta é a 1ª Emenda da Norma PETROBRAS N-253 REV. H, devendo ser grampeada na frente da Norma e se destina a modificar o seu texto nas partes indicadas a seguir.

7.1 Modificar a última sentença e acrescentar a Nota:

"Os tampos torisféricos conhecidos como falsa elipse devem ser calculados como elipsoidais".

Nota: Tampo torisférico conhecido como falsa elipse: É o tampo torisférico que tem a seção toroidal com raio interno igual a 0,17 D, e, a calota central esférica com raio interno igual a 0,90 D, sendo D o diâmetro interno do vaso.

8.1.3 Alterar para:

"O diâmetro nominal mínimo das bocas de visita deve ser como indicado na TABELA 7".

PROPRIEDADE DA PETROBRAS

• NBR/ABNT

Cópia não autorizada

ABNT-Associação Brasileira de Normas Técnicas

Sede:
Rio de Janeiro
Av. Treze de Maio, 13 - 28º andar
CEP 20003-900 - Caixa Postal 1680
Rio de Janeiro - RJ
Tel.: PABX (021) 210-3122
Telex: (021) 34333 ABNT - BR
Endereço Telegráfico:
NORMATÉCNICA

Copyright © 1983,
ABNT–Associação Brasileira de Normas Técnicas
Printed in Brazil/
Impresso no Brasil
Todos os direitos reservados

	ABR 1983	**NBR 7821**

Tanques soldados para armazenamento de petróleo e derivados

Procedimento

Origem: Projeto NB-89/1978
CB-09 - Comitê Brasileiro de Combustíveis (Exclusive Nucleares)
CE-09:403.02 - Comissão de Estudo de Armazenamento de Combustíveis Líquidos
Reimpressão da NB-89/1978

Palavras-chave: Tanque. Petróleo. Armazenamento	118 páginas

SUMÁRIO
1 Objetivo
2 Referências
3 Terminologia
4 Tipos de tanques
5 Material
6 Projeto
7 Fabricação
8 Fundações
9 Montagem
10 Método radiográfico de inspeção das juntas do costado
11 Método de seccionamento para inspeção de juntas horizontais do costado
12 Qualificação dos procedimentos de soldagem, de soldadores e operadores
13 Marcação
14 Divisão de responsabilidades
Anexo A - Normas de referência
Anexo B - Dados típicos de projeto
Anexo C - Fundações
Anexo D - Tetos flutuantes
Anexo E - Alternativa de projeto para costados
Anexo F - Projeto de tanques para pequenas pressões internas
Anexo G - Projeto de costados de tanques admitindo-se tensões elevadas
Anexo H - Tetos flutuantes cobertos
Anexo I - Tanques de armazenamento montados na fábrica
Anexo J - Alternativa para cálculo da espessura do costado
Anexo K - Folha de dados

1 Objetivo[1]

1.1 Esta Norma tem por objetivo estabelecer as exigências mínimas que devem ser seguidas para materiais, projeto, fabricação, montagem e testes de tanques de aço-carbono, soldados, cilíndricos, verticais, não enterrados, com teto fixo ou flutuante, destinados ao armazenamento de petróleo e seus derivados líquidos.

1.2 Com exceção do que estabelece o Anexo F, esta Norma abrange apenas os tanques sujeitos a uma pressão próxima da atmosférica, permitindo-se que a válvula de respiro do tanque, quando existente, esteja regulada para uma pressão manométrica máxima de 0,0035 kgf/cm^2, e para um vácuo máximo de 0,0038 kgf/cm^2, ambos os valores medidos no topo do tanque. O Anexo F estabelece os requisitos adicionais a que devem atender os tanques de teto fixo dimensionados para pequenas pressões internas, acima de 0,0035 kgf/cm^2.

1.3 Esta Norma inclui também diversas recomendações de boa prática que embora não obrigatórias, podem ser seguidas ou não, a critério do comprador ou do projetista do tanque. Recomenda-se portanto que no documento de compra ou de encomenda do tanque, o comprador

---

[1] Esta Norma foi elaborada pelo Grupo de Trabalho designado pela Portaria nº 75/74, de 21/02/74, do Conselho Nacional do Petróleo que coordenou os trabalhos do referido Grupo. É proibida a introdução de qualquer modificação nesta Norma, sem a prévia autorização do Conselho Nacional do Petróleo.

1.3 Cálculos básicos

1.3.1 Desenvolvimento do círculo

- L = d x PI, sendo:
- L = Comprimento (desenvolvimento).
- d = Diâmetro.
- PI = Constante (3,1416).

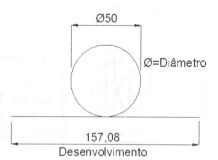

1.3.2 Transformação de unidades

- **Milímetro para polegada,** onde (1" = 25,4mm) ⇔ **Usando a constante 5,04**:
- Transformar 6,35mm para polegada:
- **Equação:** 6,35 x 5,04 = **32**,004.
  - ✓ O número 32 será o numerador (parte de cima).
  - ✓ O denominador (parte de baixo) da fração será o 128 (menor divisão da polegada).
  - ✓ 32/128" <=> usando a simplificação de frações, o resultado final será <=> **¼"**
- **Polegada para milímetro:**
- Transformar ¼" para milímetro:
- **Equação:** 1 ÷ 4 = 0,25 ⇔ 0,25 x 25,4 = **6,35mm** ou $\frac{1 \times 25,4}{4}$ ⇔ $\frac{25,4}{4}$ = **6,35 mm**.

1.3.3 Área do círculo

- **Fórmula** S = 0,785 x d², onde:
  - ✓ S = Área.
  - ✓ 0,785 = valor encontrado da divisão do "PI" por 4.
  - ✓ D² = diâmetro ao quadrado.
  - ✓ cm² = centímetro quadrado.
  - ✓ mm para cm; dividir por 10.

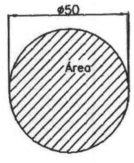

S = 0,785 x 52 ⇔
S = 19,625cm²

1.3.4 Volume do cilindro

- **Fórmula** S x h, onde:
- V = volume (m³).
- S = área (m²).
- h = altura (m).
- 1m³ = 1.000 litros.
- mm para cm, dividir por 10.

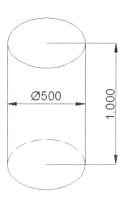

S = 0,785 x 0,5² ⇔ S = 0,196m².
V = 0,196m² x 1m ⇔ V = 0,196m³.
V = 196 litros.

1.3.5 Triângulo retângulo

Pelo teorema de **Pitágoras**: $a^2 = b^2 + c^2$

- Calcular a hipotenusa.
$\sqrt{b^2 + c^2}$ <=> a = $\sqrt{50^2 + 100^2}$ <=> a = $\sqrt{2.500 + 10.000}$ ⇔ **a = 111,8mm**.

- Calcular o cateto menor.
$\sqrt{a^2 - c^2}$ <=> b = $\sqrt{111,8^2 - 100^2}$ <=> b = $\sqrt{12.500 - 10.000}$ ⇔ **b = 50mm**.

- Calcular o cateto maior.
$\sqrt{a^2 - b^2}$ <=> c = $\sqrt{111,8^2 - 50^2}$ <=> c = $\sqrt{12.500 - 2.500}$ ⇔ **c = 100mm**.

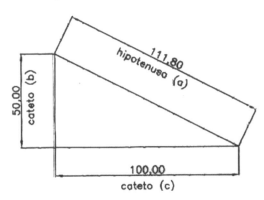

Obs.:
Pitágoras somente para triângulo retângulo (para os demais, usar a lei dos senos e cossenos).

1.3.6 Fatores de conversão

A	B	A→B	B→A
Polegada	Centímetro	2,5400	0,3937
Polegada	Milímetro	25,4000	0,03937
Pé	Metro	0,3048	3,2808
Jarda	Metro	0,9144	1,0936
Milha	Quilômetro	1,6093	0,6214
Pol^2	Cm^2	6,4516	0,1550
$Pé^2$	M^2	0,0929	10,7639
Ml^2	km^2	2,5900	0,3861
Pol^3	Cm^3	16,3871	0,0610
$Pé^3$	M^3	0,0283	35,3147
Galão (USA)	Litro	3,7854	0,2642
Galão Imperial	Litro	4,5461	0,2200
Barril	M^3	0,1590	6,2893
Libra	Quilograma	0,4536	2,2046
Onça (*avoirdupois*)	Grama	28,3495	0,0353
Onça (*troy*)	Grama	31,1035	0,0322
Libra/pol^3	Grama/cm^3	27,6799	0,0361
Libra/$pé^3$	Grama/cm^3	0,0160	62,4280
Pé/minuto	Metro/segundo	0,0051	196,8504
Pé/segundo	km/hora	1,0973	0,9113
Galão/minuto	Litro/segundo	0,0631	15,8503
Megapascal (MPa)	kg/cm^2	9,8100	0,1020
Libra/pol^2	kg/cm^2	0,0703	14,2233
Libra/$pé^2$	kg/m^2	4,8828	0,2048
Horse Power (HP)	Quilowatt	0,7457	1,3410
Cavalo vapor (CV)	Quilowatt	0,7355	1,3596
BTU/min	Quilowatt	0,0176	56,8690
BTU	Quilocaloria	0,2520	3,9683
Quilocaloria	Quilowatt-hora	0,0012	859,8452
Atmosfera	kg/cm^2	1,0332	0,9678
Bar	Atmosfera	0,9869	1,0133
Bar	Psi	14,5040	0,0689

1.3.7 Desenvolvimento de dobras

$a + b + \dfrac{e}{2}$	
$a + b + \dfrac{e}{2}$	
$a + b + \dfrac{e}{2}$	
$a + 2.b + \dfrac{e}{2}$	
$a + 2.b + 2.c + e$	
$a + 2.d + b + c + r.Pi + 1,5.e$	
$a + b + c + d + e$	
$a + b + c + 2.d + f + g + 2.e$	

Capítulo 2
MATERIAIS

2.1 Aço-carbono

São ligas metálicas de ferro e carbono, com percentagens deste último variáveis entre 0,008 e 2,11%. Distinguem-se dos **ferros fundidos**, que também são ligas de ferro e carbono, mas com teor de carbono entre 2,06% e 6,67%. A diferença fundamental entre ambos é que os aços, pela sua ductilidade, são facilmente deformáveis por forja, laminação e extrusão, enquanto peças em ferros fundidos são fabricadas pelo processo de fundição.

2.1.1 Classificação

Podem ser classificados da seguinte maneira:
- Quantidade de carbono.
- Composição química.
- Quanto à constituição microestrutural.
- Quanto a sua aplicação.

2.1.2 Sistema de classificação

A norma mais adotada é a *SAE*.
- 10xx: Aço-carbono comum (Mn: 1,00% Max.).
- 11xx: Ressulfurado.
- 12xx: Ressulfurado e refosforizado.
- 15xx: Aço-carbono comum (Mn: 1,00 a 1,65).

Nota

Os últimos dois dígitos, **xx**, representam o percentual de carbono no aço.

2.1.3 Características

a) **Baixo carbono** (até 0,30% de C): Possui baixa resistência e dureza, e alta tenacidade e ductilidade. É usinável, tem baixo custo de produção e geralmente não são tratados termicamente.

b) **Médio carbono** (de 0,30 até 0,60% de C): Possui maior resistência e dureza, e menor tenacidade e ductilidade. São tratados termicamente através de têmpera e revenimento, embora necessite ser realizado com taxas de resfriamento elevada e em seções finas para serem efetivos.

c) **Alto carbono** (de 0,60 a 1,00% de C): Possui maior resistência e dureza, porém, menor ductilidade. É na maioria das vezes utilizado na condição temperada e revenida; tem boas características de manutenção de um bom fio de corte.

2.1.4 Chapas usadas na fabricação de equipamentos

MATERIAL	Gr	APLICAÇÃO
A-36	*	Tanque, alça, berço, sapata e suportes em geral
A-283	C	Idem A-36 e, em alguns casos, pode ser usado na fabricação de vaso de pressão.
A-285	A/B/C	Tanque, vaso, flange, alça, berço, sapata e outros componentes
A-515/516	60/70	Vaso, espelho, flange e outros componentes.
		** Outros materiais ver *ASME/ASTM*

2.1.4.1 Espessuras de chapas

Espessura		Peso - kg/m²		
Bitola msg / pol.	mm	Laminadas a quente	a frio	Chapas galvanizadas
30	0,30	-	2,40	2,80
28	0,38	-	3,04	3,44
26	0,46	-	3,68	4,00
24	0,61	-	4,88	5,20
22	0,76	-	6,08	6,40
20	0,91	-	7,28	7,60
18	1,21	-	9,68	10,00
16	1,52	11,95	12,16	12,40
14	1,90	14,94	15,20	15,60
13	2,28	17,92	18,24	18,40
12	2,66	20,91	21,28	21,60
11	3,04	23,90	24,32	24,64
10	3,42	26,89	-	-
9	3,80	29,87	-	-
8	4,18	32,86	-	-
7	4,55	35,77	-	-
3/16	4,75	37,34	-	-
1/4	6,35	49,92	-	-
5/16	7,94	62,40	-	-
3/8	9,52	74,82	-	-
7/16	11,11	87,32	-	-
1/2	12,70	99,82	-	-
9/16	14,28	112,24	-	-
5/8	15,87	124,73	-	-
11/16	17,46	137,23	-	-
3/4	19,05	149,73	-	-
13/16	20,63	162,15	-	-
7/8	22,22	174,64	-	-
15/16	23,81	187,14	-	-
1	25,40	199,64	-	-
1.1/8	28,57	224,56	-	-

Espessura		Peso - kg/m²		
Bitola msg / pol.	mm	Laminadas a quente	a frio	Chapas galvanizadas
1.1/4	31,75	249,55	-	-
1.3/8	34,92	274,47	-	-
1.1/2	38,10	299,46	-	-
1.5/8	41,28	324,45	-	-
1.3/4	44,45	349,37	-	-
1.7/8	47,62	374,29	-	-
2	50,80	399,28	-	-
2.1/4	57,15	449,20	-	-
2.1/2	63,50	499,11	-	-
2.3/4	69,85	549,02	-	-
3	76,20	598,93	-	-
3.1/4	82,55	648,84	-	-
3.1/2	88,90	698,75	-	-
3.3/4	95,25	748,66	-	-
4	101,60	798,57	-	-
4.1/2	114,30	898,38	-	-
5	127,00	998,2	-	-
5.1/2	139,70	1098,0	-	-
6	152,40	1197,8	-	-
6.1/2	165,10	1297,7	-	-
7	177,80	1397,5	-	-
7.1/2	190,50	1497,3	-	-
8	203,20	1597,1	-	-
9	228,60	1796,8	-	-
10	254,00	1996,4	-	-
11	279,40	2196,1	-	-
12	304,80	2395,7	-	-
13	330,20	2595,3	-	-
14	355,60	2795,0	-	-
15	381,00	2994,6	-	-
16	406,40	3194,3	-	-

2.1.5 Materiais de uso geral

1010	Aço ao carbono sem elementos de liga, para uso geral, usado em peças mecânicas, peças dobradas, partes soldadas, tubos e outras aplicações.
1020	Aço ao carbono, de uso geral, sem elementos de liga, usado em peças mecânicas, eixos, partes soldadas, conformadas ou cementadas, arames em geral, etc.
1045	Aço com teor médio de carbono, de uso geral em aplicações que exigem resistência mecânica superior ao 1020 ou têmpera superficial (em óleo ou água), usados em peças mecânicas em geral.
9SMn28	Fácil de ser usinado, oferecendo um bom acabamento superficial, contudo é de difícil soldabilidade, exceto mediante o uso de eletrodos de baixo teor de hidrogênio. Como exemplo, E6015 (AWS). Usa-se comumente na fabricação de porcas, parafusos, conexões e outros produtos que necessitem de alta usinabilidade, porém, não devem ser utilizados em partes vitais de máquinas ou equipamentos que estejam sujeitos a esforços severos ou choques.
12L14	Idêntico às características do 9SMn28, com exceção da usinabilidade, onde apresenta capacidade superior a 60% em relação ao 9SMn28.
Teluraloy	Idêntico às características do 9SMn28 com exceção da usinabilidade, onde apresenta capacidade superior a 100% em relação ao 9SMn28. Apresenta algumas melhorias em trabalhos que necessitem de compressão, como, por exemplo, roscas laminadas ou partes recartilhadas em relação ao 9SMn28 e 12L14.
8620	Aço cromo-niquel-molibdênio usado para cementação na fabricação de engrenagens, eixos, cremalheiras, terminais, cruzetas, etc. (limite de resistência do núcleo entre 70 e 110kgf/mm^2).
8640	Aço cromo-níquel-molibdênio de média temperabilidade, usado em eixos, pinhões, bielas, virabrequins, chavetas e peças de espessura média.
4320	Aço cromo-níquel-molibdênio para cementação que alia alta temperabilidade e boa tenacidade, usado em coroa, pinhões, terminais de direção, capas de rolamentos, etc., (limite de resistência do núcleo entre 80-120kgf/mm^2).
4340	Aço cromo-níquel-molibdênio de alta temperabilidade, usado em peças de seções grandes, como eixos, engrenagens, componentes aeronáuticos, peças para tratores e caminhões, etc.
5140	Aço cromo-manganês para beneficiamento, de média temperabilidade, usado em parafusos, semieixos, pinos, etc.
5160	Aço cromo-manganês de boa tenacidade e média temperabilidade, usado tipicamente na fabricação de molas semielípticas e helicoidais para veículos.
6150	Aço cromo-vanádio para beneficiamento que apresenta excelente tenacidade e média temperabilidade, usado em molas helicoidais, barras de torção, ferramentas, pinças para máquinas operatrizes, etc.
9260	Aço de alto teor de silício e alta resistência, usado em molas para serviço pesado como tratores e caminhões.
52100	Aço que atinge elevada dureza em têmpera profunda, usado tipicamente em esferas, roletes e capas de rolamentos e em ferramentas como estampos, brocas, alargadores, etc.

Materiais 53

2.1.6 Tubos e suas aplicações

	NORMA	PROCESSO DE FABRICAÇÃO	FINALIDADE PRINCIPAL
ABNT	NBR 5597 NBR 5598	COM OU SEM COSTURA	Eletrodutos rígidos, com revestimento, roscas, pesados e extrapesados.
	2391	SEM COSTURA	De precisão (autopeças e diversos)
	2394	COM COSTURA	Autopeças móveis, eletrodomésticos e diversos
	2440	COM OU SEM COSTURA	Condução de fluidos
	2441	COM COSTURA	Condução de fluidos
	2448	SEM COSTURA	Caldeiras, aparelhos e outros
ASTM	A53	COM OU SEM COSTURA	Condução de fluidos, com requisitos de qualidade
	A106	SEM COSTURA	Condução de fluidos em alta temperatura e pressão
	A120	COM COSTURA	Condução de fluidos (usos comuns)
	A161	SEM COSTURA	Serviços em refinarias
	A178	COM COSTURA	Caldeiras
	A179	SEM COSTURA	Condensadores e trocadores de calor
	A192	SEM COSTURA	Caldeiras e superaquecedores de alta pressão
	A213	SEM COSTURA	Caldeiras, superaquecedores e trocadores de calor
	A214	COM COSTURA	Condensadores e trocadores de calor
	A226	COM COSTURA	Caldeiras e superaquecedores de alta pressão
	A334	COM OU SEM COSTURA	Serviços em baixas temperaturas
	A335	SEM COSTURA	Serviços em altas temperaturas
	A405	SEM COSTURA	Serviços em altas temperaturas
	A500	COM OU SEM COSTURA	Estruturas metálicas
	A519	SEM COSTURA	Fins mecânicos
	A523	COM OU SEM COSTURA	Condução de cabos elétricos
	A524	SEM COSTURA	Temperaturas atmosféricas e abaixo
	A556	SEM COSTURA	Aquecedores de água de alimentação
API	5D	SEM COSTURA	Poços petrolíferos (perfuração= *"DRILL PIPE"*)
	5L	COM OU SEM COSTURA	Condução de produtos petrolíferos = (*"LINE PIPE"*)
	2B	COM COSTURA	Tubos estruturais

2.1.6.1 Composição química de tubos

Norma	Aço	\<COMPOSIÇÃO QUÍMICA %\> C	Mn	P.Máx.	S.Máx.	Si	Ni	Cr	Mo	Cu	\<PROPRIEDADES MECÂNICAS\> RT Mpa Mín.	Le Mpa Mín.	Dureza Máx.
ASTM A53	GrA	Máx.0,25	Máx.0,95	0,050	0,045		Máx.0,40	Máx.0,40	0,15	Máx.0,40	330	205	
	GrB	" 0,30	" 1,20	0,050	0,045		Máx.0,40	Máx.0,40	0,15	Máx.0,40	415	240	
A 106	GrA	" 0,25	0,27/0,93	0,035	0,035			0,40	0,40	0,15	0,40	330	205	
	GrB	" 0,30	0,29/1,06	0,035	0,035	Mín.0,10		0,40	0,40	0,15	0,40	415	240	
	GrC	" 0,35	0,29/1,06	0,035	0,035	" 0,10		0,40	0,40	0,15	0,40	485	275	
A 161	GrLC	0,10/0,20	0,30/0,80	0,035	0,035	" 0,10					324	179	
	GrT1	0,10/0,20	0,30/0,80	0,025	0,025	Máx.0,25			0,44/0,65		379	207	
A 178	GrA	0,06/0,18	0,27/0,63	0,035	0,035	0,10/0,50					325	180	
	GrC	Máx.0,35	Máx.0,80	0,035	0,035						415	255	
	SAC 50	" 0,18	" 1,40	0,030	0,015						490/602	373	
A 179	A 179	0,06/0,18	0,27/0,63	0,035	0,035	Mín.0,10					415	170	72HB
A 192	A 192	0,06/0,18	0,27/0,63	0,035	0,035								137HB
A 199/200	GrT5	Máx.0,15	0,30/0,60	0,025	0,025	Máx.0,25		4,00/6,00	0,45/0,65		415	170	163*
	GrT11	0,05/0,15	0,30/0,60	0,025	0,025	" 0,50		1,00/1,50	0,44/0,65		415	170	163*
	GrT22	0,05/0,15	0,30/0,60	0,025	0,025	0,50/1,00		1,90/2,60	0,87/1,13		415	170	163*
A 209	GrT1	0,10/0,20	0,30/0,80	0,025	0,025	Máx.0,50			0,44/0,65		380	205	146*
	GrT1a	0,15/0,25	0,30/0,80	0,025	0,025	0,10/0,50			0,44/0,65		415	220	153*
	GrT1b	Máx.0,14	0,30/0,80	0,025	0,025	0,10/0,50			0,44/0,65		365	195	137*
A 210	GrA1	" 0,27	Máx.0,93	0,035	0,035	0,10/0,50					415	255	143*
	GrC	" 0,35	0,29/1,06	0,035	0,035	Mín.0,10					485	275	179*
A 213	GrT2	0,10/0,20	0,30/0,61	0,025	0,025	" 0,10		0,50/0,81	0,44/0,65		415	205	163*
	GrT5	Máx.0,15	0,30/0,60	0,025	0,025	0,10/0,30		4,00/6,00	0,45/0,65		415	205	179*
	GrT11	0,05/0,15	0,30/0,60	0,025	0,025	Máx.0,50		1,00/1,50	0,44/0,65		415	205	163*
	GrT12	0,05/0,15	0,30/0,61	0,025	0,025	0,50/1,00		0,80/1,25	0,44/0,65		415	205	163*
	GrT22	0,05/0,15	0,30/0,60	0,025	0,025	Máx.0,50		1,90/2,60	0,87/1,13		415	205	163*
A 214	A 214	Máx. 0,18	0,27/0,63	0,035	0,035	" 0,50							72HB
A 226	A 226	0,06/0,18	0,27/0,63	0,035	0,035						325	180	125HB
A 333/334	Gr1	Máx.0,30	0,40/1,06	0,025	0,025	Máx.0,25					380	205	
	Gr3	" 0,19	0,31/0,64	0,025	0,025		3,18/3,82				450	240	
	Gr6	" 0,30	0,29/1,06	0,025	0,025	0,18/0,37					415	240	
	Gr7	0,19	Máx.0,90	0,025	0,025	Mín.0,10	2,03/2,57				450	240	
A 335	GrP1	0,10/0,20	0,30/0,80	0,025	0,025	0,13/0,32			0,44/0,65		380	205	
	GrP2	0,10/0,20	0,30/0,61	0,025	0,025	0,10/0,50		0,50/0,81	0,44/0,65		380	205	
	GrP5	Máx.0,15	0,30/0,60	0,025	0,025	0,10/0,30		4,00/6,00	0,45/0,65		415	205	
	GrP11	0,05/0,15	0,30/0,60	0,025	0,025	Máx.0,50		1,00/1,50	0,44/0,65		415	205	
	GrP12	0,05/0,15	0,30/0,61	0,025	0,025	0,50/1,00		0,80/1,25	0,44/0,65		415	205	
	GrP22	0,05/0,15	0,30/0,60	0,025	0,025	Máx.0,50		1,90/2,60	0,87/1,13		415	205	
A 423	Gr1	Máx.0,15	Máx.0,55	0,06/0,16	0,060	" 0,50	0,20/0,70	0,24/1,31		0,20/0,60	415	255	170HB
	Gr2	" 0,15	0,50/1,00	0,040	0,050	Mín.0,10	0,40/1,10		Mín.0,10	0,30/1,00	415	255	170*
A 500	GrA	" 0,30		0,050	0,063					Mín.0,18	310	228	
	GrB	" 0,30		0,050	0,063					" 0,18	400	290	
	GrC	" 0,27	Máx.1,40	0,050	0,063					" 0,18	427	317	
A 501	A 501	" 0,30		0,050	0,063						400	250	
DIN 1626	St 37.0	" 0,17		0,040	0,040						350/480	253	
DIN 1629	St. 44.0	" 0,21		0,040	0,040						420/550	275	
	St 52.0	" 0,22	Máx.1,60	0,040	0,035						500/650	355	
DIN 2391	St 35	" 0,17	Mín.0,40	0,050	0,050	Máx.0,80					340/470	235	
	St 45	" 0,21	" 0,40	0,050	0,050	" 0,35					440/570	255	
	St 52	" 0,22	Máx.1,60	0,050	0,050	" 0,35					490/630	355	
	VMec 134 AP	0,22	1,60	0,040	0,010-0,030	" 0,55					510	345	

2.1.6.2 Dimensões de tubos (conf. *ASTM* A-106/A-53 e *API*5L)

Diâmetro Nominal	Diâmetro Externo		Espessura de Parede		Peso	SCH
pol	pol	mm	pol	mm	kg/m	
3/4	1,05	26,7	0,113	2,87	1,69	40
			0,154	3,91	2,20	80
1	1.315	33,4	0,133	3,38	2,50	40
			0,179	4,55	3,24	80
			0,250	6,35	4,24	160
1 1/4	1.660	42,2	0,140	3,56	3,39	40
			0,191	4,85	4,47	80
			0,250	6,35	5,61	160
			0,382	9,70	7,77	XXS
1 1/2	2.375	60,3	0,145	3,68	4,05	40
			0,200	5,08	5,41	80
			0,281	7,14	7,25	160
			0,400	10,15	9,56	XXS
2	2.375	60,3	0,125	3,18	4,48	
			0,141	3,58	5,01	
			0,154	3,91	5,44	40
			0,172	4,37	6,03	
			0,188	4,78	6,54	
			0,218	5,54	7,48	80
			0,250	6,35	8,45	
			0,281	7,14	9,36	
			0,344	8,74	11,11	160
			0,436	11,07	13,44	XXS
2 1/2	2.875	73,0	0,125	3,18	5,48	
			0,141	3,58	6,13	
			0,156	3,96	6,74	
			0,172	4,37	7,40	
			0,188	4,78	8,04	
			0,203	5,16	8,63	40
			0,216	5,49	9,14	
			0,250	6,35	10,44	
			0,276	7,01	11,41	80
			0,375	9,53	14,92	160
			0,552	14,02	20,39	XXS

Prontuário para Projeto e Fabricação de Equipamentos Industriais

Diâmetro Nominal	Diâmetro Externo		Espessura de Parede		Peso	SCH
pol	pol	mm	pol	mm	kg/m	
			0,141	3,58	7,53	
			0,156	3,96	8,29	
			0,172	4,37	9,11	
			0,188	4,78	9,92	
3	3.500	88,9	0,216	5,49	11,29	40
			0,250	6,35	12,93	
			0,281	7,14	14,40	
			0,300	7,62	15,27	80
			0,438	11,13	21,35	160
			0,600	15,24	27,68	XXS
			0,141	3,58	8,65	
			0,156	3,96	9,53	
			0,172	4,37	10,48	
3 1/2	4.000	101,6	0,188	4,78	11,41	
			0,226	5,74	13,57	40
			0,250	6,35	14,92	
			0,281	7,14	16,63	
			0,318	8,08	18,63	80

Nota: Fornecimento até Dn 24"

2.1.6.3 Dimensões de tubos (conf. *DIN* 2440, série média)

DIÂMETRO			MÁXIMO	MÍNIMO	ESPESSURA		MASSA
NOMINAL		EXTERNO			NOMINAL	MÍNIMO	TEÓRICA
pol. (")	mm	mm	mm	mm	mm	mm	kg/m
3/8	10	17,2	17,4	16,7	2,00	1,76	0,75
1/2	15	21,3	21,7	21,0	2,25	1,98	1,06
3/4	20	26,9	27,1	26,4	2,25	1,98	1,37
1	25	33,7	34,0	33,2	2,65	2,33	2,03
1.1/4	32	42,4	42,7	41,9	2,65	2,33	2,63
1.1/2	40	48,3	48,6	47,8	3,00	2,64	3,35
2	50	60,3	60,7	59,6	3,00	2,64	4,24
2.1/2	65	76,1	76,3	75,2	3,35	2,95	6,01
3	80	88,9	89,4	87,9	3,75	3,30	7,07
3.1/2	90	101,6	101,8	100,3	3,75	3,30	9,05
4	100	114,3	114,9	113,0	3,75	3,30	10,22

2.1.6.4 Dimensões de tubos para trocador (conf. *ASTM* A-178, 179, 192, 210, 213, 214)

PESO TEÓRICO (kg/m)

0	1	2	3	4	5	6	7	8	9	10	11	12	13	14	15	16	17	18	pol (")	mm
8,64	7,62	7,21	6,58	6,05	5,59	5,16	4,57	4,19	3,76	3,40	3,05	2,77	2,41	2,11	1,83	1,65	1,47	1,24	**BWG**	**mm**
–	–	–	–	–	–	–	–	–	–	–	–	–	–	–	–	0,48	0,44	0,38	1/2	12,70
–	–	–	–	–	–	–	–	–	–	–	–	–	–	–	0,68	0,63	0,56	0,48	5/8	15,87
–	–	–	–	–	–	–	–	–	–	–	–	–	1,07	0,95	0,84	0,77	0,69	–	3/4	19,05
–	–	–	–	–	–	–	–	–	–	–	–	1,68	1,48	1,32	1,15	1,05	–	–	1	25,40
–	–	–	–	–	–	–	–	–	–	–	2,34	2,15	1,90	1,68	1,47	–	–	–	1.1/4	31,75
–	–	–	–	–	–	–	–	–	–	–	2,61	2,39	2,11	1,86	1,63	–	–	–	1.3/8	34,92
–	–	–	–	–	–	–	–	–	–	3,17	2,87	2,63	2,31	–	–	–	–	–	1.1/2	38,10
–	–	–	–	–	–	–	–	–	–	3,75	3,40	3,10	2,73	–	–	–	–	–	1.3/4	44,45
–	–	–	–	–	–	–	5,67	5,24	4,75	4,34	3,91	3,58	3,14	–	–	–	–	–	2	50,80
–	–	–	–	–	–	–	6,45	5,96	5,40	4,92	4,44	4,05	–	–	–	–	–	–	2.1/4	57,15
–	–	–	–	–	–	8,08	7,24	6,68	6,04	5,51	4,97	4,53	–	–	–	–	–	–	2.1/2	63,50
–	–	–	–	–	–	8,97	8,02	7,40	6,69	6,10	5,49	–	–	–	–	–	–	–	2.3/4	69,85
–	–	–	–	–	10,60	9,86	8,81	8,12	7,34	6,68	6,01	–	–	–	–	–	–	–	3	76,20
–	–	–	–	–	11,57	10,74	9,59	8,84	7,98	7,26	–	–	–	–	–	–	–	–	3.1/4	82,55
–	–	15,83	14,56	13,48	12,53	11,63	10,38	9,56	8,63	7,85	–	–	–	–	–	–	–	–	3.1/2	88,90
–	19,26	18,31	16,83	15,57	14,45	13,41	11,95	11,00	9,92	9,02	–	–	–	–	–	–	–	–	4	101,60
24,55	21,88	20,80	19,08	17,65	16,37	15,18	13,53	12,44	11,22	10,19	–	–	–	–	–	–	–	–	4.1/2	114,30
27,52	24,51	23,28	21,35	19,73	18,30	16,96	15,10	13,88	12,51	11,36	–	–	–	–	–	–	–	–	5	127,00

2.1.7 Tratamentos térmicos

Tratar termicamente um aço significa aquecê-lo em velocidade adequada, mantê-lo em temperatura por um tempo suficiente para que ocorram as transformações e resfriá-lo em um meio adequado de modo a adquirir as propriedades desejadas.

O tratamento térmico é uma das etapas finais de confecção de ferramentas. Normalmente erros anteriores ao tratamento térmico se manifestam nesta etapa. Quebra precoce de uma ferramenta nem sempre está associada ao tratamento térmico. Esta pode estar associada ao projeto, uso do material incorreto ou não conforme, usinagem incorreta ou uso inadequado da ferramenta. Os tratamentos térmicos são divididos em duas classificações:

2.1.7.1 Calórico

É o tratamento térmico baseado em processos que envolvam o aquecimento de peças somente com calor, sem adição de elementos químicos na superfície do aço.

• Revenimento (alívio de tensões):

Tratamento térmico que objetiva reduzir o nível de tensões residuais, principalmente após uma usinagem de grande retirada de massa e soldagem. Aplicado nos aços temperados, imediatamente após a têmpera, a temperaturas inferiores a crítica, resultando em modificação da estrutura obtida na têmpera. A alteração estrutural que se verifica no aço temperado consequência do revenido melhora a ductlidade, reduzindo os valores de dureza e resistência a tração, ao mesmo tempo em que as tensões internas são aliviadas ou eliminadas. Dependendo da temperatura em que se processa o revenido, a modificação estrutural é tão intensa que determinados aços adquirem melhor condição de usinabilidade.

• Austêmpera:

Tratamento térmico onde o aço austenitizado é resfriado num banho de transformação isotérmica, obtendo-se assim uma microestrutura bainítica.

• Normalização:

Tratamento térmico, através do qual determinados aços, após a austenitização, são resfriados ao ar.

- **Recozimento:**

Tratamento térmico que consiste no aquecimento à temperatura crítica, permanência durante tempo predeterminado e resfriamento controlado.

- **Recozimento para recristalização:**

Tratamento térmico através do qual o material recristaliza-se, resultando uma estrutura com novos grãos, o tamanho de grão dessa estrutura pode ser maior ou menor que o original em função do ciclo térmico e do grau de encruamento.

- **Recozimento pleno:**

Tratamento térmico no qual os aços, após austenitização e homogeneização química, são resfriados lentamente, normalmente dentro do forno, a microestrutra obtida está prevista no diagrama Fe-C.

> **Recozimento para alívio de tensões:**

Este tratamento tem o objetivo de eliminar concentrações de tensões oriundas de processos de usinagem, conformação, solda ou outros processos onde existam acúmulo de tensões.

> **Recozimento para esfeirodização:**

Busca transformar a cementita lamelar ou sua rede em perlita esfeirodizada.

- **Têmpera e revenido:**

Tratamento térmico que tem como objetivo a obtenção de uma microestrutura que proporcione propriedades de dureza e resistência mecânica elevadas. A peça a ser temperada é aquecida à temperatura de austenitização e, em seguida, é submetida a um resfriamento brusco, ocorrendo aumento de dureza.

Durante o resfriamento, a queda de temperatura promove transformações estruturais que acarretam o surgimento de tensões residuais internas. Sempre após a têmpera, temos que realizar o revenimento, para a transformação da martensita em martensita revenida.

> **Têmpera por chama:**

Aquecimento provém de chama direcionada à peça, através de maçarico ou outro instrumento, podendo assim ser parcialmente temperada.

> **Têmpera por indução:**

O aquecimento é obtido por indução elétrica, seguida de um resfriamento brusco, normalmente em água.

60 *Prontuário para Projeto e Fabricação de Equipamentos Industriais*

➢ **Têmpera superficial:**
Aquecimento somente da superfície através de indução ou chama até a austenitização, seguida de um resfriamento rápido.

➢ **Têmpera total:**
Aquecimento total da peça até temperatura de austenitização seguida de resfriamento, em meio predeterminado.

2.1.7.2 Termoquímicos

São os tratamentos térmicos baseados em processos que, além de evolver calor, existe a adição de elementos químicos na superfície do aço.

• **Nitretação:**
Tratamento termoquímico de endurecimento superficial, baseado na introdução de nitrogênio em sua superfície. O processo se realiza expondo a peça em uma atmosfera do forno rica em nitrogênio.

• **Carbonitretação:**
Tratamento termoquímico em que se promove o enriquecimento superficial simultâneo com carbono e nitrogênio.

• **Cementação:**
Tratamento termoquímico de endurecimento superficial baseado na introdução de carbono na superfície. O processo é realizado com a exposição do aço em uma atmosfera rica em carbono livre.

➢ **Cementação gasosa:**
O processo é realizado em fornos com atmosfera controlada, onde o potencial de carbono está acima de 0,5%.

➢ **Cementação líquida:**
O processo é realizado em banhos líquidos, com sais fundidos (banho de sal).

➢ **Cementação sólida (em caixa):**
O processo é realizado em peças cobertas com material sólido, rico em carbono.

Materiais 61

2.1.7.3 Alívio de tensões em solda e equipamentos

Tensões	*Na soldagem resultam de dilatação e contração da poça de fusão, afetando a ZTA e ZF*
Principais efeitos	Aumento da dureza, redução da tenacidade, aumento do nível de tensões localizadas, aumento do risco de fissurações, redução de resistência à corrosão sobre tensão, à fissuração pelo hidrogênio, à fratura frágil, à fadiga, podendo colaborar para a propagação dos defeitos de solda (trincas).
Métodos mais utilizados para redução de tensões residuais	À frio – martelamento, à quente - preaquecimento cuja finalidade é aquecer a região a ser soldada, provocando uma transição menos brusca da temperatura; - alívio de tensões através de tratamento térmico - aquecer de 50 a 100°C abaixo da temperatura crítica de transformação permanecendo nessa temperatura por um determinado tempo (enxarque em função da espessura) e resfriamento controlado (lento).
Principal função	Redução de tensões residuais através do aumento da ductilidade, diminuindo a dureza, melhorando as condições metalúrgicas da ZTA e ZF, promovendo estabilidade dimensional.
Efeitos secundários e indesejáveis	Redução dos limites de resistência e de escoamento, relaxamento das tensões compressivas que impediam a propagação de trincas, aumento da temperatura de transição dúctil para frágil em relação ao metal base, alteração dimensional e risco de reação do hidrogênio com o carbono, gerando metano e consequentemente risco de fragilização a frio (são mais pronunciados quanto maior forem as temperaturas e o tempo de tratamento).
Modo de execução	No forno: com aquecimento em todo o equipamento, com aquecimento em partes do equipamento, com aquecimento em subconjuntos soldados com posterior tratamento térmico na solda final.
	Aquecendo internamente o equipamento, isolando-o externamente.
	Aquecendo circunferencialmente uma seção do vaso.
	Aquecendo juntas circulares de conexões de forma localizada de largura pelo menos três vezes a maior dimensão do cordão de solda, protegendo a região externa da área aquecida.

2.2 Aço inoxidável

2.2.1 Classificação

- Ferríticos.
- Martensíticos.
- Austeníticos.
- Mistos.

Sua estrutura pode ser determinada pela composição química de vários elementos, sobretudo pelos teores de carbono (C), cromo (Cr), níquel (Ni), manganês (Mn), molibdênio (Mo), entre outros; e também pelos tratamentos térmicos e mecânicos realizados no material.

2.2.2 Influência dos elementos de liga

- **Cromo:** Elemento fundamental, com teor na ordem de aproximadamente 12%, tem a função de proteger contra agentes agressivos, formando uma película impermeável.
- **Carbono:** De acordo com sua quantidade influencia as características em vários sentidos. Para os martensílicos, a partir de um teor de adição, o carbono o torna temperável. Com teores mais baixos deixa de ser temperável e torna-se ferrítico.
- **Enxofre:** Sua adição tem a mesma função da adição do selênio, serve para melhorar a usinabilidade.
- **Molibdênio:** Adicionado em teores variando de 2% a 4% melhora sensivelmente a resistência à corrosão e ao calor.
- **Níquel:** Aumenta consideravelmente a resistência ao calor e à corrosão, pois favorece a formação de austenita.
- **Titânio, Nióbio e Tântalo:** Evitam a formação de carbonetos de cromo, removendo assim o fator principal da corrosão intercristalina. No caso de solda onde não se tenha condição de recozer a peça, a presença destes agentes é indispensável.
- **Nitrogênio:** Adicionado aos austeníticos e duplex, com o objetivo de potencializar a resistência à corrosão e às propriedades mecânicas.
- **Cobre:** Potencializam a resistência à corrosão geral em ambientes agressivos, contendo ácido fosfórico ou sulfúrico.
- **Alumínio:** Aumenta a resistência à oxidação em altas temperatura.

2.2.3 Composição química

	Materiais	%C (Máx)	%Si (Máx)	%S (Máx)	%P (Máx)	%Mn (Máx)	%Cr	%Ni	%Mo	%Cu	%Fe	%Outros
Austeníticos	AISI 303	0,15	1,0	0,15 mín	0,2	2,0	17,0 - 19,0	8,0 - 10,0	0,6	-	balanço	-
	AISI 304*	0,08	0,75	0,03	0,04	2,0	18,0 - 20,0	8,0 - 11,0	-	-	balanço	-
	AISI 304L	0,03	0,75	0,03	0,04	2,0	18,0 - 20,0	8,0 - 13,0	-	-	balanço	-
	AISI 309	0,08	1,00	0,03	0,045	2,00	22,0 - 24,0	12,0 - 15,0	0,75	-	-	-
	AISI 310S	0,08	0,75	0,03	0,045	2,0	24,0 - 26,0	19,0 - 22,0	0,75	-	balanço	-
	AISI 314	0,25	1,5 - 3,0	0,03	0,04	2,0	23,0 - 26,0	19,0 - 22,0	-	-	balanço	-
	AISI 316*	0,08	0,75	0,03	0,04	2,0	16,0 - 18,0	10,0 - 14,0	2,0 - 3,0	-	balanço	-
	AISI 316L	0,03	0,75	0,03	0,04	2,0	16,0 - 18,0	10,0 - 15,0	2,0 - 3,0	-	balanço	-
	AISI 316Ti	0,08	0,75	0,03	0,04	2,0	16,0 - 18,0	10,0 - 14,0	2,0 - 3,0	-	balanço	Ti = 5x (C + N) mín (0,70 máx)
	AISI 317	0,08	0,75	0,03	0,04	2,0	18,0 - 20,0	11,0 - 15,0	3,0 - 4,0	-	balanço	-
	AISI 317L	0,035	0,75	0,03	0,04	2,0	18,0 - 20,0	11,0 - 15,0	3,0 - 4,0	-	-	-
	AISI 321	0,08	0,75	0,03	0,04	2,0	17,0 - 20,0	9,0 - 13,0	-	-	balanço	Ti = 5% C mín (0,70 máx)
	AISI 347	0,08	0,75	0,03	0,04	2,0	17,0 - 20,0	9,0 - 13,0	-	-	balanço	Nb + Ta =10% C mín (1,0 máx)
	AISI 904L	0,02	1,0	0,035	0,045	2,0	19,0 - 23,0	23,0 - 28,0	4,0 - 5,0	1,0 - 2,0	balanço	N = 0,1 máx
Ferríticos / Martensíticos	AISI 410	0,15	1,0	0,03	0,04	1,0	11,5 - 13,0	-	-	-	balanço	-
	AISI 416	0.15 mín	1,0	0,15 mín	0,06	1,25	12,0 - 14,0	-	0,6	-	balanço	-
	AISI 420	0.15 mín	1,0	0,03	0,04	1,0	12,0 - 14,0	-	-	-	balanço	-
	AISI 630**	0,07	1,0	-	-	1,0	17,0 - 20,0	3,0 - 5,0	-	3,4	balanço	Nb + Ta - 0,30
	AISI 430	0,12	1,0	0,03	0,04	1,0	16,0 - 18,0	-	-	-	balanço	-
	AISI 446	0,2	1,0	0,03	0,04	1,5	23,0 - 27,0	0,75	-	-	balanço	N = 0,25
Ligas Especiais	Níquel 200***	0,08	0,2	0,005	-	0,2	-	99,5	-	0,1	0,2	-
	Monel 400***	0,2	0,2	0,01	-	1,0	-	66,5	-	31,5	12,0	-
	Inconel 600***	0,08	0,2	0,008	-	0,5	15,5	76,0	-	0,2	8,0	-
	Incoloy 800***	0,05	0,5	0,008	-	0,8	21,0	32,5	-	0,4	46,0	Ti = 0,15 - 0,6 Al = 0,15 - 0,6
	Incoloy 825***	0,03	0,2	0,02	-	0,5	21,5	42,0	3,0	2,2	30,0	Al = 0,2 máx Ti = 0,6 - 1,2
	Alloy 20	0,02	1,0	0,035	0,045	2,0	19,0 - 23,0	23,0 - 28,0	4,0 - 5,0	1,0 - 2,0	balanço	N = 0,1 máx
	Hastelloy B2****	0,02	0,1	0,03	0,04	1,0	1,0	balanço	26 - 30	-	2,0	Co = 1,0 máx
	Hastelloy C276****	0,02	0,08	0,03	0,04	1,0	14,5 - 16,5	balanço	15 - 17	-	4,0 - 7,0	Co = 2,5 máx W = 3,0 - 4,5 V = 0,35 máx
	Hastelloy G****	0,05	1,0	0,03	0,04	1,0 - 2,0	21,0 - 23,0	balanço	5,5 - 7,5	1,5 - 2,5	20,0	Co = 2,5 máx W = 1,0 máx Nb = 1,75 - 2,5
	Cupro Níquel 70/30	0,06	-	0,05	-	2,0	-	29 - 32	-	70,0	2,0	Zn = 1,0 máx Pb = 0,05
	Titânio Grau-2	0,08	-	-	-	-	0,03	-	-	-	0,25	H = 0,013 máx O = 0,12 máx Ti = balanço
Duplex	Duplex 2205 UNS S31803	0,03	1,0	0,02	0,03	2,0	21,0 - 23,0	4,5 - 6,5	2,5 - 3,5	-	balanço	N = 0,08 - 0,2
	Super Duplex UNS S32760	0,03	0,8	0,02	0,035	1,2	24,0 - 26,0	6,0 - 8,0	3,0 - 5,0	0,5	balanço	N = 0,24 - 0,32

2.2.4 Dimensões de chapas laminadas a frio

Esp.	Acab.	Lg. (BF)	Lg. (CF)	Blanques	Cp. (CF)	Cp. (blanques)	Observ.
0,40	2B						As larguras >1.200mm estão restritas a determinados aços e expessuras. BF - Bobina laminada a frio. CF - Chapa laminada a frio.
0,50	2B						
0,60	2D						
0,70	2D						
0,80	EN						
0,90	EN						
1,00	N° 8						
1,20							
1,27	RF						
1,40							
1,50	SF						
1,60		1.000	1.000	100	1.000	100	
1,80	ST						
2,00		a	a	a	a	a	
2,25	BB	1.300*	1.300*	999	3.600	3.600	
2,50	BF1						
2,75	BF1						
3,00	BF2						
3,17	BF2						
3,50	HL						
4,00	HL						
4,50							
4,76	N° 3				2.000		
5,00	N° 4				a		
5,50	2D				6.000		
6,00							

Materiais

2.2.5 Dimensões de chapas laminadas a quente

Esp.	Acab.	Lg. (BQ)	Lg. (CQ)	Cp. (CQ)	Observ.
3.00		1.000 a 1.250	1.000 a 1.250		
3.17					
3.50					
4.00					
4.50	Nº 1			2.000	
4.76	Nº 3			a	
5.00	Nº 4	1.000	1.000	6.000	
5.50		a	a		
6.00		1.300*	1.300*		
6.50					
7.00					
7.93					
9.00					
9.52	Nº 3				(*) As larguras ≥ 1.300mm estão restritas a determinados aços e espessuras.
10.00	Nº 4 RF				BQ - Bobina laminada a quente.
12.00	SF IT				CQ - Chapa laminada a quente.
12.70					
14.00					
15.00					
15.88					
16.00					
17.00				2.000	
18.00			1.200	2.438	
19.00			1.219	3.000	
19.05			1.220	3.048	
20.00			1.250	3.657	
22.00			1.300*	4.000	
22.22			1.500*	4.877	
25.00	IT		1.524*	6.000	
25.40				6.096	
30.00					
31.75					
32.00					
35.00					
38.10					
40.00					
44.45					
45.00					
50.00					
50.80					

2.2.6 Tubos e suas aplicações

Normas	A-249	A-269	A-270	A-312	A-554
Aplicação	Caldeiras, aquecedores, trocadores de calor, condensadores	Trabalhos em altas e baixas temperaturas ou trabalhos em ambientes corrosivos	Tubos sanitários destinados a indústrias de laticínios, alimentícia e farmacêutica.	Trabalhos em altas e baixas temperaturas e condução de líquidos	Tubos redondos, quadrados, retangulares e especiais para aplicações estruturais
Processo de Soldagem	Solda automática, por fusão sem adição de metal	Solda automática por fusão sem adição de metal	Solda automática por fusão sem adição de metal	Solda automática por fusão sem adição de metal	Solda automática por fusão sem adição de metal
Direção de Solda	Longitudinal	Longitudinal	Longitudinal	Longitudinal	Longitudinal
Tratamento Térmico	Aquecimento a 1040°C min. resfriamento brusco	Aquecimento a 1040°C min. resfriamento brusco	Aquecimento a 1040°C min. resfriamento brusco	Aquecimento a 1040°C min. resfriamento brusco	Quando solicitado
Trabalho a Frio	Laminação interna da solda	Laminação interna da solda	Laminação interna da solda		Laminação interna da solda quando solicitada
Acabamento	Decapado, livre de rebarbas e superfície lisa	Decapado, livre de rebarbas e superfície lisa	Polido interna e/ou externamente	Decapado, livre de rebarbas e superfície lisa	Decapado, livre de rebarbas e superfície lisa ou outro se solicitado
Ensaios — Identificação	Nome do fabricante, norma, TP, corrida e dimensões	Nome do fabricante, norma TP, corrida e dimensões com ou sem solda	Nome do fabricante, norma TP, corrida e dimensões, com ou sem solda	Nome do fabricante, norma, TP, corrida e dimensões, com ou sem solda	Nome do fabricante, norma, TP, corrida e dimensões
Destrutivos	Tração, dureza, achatamento, flangeamento, dobramento reverso	Dureza, achatamento reverso, flangeamento	Achatamento reverso	Tração Achatamento p/ Ø 1 8" Dobramento p/ Ø 1 8"	Dureza a tração se solicitados como, requisitos suplementares - S1 e S2
Não-Destrutivos	Teste hidrostático	Teste hidrostático	Teste hidrostático	Teste hidrostático	Se solicitado como requisito suplementar - S3
Tolerâncias — Diâmetro	Ø < 25,4mm (excl) ± 0,1mm Ø 25,4 - 38,1mm (incl) ±0,15mm Ø 38,1 - 50,8mm (excl) ± 0,2mm Ø 50,8 - 63,5mm (excl) ± 0,25mm Ø 63,5 - 76,2mm (excl) ± 0,3mm Ø 76,2 - 101,6mm (incl) ± 0,38mm Ø 101,6 - 127,0mm (incl) ± 0,38mm + 0,64mm	Ø < 38,1mm ± 0,13mm Ø 38,1 - 88,9mm (excl) ± 0,25mm Ø 88,9 -139,7mm (excl) ± 0,38mm Ø 139,7-203,2mm (excl) ± 0,76mm	Ø 25,4 + 0,05 - 0,20mm Ø 38,1 + 0,05 - 0,20mm Ø 50,8 + 0,05 - 0,26mm Ø 63,5 + 0,05 - 0,28mm Ø 76,2 + 0,08 - 0,30mm Ø 101,6 + 0,08 - 0,38mm	Ø 10,29 -48,2mm (incl) + 0,4mm - 0,8mm Ø 48,26 - 114,0mm (incl) ± 0,8mm Ø 114,30 -219,06mm (incl) ± 1,6mm - 0,8mm Ø 219,08 - 457,20mm (incl) + 2,4mm - 0,8mm Ø 457,20 - 660,40mm (incl) + 3,2mm - 0,8mm Ø 660,40 - 762,00mm (incl) + 4,0mm - 0,8mm	Para diâmetro, ovalização ou outras grandezas, tanto para tubos redondos como quadrados e retangulares, ver tabela de tolerâncias dimensionais para ASTM A-554
Espessura	± 10% da espessura especificada	Ø / 1/2" ± 15% Ø > 1/2" ± 10%	± 12,5% da espessura especificada	-12,5% e +20% da espessura especificada	± 10% da espessura especificada
Comprimento	Ø / 50,8mm - 0 + 3mm Ø > 50,8mm - 0 + 5mm	Ø <38,1mm -0 + 3,2mm Ø 38,10 / Ø=203,2mm -0 +4,8mm	- 0 + 3,2mm	-0+6mm	Ø < 3mm (incl) - 0 + 3mm acima de 3mm - 0 + 5mm
Ovalização	Ø / 25,4mm ± 0,5mm Ø > 25,4mm (2% Ø especificado)	Dobro da variação permitido no diâmetro para espessura < 3,81mm		1,5% do diâmetro externo especificado	Ver tabela de tolerâncias dimensionais para ASTM A-554
Flexa	0,8mm para cada 900mm	Retos	Retos	3,2mm para cada 3 metros	0,76mm para cada 900mm
Extremidades	Planas	Planas	Planas	Planas ou quando solicitado 37 1/2° ± 2 1/2°	Planas

2.2.7 Dimensões de tubos

Padrão Schedule			Sch. 5 S		Sch. 10 S		Sch. 40 S		Sch. 80 S		Sch. 160		Sch. XXS	
Diam Nominal		ø Ext												
Din	Pol.	mm	mm	kg/m	mm	kg/m	mm	kg/m	mm	kg/m	mm	kg/m	mm	kg/m
6	1/8	10,29	-	-	1,24	0,281	1,73	0,371	2,41	0,475	-	-	-	-
8	1/4	13,72	-	-	1,65	0,498	2,24	0,644	3,02	0,809	-	-	-	-
10	3/8	17,15	-	-	1,65	0,640	2,31	0,858	3,20	1,117	-	-	-	-
15	1/2	21,34	1,65	0,813	2,11	1,016	2,77	1,288	3,73	1,644	4,78	1,981	7,47	2,593
20	3/4	26,67	1,65	1,033	2,11	1,297	2,87	1,710	3,91	2,227	5,56	2,938	7,82	3,690
25	1	33,40	1,65	1,311	2,77	2,134	3,38	2,540	4,55	3,286	6,35	4,299	9,09	5,531
32	1.1/4	42,16	1,65	1,673	2,77	2,731	3,56	3,440	4,85	4,529	6,35	5,692	9,70	7,881
40	1.1/2	48,26	1,65	1,925	2,77	3,154	3,68	4,106	5,08	5,490	7,14	7,349	10,16	9,689
50	2	60,33	1,65	2,423	2,77	3,991	3,91	5,522	5,54	7,598	8,74	11,286	11,07	13,649
65	2.1/2	73,03	2,11	3,746	3,05	5,342	5,16	8,766	7,01	11,584	9,53	15,147	14,02	20,708
80	3	88,90	2,11	4,584	3,05	6,554	5,49	11,462	7,62	15,502	11,13	21,665	15,24	28,098
90	3.1/2	101,60	2,11	5,254	3,05	7,523	5,74	13,772	8,08	18,914	-	-	16,15	34,542
100	4	114,30	2,11	5,925	3,05	8,493	6,02	16,316	8,56	22,656	13,49	34,039	17,12	41,643
125	5	141,30	2,77	9,605	3,40	11,736	6,55	22,092	9,53	31,432	15,88	49,851	19,05	58,291
150	6	168,28	2,77	11,475	3,40	14,032	7,11	28,682	10,97	43,194	18,26	68,566	21,95	80,395
200	8	219,08	2,77	14,997	3,76	20,264	8,18	43,181	12,70	65,604	23,01	112,925	22,23	109,531
250	10	273,05	3,40	22,948	4,19	28,197	9,27	61,204	12,70	82,760	28,58	174,883	25,40	157,446
300	12	323,85	3,96	31,707	4,57	36,522	9,53	74,977	12,70	98,909	33,32	242,302	25,40	189,743
350	14	355,60	3,96	34,854	4,78	41,973	9,53	82,550	12,70	109,001	35,71	285,924	-	-
400	16	406,40	4,19	42,182	4,78	48,051	9,53	94,668	12,70	125,150	40,49	370,837	-	-
450	18	457,20	4,19	47,510	4,78	54,129	9,53	106,785	12,70	141,298	45,24	466,486	-	-
500	20	508,00	4,78	60,207	5,54	69,674	9,53	118,903	12,70	157,446	50,01	573,289	-	-
600	24	609,60	5,54	83,763	6,35	95,881	9,53	143,138	12,70	189,743	59,54	819,747	-	-
750	30	762,00	6,35	120,103	7,92	149,487	9,53	179,491	12,70	238,188	-	-	-	-
900	36	914,40	-	-	-	-	9,53	215,844	12,70	286,633	-	-	-	-

Tubos em aço carbono análogo, porém, não usa S (inox sch. 40S, carbono sch. 40).

Padrão Laticínio

o Ext. (mm)	Parede (mm)	Peso (kg/m)	o Ext. (mm)	Parede (mm)	Peso (kg/m)	o Ext. (mm)	Parede (mm)	Peso (kg/m)
25,40	1,00	0,611	76,20	1,20	2,253	203,20	2,00	10,072
25,40	1,20	0,727	76,20	1,50	2,805	203,20	2,50	12,559
25,40	1,50	0,897	76,20	2,00	3,714	203,20	2,77	13,896
25,40	2,00	1,171	76,20	2,77	5,091	203,20	3,00	15,033
31,75	1,00	0,770	101,60	1,20	3,016	203,20	3,50	17,495
31,75	1,20	0,918	101,60	1,50	3,758	254,00	2,00	12,615
31,75	1,50	1,136	101,60	2,00	4,986	254,00	2,50	15,738
31,75	2,00	1,489	101,60	2,77	6,852	254,00	2,77	17,419
38,10	1,00	0,929	101,60	3,00	7,404	254,00	3,00	18,848
38,10	1,20	1,108	127,00	2,00	6,258	254,00	3,50	21,945
38,10	1,50	1,374	127,00	2,50	7,791	304,80	2,00	15,158
38,10	2,00	1,807	127,00	2,77	8,613	304,80	2,50	18,916
50,80	1,00	1,246	127,00	3,00	9,311	304,80	2,77	20,941
50,80	1,20	1,490	127,00	3,50	10,819	304,80	3,00	22,662
50,80	1,50	1,851	152,40	2,00	7,529	304,80	3,50	26,395
50,80	2,00	2,443	152,40	2,50	9,380			
50,80	2,77	3,330	152,40	2,77	10,374			
63,50	1,20	1,871	152,40	3,00	11,218			
63,50	1,50	2,328	152,40	3,50	13,044			
63,50	2,00	3,079	152,40	5,00	18,447			
63,50	2,77	4,211						

2.3 Alumínio

O alumínio e suas ligas constituem um dos materiais metálicos mais versáteis, econômicos e atrativos para uma vasta série de aplicações. Sua aplicação como metal estrutural só é menor que a dos aços. Possui uma densidade de 2,7g/cm³, aproximadamente 1/3 da do aço, o que somado à sua elevada resistência mecânica o torna bastante útil na construção de estruturas móveis, como veículos e aeronaves.

Não é ferromagnético, possui elevadas condutividades térmica e elétrica, e é não tóxico. Outra vantagem é a sua resistência à oxidação progressiva, já que os átomos da sua superfície se combinam com o oxigênio da atmosfera, formando uma camada de óxido protetor que impede a progressão da deterioração do material. Além disso, com determinados tratamentos e/ou elementos de liga se torna resistente à corrosão em meios mais agressivos. Também encontra aplicações em peças decorativas, graças à sua superfície brilhante e refletiva.

2.3.1 Classificação

A produção é dividida em duas partes: **primária e secundária**.

- **Primária:** Produzido, basicamente, pelo processo *Hall-Héroult*, no qual a alumina (óxido de alumínio) obtida pelo refino da bauxita é dissolvida num banho de criólitos e sais fluoretos, que tem a função de controlar a temperatura, densidade e resistividade do banho e a solubilidade da alumina. O metal separado no processo é removido por sistemas de vácuo ou sifão para dentro de cadinhos, que são então transferidos para unidades de fundição, onde são refundidos ou transformados em lingotes. O Alumínio produzido por este método contém uma quantidade relativamente elevada de impurezas, e para a obtenção de ligas com purezas mais elevadas outros métodos de refino são utilizados, podendo resultar em índices de 99,999% de pureza.
- **Secundária:** Produzido a partir da reciclagem de sucata e constitui uma importante fonte de produção do metal.

2.3.2 Sistema de classificação

A tabela abaixo mostra o sistema de classificação da *The Aluminum Association Inc.*, associação dos produtores norte-americanos.

Série	Elemento(s) de liga(s) principal(is)	Outros elementos de liga
1xxx	Alumínio puro	-
2xxx	Cu	Mg, Li
3xxx	Mn	Mg
4xxx	Si	-
5xxx	Mg	-
6xxx	Mg, Si	-
7xxx	Zn	Cu, Mg, Cr, Zr
8xxx	Sn, Li, Fe, Cu, Mg	-
9xxx	Reservado para uso futuro	-

2.3.3 Aplicações

Ligas	Aplicações
1050	Equipamentos para indústrias e de bebidas
1350	Condutores elétricos
1200	Equipamentos para indústrias químicas, alimentícias e de bebidas
2117	Rebites
2017	Peças com elevada resistência mecânica – usinagem
2024	Peças com elevada resistência mecânica – usinagem e forjagem
2011	Peças usinadas em torno automático
4043	Solda
4047	Solda
6060	Caixilharia e ornamentos – anodização fosca
6068	Caixilharia e ornamentos – anodização fosca
6463	Frisos decorativos com alta refletividade
6101	Aplicações elétricas – boa resistência mecânica
6351	Estruturas e peças usinadas
6053	Rebites
5056	Rebites e solda
5052	Estruturas (expostas ao ar marinho)
6061	Estruturas e rebites
6261	Estruturas e peças usinadas
7104	Estruturas (particularmente quando soldados)

2.3.4 Dimensões de chapas

DIMENSÕES DA CHAPA 3.000 X 1.000 m/m		
Espessura m/m	Peso kg/m²	Peso kg/chapa
0,50	1,350	4,050
0,60	1,620	4,860
0,70	1,890	5,670
0,80	2,160	6,480
0,90	2,430	7,290
1,00	2,700	8,100
1,20	3,240	9,720
1,40	3,780	11,340
1,50	4,050	12,150
2,00	5,400	16,200
2,50	6,750	20,250
3,00	8,100	24,300
3,18	8,560	25,680
3,50	9,540	28,620
4,00	10,800	32,400
4,76	12,852	38,556
6,35	17,145	51,436
7,93	21,411	64,233
9,52	25,704	77,112

DIMENSÕES DA CHAPA ESCAMADA 2.000 x 1.000		
Espessura m/m	Peso kg/m²	Peso kg/chapa
0,80	2,160	4,320
1,00	2,700	5,400

DIMENSÕES DA CHAPA LAVRADA XADREZ 1.800 x 1.000 m/m		
Espessura m/m	Peso kg/m²	Peso kg/chapa
3,50	11,945	21,500

DIMENSÕES DA CHAPA 2.000 x 1.000 m/m		
Espessura m/m	Peso kg/m²	Peso kg/chapa
0,30	0,810	1,620
0,35	0,945	1,890
0,40	1,080	2,160
0,50	1,350	2,700
0,60	1,620	3,240
0,70	1,890	3,780
0,80	2,160	4,320
0,90	2,430	4,860
1,00	2,700	5,400
1,20	3,240	6,480
1,40	3,780	7,560
1,50	4,050	8,100
2,00	5,400	10,800
2,50	6,750	13,500
3,00	8,100	16,200
3,18	8,560	17,120
3,50	9,540	19,080
4,00	10,800	21,600
4,76	12,852	25,704
6,35	17,145	34,290
7,93	21,411	42,822
9,52	25,704	51,408
12,70	34,290	68,580
15,87	42,849	86,898
19,05	51,435	102,870
25,40	68,580	137,160
31,75	85,725	171,450
38,10	102,970	205,740
50,80	137,160	274,320

CHAPA NAVAL LARGURA 1.200 m/m		
Espessura m/m	COMPR. m/m	PESO kg/chapa
1,20	4,000	15,552
1,58	4,000	20,477
2,00	4,000	25,920
1,20	6,000	23,328
1,58	6,000	30,715
2,00	6,000	38,880

DIMENSÕES DA CHAPA 2.000 x 1.250 m/m		
Espessura m/m	Peso kg/m²	Peso kg/chapa
0,40	1,080	2,700
0,50	1,350	3,375
0,60	1,620	4,050
0,70	1,890	4,725
0,80	2,160	5,400
0,90	2,430	6,075
1,00	2,700	6,750
1,20	3,240	8,100
1,40	3,780	9,450
1,50	4,050	10,125
2,00	5,400	13,500
2,50	6,750	16,875
3,00	8,100	20,250
3,18	8,560	21,400
3,50	9,540	23,850
4,00	10,800	27,000
4,76	12,852	32,130
6,35	17,145	42,863
7,93	21,411	53,528
9,52	25,704	64,260
12,70	34,290	85,725
15,87	42,849	107,123
19,05	51,435	128,588
25,40	68,580	171,450
31,75	85,725	214,313
38,10	102,870	257,175
50,80	137,160	342,900

DIMENSÕES DA CHAPA 2.500 x 1.000 m/m		
Espessura m/m	Peso kg/m²	Peso kg/chapa
12,70	34,290	72,009
15,87	42,849	89,983
19,05	51,435	108,014
25,40	68,580	144,018
31,75	85,725	180,023
38,10	102,870	216,027
50,80	137,160	288,036

Materiais   73

2.4 Cobre e suas ligas

É o terceiro metal mais utilizado no mundo, perdendo apenas para os aços e para o alumínio e suas ligas. Suas principais características são as elevadas condutividades elétrica e térmica, boa resistência à corrosão e facilidade de fabricação, aliadas a elevadas resistências mecânicas e à fadiga. Sua densidade é de 8,94g/cm³, um pouco acima da do aço, e sua temperatura de fusão é 1.083°C.

Os elementos de liga são adicionados ao cobre com o intuito de melhorar a resistência, a ductilidade e a estabilidade térmica, sem causar prejuízos à formabilidade, condutividades elétrica e térmica e resistência à corrosão característica do cobre. As ligas apresentam excelentes ductilidade a quente e a frio, ainda que um pouco inferiores às do metal puro. As ligas são divididas nos grandes grupos listados abaixo:
- Cobre comercialmente puro.
- Ligas de alto teor de cobre.
- Latões.
- Bronzes.
- Ligas de cobre-níquel.
- Ligas de cobre-níquel-zinco.

As ligas de cobre podem ser encontradas como produtos trabalhados mecanicamente, fundidos e metalurgia do pó. Entre os produtos trabalhados estão os arames, planos (placas, chapas, tiras e folhas), tubos, fio-máquinas, perfis extrudados e forjados. Já os produtos fundidos podem ser produzidos por vários métodos, tais como em areia, contínua, centrífuga, sob pressão, cera perdida, gesso e coquilha.

O sistema de classificação unificado do *UNS* divide o cobre em dois tipos: ligas trabalhadas e ligas fundidas.

2.4.1 Ligas trabalhadas

Liga	Classificação *UNS*	Composição
Cobre comercialmente puro	C10100 – C15760	> 99% Cu
Ligas de alto teor de Cobre	C16200 – C19600	> 96% Cu
Latões	C20500 – C28580	Cu-Zn

Liga	Classificação *UNS*	Composição
Latões ao chumbo	C31200 – C38590	Cu-Zn-Pb
Latões ao estanho	C40400 – C49080	Cu-Zn-Sn-Pb
Bronzes	C50100 – C52400	Cu-Sn-P
Bronzes ao fósforo e ao Chumbo	C53200 – C54800	Cu-Sn-Pb-P
Cobres ao fósforo e prata	C55180 – C55284	Cu-P-Ag
Bronzes ao alumínio	C60600 – C64400	Cu-Al-Ni-Fe-Si-Sn
Bronzes ao silício	C64700 – C66100	Cu-Si-Sn
Outras ligas cobre-zinco	C66400 – C69900	Cu-Zn
Cobres ao níquel	C70000 – C79900	Cu-Ni-Fe
Alpaca	C73200 – C79900	Cu-Ni-Zn

2.4.2 Ligas fundidas

Liga	Classificação *UNS*	Composição
Cobre comercialmente puro	C80100 – C81100	> 99% Cu
Ligas de alto teor de cobre	C81300 – C82800	> 94% Cu
Latões vermelhos ao chumbo	C83300 – C85800	Cu-Zn-Sn-Pb (75-89% Cu)
Latões amarelos ao chumbo	C85200 – C85800	Cu-Zn-Sn-Pb (57-74% Cu)
Bronzes ao chumbo e ao manganês	C86100 – C86800	Cu-Zn-Mn-Fe-Pb
Bronzes e latões ao silício	C87300 – C87900	Cu-Zn-Si
Bronzes ao estanho e ao chumbo	C90200 – C94500	Cu-Sn-Zn-Pb
Bronzes ao níquel e ao estanho	C94700 – C94900	Cu-Ni-Sn-Zn-Pb
Bronzes ao alumínio	C95200 – C95810	Cu-Al-Fe-Ni
Cobre-níquel	C96200 – C96800	Cu-Ni-Fe
Níquel prata	C97300 – C97800	Cu-Ni-Zn-Pb-Sn
Cobres ao chumbo	C98200 – C98800	Cu-Pb
Ligas especiais	C99300 – C99750	-

2.4.3 Aplicações

2.4.3.1 Cobre

Denominação	Liga ASTM/UNS	Formato	Características	Aplicações
Cobre Elox	C10200	Tiras	Excelente conformabilidade a frio e boa conformabilidade a quente. Excelente soldabilidade e brasagem.	Condutores elétricos, guias de onda e aplicações eletrônicas.
Cobre Eletrolítico	C11000	Bobinas, Chapas, Tiras, Barras Retangulares, Vergalhões, Tubos, Anodos	Excelente conformabilidade a frio e boa conformabilidade a quente. Excelente soldabilidade e brasagem.	Cabos, condutores, motores, geradores, transformadores, contatos, fios condutores, componentes de rádio e televisão, caldeiras, tanques, juntas automotivas, radiadores, calhas, pregos, rebites, anodos.
Cobre Fosforoso (DLP)	C12000	Bobinas, Chapas, Tiras	Excelente conformabilidade a frio e a quente. Excelente soldabilidade e brasagem.	Juntas de motores, arruelas de vedação, peças de artesanato, fachadas de prédios, placas de aquecedores solar, aquecedores elétricos, calha e condutores de residências, rebites.
Cobre Fosforoso (DHP)	C12200	Tubos, Anodos	Excelente conformabilidade a frio e boa conformabilidade a quente. Excelente soldagem e brasagem.	Aparelhos de ar-condicionado e refrigeração, tubos para condução de água quente, fria e gás, evaporadores, trocadores de calor, radiadores.
Cobre Cromo	C18400	Vergalhões	Boa conformabilidade a frio e a quente. Boa soldabilidade e brasagem.	Eletrodos para solda, pontas de maçarico e ferros de soldar, em todas aquelas que exijam características mecânicas superiores às do cobre, conservando ao mesmo tempo condutibilidade térmica e elétrica elevadas. Bijuterias em geral, decoração ornamental, artigos esmaltados, cartuchos para munição.
Cuproniquel 90/10	C70600	Tubos	Boa conformabilidade a frio e a quente. Excelente soldabilidade e brasagem.	Tubos e conexões para condensadores e trocadores de calor, evaporadores, tubos para água salgada.
Cuproniquel 70/30	C71500	Tubos	Boa conformabilidade a frio e a quente. Excelente soldabilidade e brasagem.	Condensadores, tubos de destilarias, tubos de evaporadores e trocadores de calor, tubos de água salgada.

2.4.3.2 Bronze

Denominação		Liga ASTM/UNS	Formato	Características	Aplicações
	Bronze Fosforoso	C51000	Bobinas, Chapas, Tiras	Excelente conformabilidade a frio e limitada conformabilidade a quente. Excelente soldabilidade e brasagem.	Hélices de agitadores, foles, discos de ficção, chavetas, diafragmas, porcas e rebites, arruelas de pressão, componentes para indústrias químicas, têxtil e de papel. Molas, contatos, peças para interruptores, porta-fusíveis.
	Bronze Fosforoso	C51100	Bobinas, Chapas, Tiras	Excelente conformabilidade a frio e conformabilidade ruim a quente. Excelente soldabilidade e brasagem.	Sinos, discos de embreagem, chavetas, diafragmas, porcas e rebites, arruelas de pressão, componentes para indústrias químicas, têxtil e de papel. Molas, contatos, peças para interruptores, porta-fusíveis.
	Bronze Fosforoso	C52100	Bobinas, Chapas, Tiras	Boa conformabilidade a frio e conformabilidade ruim a quente. Excelente soldabilidade e brasagem.	Hélices de agitadores, foles, discos de ficção, chavetas, diafragmas, porcas e rebites, arruelas de pressão, componentes para indústrias químicas, têxtil e de papel. Molas, contatos, peças para interruptores, porta-fusíveis.
CuSn	Bronze SAE 65 Bronze Bz 12 Bronze BZ 14	C90700 C90800 C91000	Buchas, Tarugos, Barras retangulares	Dureza tenaz com boa resistência ao desgaste, à corrosão e à fadiga superficial. Permite trabalhar com cargas específicas elevadas. Importante estarem bem lubrificadas.	Engrenagens, buchas, mancais, coroas, guias, deslizantes, anéis de pistão.
CuSnZn	Bronze SAE 62 Bronze SAE 620 Bronze SAE 622	C90500 C90300 C92200	Buchas, Tarugos, Barras retangulares	Resistente à corrosão e à água do mar. Permite trabalhar com cargas específicas médias.	Anéis de vedação, válvulas, sede de hastes, flanges e conexões, carcaça e rotores de bombas, peças resistentes à pressão e à temperatura.
CuSnPb	Bronze SAE 64 Bronze SAE 66 Bronze SAE 67	C93700 C93500 C93800	Buchas, Tarugos, Barras retangulares	Excelente resistência à brasão, corrosão, antifricção, e estanques de pressão. Boa capacidade de trabalhar precariamente sem lubrificação momentânea.	Buchas para prensa, sapatas, mancais, buchas para pino de êmbolos, casquilhos de deslize.
CuSnPbZn	Bronze SAE 40 Bronze SAE 660	C83600 C93200	Buchas, Tarugos, Barras retangulares	Boa propriedade de antifricção e resistências médias. Utilizar em peças que requerem velocidade e pressão superficial moderada.	Peças pequenas como mancais, buchas, casquilhos, coroas, anéis, material hidráulico e guarnições, elementos de acoplamento.
CuAl	Bronze SAE 68-A Bronze SAE 68-B Bronze SAE CA-624 Bronze SAE CA-630 Bronze SAE CA-954 Bronze SAE CA-955	C95200 C95300 C62400 C63000 C95400 C95500	Buchas, Tarugos, Barras retangulares	Excelentes propriedades mecânicas. Resistente a vibrações, desgaste, corrosão e cativação. Tratáveis termicamente, exigem boa lubrificação.	Mancais deslizantes com cargas e choques extremamente altos, coroas altamente solicitadas, buchas, engrenagens, assento e sede de válvulas, guias, pinhões, anéis, sapatas, peças para agitadores e ferramentas antifaiscantes.
CuZnAlMn	Bronze SAE 430-A Bronze SAE 430-B Bronze SAE 43	C86200 C86300 C86500	Buchas, Tarugos, Barras retangulares	Excelente resistência à corrosão e excelentes propriedades de suportar cargas estáticas extremamente altas e em baixas velocidades.	Indicada para mancais e coroas muito solicitadas e componentes internos de válvulas de alta pressão, buchas, porcas para prensas, peças para cilindros hidráulicos, componentes de pontes rolantes, suportes de alta resistência.
	Bronze TM-23		Buchas, Tarugos	Boa conformabilidade e resistência à fadiga. Média resistência à corrosão. Excelente soldabilidade. Permite trabalhar em sistemas de lubrificação precária.	Mancais, buchas, casquilhos para indústrias automotivas, sucroalcooleira e de máquinas pesadas, válvulas.
	Bronze TM-620		Buchas, Tarugos	Boa resistência à fadiga. Permite trabalhar com cargas específicas elevadas. Deve-se trabalhar em sistemas com lubrificação constante.	Mancais, buchas, casquilhos para indústrias automotivas, sucroalcooleira e de máquinas pesadas, placas de desgaste, linhas decorativas.

2.4.3.3 Latão

Denominação	Liga ASTM/UNS	Formato	Características	Aplicações
Latão Tomback 90/10	C22000	Bobinas, Chapas,Tiras	Excelente conformabilidade a frio e boa conformabilidade a quente. Excelente soldabilidade e brasagem.	Extintores de incêndio, ilhoses, zíperes, botões de pressão, bijuterias, cartuchos para munição.
Latão Tomback 85/15	C23000	Bobinas, Chapas, Tiras	Excelente conformabilidade a frio e razoável conformabilidade a quente. Excelente soldabilidade e brasagem.	Extintores de incêndio, ilhoses, zíperes, botões de pressão, bijuterias, cartuchos para munição.
Latão Cartucho 70/30	C26000	Bobinas, Chapas, Tiras, Tubos	Boa conformabilidade a frio e razoável conformabilidade a quente. Excelente soldabilidade e brasagem.	Tubos para radiadores, instrumentos musicais, rebites, parafusos, refletores, soquetes, botões de pressão, zíperes, dobradiças, cartuchos para munição metais sanitários.
Latão Fio Maquina 67/33	C26800	Bobinas, Chapas, Tiras, Barras Retangulares	Excelente conformabilidade a frio e razoável conformabilidade a quente. Excelente soldabilidade e brasagem.	Refletores, soquetes para lâmpadas, ilhoses, dobradiças, fechaduras, componentes obtidos por embutimento profundo e repuxo, eletas, rebites, pinos, parafusos, molas.
Latão Fio Maquina 65/35	C27000	Arames, Barras Retangulares	Excelente conformabilidade a frio e ruim conformabilidade a quente. Excelente soldabilidade e brasagem.	Pinos, rebites, parafusos, molas, dobradiças, ilhoses, objetos de adornos.
Latão Fio Maquina 63/37	C27200	Tubos	Boa conformabilidade a frio e a quente. Excelente soldabilidade e brasagem.	Tubos para radiadores, antenas para rádio, televisão e veículos, metais sanitários.
Latão Forjaflex	C35300	Tiras	Razoável conformabilidade a frio e a quente Excelente soldabilidade e boa brasagem.	Chaves, componentes de fechaduras, engrenagens em geral, placas gravadas.
Latão Corte Livre Americano CLA	C36000	Vergalhões, Barras Retangulares	Limitada conformabilidade a frio e razoável conformabilidade a quente. Excelente soldabilidade e boa brasagem.	Peças a serem produzidas em tornos automáticos de alta velocidade de corte, tais como: parafuso, pinos, porcas, arruelas, buchas, mancais, peças tubulares, peças usinadas em geral.
Latão Forja	C37700	Vergalhões	Limitada conformabilidade a frio e excelente conformabilidade a quente. Excelente soldabilidade e boa brasagem.	Peças a serem forjadas ou prensadas a quente, tais como: metais sanitários, ferragens para porta e janelas, válvulas e registros, peças para automóveis, engrenagens, porcas, uniões, etc. Engrenagens, e similares requerendo alta precisão de usinagem.
Latão Corte Livre Europeu CLE	C38500	Vergalhões	Limitada conformabilidade a frio e boa conformabilidade a quente. Excelente soldabilidade e boa brasagem.	Peças a serem usinadas em tornos automáticos de alta velocidade de cortes, tais como: parafuso, pinos, porcas, arruelas, buchas, mancais, dobradiças, cadeados, tomadas, interruptores.
Latão Almirantado (Arsenical)	C44300	Tubos	Boa conformabilidade a frio e razoável conformabilidade a quente. Excelente soldabilidade e boa brasagem.	Condensadores, evaporadores, trocadores de calor, tubos para água salgada.
Latão Almirantado (Fosforoso)	C44500	Tubos	Boa conformabilidade a frio e razoável conformabilidade a quente. Excelente soldabilidade e boa brasagem.	Condensadores evaporadores, trocadores de calor, tubos para água salgada.
Latão Naval	C46500	Laminados	Ruim conformabilidade a frio e excelente conformabilidade a quente. Excelente soldabilidade e boa brasagem.	Componentes para equipamentos marítimos, hélices, espelhos para condensadores e trocadores de calor.
Latão Solda	C47100	Verguinhas	Razoável conformabilidade a frio e excelente conformabilidade a quente. Excelente soldabilidade e boa brasagem.	Solda.
Latão Aluminado	C68700	Tubos		Condensadores, evaporadores, trocadores de calor, tubos para água salgada.

2.5 Polímeros

2.5.1 Termoplásticos

São os chamados plásticos, constituindo a maior parte dos polímeros comerciais. Sua principal característica é poder ser fundido diversas vezes. Dependendo do tipo do plástico, também podem dissolver-se em vários solventes. Logo, sua reciclagem é possível, uma característica bastante desejável nos dias de hoje.
- **Exemplos:** Polietileno (PE), polipropileno (PP), poli(tereftalato de etileno) (PET), policarbonato (PC), poliestireno (PS), poli(cloreto de vinila) (PVC), poli(metilmetacrilato)PMMA).

2.5.2 Termofixos

São rígidos e frágeis, sendo muito estáveis a variações de temperatura. Uma vez prontos, não mais se fundem. O aquecimento do polímero acabado a altas temperaturas promove decomposição do material antes de sua fusão. Logo, sua reciclagem é complicada.
- **Exemplos**: Baquelite, usada em tomadas e no embutimento de amostras metalográficas; poliéster usado em carrocerias, caixas-d'água, piscinas, etc., na forma de plástico reforçado (*fiberglass*).

2.5.3 Elastômeros (borrachas)

Classe intermediária entre os termoplásticos e os termofixos não são fusíveis, mas apresentam alta elasticidade, não sendo rígidos como os termofixos.
- **Exemplos**: Pneus, vedações, mangueiras de borracha.

2.5.4 Propriedades

- **Alta flexibilidade:** Variável ao longo de faixa bastante ampla, conforme o tipo de polímero e os aditivos usados na sua formulação.
- **Alta resistência ao impacto:** Tal propriedade, associada à transparência, permite substituição do vidro em várias aplicações.
- **Baixa condutividade térmica:** A condutividade térmica é cerca de mil vezes menor que a dos metais. Logo, são altamente recomendados em aplicações que requeiram isolamento térmico, particularmente na forma de espumas.

- **Maior resistência a corrosão:** As ligações químicas presentes nos plásticos lhes conferem maior resistência à corrosão por oxigênio ou produtos químicos do que no caso dos metais. Isso, contudo, não quer dizer que os plásticos sejam completamente invulneráveis ao problema. De maneira geral, são atacados por solventes orgânicos que apresentam estrutura similar a eles. Ou seja: similares diluem similares.

2.5.5 Materiais

- **PTFE (politetrafluoretileno):**

Material semicristalino, com excelente resistência química, sendo de fácil usinagem e com múltiplas possibilidades de aplicação.

> **Características:** Antiaderência; autolubrificância; atóxico; inodoro; isolação elétrica e térmica; baixo coeficiente de atrito; boa resistência química e a corrosão.

> **Aplicação:** Buchas, anéis, assentos, arruelas, gaxetas, flange, juntas, isoladores, mancais, retentores, revestimentos, vedações.

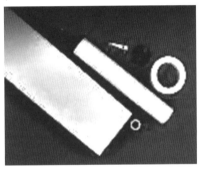

TEFLON é uma marca registrada de propriedade da empresa *DuPont*.

- *Nylon*:

Substituto natural da maioria dos metais em trabalhos a temperatura ambiente.

> **Características:** Leveza (até 6 vezes mais leve que os metais); resistência mecânica ao desgaste, atrito, abrasão; trabalho silencioso (absorve bem vibrações); boa autolubrificância.

> **Aplicação:** Engrenagens, peças de desgaste, rolos de *nylon*, roldanas, polias, guias, sapatas, sem-fins, etc.

- **Poliuretano:**
A partir de cada necessidade específica se define a dureza das buchas, tarugos e lençóis de poliuretano. Substituto natural de materiais tradicionais em atividades que envolvam molas e amortecedores de impacto.
  > **Aplicação:** Molas, matrizes, gaxetas e revestimentos.

- **Acrílico/policarbonato:**
    Aplicação: Visores, proteções, portas e janelas.

- **PVC**
Entre os inúmeros plásticos existentes, o PVC (cloreto de polivinila) é um dos mais utilizados atualmente, devido às suas excelentes propriedades elétricas, boa resistência à exposição ao tempo, à umidade e a agentes químicos. É excelente quando utilizado em comunicação visual interna, devido à ótima aceitação de tinta serigráfica e vinil adesivo.

O PVC é comercializado na forma de chapas (rígidas ou flexíveis), tarugos, lençóis, filmes laminados e forros. O PVC rígido, por exemplo, pode ser altamente transparente, opaco, colorido, ter grande rigidez mesmo em filme fino, ter alta resistência a choques e quedas, ter baixa sensibilidade à fissuração sob tensão, ter baixíssima permeabilidade a gases (aliás, a mais baixa entre os termoplásticos usuais) e baixa permeabilidade a vapor d'água, ser extremamente impermeável a odores e aromas, ter ótima estabilidade a numerosos produtos químicos, ser estanque a óleos e gorduras alimentares e além disso proporcionar grande facilidade de impressão, podendo inclusive ser metalizado e termoformado.

O PVC flexível, por outro lado, além de ser de altíssima transparência, opaco, colorido, pode também receber soldagem de alta frequência, térmica ou ultrassom, sem prévio tratamento, ser impresso em *silk-screen*, rotogravura, flexografia, *hot stamping*. Pode ser costurado, receber aditivos específicos (por exemplo ser mais resistente à ação dos raios UV, fungos, reduzir a velocidade de propagação de chama) e ainda ter os mais diversos "relevos" e acabamentos

Materiais   81

na superfície e as durezas mais diversificadas, indo desde um laminado extremamente macio até uma chapa quase rígida, com ou sem reforço de tecidos naturais ou sintéticos.

Características gerais do PVC

Isolante elétrico	não sendo atacado pelas correntes vagantes do terreno
Elástico	seguindo eventuais movimentos de assentamentos
Incombustível	a chama apaga-se sozinha (ao ser retirada a fonte)
Amolece sob ação do calor	a 180°C fica pastoso e a 220°C carboniza
Não deve ficar exposto ao sol	
Os raios UV deixam as chapas quebradiças	

- ➢ **Resistência química:** É atacado por hidrocarbonetos aromáticos, solventes clorados, cetonas, ésteres, aminas e óleos minerais. É resistente à maioria dos ácidos, com algumas restrições para ácidos concentrados a quente. É resistente à maior parte dos outros líquidos inorgânicos, com exceção de algumas substâncias fortemente alcalinas.
- ➢ **Aplicações:** Tanques, reservatórios, dutos, tubulações, etc.

- **Outros:**
  - ➢ **Borracha natural – NR:** Pouca resistência aos óleos minerais. Aplicado em peças sujeitas a choques, a compressão e a desgaste, como estão sujeitos aos amortecedores os calços e os coxins.
  - ➢ **Borracha nitrílica – NBR:** É uma borracha com excelente adesão a metais e tecidos, que se adapta a qualquer tipo de vedação.
  - ➢ **Etilenopropileno – EDPM:** Baixa resistência aos óleos minerais, derivados de petróleo e solventes. É adaptável a altas temperaturas e tem sua principal aplicação na vedação de vapor ou água.
  - ➢ **Hypalon – CSM:** O uso de hypalon em vedadores é pequeno por ser suplantado pela borracha nitrílica na resistência aos óleos minerais e derivados de petróleo. É uma borracha valiosa quando empregada em sistemas com altas temperaturas e sua melhor aplicação está nos ácidos, especialmente no ácido sulfúrico.
  - ➢ **Neoprene – CR:** Apesar de ser a mais versátil borracha à disposição da indústria, seu uso é restrito, por existirem borrachas com melhor adaptação às exigências desses. Apresenta excelente desempenho

quando utilizada em vedações de fluidos refrigerantes ou sujeitas a intempéries ou em sistemas pneumáticos.

> **S. B. R.:** É uma borracha sintética que foi desenvolvida para substituir a borracha natural. Portanto, as propriedades e aplicações se equivalem, com pequena superioridade em algumas propriedades para a borracha natural.

> **Silicone – SI:** Em geral, apresenta baixa resistência mecânica, exigindo, assim, um certo cuidado antes de empregá-lo em sistemas dinâmicos. Sua melhor característica é manter suas propriedades em uma faixa de temperatura muito grande, possibilitando o seu uso em vedações expostas a baixas ou altas temperaturas.

> **Viton – FPM:** Resistente ao calor e aos ataques químicos e possui excelentes propriedades mecânicas. Apresenta desempenho superior a qualquer outro tipo aplicado às mesmas condições de trabalho. É considerada a borracha mais importante na aplicação de vedações. Entre as poucas exceções às quais não resiste, estão os ésteres e a acetona.

> **Couro:** Capacidade de absorver e reter lubrificantes. Sua principal aplicação está em vedações de óleo, graxa, água, óleo solúvel ou em meio ambiente abrasivo.

> **Borracha para contato com produtos alimentícios:** Trata-se de uma formulação especial de borracha Nitrílica ou Neoprene que, sem prejuízo de suas características, pode entrar em contato com produtos alimentícios ou farmacêuticos sem contaminá-los.

2.6 Isolamento térmico

2.6.1 Lã de rocha

É fabricada a partir de rochas basálticas especiais e outros minerais que, aquecidos a cerca de 1.500°C, são transformados em filamentos que aglomerados a soluções de resinas orgânicas permitem a fabricação de produtos leves e flexíveis a até muito rígidos, dependendo do grau de compactação. Devido às características termoacústicas, atende os mercados da construção civil, industrial, automotivos e eletrodomésticos, entre outros. Garante conforto ambiental, segurança e aumento no rendimento de equipamentos industriais, gerando economia de energia com aumento de produtividade com a mais favorável relação custo/benefício.

2.6.2 Lã de vidro

Utilizada para isolação termoacústica, produzida pela avançada tecnologia mundial do processo *"Tel"*, que garante resistência mecânica superior, graças ao entrelaçamento das fibras, conferindo excepcionais índicies de Isolação térmica e absorção sonora, além de agregar: economia de energia; conforto ambiental; segurança e facilidade na aplicação dos produtos.

2.6.3 Fibra cerâmica

São mundialmente conhecidas pela sua versatilidade, resistência, alta capacidade de isolantes e durabilidade. Estas fibras podem ser entrelaçadas em mantas, multiagulhadas em blocos monolíticos, moldadas a vácuo em placas, estampadas em gaxeta, etc...

2.6.4 Silicato de cálcio

É obtido através da sílica diatomácea, óxido de cálcio e fibras. É ideal para aplicações em tubulações e equipamentos, em altas temperaturas, por sua leveza, resistência mecânica, mínima perda de calor, insolubilidade e alta resistência estrutural.

2.6.5 Poliuretano

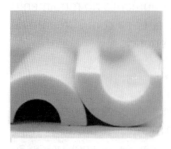

É uma espuma rígida predominantemente utilizada na técnica da isolação térmica, resultado da reação química de um poli-isocianato que, juntamente com o gás expansor são responsáveis pelo alto fator de isolamento térmico, principalmente para superfícies operando a baixas temperaturas, consequência de sua baixa massa específica aparente (densidade) e baixo coeficiente de condutibilidade térmica.

Capítulo 3
PARTES DE EQUIPAMENTOS

3.1 Tampos

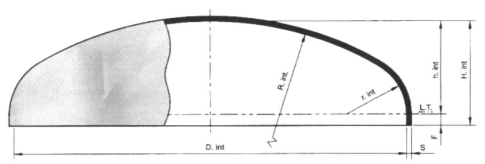

D. int. - DIÂMETRO INTERNO
R. int. - RAIO DE ABAULAMENTO INTERNO
r. int. - RAIO DE REBORDEAMENTO INTERNO
h int. - ALTURA INTERNA
H int. - ALTURA INTERNA TOTAL
P - PARTE RETA
S - ESPESSURA
L.T. - LINHA DE TANGÊNCIA

CLASSIFICAÇÃO DOS TIPOS DE TAMPOS INDUSTRIAIS	D. int. Mín.	D. int. Máx.	R. int.	r. int.	h int.
TAMPOS TORISFÉRICOS NAR 6 - ASME 6%	300	6.000	D. int.	0,06 D. int.	0,169 D. int.
TAMPOS TORISFÉRICOS NAR 10 - ASME 10%	300	5.000	D. int.	0,10 D. int.	0,194 D. int.
TAMPOS ELÍPTICOS (FALSA ELIPSE) NAR 21 - ASME 2:1	500	4.000	0,904 D. int.	0,1725 D. int.	0,250 D. int.
TAMPOS ELÍPTICOS (FALSA ELIPSE) NAR 65 - ASME 2:1	500	4.000	0,825 D. int.	0,154 D. int.	0,250 D. int.
TAMPOS TORISFÉRICOS NAR BP - ABAULAMENTO RASO	300	3.000	1,25 D. int.	Consultar	Consultar
TAMPOS SOMENTE ABAULADOS NA BP - ABAULAMENTO RASO	300	sem limite	1,25 D. int.	–	0,104 D. int.
TAMPOS SOMENTE ABAULADOS NA 1 - ABAULAMENTO NORMAL	300	sem limite	D. int.	–	0,134 D. int.

CLASSIFICAÇÃO DOS TIPOS DE TAMPOS INDUSTRIAIS	COEFICIENTES PARA CÁLCULO DO PERFIL			
	D. int. Mín. / Máx.	R. int.	r. int.	h int.
TAMPOS SOMENTE ABAULADOS NA 8 - ABAULAMENTO PROFUNDO	500 / sem limite	0,825 D. int.	–	0,175 D. int.
TAMPOS PLANOS OU RETOS NPR - SOMENTE REBORDEADOS	300 / 6.000	–	h int.	Consultar
TAMPOS FLANGEADOS NAR FL - ABAULADOS COM FLANGE	500 / 3.000	1,25 D. int.	–	0,104 D. int.
TAMPOS DIFUSORES NAR DR - ABAULADOS COM REBORDEAMENTO REVERSO	500 / 3.000	1,25 D. int.	0,06 D. int.	Consultar
TAMPOS SEMIESFÉRICOS NA-SEF - SEMIESFERA	500 / sem limite	0,5 D. int.	–	R. int.
TAMPOS TRONCO-CÔNICOS NR CR - CONE	500 / 6.000	–	0,06 D. int.	Consultar
TAMPOS CÔNICOS NR CR - CONE	500 / 6.000	–	0,06 D. int.	Consultar

Nota: A referência "NAR" é da empresa Codismon

3.1.1 Localização e cuidados com as soldas

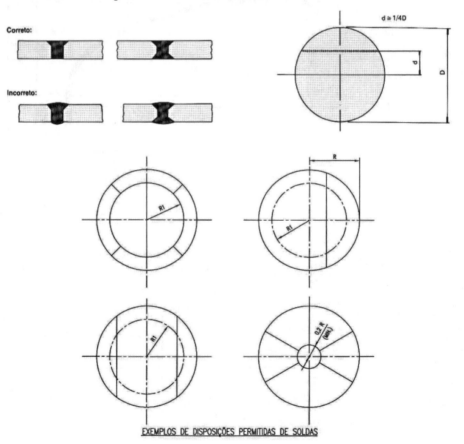

EXEMPLOS DE DISPOSIÇÕES PERMITIDAS DE SOLDAS

Partes de Equipamentos

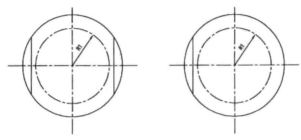

EXEMPLOS DE DISPOSIÇÕES NÃO PERMITIDAS DE SOLDAS

3.1.2 Tolerâncias

DIÂMETRO EXTERNO DO TAMPO	TOLERÂNCIAS NO DIÂMETRO EXTERNO			
	ESPESSURAS			
	Até 1/4	5/16 - 1/2	5/8 - 7/8	Acima de 1"
500 a 800	± 1,25	± 1,50	± 3,00	± 4,50
800 a 1.200	± 1,50	± 2,00	± 4,00	± 5,00
1.200 a 2000	± 1,75	± 2,50	± 4,50	± 5,50
2000 a 3000	± 2,00	± 3,00	± 5,00	± 6,00
Acima	Consultar em Fase de Projeto			

AS TOLERÂNCIAS NO DIÂMETRO EXTERNO OBSERVARÃO A OVALIZAÇÃO MÁXIMA DE 1% DO DIÂMETRO NOMINAL DO TAMPO

DIÂMETRO EXTERNO DO TAMPO	TOLERÂNCIAS NO PERÍMETRO (CIRCUNFERÊNCIA) EXTERNO			
	ESPESSURAS			
	Até 1/4	5/16 - 1/2	5/8 - 7/8	Acima de 1"
500 a 800	± 3,90	± 4,70	± 9,40	± 14,10
800 a 1.200	± 4,70	± 6,20	± 12,60	± 15,70
1.200 a 2000	± 5,80	± 7,90	± 14,10	± 17,30
2000 a 3000	± 6,20	± 9,40	± 15,70	± 18,10
Acima	Consultar em Fase de Projeto			

TOLERÂNCIA NA ALTURA INTERNA	
DIÂMETRO EXTERNO	h int.
de 500 até 1.200	+ 13 - 0
de 1.200 até 2200	+ 19 - 0
de 2200 até 3000	+ 25 - 0
Acima = Consultar em fase de projeto	

RAIO DE ABAULAMENTO, DE REBORDEAMENTO, TOLERÂNCIA NO PERFIL GERAL	
Desvio de Forma	+ 0,0125 Dext. - 0

PERDA DE ESPESSURA PREVISTA			
DIMENSIONAMENTO DO TAMPO		TAMPO TIPO	
ESPESSURA	D. INT.	NAR 10 - NAR 6	NAR 21 - NAR 65
1/8 a 3/8	Até 2000	1,6	2,3
	Até 3000	2,0	
3/8 a 5/8	Até 3000	2,5	3,0
5/8 a 7/8	Até 3000	3,0	3,5
5/8 a 7/8	Até 4000	3,5	4,0
Até 1"	Até 4000	4,0	4,5
Acima de 1"	Até 4000	FAVOR CONSULTAR	

3.1.3 Determinação da calota central e gomos da semiesfera

A semiesfera é constituída de uma calota central, 3 ou mais gomos (segmentos), os quais são prensados e cortados posteriormente para montagem.

Os segmentos têm a forma trapezoidal, com dimensões aproximadas, com folga, para reajuste posterior.

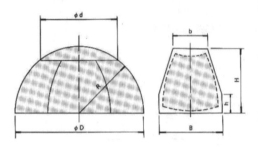

Desenvolvimento da calota central (d_s):

Determina-se $F = \dfrac{d}{2R}$

Acha-se F_1 na Tabela 4 para cálculo de tampos, substitui-se na fórmula abaixo:

$d_s = 1,026 \times F_1 \times R$

No caso de se adotar:
d = 0,5D
$d_s \cong 0,5237D$

Desenvolvimento dos segmentos:

Com o valor de 2F, determina-se, utilizando a tabela abaixo, os diversos fatores que multiplicados por " R ", resultam as medidas H, B, h e b

Acrescenta-se para os três primeiros uma folga de aproximadamente 40mm e, para o último, 20mm.

Exemplo: Dimensionamento de meia esfera com D = 2.100mm, d = 962mm, n.º de segmentos (n) = 8.

1. Calcula-se $F = \dfrac{962}{2 \times 1.050} = 0,458$; $F_1 = 0,9274$

   (Tabela para cálculo de tampos)

   $d_s = 1,026 \times 0,9274 \times 1.050 \cong 1000$ mm

2. Com os valores: 2F = 0,91 (valor mais próximo, 0,90) e n = 8, determinam-se os fatores para os cálculos de H (f=1,15), B (f=0,81), b (f=0,44) e h (f=0,28).

   Segmentos: B = 0,81 × 1.050 + 40 ≅ 890 mm
   H = 1,15 × 1.050 + 40 ≅ 1.250 mm
   h = 0,28 × 1.050 + 20 ≅ 315 mm
   b = 0,44 × 1.050 + 40 ≅ 500mm

Além do diâmetro da semiesfera, as dimensões do *blank* dependem do tipo de material, da espessura, do processo de fabricação e outros fatores.

As dimensões indicadas pelo processo acima são aproximadas.

3.1.3.1 Tabela 3

η	2F	0,5	0,55	0,60	0,65	0,70	0,75	0,80	0,85	0,90*	0,95	1,00	1,05	1,10	1,15	1,20	1,25	1,30	1,35	1,40	1,45	1,50
4	B	1,65	1,65	1,65	1,65	1,65	1,65	1,65	1,65	1,65	1,65	1,65	1,65	1,65	1,65	1,65	1,65	1,65	1,65	1,65	1,65	1,65
	H	1,41	1,39	1,37	1,34	1,32	1,29	1,27	1,25	1,22	1,20	1,17	1,14	1,11	1,08	1,05	1,02	0,99	0,96	0,92	0,88	0,84
	h	0,41	0,40	0,40	0,39	0,38	0,37	0,36	0,35	0,34	0,33	0,32	0,31	0,30	0,29	0,28	0,26	0,25	0,24	0,23	0,21	0,19
	b	0,57	0,61	0,65	0,68	0,72	0,74	0,78	0,82	0,85	0,88	0,92	0,95	0,98	1,01	1,05	1,09	1,12	1,15	1,18	1,22	1,25
5	B	1,31	1,31	1,31	1,31	1,31	1,31	1,31	1,31	1,31	1,31	1,31	1,31	1,31	1,31	1,31	1,31	1,31	1,31	1,31	1,31	1,31
	H	1,39	1,37	1,34	1,32	1,29	1,27	1,25	1,22	1,19	1,16	1,13	1,10	1,07	1,04	1,01	0,98	0,95	0,92	0,89	0,85	0,81
	h	0,37	0,37	0,36	0,35	0,34	0,34	0,33	0,32	0,30	0,30	0,29	0,28	0,27	0,26	0,25	0,24	0,23	0,21	0,20	0,19	0,18
	b	0,46	0,49	0,52	0,54	0,57	0,60	0,63	0,66	0,68	0,71	0,74	0,76	0,79	0,82	0,85	0,87	0,90	0,93	0,95	0,98	1,01
6	B	1,08	1,08	1,08	1,08	1,08	1,08	1,08	1,08	1,08	1,08	1,08	1,08	1,08	1,08	1,08	1,08	1,08	1,08	1,08	1,08	1,08
	H	1,38	1,35	1,33	1,30	1,28	1,26	1,23	1,20	1,18	1,15	1,12	1,09	1,06	1,03	1,00	0,97	0,94	0,90	0,87	0,83	0,79
	h	0,35	0,35	0,34	0,33	0,32	0,32	0,30	0,30	0,29	0,28	0,28	0,27	0,25	0,24	0,24	0,23	0,22	0,21	0,19	0,18	0,17
	b	0,38	0,41	0,43	0,46	0,48	0,50	0,53	0,55	0,57	0,60	0,62	0,64	0,66	0,68	0,71	0,73	0,75	0,77	0,80	0,82	0,84
7	B	0,93	0,93	0,93	0,93	0,93	0,93	0,93	0,93	0,93	0,93	0,93	0,93	0,93	0,93	0,93	0,93	0,93	0,93	0,93	0,93	0,93
	H	1,37	1,35	1,32	1,29	1,27	1,25	1,23	1,19	1,17	1,14	1,11	1,08	1,05	1,02	0,99	0,96	0,93	0,89	0,85	0,82	0,78
	h	0,34	0,34	0,32	0,32	0,31	0,31	0,29	0,29	0,28	0,27	0,27	0,26	0,25	0,24	0,23	0,22	0,20	0,18	0,17	0,17	0,16
	b	0,33	0,35	0,37	0,39	0,41	0,43	0,45	0,47	0,49	0,51	0,53	0,55	0,57	0,59	0,61	0,63	0,65	0,66	0,68	0,71	0,72
8	B	0,81	0,81	0,81	0,81	0,81	0,81	0,81	0,81	0,81	0,81	0,81	0,81	0,81	0,81	0,81	0,81	0,81	0,81	0,81	0,81	0,81
	H	1,37	1,35	1,31	1,29	1,26	1,24	1,21	1,18	1,15	1,13	1,10	1,07	1,04	1,01	0,98	0,95	0,92	0,88	0,84	0,81	0,77
	h	0,33	0,33	0,32	0,31	0,30	0,30	0,29	0,29	0,28	0,27	0,26	0,26	0,25	0,24	0,23	0,22	0,21	0,20	0,18	0,17	0,16
	b	0,29	0,31	0,33	0,35	0,36	0,38	0,40	0,42	0,44	0,45	0,47	0,48	0,50	0,52	0,53	0,55	0,57	0,58	0,60	0,62	0,64
9	B	0,71	0,71	0,71	0,71	0,71	0,71	0,71	0,71	0,71	0,71	0,71	0,71	0,71	0,71	0,71	0,71	0,71	0,71	0,71	0,71	0,71
	H	1,36	1,34	1,31	1,28	1,26	1,23	1,20	1,18	1,15	1,13	1,09	1,06	1,03	1,00	0,97	0,94	0,91	0,87	0,83	0,80	0,76
	h	0,32	0,32	0,31	0,30	0,29	0,29	0,28	0,28	0,27	0,26	0,25	0,25	0,24	0,23	0,22	0,21	0,20	0,20	0,18	0,17	0,16
	b	0,26	0,27	0,29	0,30	0,32	0,34	0,36	0,37	0,38	0,40	0,41	0,43	0,45	0,46	0,47	0,49	0,51	0,52	0,53	0,55	0,56
10	B	0,64	0,64	0,64	0,64	0,64	0,64	0,64	0,64	0,64	0,64	0,64	0,64	0,64	0,64	0,64	0,64	0,64	0,64	0,64	0,64	0,64
	H	1,36	1,34	1,30	1,28	1,25	1,23	1,19	1,17	1,14	1,12	1,08	1,05	1,02	1,00	0,96	0,93	0,90	0,87	0,83	0,79	0,75
	h	0,32	0,32	0,31	0,30	0,29	0,29	0,28	0,28	0,27	0,26	0,25	0,25	0,24	0,23	0,22	0,21	0,20	0,20	0,18	0,17	0,16
	b	0,23	0,25	0,26	0,27	0,29	0,30	0,32	0,33	0,35	0,36	0,37	0,38	0,40	0,41	0,43	0,44	0,46	0,47	0,48	0,49	0,51

3.1.3.2 Tabela 4

F	F₁	F	F₁	F	F₁	F	F₁	F	F₁	F	F₁
0,150	0,2933	0,260	0,5128	0,370	0,7379	0,480	0,9762	0,590	1,2303	0,700	1,5116
0,152	0,2972	0,262	0,5167	0,372	0,7426	0,482	0,9800	0,592	1,2349	0,702	1,5175
0,154	0,3013	0,264	0,5206	0,374	0,7465	0,484	0,9847	0,594	1,2400	0,704	1,5226
0,156	0,3052	0,266	0,5247	0,376	0,7509	0,486	0,9892	0,596	1,2451	0,706	1,5282
0,158	0,3091	0,268	0,5286	0,378	0,7550	0,488	0,9937	0,598	1,2496	0,708	1,5339
0,160	0,3132	0,270	0,5325	0,380	0,7601	0,490	0,9983	0,600	1,2547	0,710	1,5395
0,162	0,3171	0,272	0,5366	0,382	0,7640	0,492	1,0029	0,602	1,2593	0,712	1,5446
0,164	0,3210	0,274	0,5411	0,384	0,7681	0,494	1,0074	0,604	1,2644	0,714	1,5502
0,166	0,3251	0,276	0,5450	0,386	0,7726	0,496	1,0118	0,606	1,2694	0,716	1,5559
0,168	0,3290	0,278	0,5491	0,388	0,7765	0,498	1,0165	0,608	1,2739	0,718	1,5615
0,170	0,3329	0,280	0,5530	0,390	0,7810	0,500	1,0210	0,610	1,2791	0,720	1,5676
0,172	0,3370	0,282	0,5569	0,392	0,7849	0,502	1,0249	0,612	1,2843	0,722	1,5733
0,174	0,3409	0,284	0,5610	0,394	0,7896	0,504	1,0296	0,614	1,2887	0,724	1,5789
0,176	0,3450	0,286	0,5655	0,396	0,7934	0,506	1,0341	0,616	1,2938	0,726	1,5846
0,178	0,3489	0,288	0,5694	0,398	0,7979	0,508	1,0386	0,618	1,2989	0,728	1,5902
0,180	0,3528	0,290	0,5735	0,400	0,8020	0,510	1,0430	0,620	1,3035	0,730	1,5959
0,182	0,3569	0,292	0,5774	0,402	0,8065	0,512	1,0477	0,622	1,3086	0,732	1,6007
0,184	0,3608	0,294	0,5815	0,404	0,8104	0,514	1,0522	0,624	1,3137	0,734	1,6064
0,186	0,3647	0,296	0,5860	0,406	0,8151	0,516	1,0567	0,626	1,3188	0,736	1,6111
0,188	0,3688	0,298	0,5899	0,408	0,8190	0,518	1,0612	0,628	1,3239	0,738	1,6177
0,190	0,3726	0,300	0,5940	0,410	0,8236	0,520	1,0658	0,630	1,3290	0,740	1,6234
0,192	0,3765	0,302	0,5979	0,412	0,8276	0,522	1,0703	0,632	1,3336	0,742	1,6296
0,194	0,3806	0,304	0,6018	0,414	0,8321	0,524	1,0748	0,634	1,3387	0,744	1,6267
0,196	0,3845	0,306	0,6062	0,416	0,8362	0,526	1,0795	0,636	1,3437	0,746	1,6323
0,198	0,3886	0,308	0,6103	0,418	0,8406	0,528	1,0840	0,638	1,3488	0,748	1,6386
0,200	0,3925	0,310	0,6142	0,420	0,8451	0,530	1,0891	0,640	1,3540	0,750	1,6442
0,202	0,3964	0,312	0,6181	0,422	0,8490	0,532	1,0936	0,642	1,3591	0,752	1,6499
0,204	0,4005	0,314	0,6228	0,424	0,8537	0,534	1,0982	0,644	1,3642	0,754	1,6561
0,206	0,4044	0,316	0,6267	0,426	0,8576	0,536	1,1027	0,646	1,3693	0,756	1,6706
0,208	0,4083	0,318	0,6306	0,428	0,8621	0,538	1,1072	0,648	1,3743	0,758	1,6768
0,210	0,4122	0,320	0,6347	0,430	0,8666	0,540	1,1123	0,650	1,3795	0,760	1,6825
0,212	0,4163	0,322	0,6392	0,432	0,8707	0,542	1,1170	0,652	1,3846	0,762	1,6887
0,214	0,4202	0,324	0,6431	0,434	0,8752	0,544	1,1214	0,654	1,3898	0,764	1,6949
0,216	0,4241	0,326	0,6470	0,436	0,8793	0,546	1,1259	0,656	1,3948	0,766	1,7008
0,218	0,4282	0,328	0,6511	0,438	0,8837	0,548	1,1304	0,658	1,3999	0,768	1,7074
0,220	0,4321	0,330	0,6556	0,440	0,8882	0,550	1,1356	0,660	1,4058	0,770	1,7137
0,222	0,4360	0,332	0,6595	0,442	0,8923	0,552	1,1402	0,662	1,4114	0,772	1,7199
0,224	0,4401	0,334	0,6634	0,444	0,8968	0,554	1,1446	0,664	1,4167	0,774	1,7255
0,226	0,4442	0,336	0,6679	0,446	0,9013	0,556	1,1491	0,666	1,4215	0,776	1,7318
0,228	0,4481	0,338	0,6718	0,448	0,9054	0,558	1,1543	0,668	1,4268	0,778	1,7378
0,230	0,4520	0,340	0,6757	0,450	0,9099	0,560	1,1589	0,670	1,4317	0,780	1,7441
0,232	0,4561	0,342	0,6798	0,452	0,9143	0,562	1,1634	0,672	1,4368	0,782	1,7503
0,234	0,4600	0,344	0,6842	0,454	0,9188	0,564	1,1678	0,674	1,4418	0,784	1,7566
0,236	0,4645	0,346	0,6881	0,456	0,9229	0,566	1,1730	0,676	1,4469	0,786	1,7628
0,238	0,4685	0,348	0,6922	0,458	0,9274	0,568	1,1776	0,678	1,4525	0,788	1,7690
0,240	0,4725	0,350	0,6969	0,460	0,9319	0,570	1,1827	0,680	1,4576	0,790	1,7768
0,242	0,4764	0,352	0,7008	0,462	0,9360	0,572	1,1872	0,682	1,4625	0,792	1,7831
0,244	0,4803	0,354	0,7049	0,464	0,9405	0,574	1,1918	0,684	1,4676	0,794	1,7893
0,246	0,4844	0,356	0,7094	0,466	0,9450	0,576	1,1969	0,686	1,4726	0,796	1,7956
0,248	0,4883	0,358	0,7133	0,468	0,9495	0,578	1,2014	0,688	1,4783	0,798	1,8024
0,250	0,4922	0,360	0,7180	0,470	0,9541	0,580	1,2065	0,690	1,4836	0,800	1,8076
0,252	0,4963	0,362	0,7221	0,472	0,9580	0,582	1,2109	0,692	1,4892	0,802	1,8145
0,254	0,5002	0,364	0,7260	0,474	0,9625	0,584	1,2156	0,694	1,4943	0,804	1,8207
0,256	0,5041	0,366	0,7305	0,476	0,9672	0,586	1,2207	0,696	1,5009	0,806	1,8275
0,258	0,5088	0,368	0,7346	0,478	0,9717	0,588	1,2252	0,698	1,5066	0,808	1,8344

3.1.4 Tampo toricônico

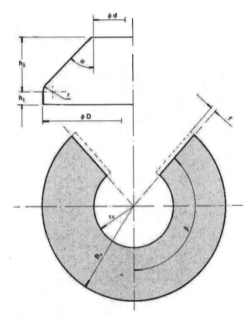

A. Conhecidos: α, D e d

$$h_1 = \frac{D-d}{2\,tg\,\alpha} + r\,tg\,\frac{\alpha}{2}$$

$$Rc = \frac{D}{2\,sen\,\alpha} + r\,(\frac{\pi\alpha°}{180} - tg\,\frac{\alpha}{2}) + h_1$$

$$r_c = \frac{d}{2\,sen\,\alpha}$$

B. Conhecidos: h_2, D e d

$$sen\,\alpha = \frac{a\sqrt{a^2 + h_2^2 - r^2} + r h_2}{a^2 + h_2^2}$$

(onde: $a = \frac{D-d}{2} - r$)

C. $\beta = 180\,sen\,\alpha$

D. Cálculo do peso (kg):
$P = \pi\,(R_c^2 - r_c^2)\,e.\rho \times 10^{-6}\,sen\,\alpha$
(onde: ρ = peso espec. kg/dcm³
e = espessura em mm.
R_c, r_c em mm)

E. Cálculo do volume:

$$V = \frac{\pi}{24}\,\frac{D^3 - d^3}{tg\,\alpha} + \frac{\pi}{4}\,D^2\,r\,tg\,\frac{\alpha}{2}$$

(não inclusa parte cilíndrica h_1).
Observações β poderá ser $> 90°$ (figura) ou $\leq 90°$
f = folga

3.1.5 Volume teórico, *ASME* 10%

D mm	e mm	h_1 mm	D_A mm (1)	h_2 mm	kg/mm esp. (2)	Cap. ℓ(3)	D mm	e mm	h_1 mm	D_A mm (1)	h_2 mm	kg/mm esp. (2)	Cap. ℓ(3)
300	2-8	20	376	58,1	0,9	4,1	2300	3-38	40	2656	445	43,2	1382
350	2-8	20	432	67,8	1,2	6,2	2350	3-38	40	2712	455	45,1	1470
400	2-13	20	488	77,5	1,5	8,9	2400	3-38	40	2768	465	46,9	1562
450	2-13	20	544	87,2	1,9	12,2	2450	3-38	40	2824	475	48,9	1658
500	2-19	20	600	96,8	2,2	18,4	2500	3-38	40	2880	484	50,8	1757
550	2-19	20	656	106	2,6	21,3	2550	3-38	50	2956	494	53,6	1911
600	2-19	20	712	116	3,1	27,2	2600	3-38	50	3012	504	55,6	2022
650	2-19	20	768	126	3,6	34,0	2650	3-38	50	3068	513	57,7	2135
700	2-19	20	824	135	4,2	41,9	2700	3-38	50	3124	523	59,8	2252
750	2-19	20	880	145	4,8	50,9	2750	3-38	50	3180	533	62,0	2375
800	2-38	20	936	155	5,4	61,2	2800	3-38	50	3236	542	64,2	2500
850	2-38	25	1002	165	6,1	75,5	2850	3-38	50	3292	552	66,4	2632
900	2-38	25	1058	174	6,8	88,7	2900	3-38	50	3348	562	68,7	2767
950	2-38	25	1114	184	7,6	103	2950	3-38	50	3404	571	71,0	2906
1000	2-38	25	1170	194	8,4	119	3000	3-38	50	3460	581	73,4	3051
1050	3-38	30	1236	203	9,4	142	3050	4-38	50	3516	591	75,8	3200
1100	3-38	30	1292	213	10,2	161	3100	4-38	50	3572	600	78,2	3354
1150	3-38	30	1348	223	11,1	183	3150	4-38	50	3628	610	80,7	3512
1200	3-38	30	1404	232	12,1	207	3200	4-38	50	3684	620	83,2	3676
1250	3-38	30	1460	242	13,1	231	3250	4-38	50	3740	629	85,7	3845
1300	3-38	35	1526	252	14,2	260	3300	4-38	60	3816	639	89,3	4114
1350	3-38	35	1582	261	15,3	296	3350	4-38	60	3872	649	91,9	4284
1400	3-38	35	1638	271	16,5	327	3400	4-38	60	3928	658	94,5	4471
1450	3-38	35	1694	281	17,6	362	3450	4-38	60	3984	668	97,3	4663
1500	3-38	35	1750	290	18,7	398	3500	4-38	60	4040	678	100,0	4860
1550	3-38	35	1806	300	20,0	437	3550	5-38	60	4096	688	102,8	5064
1600	3-38	35	1862	310	21,3	480	3600	5-38	60	4152	697	105,7	5272
1650	3-38	35	1918	320	22,5	523	3650	5-38	60	4208	707	108,6	5486
1700	3-38	35	1974	329	23,9	570	3700	5-38	60	4264	717	111,4	5705
1750	3-38	35	2030	339	25,3	620	3750	5-38	60	4320	726	114,4	5931
1800	3-38	35	2086	349	26,6	671	3800	5-38	60	4376	736	117,4	6163
1850	3-38	35	2142	358	28,1	726	3850	5-38	60	4432	746	120,4	6400
1900	3-38	35	2198	368	29,6	784	3900	5-38	60	4488	755	123,5	6644
1950	3-38	35	2254	378	31,1	845	3950	5-38	60	4544	765	126,5	6893
2000	3-38	35	2310	387	32,7	909	4000	5-38	60	4600	775	129,7	7145
2050	3-38	40	2376	397	34,6	992	4250	5-38	60	4880	823	146,0	8521
2100	3-38	40	2432	407	36,3	1063	4500	5-38	60	5160	872	163,2	10060
2150	3-38	40	2488	416	38,0	1138	4750	5-38	60	5440	920	181,4	11773
2200	3-38	40	2544	426	39,7	1216	5000	5-38	60	5720	968	200,6	13670
2250	3-38	40	2600	436	41,5	1317	5500	5-38	60	6280	1065	241,8	18053

3.1.6 Volume teórico, *ASME* 2.1

D mm	e mm	h_1 mm	D_A mm (1)	h_2 mm	kg/mm esp. (2)	Cap. ℓ (3)	D mm	e mm	h_1 mm	D_A mm (1)	h_2 mm	kg/mm esp. (2)	Cap. ℓ (3)
300	2-8	20	394	75	1,0	4,9	1850	4-38	35	2253	462	31,1	916
350	2-8	20	453	87	1,3	7,4	1900	4-38	35	2312	475	32,8	990
400	2-13	20	512	100	1,6	10,8	1950	4-38	35	2371	487	34,5	1068
450	2-13	20	571	112	2,0	15,1	2000	4-38	35	2430	500	36,2	1149
500	2-19	20	630	125	2,4	20,1	2050	4-38	40	2499	512	38,3	1251
550	2-19	20	689	137	2,9	26,7	2100	4-38	40	2558	525	40,1	1341
600	2-22	20	748	150	3,4	33,6	2150	4-38	40	2617	537	42,0	1436
650	2-22	20	807	162	4,0	42,6	2200	4-38	40	2676	550	43,9	1535
700	2-25	20	866	175	4,6	52,1	2250	5-38	40	2735	562	45,9	1639
750	2-25	20	925	187	5,2	63,8	2300	5-38	40	2794	575	47,9	1747
800	2-25	20	984	200	5,9	76,5	2350	5-38	40	2853	587	49,9	1859
850	2-25	25	1053	212	6,8	94,0	2400	5-38	40	2912	600	52,0	1977
900	2-25	25	1112	225	7,6	111	2450	5-38	40	2971	612	54,1	2099
950	2-25	25	1171	237	8,4	129	2500	5-38	40	3030	625	56,3	2226
1000	2-25	25	1230	250	9,3	149	2550	6-38	50	3109	637	59,3	2408
1050	3-25	30	1300	262	10,4	176	2600	6-38	50	3168	650	61,5	2549
1100	3-25	30	1358	275	11,3	201	2650	6-38	50	3227	662	63,8	2693
1150	3-25	30	1417	287	12,3	229	2700	6-38	50	3286	675	66,2	2843
1200	3-25	30	1476	300	13,4	259	2750	6-38	50	3345	687	68,6	2998
1250	3-25	30	1535	312	14,4	290	2800	6-38	50	3404	700	71,0	3160
1300	3-38	35	1604	325	15,8	332	2850	6-38	60	3483	712	74,4	3389
1350	3-38	35	1663	337	16,9	370	2900	6-38	60	3542	725	76,9	3564
1400	3-38	35	1722	350	18,2	410	2950	6-38	60	3601	737	79,5	3744
1450	3-38	35	1781	362	19,4	453	3000	6-38	60	3660	750	82,1	3931
1500	3-38	35	1840	375	20,7	500	3050	6-38	60	3719	762	84,8	4123
1550	3-38	35	1899	387	22,1	550	3100	6-38	60	3778	775	87,5	4323
1600	3-38	35	1958	400	23,5	602	3150	6-38	60	3837	787	90,2	4527
1650	3-38	35	2017	412	24,9	658	3200	6-38	60	3896	800	93,0	4739
1700	3-38	35	2076	425	26,4	768	3250	6-38	60	3955	812	95,9	4957
1750	3-38	35	2135	437	27,9	781	3300	6-38	60	4014	825	98,8	5182
1800	3-38	35	2194	450	29,5	846							

Partes de Equipamentos

3.1.7 Exemplo de planilha para dimensionamento

DADOS DE ENTRADA

D (diâmetro interno = mm)	2000	Preencha o campo amarelo ao lado.
e (espessura = mm)		Para calcular a espessura, deixe-a em branco e entre com os dados restantes.
R (raio de abaul. Int. = mm)	2000	
r (raio rebordo int. = mm)	200	
h (altura int. s/ parte reta = mm) .		
Material	A-285C	
Pressão (kgf/cm²)	3	ATENÇÃO: DISCOS CALCULADOS SEM SOBREMETAL P/ REFILAMENTO
Temperatura trabalho (ºC)	45	Eficiência de solda: (s/ radiografia = 0,7), (radiografia parcial = 0,85), (radiografia total = 1)
P (altura parte cilíndrica mm) ..	20	
Eficiência de solda	0,7	
Aba "tampos flangeados" (mm)	30	

(ASME 6%) TAMPO TORISFÉRICO

R (mm) =	2000	Volume sem parte reta (m³) =	0,6480	
r (mm) =	120	Volume total (m³) =	0,7108	
h (mm) =	338	Redução da espessura (mm) =	1,60	
H (mm) =	358	Pressão admissível (kgf/cm²) =	3,00	
e (mm) =	6,88	Tolerância diâmetro externo (mm) =	+2,50 -2,50	
Ø do disco (mm) =	2227	Tolerância perímetro externo (mm) =	+7,90 -7,90	
Peso (kgf) =	210,1	Tolerância altura interna (mm) =	+19,00 -0	
Perímetro externo (mm) =	6326	Altura parte cilíndrica (mm) =	20	

(ASME 10%) TAMPO TORISFÉRICO

R (mm) =	2000	Volume sem parte reta (m³) =	0,7917	
r (mm) =	200	Volume total (m³) =	0,8546	
h (mm) =	388	Redução da espessura (mm) =	1,60	
H (mm) =	408	Pressão admissível (kgf/cm²) =	3,00	
e (mm) =	5,98	Tolerância diâmetro externo (mm) =	+1,75 -1,75	
Ø do disco (mm) =	2293	Tolerância perímetro externo (mm) =	+5,80 -5,80	
Peso (kgf) =	193,9	Tolerância altura interna (mm) =	+19,00 -0	
Perímetro externo (mm) =	6321	Altura parte cilíndrica (mm) =	20	

(ASME 2:1) TAMPO ELÍPTICO

R (mm) =	1808	Volume sem parte reta (m³) =	1,0706	
r (mm) =	345	Volume total (m³) =	1,1335	
h (mm) =	500	Redução da espessura (mm) =	2,00	
H (mm) =	520	Pressão admissível (kgf/cm²) =	3,00	
e (mm) =	4,64	Tolerância diâmetro externo (mm) =	+1,75 -1,75	
Ø do disco (mm) =	2417	Tolerância perímetro externo (mm) =	+5,80 -5,80	
Peso (kgf) =	167,1	Tolerância altura interna (mm) =	+19,00 -0	
Perímetro externo (mm) =	6312	Altura parte cilíndrica (mm) =	20	

3.2 Flanges

ASME B 16.5

Nome: FLANGE WELDING NECK (WN)
Bitola: 1/2" A 24"
Classe: 150 A 2.500 #

Nome: FLANGE SLIP-ON (SO)
Bitola: 1/2" A 24"
Classe: 150 A 1.500 #

Nome: FLANGE SOCKET WELD (SW)
Bitola: 1/2" A 3"
Classe: 150 A 1.500 #

Nome: FLANGE BLIND (BL)
Bitola: 1/2" A 24"
Classe: 150 A 2.500 #

Nome: FLANGE LAP JOINT (LJ)
Bitola: 1/2" A 24"
Classe: 150 A 2.500 #

Nome: FLANGE ROSCADO (TH)
Bitola: 1/2" A 24"
Classe: 150 A 2.500 #

ASME B 16.36

Nome: WN ORIFÍCIO
Bitola: 1" A 24"
Classe: 300 A 2.500 #

Nome: SO ORIFÍCIO
Bitola: 1" A 24"
Classe: 300 A 2.500 #

Nome: TH ORIFÍCIO
Bitola: 1" A 24"
Classe: 300 A 2.500 #

ASME B 16.47 / MSS SP44

Nome: FLANGE BLIND (BL)
Bitola: 12" A 60"
Classe: 75 A 900 #

Nome: WELDING NECK (WN)
Bitola: 12" A 60"
Classe: 75 A 900 #

API 6A E API 17D

Nome: FLANGE ADAPTADOR
Bitola: 1.13/16" A 21.3/4"
Classe: 2.000 A 10.000 #

Nome: FLANGE BLIND (BL)
Bitola: 2.1/16" A 30"
Classe: 2.000 A 20.000 #

Nome: FLANGE ROTATIVO (SWIVEL)
Bitola: 1.13/16" A 21.3/4"
Classe: 2.000 A 10.000 #

Nome: FLANGE MANUSEIO & TESTE
Bitola: 2.1/16" A 30"
Classe: 2.000 A 10.000 #

Nome: FLANGE WELDING NECK (WN)
Bitola: 2.1/16" A 30"
Classe: 2.000 A 20.000 #

3.2.1 Composição e tolerâncias

COMPOSIÇÃO QUÍMICA

ASTM	RESISTÊNCIA A TRAÇÃO		LIMITE DE ESCOAMENTO		COMPOSIÇÃO QUÍMICA EM %							
	PSI mín.	Kp/mm2 mín.	PSI mín.	Kp/mm2 mín.	C	Mn	Si	P	S	Cr	Ni	Mo
A 105	PARA TEMPERATURAS ELEVADAS											
	70.000	49,2	36.000	25,3	0,22-0,35	0,60-1,05	0,35 máx.	0,04 máx.	0,050 máx.	-	-	-
A 181	PARA TEMPERATURAS NORMAIS											
GRAU I	60.000	42,2	30.000	21,1	máx. 0,35	máx. 0,90	máx. 0,35	máx. 0,55	máx. 0,055	-	-	-
GRAU II	70.000	49,2	36.000	25,3	máx. 0,35	máx. 0,90	máx. 0,35	máx. 0,055	máx. 0,055	-	-	-
A 182	PARA TEMPERATURAS ALTAS											
GRAU F 304	57.000	52,7	30.000	21,1	máx. 0,08	máx. 2,00	máx. 1,00	máx. 0,04	máx. 0,03	18,00-20,00	8,00-11,00	-
GRAU F 304 L	65.000	45,7	25.000	17,6	máx. 0,035	máx. 2,00	máx. 1,00	máx. 0,04	máx. 0,03	18,00-20,00	8,00-13,00	-
GRAU F 316	75.000	52,7	30.000	21,1	máx. 0,08	máx. 2,00	máx. 1,00	máx. 0,04	máx. 0,03	16,00-18,00	10,00-14,00	2,00-3,00
GRAU F 316 L	65.000	45,7	25.000	17,6	máx. 0,035	máx. 2,00	máx. 1,00	máx. 0,04	máx. 0,03	16,00-18,00	10,00-15,00	2,00-3,00

ANSI B 16.5 TOLERÂNCIAS PARA FLANGES

TOLERÂNCIAS FLANGES: SOBREPOSTOS ROSCADOS, SOLTOS E CEGOS		
DIÂMETRO EXTERNO	24" e menor	+ - 1,6 mm
	2" e maior	+ - 3,2 mm
DIÂMETRO INTERNO	Flanges sobrepostos e soltos	
	10" e menor	+0,8 mm - 0 mm
	12" e maior	+1,6 mm - 0 mm
	Flanges roscados	Tolerância conforme calibre para roscas.
DIÂMETRO DO ENCAIXE NA ROSCA	10" e menor	+0,8 mm - 0 mm
	12" e maior	+1,6 mm - 0 mm
DIÂMETRO DO RESSALTO	Ressalto 1,6 mm	+ - 0,8 mm
	Ressalto 6,35 mm	+ - 0,5"
	Macho duplo e canal	+ - 0,5"
	Macho e Fêmea	+ - 0,5"
DIÂMETRO DO PESCOÇO EXTERNO	12" e menor	+ 2,4 mm - 1,6 mm
	14" e maior	+ - 3,2 mm
FURAÇÃO	Círculo	+ - 1,6 mm
	Distância entre furos	+ - 0,5 mm
	Excentricidade do círculo e do ressalto Base furo central.	≤ 2.1/2" + - 0,8 mm ≥ 3" + - 1,6 mm
ALTURA TOTAL	18" e menor	+3,2 mm - 0,8 mm
	20" e maior	+4,8 mm - 1,6 mm
ESPESSURA	18" e menor	+3,2 mm - 0 mm
	20" e maior	+4,8 mm - 0 mm

TOLERÂNCIAS FLANGES COM PESCOÇO		
DIÂMETRO EXTERNO	24" e menor	+ - 1,6 mm
DIÂMETRO INTERNO	10" e menor	±0,8 mm
	12" a 18"	±1,6 mm
	20" e maior	+ - 3,2 mm - 1,6 mm
DIÂMETRO DO RESSALTO	Ressalto 1,6 mm	+ - 0,8 mm
	Ressalto 6,35 mm	+ - 0,5"
	Macho duplo e canal (tongue and groove)	+ - 0,5"
	Macho e Fêmea (Male and Female)	+ - 0,5"
DIÂMETRO DO PESCOÇO NO LOCAL DA SOLDA	5" e menor	+ 2,4 mm - 0,8 mm
	6" e maior	+ 4 mm - 0,8 mm
DIÂMETRO DO PESCOÇO NA BASE	Diâmetro na base 24" menor	+ - 1,6 mm
	Diâmetro na base acima de 24"	+ - 3,2 mm
FURAÇÃO	Círculo	+ - 1,6 mm
	Distância entre furos	+ - 0,8 mm
	Excentricidade do círculo e do ressalto base furo central.	≤ 2.1/2" = + - 0,8 mm ≥ 3" = + - 1,6 mm
LARG. DA FACE PLANA P/ SOLDA	Todos os Tamanhos	+ - 0,8 mm
ÂNGULO DO BISELAMENTO	Todos os Tamanhos	+ - 2° 30'
ALTURA TOTAL	10" e menor	+ - 1,6 mm
	12" e maior	+ - 3,2 mm
ESPESSURA	18" e menor	+ 3/2 mm - 0 mm
	20" e maior	+ 4,8 mm - 0 mm

3.2.2 Faces

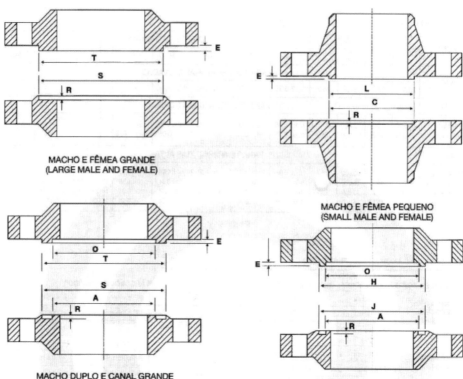

ANSI B 16.5

DIÂMETRO NOMINAL	DIÂMETRO EXTERNO MACHO E MACHO DUPLO GRANDE	MACHO PEQUENO	MACHO DUPLO PEQUENO	DIÂMETRO INTERNO DO MACHO DUPLO PEQUENO E GRANDE	DIÂMETRO EXTERNO FÊMEA E CANAL GRANDE	FÊMEA PEQUENA	CANAL PEQUENO	DIÂMETRO INTERNO DO CANAL PEQUENO E GRANDE	ALTURA DO MACHO DUPLO GRANDE E PEQUENO	PROFUND. DA FÊMEA E DO CANAL
POL.	T (mm)	L (mm)	H (mm)	O (mm)	S (mm)	C (mm)	J (mm)	A (mm)	E (mm)	R (mm)
1/2	34,9	18,3	34,9	25,4	36,5	19,8	36,5	23,8	6,4	4,8
3/4	42,9	23,8	42,9	33,3	44,4	25,4	44,4	31,7	6,4	4,8
1	50,8	30,2	47,6	38,1	52,4	31,7	49,2	36,5	6,4	4,8
1.1/4	63,5	38,1	57,1	47,6	65,1	39,7	58,8	46,0	6,4	4,8
1.1/2	73,0	44,4	63,5	54,0	74,6	46,0	65,1	52,4	6,4	4,8
2	92,1	57,1	82,5	73,0	93,7	58,8	84,1	71,4	6,4	4,8
2.1/2	104,8	68,3	95,2	85,7	106,4	69,8	96,8	84,1	6,4	4,8
3	127,0	84,1	117,5	108,0	128,6	85,7	119,1	106,4	6,4	4,8
3.1/2	139,7	96,8	130,2	120,7	141,3	98,4	131,8	119,1	6,4	4,8
4	157,2	109,5	144,5	131,8	158,8	111,1	146,1	130,2	6,4	4,8
5	185,7	136,5	173,0	160,3	187,3	138,1	174,6	158,8	6,4	4,8
6	215,9	161,9	203,2	190,5	217,5	163,5	204,8	188,9	6,4	4,8
8	269,9	212,7	254,0	238,1	271,5	214,3	255,6	236,5	6,4	4,8
10	323,8	266,7	304,8	285,7	325,4	268,3	306,4	284,2	6,4	4,8
12	381,0	317,5	361,9	342,9	382,6	319,1	363,5	341,3	6,4	4,8
14	412,7	349,2	393,7	374,6	414,3	350,8	395,3	373,1	6,4	4,8
16	469,9	400,0	447,7	425,4	471,5	401,6	449,3	423,9	6,4	4,8
18	533,4	450,8	511,2	488,9	535,0	452,4	512,8	487,4	6,4	4,8
20	584,2	501,6	558,8	533,4	585,8	503,2	560,4	531,8	6,4	4,8
24	692,1	603,2	666,7	641,2	693,7	604,8	668,3	639,8	6,4	4,8

3.2.3 Ranhuras

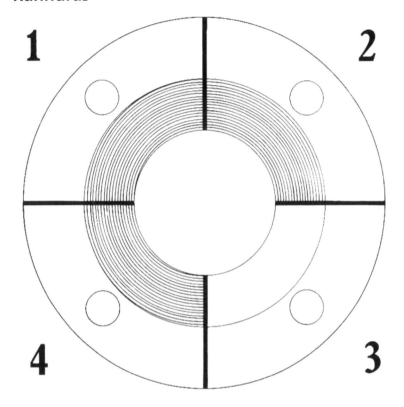

Tipo 1 – Standard: Espiral contínua com passo de 0,8mm e um raio de 1,6mm da ponta da ferramenta para os flanges até Dn 12". E acima de Dn 12" com passo de 2,4mm e 3,2mm de ferramenta.

Tipo 2 – Espiral: Espiral contínua em V de 90° com passo de 0,8mm e uma profundidade de 0,4mm para todos.

Tipo 3 – Liso: Liso.

Tipo 4 – Concêntrica: Concêntrica em V de 90° com a profundidade de 0,4mm e uma distância de 0,8mm.

Tipo 5 – Outras: Ver normas.

3.2.4 Dimensões (parcial)

FLANGE 150 Lb

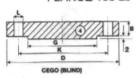
CEGO (BLIND)

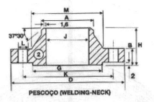
PESCOÇO (WELDING-NECK)

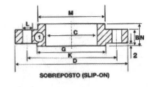
SOBREPOSTO (SLIP-ON)

ANSI B 16.5

DIÂMETRO NOMINAL POL.	A	D	G	M	B	N°	L	K	J	C	F	V
1/2	21	89	35	30	11,1	4	15,9	60	15,7	22,4	15,7	22,9
3/4	27	98,5	43	38	12,7	4	15,9	70	20,8	27,7	20,8	28,2
1	33	108	50	49	14,3	4	15,9	79,5	26,7	34,5	26,7	35,1
1.1/4	42	117	63,5	59	15,9	4	15,9	89	35,1	43,2	35,1	43,7
1.1/2	48	127	73	65	17,5	4	15,9	98,5	40,9	49,5	40,9	50,0
2	60	152	92	78	19,0	4	19,0	121	52,6	62,0	52,6	62,5
2.1/2	73	178	105	90,5	22,2	4	19,0	140	62,7	74,7	62,7	75,4
3	89	190	127	108	23,8	4	19,0	152	78,0	90,7	78,0	91,4
3.1/2	102	216	140	122	23,8	8	19,0	178	90,2	103	90	104
4	114	229	157	135	23,8	8	19,0	190	102	116	102,4	117
5	141	254	186	164	23,8	8	22,2	216	128	144	128,3	145
6	168	279	216	192	25,4	8	22,2	241	154	171	154,2	171
8	219	343	270	246	28,6	8	22,2	298	203	221	202,7	222
10	273	406	324	305	30,2	12	25,4	362	255	276	254,5	277
12	324	483	381	365	31,8	12	25,4	432	305	327	304,8	328
14	356	533	413	400	34,9	12	28,6	476	336,5	359	336,5	360
16	406	597	470	457	36,5	16	28,6	540	387	410	387	411
18	457	635	533	505	39,7	16	31,8	578	438	462	438,1	462
20	508	696	584	559	42,9	20	31,8	635	489	513	488,9	514
24	610	813	692	664	47,6	20	34,9	749	590,5	616	590,5	616

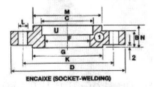
ENCAIXE (SOCKET-WELDING)

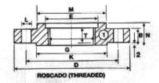
ROSCADO (THREADED)

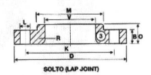
SOLTO (LAP JOINT)

ANSI B 16.5

DIÂMETRO NOMINAL POL.	A	H	N	O	T	U	R	1	2	3	4
1/2	21	47,6	15,9	15,9	15,9	9,5	3,18	0,5	0,9	0,5	0,5
3/4	27	52,4	15,9	15,9	15,9	11,1	3,18	0,9	0,9	0,9	0,9
1	33	55,6	17,5	17,5	17,5	12,7	3,18	0,9	1,4	0,9	0,9
1.1/4	42	57,2	20,6	20,6	20,6	14,3	4,76	1,4	1,4	1,4	1,4
1.1/2	48	61,9	22,2	22,2	22,2	15,9	6,35	1,4	1,8	1,4	1,8
2	60	63,5	25,4	25,4	25,4	17,5	7,94	2,3	2,7	2,3	2,3
2.1/2	73	69,8	28,6	28,6	28,6	19,0	7,94	3,2	3,6	3,2	3,2
3	89	69,8	30,2	30,2	30,2	20,6	9,52	3,6	4,5	3,6	4,1
3.1/2	102	71,4	31,8	31,8	31,8	22,2	9,52	5,0	5,4	5,0	5,9
4	114	76,2	33,3	33,3	33,3	23,8	11,1	5,9	6,8	5,9	7,7
5	141	88,9	36,5	36,5	36,5	23,8	11,1	6,8	8,6	6,8	9,1
6	168	88,9	39,7	39,7	39,7	27	12,7	8,6	10,9	8,6	11,8
8	219	102	44,4	44,4	44,4	31,7	12,7	13,6	17,7	13,6	20,4
10	273	102	49,2	49,2	49,2	33,3	12,7	19,5	23,6	19,5	31,8
12	324	114	55,6	55,6	55,6	39,7	12,7	29,0	36,3	29,0	49,9
14	356	127	57,2	57,2	79,4	41,3	12,7	41,0	50,0	47,6	63,5
16	406	127	63,5	63,5	87,3	44,4	12,7	44,5	64,0	63,5	81,6
18	457	140	68,3	68,3	96,8	49,2	12,7	59,0	68,0	72,6	99,8
20	508	144	73,0	73,0	103	54	12,7	75,0	81,6	88,5	129
24	610	152	82,6	82,6	111	63,5	12,7	99,8	118	125	195

Partes de Equipamentos

FLANGE DIN

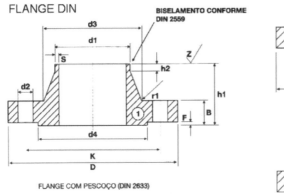

FLANGE COM PESCOÇO (DIN 2633)

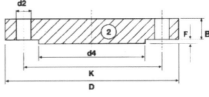

FLANGE CEGO (DIN 2527)

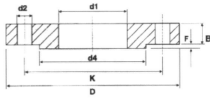

FLANGE LISO (DIN 2576)

DIN 2633 / 2527 E 2576
PN 16

TUBO DIÂM. NOM.	D1	D	b	K	h1	d3	s	r1	h2	d4	f	Nº	ROSCA	d2	Nº 1	Nº 2	Nº 3
10	14 17,2	90	14	60	35	25 28	1,8	4	6	40	2		M 12	1/2"	14	0,5	0,65	0,60
15	20 21,3	95	14	65	35	30 32	2	4	6	45	2					0,6	0,72	0,70
20	25 26,9	105	16	75	38	38 40	2,3	4	6	58	2					0,9	1,0	0,90
25	30 33,7	115	16	85	38	42 45	2,6	4	6	68	2	4				1,1	1,23	1,10
32	38 42,4	140	16	100	40	52 56	2,6	6	6	78	2					1,7	1,8	1,60
40	44,5 48,3	150	16	110	42	60 64	2,6	6	7	88	3					1,9	2,0	1,90
50	57 60,3	165	18	125	45	72 75	2,9	6	8	102	3		M 16	5/8"	18	2,5	2,8	2,50
65	76,1	185	18	145	45	90	2,9	6	10	122	3					3,0	3,6	3,00
80	88,9	200	20	160	50	105	3,2	8	10	138	3					3,7	4,7	3,80
100	108 114,3	220	20	180	52	125 131	3,6	8	12	158	3					4,6	5,6	4,00
125	133 139,7	250	22	210	55	150 156	4	8	12	188	3	8				6,3	8,4	5,50
150	159 168,3	285	22	240	55	175 184	4,5	10	12	212	3					7,7	10,5	6,60
175	191 193,7	315	24	270	60	208 210	5,4	10	12	242	3		M 20	3/4"	22	10,0	14,0	8,40
200	216 219,1	340	24	295	62	232 235	5,9	10	16	268	3					11,0	16,1	9,30
250	267 273	405	26	355	70	285 292	6,3	12	16	320	3	12				15,6	24,9	12,0
300	318 323,9	460	28	410	78	338 344	7,1	12	16	378	4		M 24	7/8"	26	22,0	35,0	14,0
350	355,6 368	520	30	470	82	390	8	12	16	438	4	16				28,7	47,8	19,00
400	406,4 419	580	32	525	85	445	8	12	16	490	4		M 27	1"	30	36,3	63,5	26,00
500	508 521	715	34	650	90	548	8	12	16	610	4		M 30	1 1/8"	33	59,3	102	41,10
600	609,6 622	840	36	770	95	652	8,8	12	18	725	5	20	M 33	1 1/4"	36	73,4	155	70,3

3.3 Conexões forjadas ou estampadas

(Materiais: A-105, A-234-...//A-182-TP..., A-403-CR ou WP-TP..., *AISI*-...)

Nome: CURVA 180º
Bitola: 1/2" A 24"

Nome: CAP
Bitola: 1/2" A 24"

Nome: CURVA 90º
Bitola: 1/2" A 24"

Nome: CURVA 45º
Bitola: 1/2" A 24"

Nome: RED. CONCÊNTRICA
Bitola: 1/2" A 24"

Nome: TÊ TUBULAR
Bitola: 1/2" A 24"

Nome: WELDOLET
Bitola: 1/8" A 42"
Classe: 2.000 A 6.000 #

Nome: TÊ FORJADO
Bitola: 1/8" A 4"
Classe: 2.000 A 9.000 #

Nome: CRUZETA
Bitola: 1/8" A 4"
Classe: 2.000 A 9.000 #

Partes de Equipamentos

CURVA 90° RAIO CURTO

ANSI B 16.9

DIÂMETRO NOMINAL	DIÂMETRO EXTERNO (D.E.)			CENTRO A FACE CURVA 90° (A)
	Mín. (mm)	Non. (mm)	Máx. (mm)	Non. (mm)
1	32	33	34	25,4
1,1/4	41	42	43	31,75
1,1/2	47	48	49	38,1
2	59	60	61	50,8
2,1/2	72	73	74	63,5
3	88	89	90	76,2
3,1/2	101	102	103	88,9
4	113	114	116	101,6
5	140	141	144	127
6	167	168	171	152,4
8	217	219	221	203,2
10	270	273	277	254
12	321	324	328	304,8
14	353	356	360	355,6
16	403	406	410	406,4
18	454	457	461	457,2
20	503	508	514	508
24	605	610	616	609,6

CURVA 180° RAIO CURTO

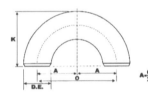

ANSI B 16.9

DIÂMETRO NOMINAL	DIÂMETRO EXTERNO (D.E.)			CENTRO A CENTRO (O)	ALTURA DO ARCO (K)
	Mín. (mm)	Non. (mm)	Máx. (mm)	Non. (mm)	Non. (mm)
1	32	33	34	50,8	41,3
1,1/4	41	42	43	63,5	52,4
1,1/2	47	48	49	76,2	61,9
2	59	60	61	101,6	81,0
2,1/2	72	73	74	127	100,0
3	88	89	90	152,4	120,7
3,1/2	101	102	103	177,8	139,7
4	113	114	116	203,2	158,8
5	140	141	144	254	196,8
6	167	168	171	304,8	236,5
8	217	219	221	406,4	312,7
10	270	273	277	508	390,5
12	321	324	328	609,6	466,7
14	353	356	360	711,2	533,4
16	403	406	410	812,8	609,6
18	454	457	461	914,4	685,8
20	503	508	514	1016	762,0
24	605	610	616	1219	914,4

PESTANA STUB-END

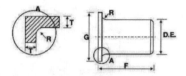

ANSI B 16.9

DIÂMETRO NOMINAL	DIÂMETRO (D.E.) Mín. (mm)	Non. (mm)	Máx. (mm)	ALTURA (F) Mín. (mm)	Non. (mm)	Máx. (mm)	RAIO (R) Mín. (mm)	Non & Máx (mm)	DIÂMETRO DA ABA (G) Mín. (mm)	Non & Máx (mm)
1/2	20	21	22	74	76	78	2	3	34	35
3/4	26	27	28	74	76	78	2	3	42	43
1	32	33	34	100	102	104	2	3	50	51
1,1/4	41	42	43	100	102	104	4	5	63	64
1,1/2	47	48	49	100	102	104	5	6	72	73
2	59	60	61	150	152	154	7	8	91	92
2,1/2	72	73	74	150	152	154	7	8	104	105
3	88	89	90	150	152	154	9	10	126	127
3,1/2	101	102	103	150	152	154	9	10	139	140
4	113	114	116	150	152	154	9	11	156	157
5	140	141	144	201	203	205	9	11	185	186
6	167	168	171	201	203	205	11	13	215	216
8	217	219	221	201	203	205	11	13	269	270
10	270	273	277	252	254	256	11	13	322	324
12	321	324	328	252	254	256	11	13	379	381
14	353	356	360	302	305	308	11	13	411	413
16	403	406	410	302	305	308	11	13	468	470
18	454	457	461	302	305	308	11	13	531	533
20	503	508	514	302	305	308	11	13	582	584
22	554	559	565	302	305	308	11	13	639	641
24	605	610	616	302	305	308	11	13	690	692

PESTANA MSS SP 43

 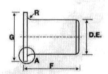

DIÂMETRO NOMINAL	DIÂMETRO EXTERNO EM (mm) (D.E.)	DIÂMETRO DA ABA (G)	ALTURA (F)	RAIOS (R) TIPO A	TIPO B
1/2	21	35	51	3	0,8
3/4	27	43	51	3	0,8
1	33	51	51	3	0,8
1,1/4	42	64	51	5	0,8
1,1/2	48	73	51	6	0,8
2	60	92	64	8	0,8
2,1/2	73	105	64	8	0,8
3	89	127	64	10	0,8
3,1/2	102	140	76	10	0,8
4	114	157	76	11	0,8
5	141	186	76	11	1,6
6	168	216	89	13	1,6
8	219	270	102	13	1,6
10	273	324	127	13	1,6
12	324	381	152	13	1,6
14	356	413	152	13	1,6
16	406	470	152	13	1,6
18	457	533	152	13	1,6
20	508	584	152	13	1,6
24	610	692	152	13	1,6

NOTA: DIÂMETRO DA ABA (G) CONSIDERAR TOLERÂNCIAS MÍNIMO E MÁXIMO IDEM PARA ANSI B 16.9 E MSS SP 43
OBS.: A FACE DA ABA PODERÁ SER FORNECIDA DE ACORDO COM ESPECIFICAÇÕES DO CLIENTE OU COM RANHURAS CONCÊNTRICAS
T: CONFORME TABELA SCHEDULLE ESPECIFICADA PELO CLIENTE.

Partes de Equipamentos 103

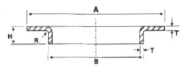

PESTANA DIN 2642

DIÂMETRO NOMINAL	DIÂMETRO EXTERNO (B)	DIÂMETRO DA ABA (A)	ALTURA (H)
1/2	21	45	9
3/4	27	58	12
1	33	68	15
1,1/4	42	78	15
1,1/2	48	88	17
2	60	102	23
2,1/2	73	122	23
3	89	138	23
4	114	158	28
5	141	188	30
6	168	212	30
8	219	268	30
10	273	320	30
12	324	370	35
14	356	430	35
16	416	482	35
20	508	585	35
24	610	685	35

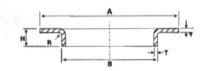

PESTANA ANSI ESTAMPA CURTA

DIÂMETRO NOMINAL	DIÂMETRO EXTERNO (B)	DIÂMETRO DA ABA (A)	ALTURA (H)
1/2	21	44	7
3/4	27	54	8
1	33	62	9
1,1/4	42	72	10
1,1/2	48	80	12
2	60	100	13
2,1/2	73	118	14
3	89	130	15
3,1/2	102	155	16
4	114	165	18
5	141	190	20
6	168	216	24
8	219	274	26
10	273	333	26
12	324	390	28
14	356	420	30
16	406	470	30
18	457	520	30
20	508	570	30
24	610	675	30

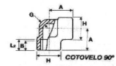

COTOVELO 90° TÊ COTOVELO 45°

ANSI B 16.11

DIÂM. NOM.	CENTRO A FACE (A)			CENTRO A FACE (C)			DIÂMETRO EXTERNO (H)			PAREDE MÍN. (G)			ALT. DA ROSCA	
	2.000 (mm)	3.000 (mm)	6.000 (mm)	2.000 (mm)	3.000 (mm)	6.000 (mm)	2.000 (mm)	3.000 (mm)	6.000 (mm)	2.000 (mm)	3.000 (mm)	6.000 (mm)	B (mm)	L2 (mm)
1/8	21	21	25	17	17	19	22	22	25	3,0	3,0	6,5	6,5	6,5
1/4	21	25	29	17	19	22	22	25	33	3,0	3,5	6,5	8,0	10,0
3/8	25	29	33	19	22	25	25	33	38	3,0	3,5	7,0	9,0	10,5
1/2	29	33	38	22	25	29	33	38	46	3,0	4,0	8,0	11,0	13,5
3/4	33	38	44	25	29	33	38	46	56	3,0	4,5	8,5	12,5	14,0
1	38	44	51	29	33	35	46	56	62	3,5	5,0	10,0	14,5	17,5
1,1/4	44	51	60	33	35	43	56	62	75	4,0	5,5	10,5	17,0	18,0
1,1/2	51	60	64	35	43	44	62	75	84	4,0	5,5	11,0	18,0	18,5
2	60	64	83	43	45	52	75	84	102	4,5	7,0	12,0	19,0	19,0
2,1/2	76	83	95	52	52	64	92	102	121	5,5	7,5	15,5	23,5	29,0
3	86	95	106	64	64	79	110	121	146	6,0	9,0	16,5	26,0	30,5
4	106	114	114	79	79	79	146	152	152	6,5	11,0	18,5	27,5	33,0

OBS.: PARA CRUZETAS FORNECEMOS DE 1/2" A 1".

 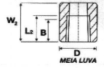

LUVA   MEIA LUVA   CAPS

ANSI B 16.11

DIÂMETRO NOMINAL	ALTURA (W)	ALTURA (P)		DIÂMETRO EXTERNO (D)		PAREDE MÍNIMA (G)		ALTURA DA ROSCA	
	3.000&6.000	3.000(mm)	6.000(mm)	3.000(mm)	6.000(mm)	3.000(mm)	6.000(mm)	B (mm)	L2 (mm)
1/8	32	19	-	16	22	5	-	6,5	6,5
1/4	35	25	27	19	25	5	6,5	8,0	10,0
3/8	38	25	27	22	32	5	6,5	9,0	10,5
1/2	48	32	33	29	38	6,5	8,0	11,0	13,5
3/4	51	37	38	35	44	6,5	8,0	12,5	14,0
1	60	41	43	44	57	9,5	11,0	14,5	17,5
1,1/4	67	44	46	57	64	9,5	11,0	17,0	18,0
1,1/2	79	44	48	64	76	11	12,5	18,0	18,5
2	86	48	51	76	92	12,5	16,0	19,0	19,0
2,1/2	92	60	64	92	108	16	19,0	23,5	29,0
3	108	65	68	108	127	19	22,0	26,0	30,5
4	121	68	75	140	159	22	28,5	27,5	33,0

BUJÃO CABEÇA QUADRADA   BUJÃO CABEÇA SEXTAVADA   BUJÃO CABEÇA REDONDA   BUCHA DE REDUÇÃO SEXTAVADA

ANSI B 16.11

DIÂMETRO NOMINAL	ALTURA MÍNIMA (A)	BUJÃO CABEÇA QUADRADA		BUJÃO CABEÇA REDONDA		BUCHA DE RED. E BUJÃO-SEXTAVADO		
		MÍNIMO (B)	MÍNIMO (C)	DIÂMETRO (E)	ALTURA MÍNIMO (D)	SEXTAVADO (F)	ALTURA DO SEXTAVADO	
							G	H
1/8	9,5	6	7,0	10	35	11	-	6
1/4	11,0	6	9,5	13	41	16	3	6
3/8	12,5	8	11,0	17	41	17,5	4	8
1/2	14,5	10	14,5	21	44	22	5	8
3/4	16,0	11	16,0	27	44	27	6	10
1	19,0	13	20,5	33	51	35	6	10
1,1/4	20,5	14	24,0	43	51	44,5	7	14
1,1/2	20,5	16	28,5	48	51	51	8	16
2	22,0	17	33,5	60	64	63,5	9	17
2,1/2	27,0	19	38,0	73	70	76	10	19
3	28,5	21	43,0	89	70	89	10	21
4	32,0	25	63,5	114	76	117,5	13	25

3.4 Conexões sanitárias

(Materiais: inox 304, 304L, 316, 316L)

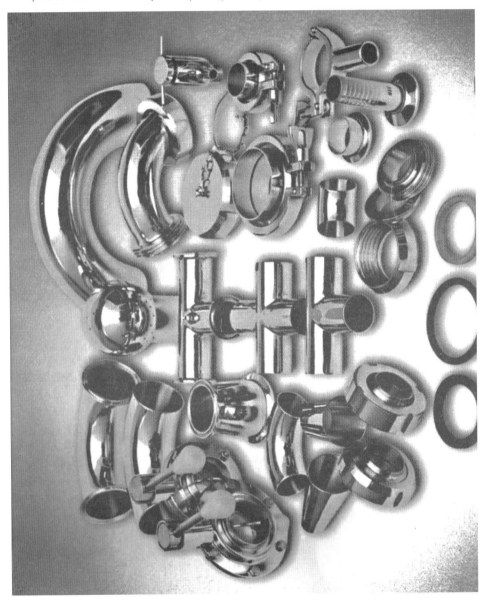

União TC

(medidas em mm)

Bitola	CURTA A	LONGA A
½"	27,2	44,8
¾"	27,2	44,8
1"	27,2	44,8
1½"	27,2	44,8
2"	27,2	44,8
2½"	27,2	44,8
3"	27,2	44,8
4"	33,6	59,0
6"	44,8	59,0
8"	52,6	65,3

Niple solda TC

(medidas em mm)

Bitola	CURTO ØA	LONGO B
½"	25,2	12,7	21,5
¾"	25,2	12,7	21,5
1"	50,0	12,7	21,5
1½"	50,0	12,7	21,5
2"	64,0	12,7	21,5
2½"	77,0	12,7	21,5
3"	91,0	12,7	21,5
4"	119,0	15,9	28,6
6"	167,0	21,5	28,6
8"	220,6	25,4	31,8

Abraçadeira TC

(medidas em mm)

Bitola	normal ØA	Pressão de Serviço (kgf/cm²)
½"	30,2	40,0
¾	30,2	40,0
1"	54,0	34,0
1½"	54,0	34,0
2"	67,0	28,0
2½"	81,0	26,0
3"	94,0	22,0
4"	122,0	12,0
6"	172,0	8,0

*As pressões acima referem-se à t = 20°C.
Para t = 120°C reduzi-las em 40%.

Anel de vedação TC

(medidas em mm)

Bitola	ØA	e
½"	22,2	1,8
¾	22,2	1,8
1"	52,0	1,8
1½"	52,0	1,8
2"	66,0	1,8
2½"	79,0	1,8
3"	93,0	1,8
4"	121,0	1,8
6"	169,0	1,8
8"	223,0	1,8

Niple adaptador TC x Mangueira

(medidas em mm)

Bitola	A
1"	73,0
1½"	93,0
2"	93,0
2½"	113,0
3"	113,0
4"	116,0
6"	142,0

*É fornecido também com redução.

Niple adaptador TC x BSP/NPT tipo L/N

(medidas em mm)

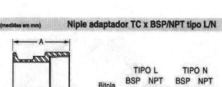

Bitola	TIPO L BSP	TIPO L NPT	TIPO N BSP	TIPO N NPT
1"	60,0	60,0	60,0	60,0
1½"	65,0	62,0	65,0	62,0
2"	70,0	64,0	70,0	64,0
2½"	75,0	72,0	75,0	72,0
3"	80,0	76,0	80,0	76,0
4"	91,0	81,0	89,0	81,0

Tampão TC

(medidas em mm)

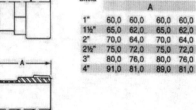

Bitola	ØA	B
1"	50,0	6,4
1½"	50,0	6,4
2"	64,0	6,4
2½"	77,0	6,4
3"	91,0	6,4
4"	119,0	7,9
6"	167,0	7,9

TAMPÃO   TAMPÃO C/ CORRENTE

Partes de Equipamentos

DIN (Norma 11851)

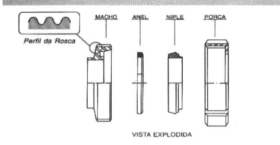

VISTA EXPLODIDA — UNIÃO MONTADA

RJT (Norma BS1864)

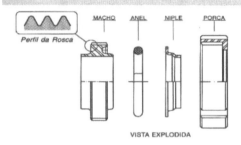

VISTA EXPLODIDA — UNIÃO MONTADA

SMS (Norma 1145)

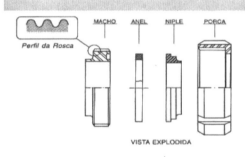
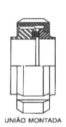

VISTA EXPLODIDA — UNIÃO MONTADA

TC (Norma ISO 2852)

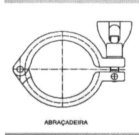
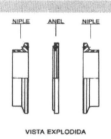
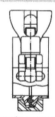

ABRAÇADEIRA — VISTA EXPLODIDA — UNIÃO MONTADA

Niple solda (medidas em mm)

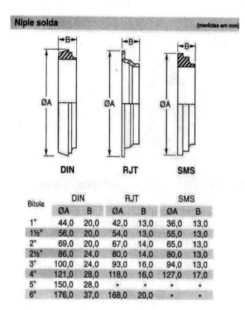

Bitola	DIN ØA	DIN B	RJT ØA	RJT B	SMS ØA	SMS B
1"	44,0	20,0	42,0	13,0	36,0	13,0
1½"	56,0	20,0	54,0	13,0	55,0	13,0
2"	69,0	20,0	67,0	14,0	65,0	13,0
2½"	86,0	24,0	80,0	14,0	80,0	13,0
3"	100,0	24,0	93,0	16,0	94,0	13,0
4"	121,0	28,0	118,0	16,0	127,0	17,0
5"	150,0	28,0	*	*	*	*
6"	176,0	37,0	168,0	20,0	*	*

* Sob consulta

Porca circular (medidas em mm)

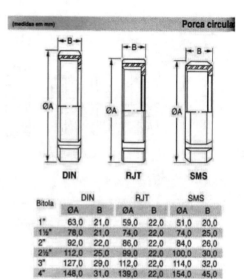

Bitola	DIN ØA	DIN B	RJT ØA	RJT B	SMS ØA	SMS B
1"	63,0	21,0	59,0	22,0	51,0	20,0
1½"	78,0	21,0	74,0	22,0	74,0	25,0
2"	92,0	22,0	86,0	22,0	84,0	26,0
2½"	112,0	25,0	99,0	22,0	100,0	30,0
3"	127,0	29,0	112,0	22,0	114,0	32,0
4"	148,0	31,0	139,0	22,0	154,0	45,0
5"	178,0	35,0	*	*	*	*
6"	210,0	40,0	225,0	26,0	*	*

* Sob consulta
*Fornecemos também Porca Tampão e Porca Tampão com corrente.

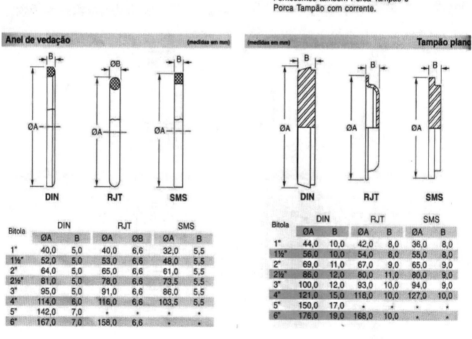

Anel de vedação (medidas em mm)

Bitola	DIN ØA	DIN B	RJT ØA	RJT ØB	SMS ØA	SMS B
1"	40,0	5,0	40,0	6,6	32,0	5,5
1½"	52,0	5,0	53,0	6,6	48,0	5,5
2"	64,0	5,0	65,0	6,6	61,0	5,5
2½"	81,0	5,0	78,0	6,6	73,5	5,5
3"	95,0	5,0	91,0	6,6	86,0	5,5
4"	114,0	6,0	116,0	6,6	103,5	5,5
5"	142,0	7,0	*	*	*	*
6"	167,0	7,0	158,0	6,6	*	*

Tampão plano (medidas em mm)

Bitola	DIN ØA	DIN B	RJT ØA	RJT B	SMS ØA	SMS B
1"	44,0	10,0	42,0	8,0	36,0	8,0
1½"	56,0	10,0	54,0	8,0	55,0	8,0
2"	69,0	11,0	67,0	9,0	65,0	9,0
2½"	86,0	12,0	80,0	11,0	80,0	9,0
3"	100,0	12,0	93,0	10,0	94,0	9,0
4"	121,0	15,0	118,0	10,0	127,0	10,0
5"	150,0	17,0	*	*	*	*
6"	176,0	19,0	168,0	10,0	*	*

União solda DIN (medidas em mm)

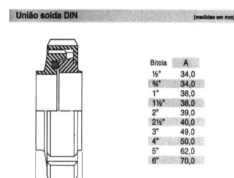

Bitola	A
½"	34,0
¾"	34,0
1"	38,0
1½"	38,0
2"	39,0
2½"	40,0
3"	49,0
4"	50,0
5"	62,0
6"	70,0

União solda RJT (medidas em mm)

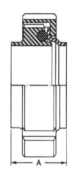

Bitola	A
1"	36,0
1½"	36,0
2"	36,0
2½"	36,0
3"	36,0
4"	36,0
6"	48,0

União solda SMS (medidas em mm)

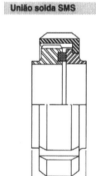

Bitola	A
1"	35,0
1½"	35,0
2"	35,0
2½"	39,0
3"	39,0
4"	39,0

Macho solda (medidas em mm)

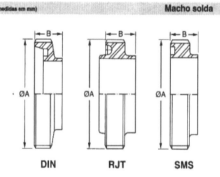

DIN — RJT — SMS

Bitola	DIN ØA	DIN B	RJT ØA	RJT B	SMS ØA	SMS B
1"	52,0	22,0	46,0	22,0	40,0	16,0
1½"	65,0	22,0	58,0	22,0	60,0	20,0
2"	78,0	22,0	73,0	22,0	70,0	20,0
2½"	95,0	26,0	85,0	22,0	85,0	24,0
3"	109,0	30,0	98,0	22,0	98,0	24,0
4"	130,0	30,0	124,0	27,0	132,0	38,0
5"	170,0	46,0	*	*	*	*
6"	190,0	50,0	175,0	27,0	*	*

* Sob consulta

Válvula Quebra-Vácuo

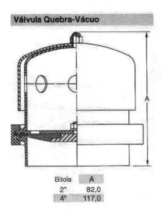

Bitola	A
2"	82,0
4"	117,0

Válvula de retenção

(medidas em mm)

Bitola	Solda	2TC	DIN 2M	DIN MNP	RJT 2M	RJT MNP	SMS 2M	SMS MNP	Pressão Máxima de Trabalho (kgf/cm²)	Pressão Mínima de Abertura (kgf/cm²)
1"	78,0	103,0	122,0	120,0	122,0	113,0	110,0	107,0	34,0	0,01
1½"	96,0	121,0	140,0	138,0	140,0	131,0	136,0	129,0	34,0	0,02
2"	96,0	121,0	140,0	138,0	140,0	132,0	136,0	129,0	28,0	0,02
2½"	102,0	127,0	154,0	152,0	146,0	138,0	150,0	139,0	26,0	0,02
3"	102,0	127,0	162,0	156,0	146,0	140,0	150,0	139,0	22,0	0,03
4"	146,0	178,0	206,0	204,0	206,0	189,0	222,0	201,0	12,0	0,03

Visor de linha tipo cruzeta

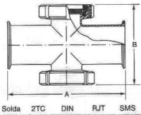

Bitola	Solda	2TC	DIN A	RJT	SMS	B
1"	76,0	102,0	120,0	121,0	108,0	91,0
1½"	114,0	140,0	158,0	159,0	154,0	105,0
2"	152,0	178,0	196,0	197,0	192,0	121,0
2½"	154,0	179,4	206,0	198,0	202,0	137,0
3"	166,0	191,4	226,0	210,0	214,0	152,0
4"	197,0	228,8	257,0	251,0	273,0	192,0
5"	308,4	–	400,4	*	*	*
6"	370,0	427,2	470,0	424,0	*	*

* Sob consulta
* Para as normas DIN, RJT e SMS foram considerados terminais tipo macho.

Visor de linha tipo macho

(medidas em mm)

Bitola	ØA	B	Pressão Máx. (kgf/cm²)
1"	63	31	15
1½"	78	31	11
2"	92	31	10
2½"	112	35	10
3"	127	40	8
4"	148	41	6
5"	178	57	5
6"	210	62	4

Visor de linha tubular

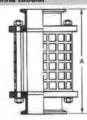

(medidas em mm)

Bitola	Solda	2TC	DIN 2M	DIN MNP	RJT 2M	RJT MNP	SMS 2M	SMS MNP
1"	145,0	170,0	189,0	187,0	189,0	180,0	177,0	174,0
1½"	145,0	170,0	189,0	187,0	189,0	180,0	165,0	178,0
2"	145,0	170,0	189,0	187,0	189,0	181,0	185,0	178,0
2½"	149,0	174,0	201,0	199,0	193,0	185,0	197,0	186,0
3"	153,0	178,0	213,0	207,0	197,0	191,0	201,0	190,0
4"	171,0	203,0	231,0	229,0	225,0	214,0	247,0	226,0

*Os visores acima possuem vidros temperados de alta resistência a ataques químicos, tolera choques térmicos (variações baixas e altas de temperatura) no máximo 265°C e suporta a temperatura máxima 320°C.

Partes de Equipamentos

Torneira de amostra (medidas em mm)

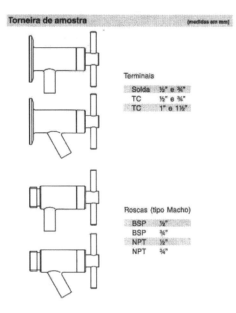

Terminais
Solda	½" e ¾"
TC	½" e ¾"
TC	1" e 1½"

Roscas (tipo Macho)
BSP	½"
BSP	¾"
NPT	½"
NPT	¾"

Painel de distribuição de fluxo

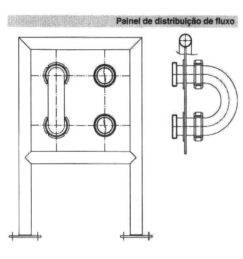

Aspersor "Spray-Ball" (medidas em mm)

Padrão	Ø furo	Vazão a 2 kgf/cm² m³/h	Ø do leque m
360°	3/32"	16	4,0
	1/16"	10	3,8
270° superior	3/32"	15	4,0
	1/16"	09	3,8
270° inferior	3/32"	15	4,0
	1/16"	09	3,8
180° superior	3/32"	10	3,9
	1/16"	06	3,7
180° inferior	3/32"	08	4,1
	1/16"	05	3,9
150° lateral	3/32"	09	2,0
150° superior	3/32"	09	4,2
150° inferior	3/32"	12	3,8

Adaptador para aspersor "Spray-Ball"

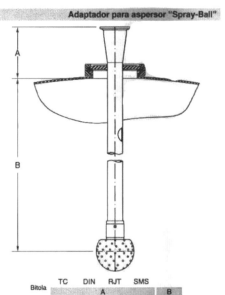

Bitola	TC	DIN	RJT	SMS	B
	A				
1"	92,0	102,0	102,0	96,0	800,0
1½"	92,0	102,0	102,0	100,0	800,0
2"	128,0	138,0	138,0	136,0	800,0
2½"	165,0	178,0	174,0	176,0	800,0

3.5 Parafusos e porcas

	Normas	Descrição
	- DIN 931 - ANSI B 18.2.1	PARAFUSO CABEÇA SEXTAVADA COM ROSCA PARCIAL
	- DIN 933 - ANSI B 18.2.1	PARAFUSO CABEÇA SEXTAVADA COM ROSCA TOTAL
	- DIN 912 - ANSI B 18.6.3	PARAFUSO CABEÇA CILÍNDRICA COM SEXTAVADO INTERNO
	- DIN 6912 - DIN 7984	PARAFUSO CABEÇA CILÍNDRICA BAIXA COM SEXTAVADO INTERNO
	- DIN 7991 - ANSI B 18.3	PARAFUSO CABEÇA CHATA COM SEXTAVADO INTERNO
	- ANSI B 18.3	PARAFUSO CABEÇA ABAULADA COM SEXTAVADO INTERNO
	- DIN 913/914/915/916 ANSI B18.3	PARAFUSO SEM CABEÇA COM SEXTAVADO INTERNO
	- DIN 84	PARAFUSO CABEÇA CILÍNDRICA COM FENDA COMUM
	- DIN 85 - ANSI B 18.6.3	PARAFUSO CABEÇA PANELA COM FENDA COMUM
	- DIN 963 - ANSI B 18.6.3 (*)	PARAFUSO CABEÇA CHATA COM FENDA COMUM (*)=ÂNGULO DE 90°
	- DIN 964 - ANSI B 18.6.3	PARAFUSO CABEÇA OVAL COM FENDA COMUM
	- ANS B 18.6.3	PARAFUSO CABEÇA REDONDA COM FENDA COMUM
	- ANSI B 18.6.3	PARAFUSO CABEÇA LENTILHA COM FENDA COMUM

Partes de Equipamentos

	- DIN 7985 - ANSI B 18.6.3	PARAFUSO CABEÇA PANELA COM FENDA PHILIPS
	- DIN 965 - ANSI B 18.6.3	PARAFUSO CABEÇA CHATA COM FENDA PHILIPS
	- DIN 966 - ANSI B 18.6.3	PARAFUSO CABEÇA OVAL COM FENDA PHILIPS
	- ANSI B 18.6.3	PARAFUSO CABEÇA LENTILHA COM FENDA PHILIPS
	- DIN 603 - ANSI B 18.5	PARAFUSO CABEÇA ABAULADA COM PESCOÇO QUADRADO (Francês)
	- DIN 7971 - ANSI B 18.6.4	PARAFUSO CABEÇA PANELA AUTO--ATARRACHANTE COM FENDA COMUM
	- DIN 7972 - ANSI B 18.6.4	PARAFUSO CABEÇA CHATA AUTO--ATARRACHANTE COM FENDA COMUM
	- DIN 7973 - ANSI B 18.6.4	PARAFUSO CABEÇA OVAL AUTO--ATARRACHANTE COM FENDA COMUM
	- ANSI B 18.6.4	PARAFUSO CABEÇA LENTILHA AUTO--ATARRACHANTE COM FENDA PHILIPS
	- DIN 7981 - ANSI B 18.6.4	PARAFUSO CABEÇA PANELA AUTO--ATARRACHANTE COM FENDA PHILIPS
	- DIN 7982 - ANSI B 18.6.4	PARAFUSO CABEÇA CHATA AUTO--ATARRACHANTE COM FENDA PHILIPS
	- DIN 7983 - ANSI B 18.6.4	PARAFUSO CABEÇA OVAL AUTO--ATARRACHANTE COM FENDA PHILIPS
	- DIN 7976	PARAFUSO CABEÇA SEXTAVADA AUTO--ATARRACHANTE
	- DIN 571 - ANSI B 18.2.1	PARAFUSO CABEÇA SEXTAVADA ROSCA SOBERBA (Para Madeira)

	- DIN 938/939	PRISIONEIRO
	- DIN 975	BARRA ROSCADA (ESTOJO)
	- DIN 427	PARAFUSO SEM CABEÇA COM FENDA COMUM
	- DIN 551	PARAFUSO SEM CABEÇA COM FENDA COMUM (Rosca Total)
	- DIN 439 -ANSI B 18.2.2	PORCA SEXTAVADA (Forma Baixa)
	- DIN 934 - ANSI B 18.2.2	PORCA SEXTAVADA
	- DIN 982	PORCA SEXTAVADA AUTOTRAVANTE COM NYLON (Forma Alta)
	- DIN 985	PORCA SEXTAVADA AUTOTRAVANTE COM NYLON (Forma Baixa)
	- DIN 917	PORCA SEXTAVADA CEGA (Forma Baixa) ⇔ (CEGA BAIXA)
	- DIN 1587	PORCA SEXTAVADA CEGA (Forma Alta) ⇔ (CEGA ALTA)
	- DIN 125/126/433/9021 - ANSI B 27.2/B 18.22.1	ARRUELA LISA
	- DIN 127 - ANSI B27.1/B 18.21.1	ARRUELA DE PRESSÃO
	- DIN 315 - ANSI B 18.17	PORCA BORBOLETA

3.6 Juntas

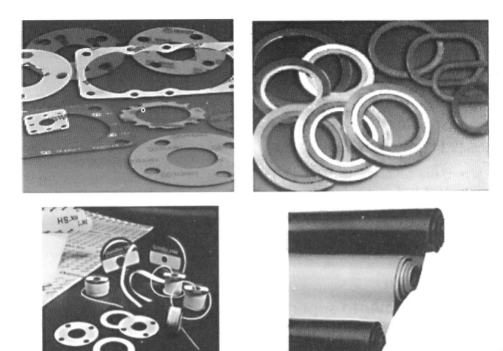

São utilizadas como elemento de vedação e, ao ser apertada contra as superfícies dos flange, preenche as imperfeições entre elas, proporcionando a vedação.

Não existe "vazamento zero". Se uma junta está ou não vazando, depende do método de medição ou do critério usado.

Fatores que devem ser considerados para uma vedação satisfatória: força de esmagamento inicial, força de vedação, seleção de materiais, acabamento superficial.

Forças em uma união flangeada: força radial, força de separação, força dos parafusos, carga do flange.

O código *ASME* estabelece os critérios para o projeto de juntas e valores de "m" (fator da junta) e de "y" (pressão mínima de esmagamento).

116 Prontuário para Projeto e Fabricação de Equipamentos Industriais

3.6.1 Espessura e acabamento

Recomenda-se que a junta seja de espessura apenas suficiente para preencher as irregulariedades dos flange e aplicações práticas bem-sucedidas recomendam que a espessura seja igual a quatro vezes a profundidade das ranhuras e que espessuras acima de 3,2mm só sejam usadas quando estritamente necessário.

Espessuras mais usadas: 1/32" (0,8mm), 1/16" (1,59mm), 1/8" (3,2mm).

3.6.2 Faces do flange

- Plana.
- Ressaltada.
- Lingueta e ranhura.
- Macho e fêmea.
- Face plana e ranhura.
- *Ring-joint*.

3.6.3 Acabamento superficial

É determinado pelo tipo de junta.
- Não metálicas = superfície ranhurada.
- Metálicas = superfície lisas.
- Semimetálicas = ligeiramente áspero.

3.6.4 Não metálicas

- Papelão hidráulico.
- Grafite flexível.
- Politetrafluoretileno – PTFE.
- PTFE sinterizado.
- PTFE expandido.

3.6.5 Elastômeros

- Borracha natural (NR).
- Estireno-butadieno (SBR).
- Cloroprene (CR).
- Nitrílica (NBR).
- Fluorelastômero (CFM, FVSI, FPM).

- Silicone (SI).
- Etileno-propileno (EPDM).
- Hypalon.

3.6.6 Fibras

- Cortiça.
- Tecidos de fibra de vidro.
- Papelão de amianto (PI 97-B).
- Papelão isolit HT.
- Fibra cerâmica.
- Beater Addition (BA).
- Papelão Teaplac.

3.6.7 Emendas para juntas de grandes dimensões

- Cauda-de-andorinha.
- Chanfrada.

3.6.8 Especiais

- Metalbest.
- Spiroflex.
- Metalflex.
- Dupla camisa.
- Maciças serrilhadas.
- Camprofile.

3.6.9 Metálicas

São as sem enchimento de materiais macios.
- Planas.
- *Ring-joint.*

3.7 Visualização de alguns componentes usados em equipamentos

3.7.1 Transmissão direta

3.7.2 Transmissão indireta

3.7.3 Retentores

Unidirecionais:
Para eixos que giram no sentido horário ou anti-horário

Bidirecionais:
Para eixos que giram tanto no sentido horário como no anti-horário

3.7.4 Rolamentos

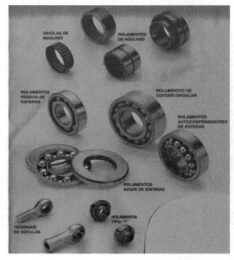

3.7.5 Rodízios

RODÍZIO DUPLO DA SÉRIE LEVE
Indicado para equipamentos eletrônicos, hospitalares ou máquinas leves, com pouca frequência de movimentação, em pisos de madeira ou acarpelados.

EXPANSOR
Indicado para fixação em estruturas tubulares. Funciona como uma bucha de expansão.

FREIO PARA RODA
Permite imobilização da roda caso o equipamento necessite permanecer estático. Possui ajuste para compensar o desgaste da roda.

FREIO COM SAPATA

BLINDAGEM CONTRA FIOS
Evitam a penetração de fios e detritos, entre o cubo da roda e o garfo do rodízio. Protegem também os rolamentos. Indicadas para fiações, tecelagens, frigoríficos e refeitórios.

TRAVA DIRECIONAL
Trava o giro do cabeçote do rodízio em 4 posições definidas, a 90°. Destravada, permite que o rodízio gire livremente. Pode ser fornecida nos rodízios das séries GRax, GMPax, GPax e GDPax.

RODÍZIO DUPLO
Rodízios para grandes cargas. Aplicáveis em carretas industriais, dollies para aeroportos e equipamentos pesados.

FREIO BORBOLETA
Para rodízios com rodas de ∅ 3" da série GL.

RODÍZIO COM MOLAS
Possuem molas que absorvem os impactos da roda com o piso. Utilizados no transporte de peças frágeis como: vidros, peças de cerâmica, machos para fundição.

3.7.6 Redutor e motorredutores

SA..TDZ../DX..

S..

S..DZ../DX..

S..DZ..MM..

3.7.7 Conversores ou inversores de frequência

Partes de Equipamentos

3.7.8 Válvulas manuais diversas

VÁLVULA GAVETA

Corpo em aço carbono fundido ASTM-A-216 WCB, aço inox 304/316 ou ligas especiais com flanges ANSI-B-16.5, haste ascendente, internos em AISI 410, aço inox 304/316, ligas especiais ou com revestimento de Stellite, Monel, etc.
Classe de Pressão: 150/300/600/900/1500/2500 lbs.

VÁLVULA GLOBO

Corpo em aço carbono fundido ASTM-A-216 WCB, aço inox 304/316 ou ligas especiais com flanges ANSI-B-16.5, internos em AISI 410, aço inox 304/316, ligas especiais ou com revestimento de Stellite, Monel, etc.
Classe de Pressão: 150/300/600/900/1500/2500 lbs.

VÁLVULA RETENÇÃO TIPO PORTINHOLA / TIPO PISTÃO

Corpo em aço carbono fundido ASTM-A-216 WCB, aço inox 304/316 ou ligas especiais com flanges ANSI-B-16.5, internos em AISI 410, aço inox 304/316, ligas especiais ou com revestimento de Stellite, Monel, etc.
Classe de Pressão: 150/300/600/900/1500/2500 lbs.

VÁLVULA ESFERA

Corpo em aço carbono fundido ASTM-A-216 WCB, aço inox 304/316 ou ligas especiais com flanges ANSI-B-16.5, esfera em aço inox 304/316, ligas especiais com anéis de teflon.
Classe de Pressão: 150/300/600/900/1500/2500 lbs.

VÁLVULA BORBOLETA

Corpo em ferro fundido, aço carbono fundido ASTM-A-216 WCB ou aço inox 304/316. Tipo waffer ou com flanges, disco em ferro fundido ou aço inox, com anéis de borracha, teflon, etc.
Classe de Pressão: 150/300.

VÁLVULA RETENÇÃO DUPLA PORTINHOLA

Corpo em ferro fundido, aço carbono fundido ASTM-A-216 WCB ou aço inox 304/316 .Tipo waffer para ser instalada entre flanges, disco, eixo e molas em aço inox.
Classe de Pressão: 150/300

3.7.9 Válvulas manuais de diafragmas

3.7.10 Válvula automática

3.7.11 Válvula de segurança

3.7.12 Purgadores e filtros

3.7.13 Manômetros e termômetros

3.7.14 Acessórios para manômetros

3.7.15 Tubos aletados

3.7.16 Juntas de expansões

3.7.17 Cilindro (pistão) hidráulico ou pneumático

3.7.18 Resistências elétricas

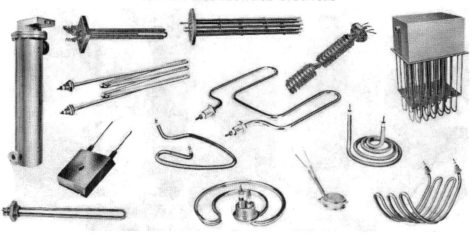

3.7.19 Selos mecânicos

3.7.20 Células de cargas

3.7.21 Internos para colunas

Partes de Equipamentos 125

3.7.22 Telas industriais

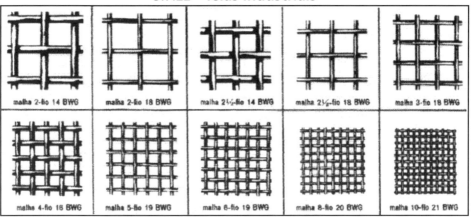

3.7.23 Chapas perfuradas

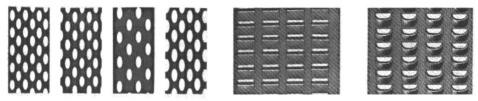

3.7.24 Bombas de engrenagens

3.7.25 Bomba centrífuga

3.7.26 **Visor**

3.7.27 **Visor com limpador**

3.7.28 **Visor com luminária**

3.7.29 **Forjado**

3.7.30 **Curvamento por indução**

Capítulo 4
DESENHOS

4.1 Representação em três vistas

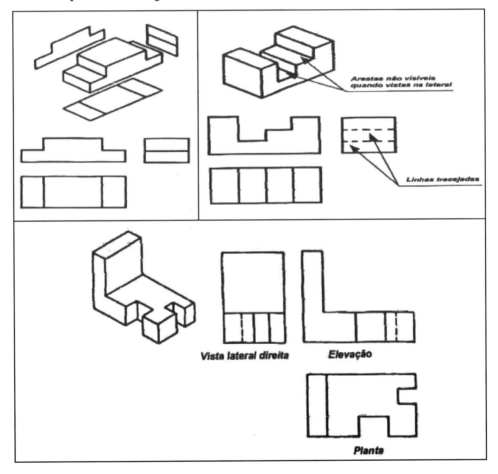

4.2 Cotagem

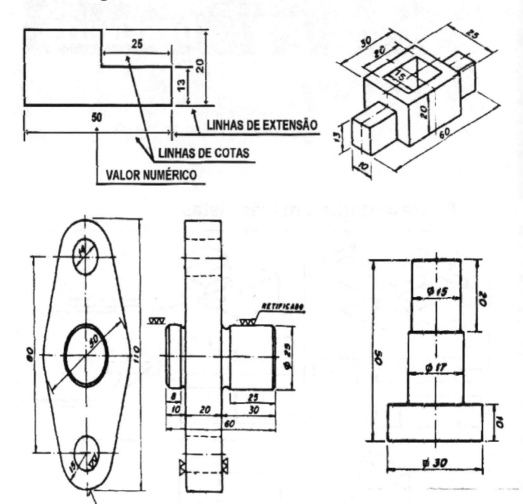

Desenhos 129

4.3 Desenho em corte

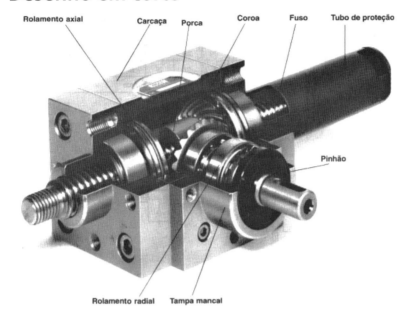

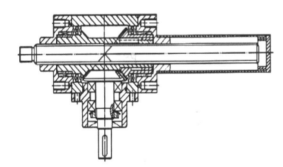

Algumas hachuras convencionais

Ferro	Aço	Bronze, latão e cobre	Alumínio e metais leves	Chumbo, zinco e ligas antifricção	Borracha, plásticos e isolantes

4.4 Tolerância (ISO)

É representada normalmente por uma letra e um número, à direita da cota.
- **Letra:** Indica o campo de tolerância, que é o conjunto dos valores compreendidos entre as dimensões máximas e mínimas.
  - ➢ Maiúsculas = tolerâncias para furos ou internos.
  - ➢ Minúsculas = tolerâncias para eixos ou externos.
- **Número:** Indica a qualidade do trabalho, que é o grau de tolerância e acabamento das peças.
  - ➢ Quanto menor o número, maior será a precisão.
  - ➢ Quanto maior o número, menor será a precisão.

4.4.1 Sinais de acabamento

∿ = **Superfície em bruto**: significa que a superfície não foi exposta à ação de nenhuma ferramenta (ex.: peças fundidas).

▼ = **Superfície desbastada:** significa que a superfície foi exposta à ação de ferramentas e que pode apresentar sinais visíveis destas.

▼▼ = **Superfície alisada**: significa que a superfície foi exposta à ação de ferramentas, mas que apresenta sinais menos visíveis que da anterior (desbastada).

▼▼▼ = **Superfície retificada:** significa que a superfície foi submetida à ação de ferramentas, no entanto, não apresenta sinais visíveis destas.

Desenhos 131

4.4.2 Recomendações "práticas" de ajustes

TIPO DE AJUSTE	EXEMPLO DE AJUSTE	EXTRA-PRECISO	MECÂNICA PRECISA	MECÂNICA MÉDIA	MECÂNICA ORDINÁRIA	EXEMPLO DE APLICAÇÃO
LIVRE	Montagem à mão, com facilidade.	$H_6 e_7$	$H_7 e_7$ $H_7 e_8$	$H_8 e_9$	$H_{11} a_{11}$	Peças cujos funcionamentos necessitam de folga por força de dilatação, mau alinhamento, etc.
ROTATIVO	Montagem à mão podendo girar sem esforço.	$H_6 f_6$	$H_7 f_7$	$H_8 f_8$	$H_{10} d_{10}$ $H_{11} d_{11}$	Peças que giram ou deslizam com boa lubrificação. Exs.: eixos, mancais, etc.
DESLIZANTE	Montagem à mão com leve pressão.	$H_6 g_5$	$H_7 g_6$	$H_8 g_8$ $H_8 h_8$	$H_{10} h_{10}$ $H_{11} h_{11}$	Peças que deslizam ou giram com grande precisão. Exs.: anéis de rolamentos, corrediças, etc.
DESLIZANTE JUSTO	Montagem à mão, porém, necessitando de algum esforço.	$H_6 h_5$	$H_7 h_6$			Encaixes fixos de precisão, órgãos lubrificados deslocáveis à mão. Exs.: punções, guias, etc.
ADERENTE FORÇADO LEVE	Montagem com auxílio de martelo.	$H_6 j_5$	$H_7 j_6$			Órgãos que necessitam de frequentes desmontagens. Exs.: polias, engrenagens, rolamentos, etc.
FORÇADO DURO	Montagem com auxílio de martelo pesado.	$H_6 m_5$	$H_7 m_6$			Órgãos possíveis de montagens e desmontagens sem deformação das peças.
À PRESSÃO COM ESFORÇO	Montagem com auxílio de balancim ou por dilatação	$H_6 p_5$	$H_7 p_6$			Peças impossíveis de serem desmontadas sem deformação. Ex.: buchas à pressão, etc.

4.5 Planificação

4.5.1 Elipse

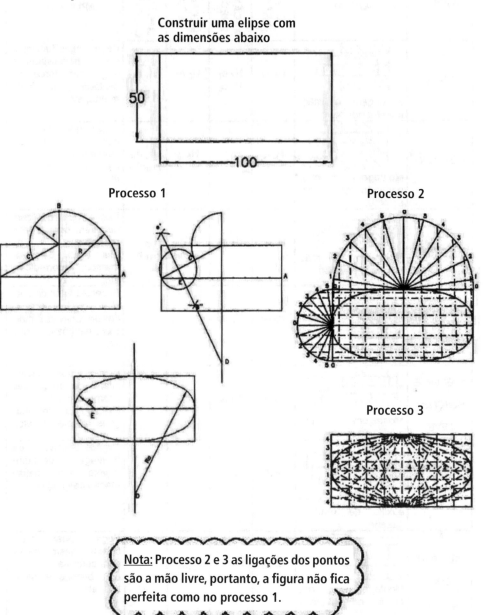

Nota: Processo 2 e 3 as ligações dos pontos são a mão livre, portanto, a figura não fica perfeita como no processo 1.

4.5.2 Cone

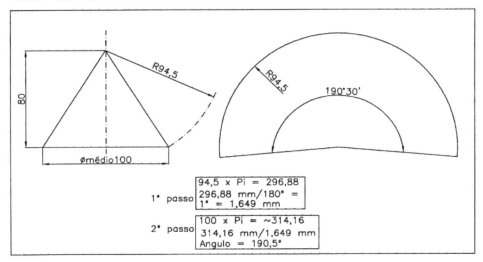

4.5.3 Tronco de cone

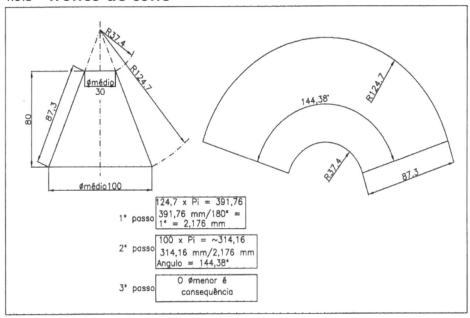

4.5.4 Curva gomada

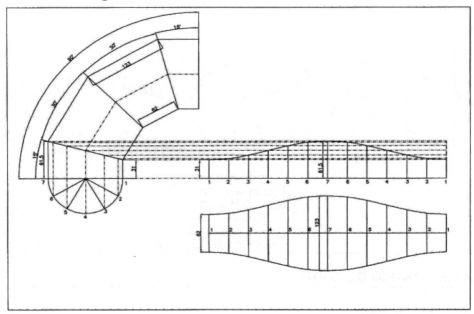

4.5.5 Curva "seca"

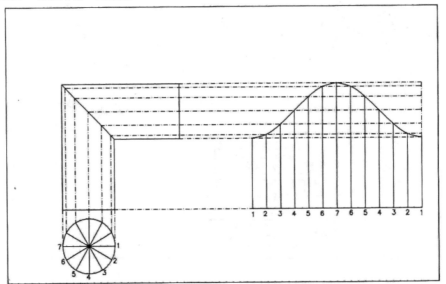

4.5.6 Intersecções

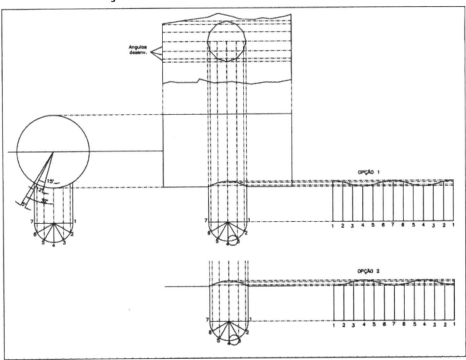

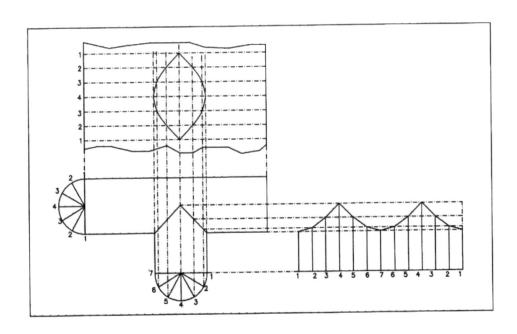

4.5.7 Vantagem na utilização de *software* (ref. *Caldsoft*)

Bifurcação cônica (calça) com bocas de saídas desiguais e em ângulo.
Dimensões gerais
- Diâmetro de entrada 1 = 450mm.
- Diâmetro de entrada 2 = 550mm.
- Diâmetro de saída = 750mm.

Quatro métodos comparativos para a planificação desta peça:

1 – Definição do traçado pelo caldeireiro diretamente sobre a chapa:
Tempo médio de traçado: considerando 16 divisões por boca e experiência sobre este formato de peça = 240min.
Desvantagens adicionais:
- Número baixo de divisões (16) para reduzir o tempo, causando imprecisão e aberturas irregulares para solda;
- Desvio da forma final, devido ao processo geométrico de cálculo em escala 1:1 sobre a própria chapa, acumulando os pequenos erros de abertura de compasso e transferências de paralelas;
- Possibilidade de erro, devido ao excesso de paralelas, perpendiculares, encontro de arcos e pontos definidos sobre a chapa;
- Dificuldade de identificar previamente a posição dos últimos pontos, possibilitando que pontos caiam fora da chapa ou gere um aproveitamento pouco eficiente;
- Uso intensivo do profissional experiente.

2 – Definição do traçado por projetista (em prancheta) e marcação posterior dos pontos a chapa:
Tempo médio da elaboração do traçado em escala: considerando 16 divisões por boca e experiência do projetista sobre este formato de peça = 100min + 30min para marcar os pontos.
Desvantagens adicionais:
- Número baixo de divisões (16) para reduzir o tempo, causando imprecisão e aberturas irregulares para solda.
- Desvio da forma final, menor em relação ao processo anterior, entretanto, o cálculo em escala possibilita o erro por redução da precisão, devida a própria escala escolhida para o cálculo.

Desenhos

- Possibilidade de erro, devido ao excesso de paralelas, perpendiculares, encontro de arcos e pontos definidos sobre o desenho.
- Uso intensivo do profissional experiente.

3 – Definição do traçado por projetista (em *CAD*) e marcação posterior dos pontos à chapa:

Tempo médio da elaboração do traçado em escala: considerando 16 divisões por boca e experiência do projetista sobre este formato de peça = 45min + 30min para marcar os pontos.

Desvantagens adicionais:

- Número baixo de divisões (16) para reduzir o tempo, causando imprecisão e aberturas irregulares para solda.
- Possibilidade de erro, devido ao excesso de paralelas, perpendiculares, encontro de arcos e pontos definidos sobre o desenho.
- Uso intensivo do profissional experiente.

4 – Cálculo pelo *software* e marcação posterior dos pontos à chapa:

1min + 30min para marcar os pontos.

Vantagens adicionais:

- Possibilidade de usar um número maior de divisões.
- Cálculo sem erro devido ao método geométrico analítico (e não geométrico descritivo).
- Dispensa uso de profissional com conhecimento em caldeiraria.
- Pode ser calculado até pelo próprio mecânico de manutenção ou traçador caldeireiro, pois o programa é muito fácil de usar e é todo em português.
- Possibilita visualizar as peças planificadas sobre a chapa disponível, reduzindo a quantidade de retalhos.

Comparativo prático

DESCRIÇÃO	Método 1	Método 2	Método 3	*CALDSOFT*
Tempo cálculo (min.)	240	100	45	1
Tempo marcação (min.)		30	30	30
profissional cálculo	alto custo	alto custo	alto custo	baixo custo
profissional marcação		baixo custo	baixo custo	baixo custo

4.6 Forma construtiva de trocador de calor (conf. *TEMA*)

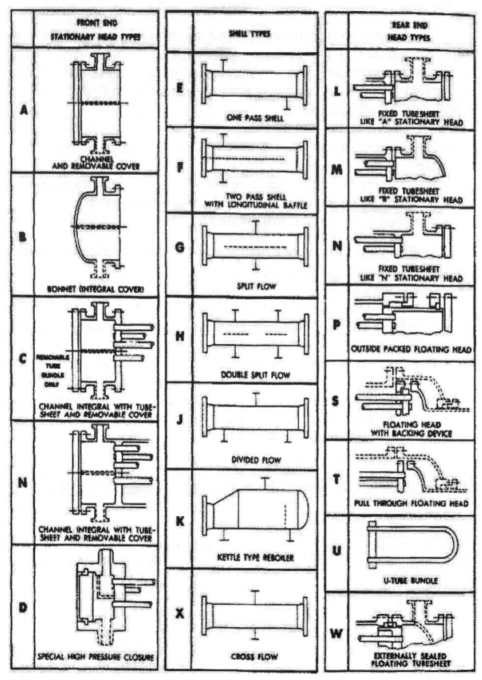

4.7 Dimensional de motorredutor (ref. SEW)

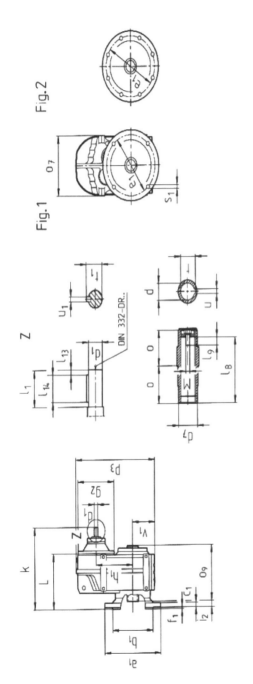

Tipo	a₁	Fig.	b₁	c₁	e₁	f₁	g₂	h₁	i₂	k	L	o₇	p₃	s₁	v₁	d₇	l₈	l₉	t	u	M	d₁	l₁	l₁₃	l₁₄	t₁	u₁
FAF37	160	1	110	10	130	3,5	120	112	24	240	138	60	123	9	76	30	105		33,3		M10	16	40	4	32	18	5
		2								268		165	252			45	17		8			19	40	4	32	21,5	6
FAF47	200	1	130	12	165	3,5	120	128,1	25	264	162	75	153	11	77	35	132		38,3		M12	16	40	4	32	18	5
		2								292		180	269			50	22		10			19	40	4	32	21,5	6
FAF57	250	1	180	15	215	4	160	136	26,5	300	177	83	170	13,5	93	40	142		43,3		M16	19	40	4	40	27	6
		3								336		200	317			55	29		12			24	50	5	40	27	8
FAF67	250	1	180	15	215	4	160	159,5	23	311	188	90	184	13,5	97	40	156		43,3		M16	19	40	4	32	21,5	6
		3								347		212	343			55	29		12			24	50	5	40	27	8
FAF77	300	1	230	16	265	4	200	200	37	350	234	105	213	13,5	121	50	183		53,8		M16	19	40	4	32	21,5	6
		4								385		270	426			70	32		14			24	50	5	40	27	8
										458												38	80	5	70	41	10
FAF87	350	2	250	18	300	5	250	246,7	30	370	259	120	243	17,5	152	60	210		64,4		M20	19	40	4	32	21,5	6
		3								415			531									28	60	5	50	31	8
		4								478		330				85	36		18			38	80	5	70	41	10
		5								551												42	110	10	70	45	12
FAF97	450	3	350	22	400	5	300	285	41,5	472	321	150	303	17,5	178	70	270		74,9		M20	28	60	5	50	31	8
		4								535												38	80	5	70	41	10
		5								608												42	110	10	70	45	12
		6								648												48	110	10	80	51,5	14
FAF107	450	3	350	22	400	5	350	332,4	41	503	358	175	353	17,5	200	95	313		95,4		M24	28	60	5	50	31	8
		4								566												38	80	5	70	41	10
		5								639												42	110	10	70	45	12
		6								679		450	717			118	40		25			48	110	10	80	51,5	14

4.8 Desenhos de tanque *API* (Turin, ótima caldeiraria antes de falir)
4.8.1 Conjunto

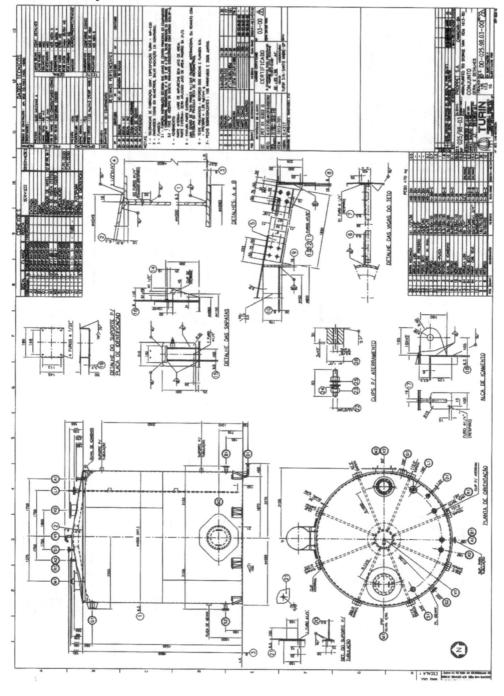

4.8.2 Bocais

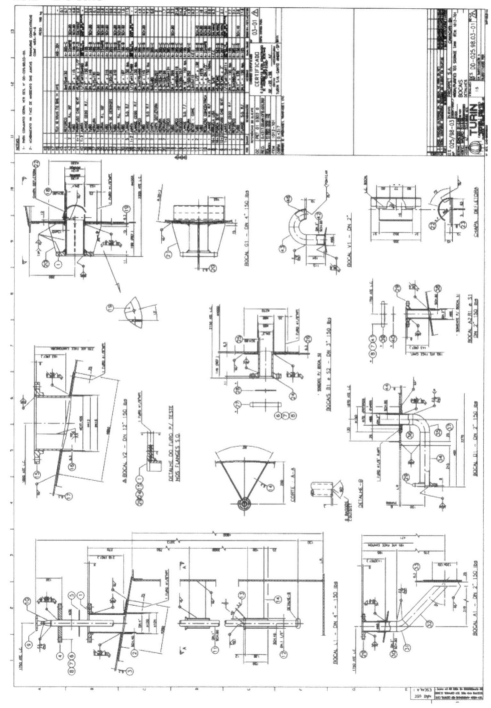

4.8.3 Escada e guarda-corpo

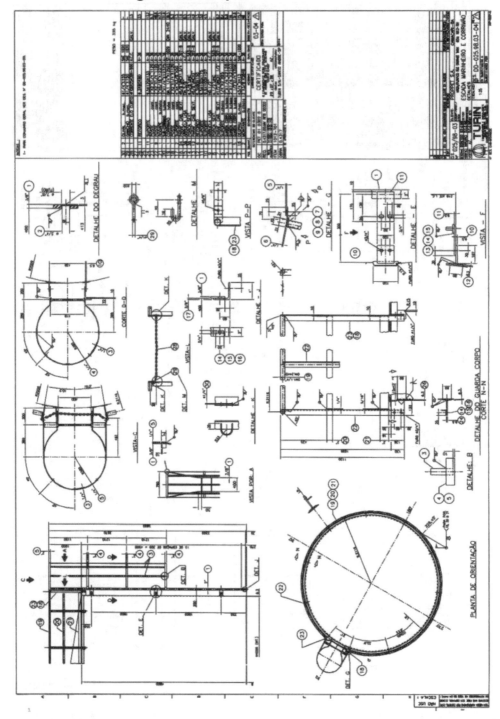

4.8.4 Planificação

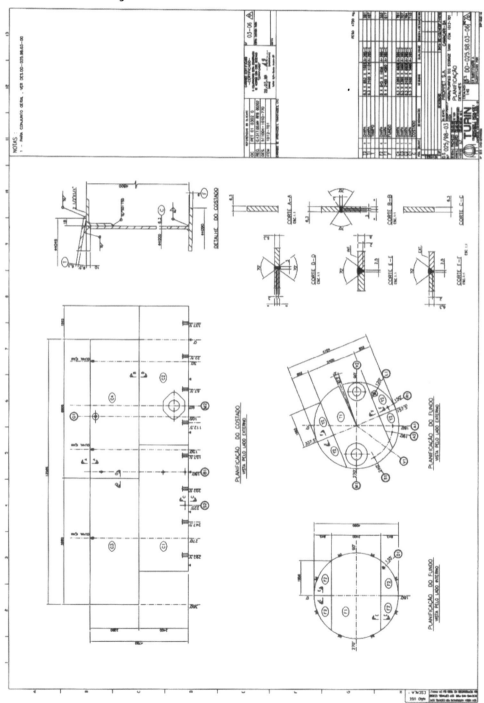

4.8.5 Boca de visita no teto

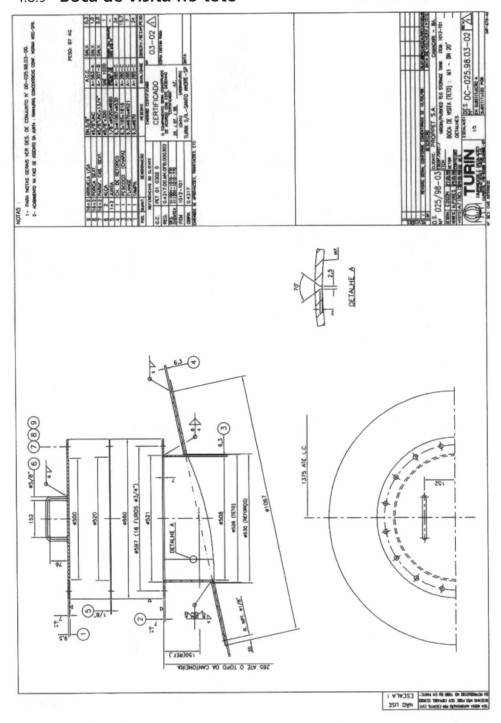

4.8.5.1 Boca de visita no costado

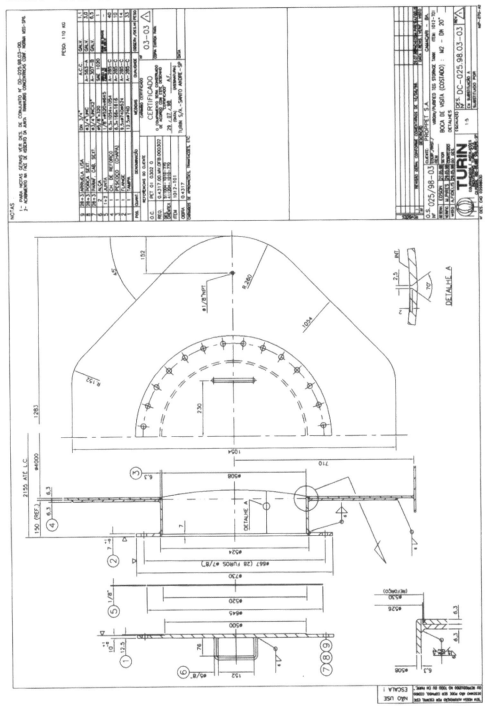

4.8.6 Serpentina interna

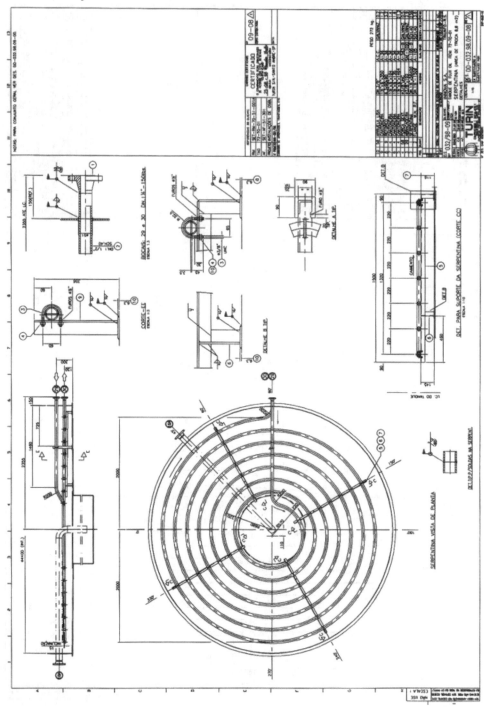

4.9 Desenhos (Montix, Cobrasma, Nordon, Jean Lieutaud, Mecânica Continental, CBI, Cleber, Arasanz, Mecânica Inox, QuimInox, Boreal, Nordon e outras que também não fazem mais parte de caldeirarias ativas).

4.9.1 Vaso de pressão

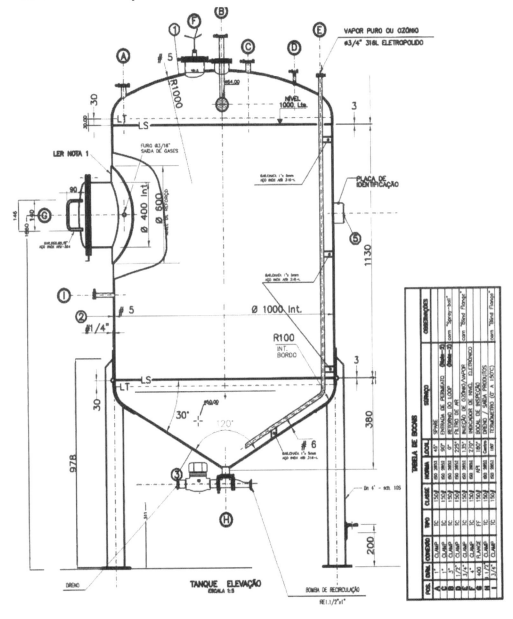

4.9.2 Tanque móvel capacidade 200 litros (tampa articulada)

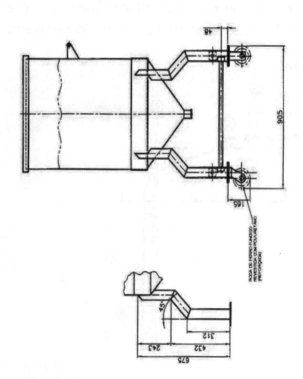
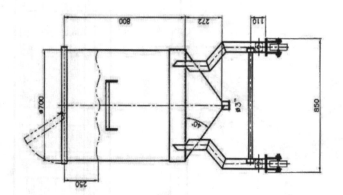
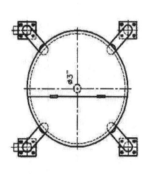

4.9.3 Tanque móvel (com escada de acesso)

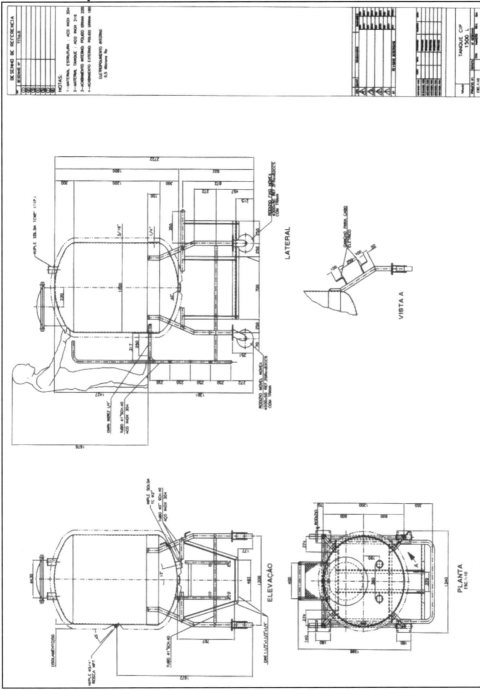

4.9.4 Tanque *CIP* móvel (com bombeamento)

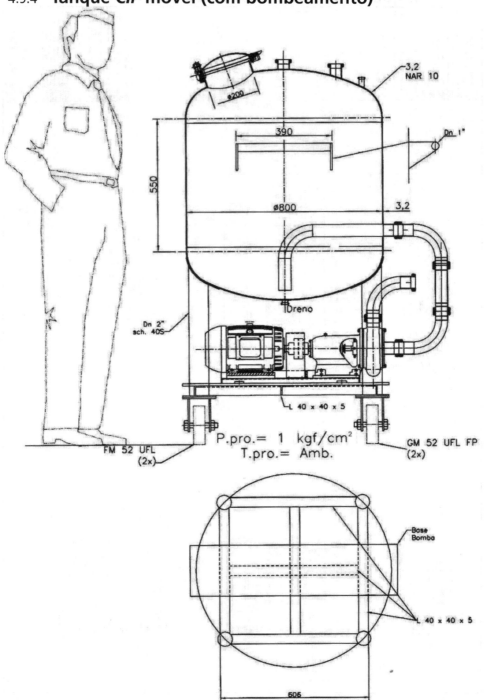

4.9.5 Reator com serpentina interna (isotérmico)

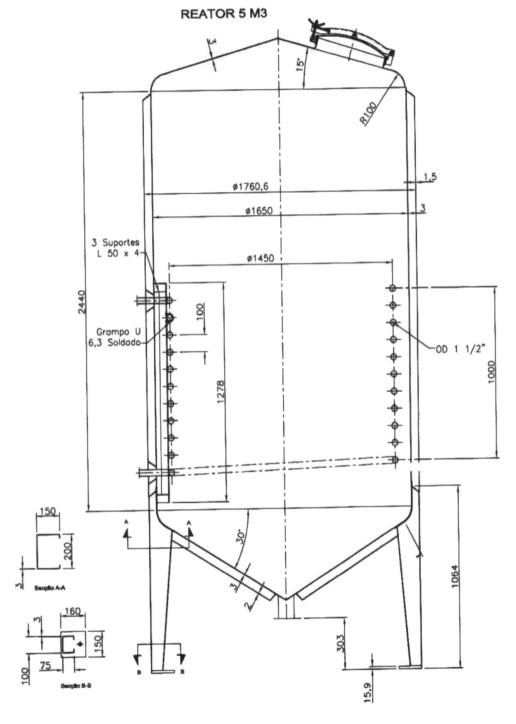

4.9.6 Serpentina interna dupla

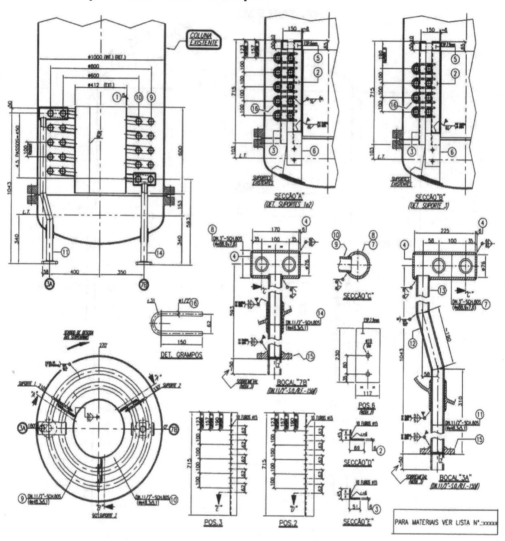

4.9.7 Fermentador com agitador e acessórios

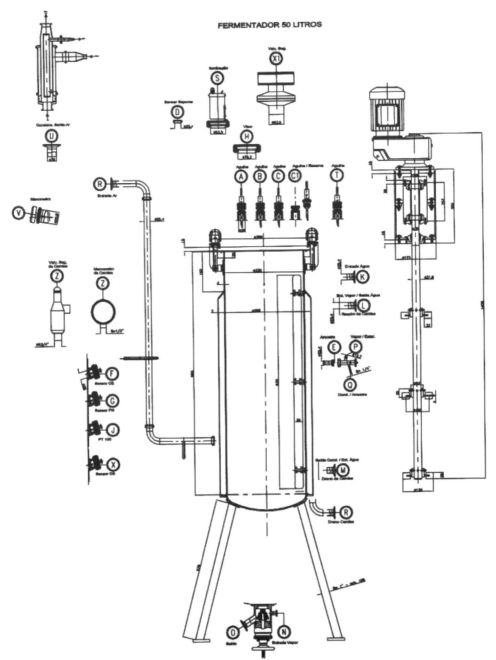

4.9.8 Tanque com agitador (alta eficiência)

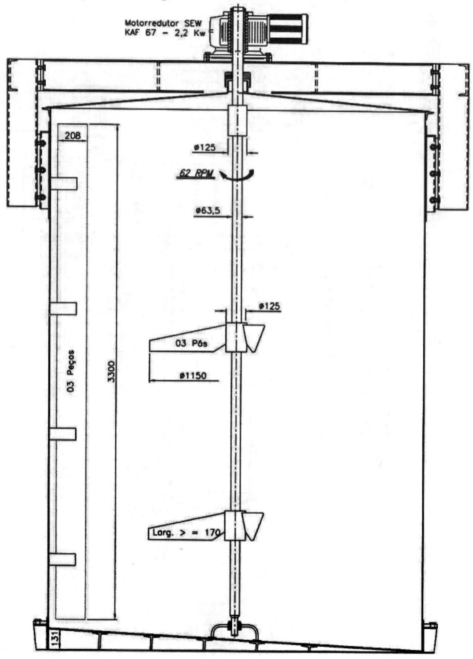

4.9.9 Emulsificador

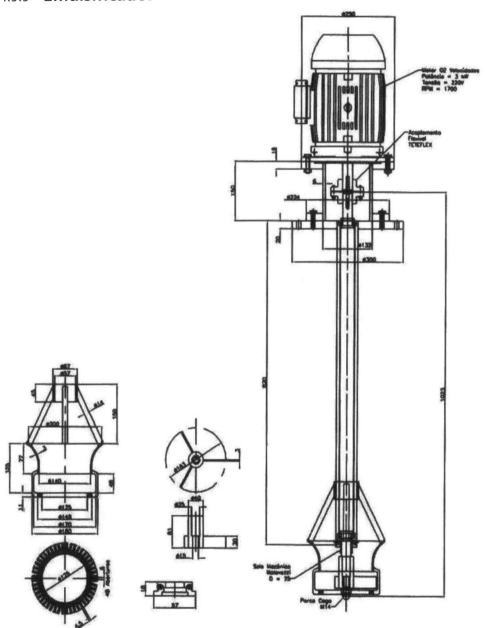

4.9.10 Reator com meia-cana e agitador (âncora)

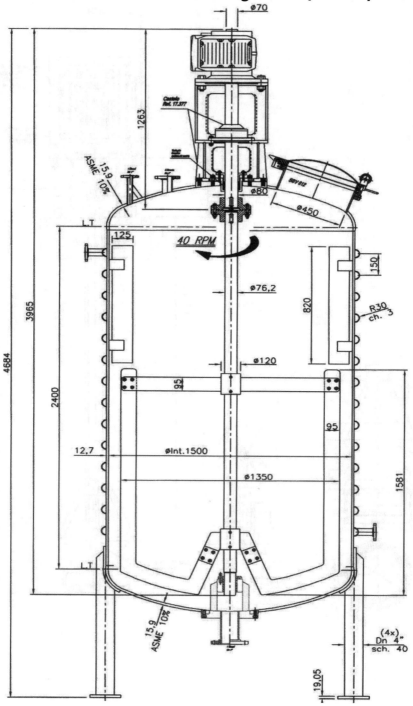

4.9.11 Simulação de retirada do impelidor do interior do reator

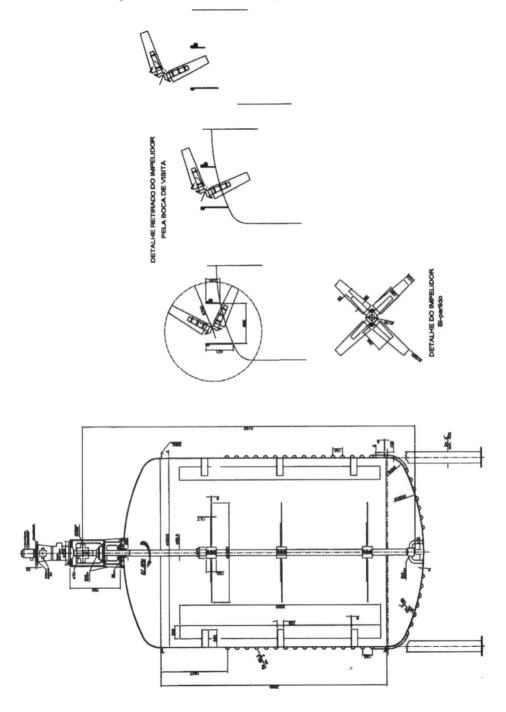

4.9.12 Tanque isotérmico com agitador (harpa com raspadores em *teflon* ou *nylon*)

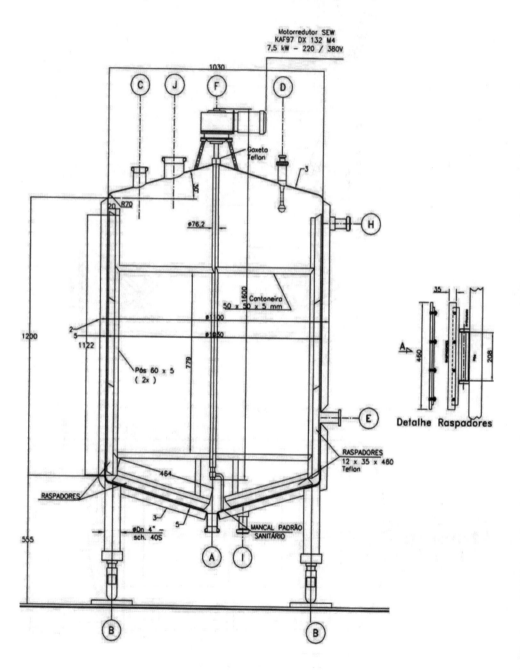

4.9.13 Reator com agitação magnética

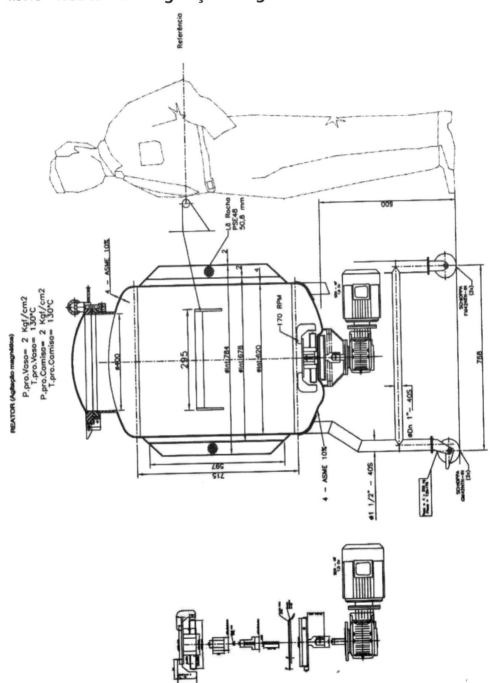

4.9.14 Rosca transportadora

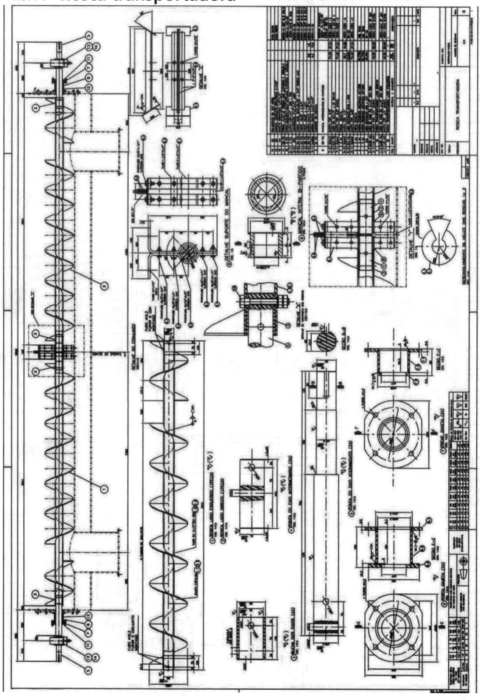

4.9.15 Filtro de placas (padrão Niro)

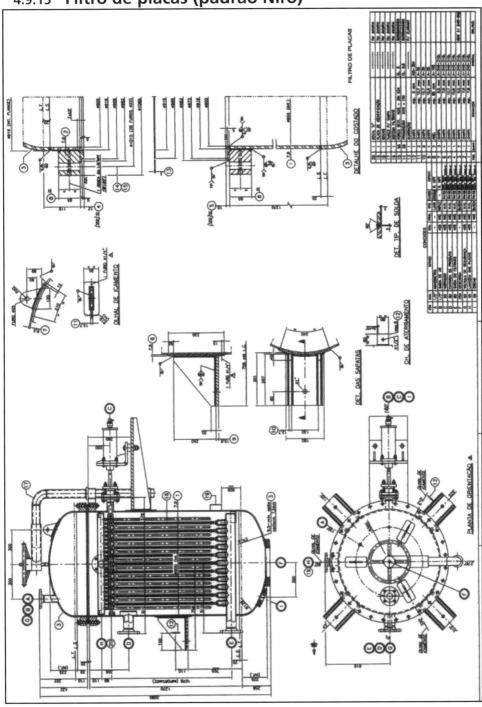

4.9.16 Feixe tubular em U

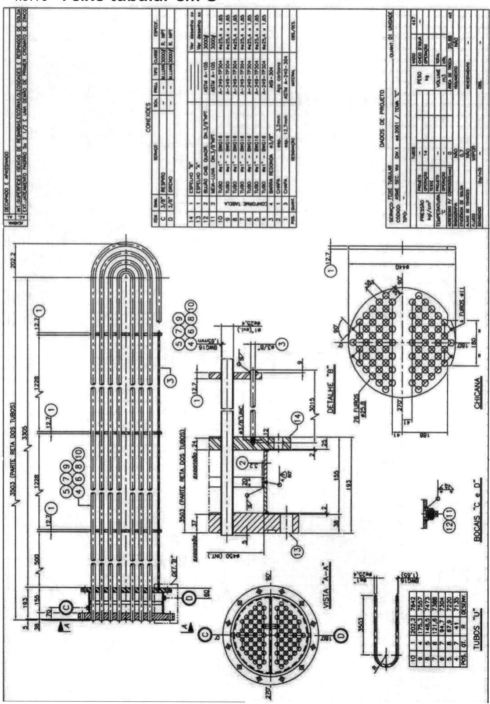

4.9.17 Castelo para agitador (gaxeta)

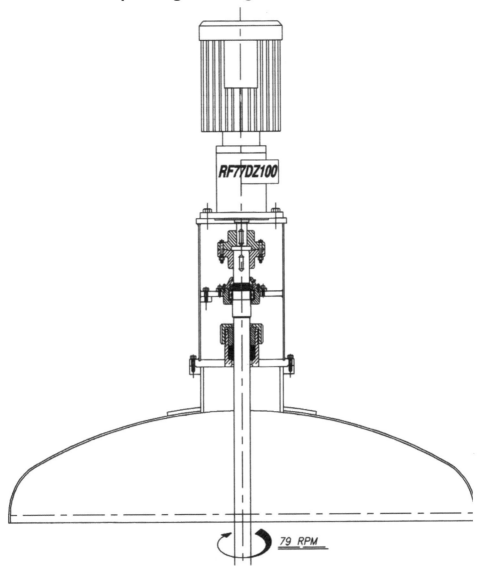

4.9.18 Castelo para agitador (selo mecânico)

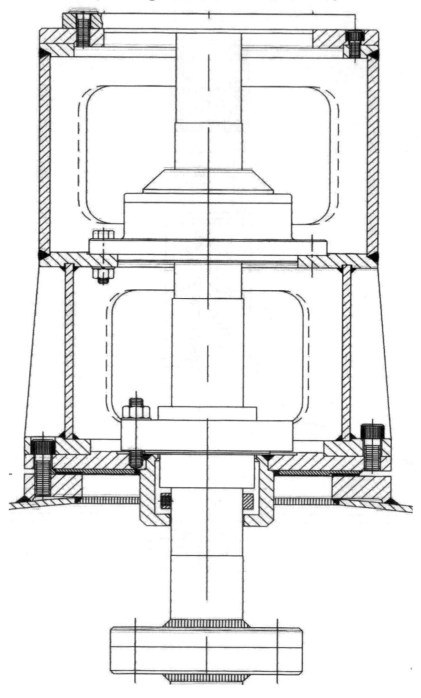

Capítulo 5
PADRÕES DE CONSTRUÇÃO

5.1 Perna

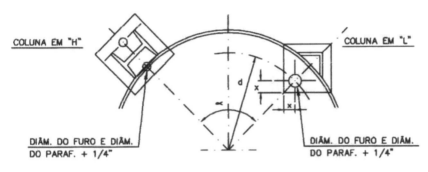

USAR COLUNA DE CANTONEIRA OU VIGA "H" CONFORME O DIÂM. EXTERNO DO VASO (V. TABELA)

COMPRIMENTO DAS COLUNAS ACIMA DA LINHA DE TANGÊNCIA:

COMPRIMENTO DO CASCO TANGENTE A TANGENTE	COMPRIMENTO "Y" DA SOLDA NO CASCO
ATÉ 1830	150
1831 A 2740	230
ACIMA DE 2740	300

CRITÉRIO PARA O CÁLCULO

A) SUPONHA O VASO CHEIO D'ÁGUA
B) SUPONHA O VASO APOIADO SOBRE DUAS COLUNAS
C) CONSIDERE O MOMENTO DO VENTO NA BASE

NOTAS: 1) ESSA NORMA PODE SER USADA PARA VASOS, COM OS DIÂMETROS ABAIXO ASSINALADOS E PARA UMA DISTÂNCIA MÁXIMA DE TANGENTE A TANGENTE DE 6m.
2) QUANDO A CARGA EXCEDER O VALOR INDICADO PARA O DIÂMETRO DO VASO, USE A SEÇÃO DE CC PARA O DIÂMETRO IMEDIATAMENTE SUPERIOR.
3) QUANDO O COMPRIMENTO DA COLUNA EXCEDER 1520 USAR CONTRAVENTAMENTOS DIAGONAIS.
4) MATERIAL: AÇO ESTRUTURAL.
5) DIMENSÕES EM MILÍMETROS, EXCETO QUANDO INDICADO.

DIÂM. EXTERNO DO VASO	∝	SEÇÃO DA COLUNA	CHAPAS DA BASE	DIÂM. PARAF.	DIÂM.(d) DA FURAÇÃO	X	CARGA MÁX.(t)
ATÉ 740	120°	3 L⁸ 76 x 76 x 7,9	152x152x9,5	3/4"		38	(15)
740 A 1040		4 L⁸ 76 x 76 x 7,9				44	(15)
1041 A 1350		4 L⁸ 76 x 76 x 7,9x 9,5	152x152x12,7		DIÂMETRO DO VASO MENOS 50,9		(22)
1351 A 1650	90°	4 L⁸ 101 x 101 x 9,5	203x203x9,5			63,5	(36)
1651 A 1950		4 L⁸ 101 x 101 x 12,7	203x203x12,7				(48)
1951 A 2260		4 L⁸ 152 x 152 x 9,5				63,5	(62)
2261 A 2570		4 L⁸ 152 x 152 x 12,7	254x254x12,7	1"			(82)
2571 A 2870	60°	6 H 152 x 152 x 20#			ESPECIAL	–	(85)
2871 A 3000		6 H 203 x 203 x 34#	304x304x12,7				(151)

5.2 Sapata para trocador

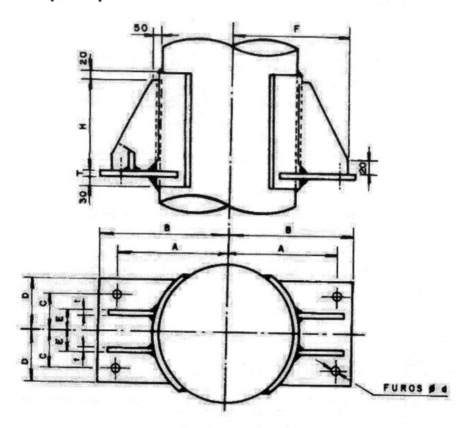

Padrões de Construção

DIÂMETRO NOMINAL DO CASCO (in)

	8	10	12	13	15	17	19	21	23	25	27	29	31	33	35	37	39	42	44	47
A	185	240	260	300	355	385	415	460	480	480	500	520	540	560	590	610	640	680	700	740
B	220	280	300	345	400	430	460	515	530	530	550	580	600	620	650	670	700	740	760	800
C	40	60	80	85	105	120	135	155	155	175	175	180	180	200	200	220	220	240	260	280
D	75	100	120	130	150	165	180	200	205	225	225	240	240	260	260	280	280	300	320	340
E	(4)	(4)	(4)	(4)	40	55	70	85	90	110	110	110	110	130	130	150	150	170	190	210
F	200	260	280	320	380	410	440	495	510	510	530	560	580	600	630	650	680	720	740	780
H	200	220	240	260	280	300	320	340	360	380	380	400	400	400	420	420	440	440	460	460
T	12,5	12,5	12,5	12,5	12,5	14	14	16	17,5	20,6	20,6	23,6	23,6	31,5	31,5	31,5	31,5	31,5	31,5	31,5
t	9,5	9,5	9,5	9,5	9,5	12,5	12,5	12,5	12,5	16	16	16	16	16	17,5	17,5	20,6	20,6	20,6	22,4
d	23	23	23	23	23	23	23	23	23	23	27	27	27	27	27	27	27	27	27	27

5.3 Sapata para vaso

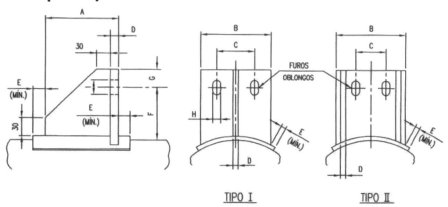

TIPO I   TIPO II

DIÂMETRO INTERNO DO VASO	TIPO	Q.T. SUP.	A	B	C	D	E	F	G	H	I	DIÂM. PARAF.
300 a 400	I	2	200	180	90	3/8"	30	150	50	3/4"	40	5/8"
401 a 500	I	2	250	200	100	3/8"	30	180	70	3/4"	40	5/8"
501 a 700	I	2	270	200	100	1/2"	30	200	70	3/4"	40	5/8"
701 a 900	I	4	300	230	130	1/2"	40	220	80	7/8"	45	3/4"
901 a 1100	I	4	300	230	130	5/8"	40	220	80	7/8"	45	3/4"
1101 a 1300	II	4	350	260	140	5/8"	50	250	100	7/8"	45	3/4"
1301 a 1500	II	4	350	290	150	5/8"	60	250	100	7/8"	45	3/4"
1501 a 1700	II	4	350	290	150	5/8"	60	250	100	1"	50	7/8"
1701 a 1900	II	4	350	320	170	3/4"	70	250	100	1"	50	7/8"
1901 a 2100	II	4	400	320	170	3/4"	70	250	100	1"	50	7/8"

5.4 Berço ou sela

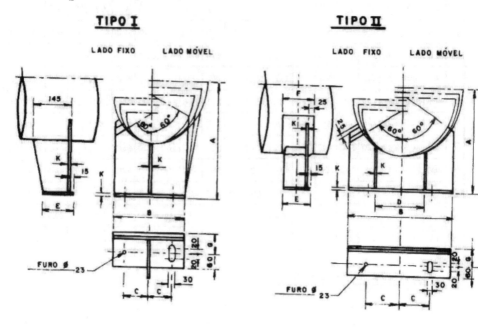

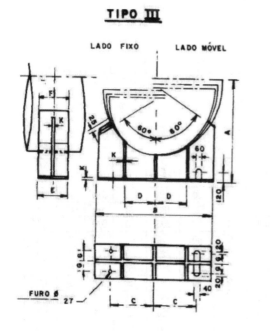

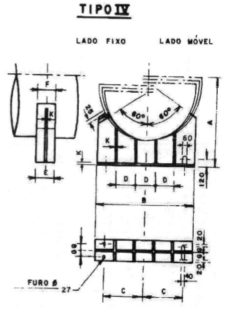

Padrões de Construção

	DIÂMETRO NOMINAL DO CASCO (in)	A	B	C	D	E	F	G	Ø PARAF	K	PESO kgf
TIPO I	8	310	300	100	—	140	—	80	20	12,5	15
TIPO I	10	340									
TIPO I	12	365									
TIPO I	13	380									
TIPO I	15	405									
TIPO I	17	430									
TIPO II	19	455	640	200	300	160	190	100	20	12,5	45
TIPO II	21	480									
TIPO II	23	510									
TIPO II	25	530									
TIPO II	27	555									
TIPO II	29	580									
TIPO III	31	655	950	350	155	240	240	65	24	16	105
TIPO III	33	680			165						
TIPO III	35	705			175						
TIPO III	37	730			190						
TIPO III	39	755			205						
TIPO III	42	795			215						
TIPO IV	45	935	1340	600	220	250	250	65	24	16	220
TIPO IV	48	975			230						
TIPO IV	51	1010			250						
TIPO IV	54	1060			260						
TIPO IV	57	1090			270						
TIPO IV	60	1125			280						

5.5 Suporte "cadeira"

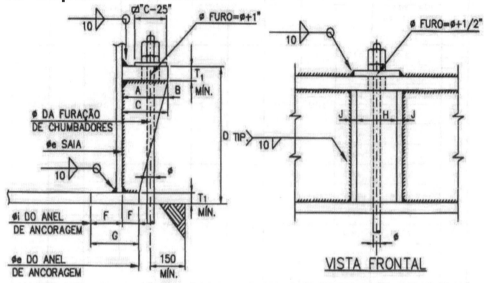

VISTA LATERAL ESQUERDA

VISTA FRONTAL

DIÂMETRO CHUMBADOR	DIMENSÕES FIXAS							
	A	B	C	D	E	H	J	T₂
1 1/4"	80	60	140	300	55	110	9,50	28,00
1 1/2"	85	65	150	300	58	115	9,50	33,50
1 3/4"	90	70	160	300	60	120	9,50	37,50
2"	95	75	170	380	63	125	12,50	42,50
2 1/4"	105	85	190	380	68	135	12,50	50,00
2 1/2"	110	90	200	380	70	140	12,50	55,00
2 3/4"	115	95	210	460	73	145	16,00	60,00
3"	125	105	230	460	75	150	16,00	65,00

DIÂMETRO CHUMBADOR	TIPO B				TIPO C				TIPO D				TIPO E			
	F (cm)	G (cm)	T₂ mín.	CARGA MÁXIMA	F (cm)	G (cm)	T₂ mín.	CARGA MÁXIMA	F (cm)	G (cm)	T₂ mín.	CARGA MÁXIMA	F (cm)	G (cm)	T₂ mín.	CARGA MÁXIMA
1 1/4"	55	11,0	18,00	580	80	13,5	20,00	710	105	16,0	28,00	840	130	18,5	37,50	975
1 1/2"	57	11,5	19,00	605	82	14,0	22,40	735	107	16,5	30,00	870	132	19,0	37,50	1000
1 3/4"	60	12,0	20,00	630	85	14,5	23,60	760	110	17,0	31,50	895	135	19,5	40,00	1025
2"	62	12,5	22,40	655	87	15,0	25,00	790	117	18,0	33,50	945	142	20,5	42,50	1080
2 1/4"	67	13,5	23,60	710	92	16,0	26,50	840	117	18,5	35,00	975	142	21,0	42,50	1105
2 1/2"	70	14,0	25,00	735	95	16,5	28,00	870	120	19,0	37,50	1000	145	21,5	45,00	1130
2 3/4"	72	14,5	26,50	760	97	17,0	30,00	895	122	19,5	37,50	1025	147	22,0	45,00	1160
3"	75	15,0	28,00	790	105	18,0	31,50	945	130	20,5	40,00	1080	155	23,0	47,50	1210

5.6 Abertura em saia

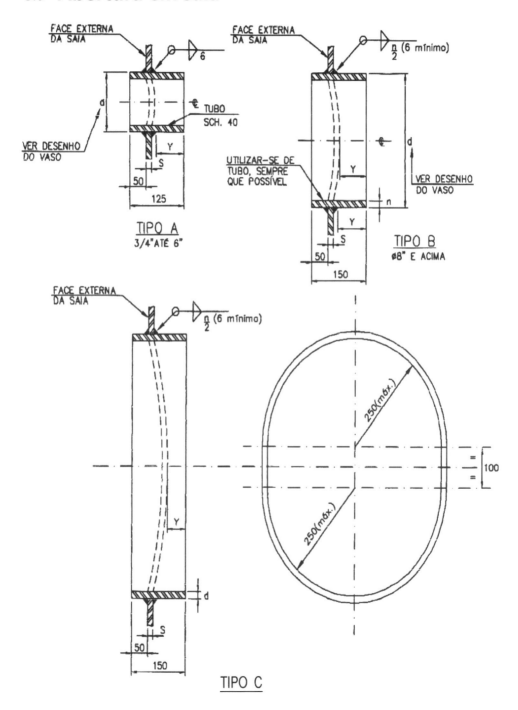

5.7 Escada marinheiro e guarda-corpo no teto

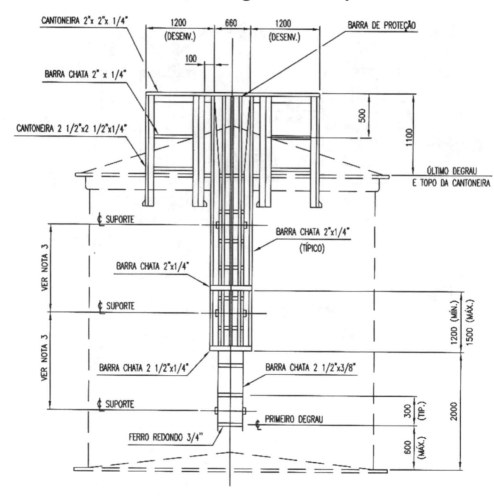

Nota 3: 1.500mm mínimo ou conforme projetista

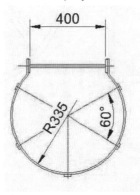

Padrões de Construção   173

5.7.1 *Clip* e degrau para escada marinheiro

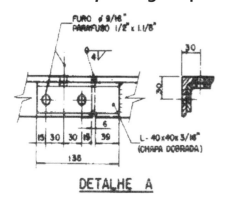
DETALHE A

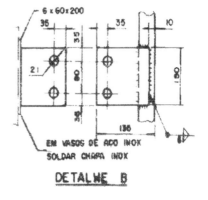
DETALHE B

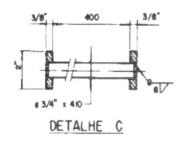
DETALHE C

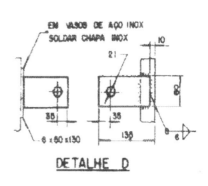
DETALHE D

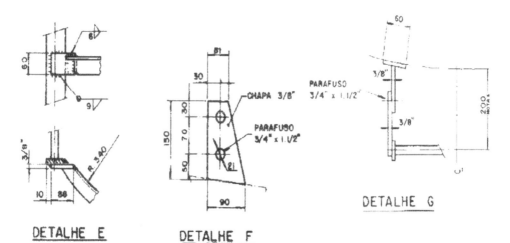
DETALHE E   DETALHE F   DETALHE G

5.8 Plataforma circular

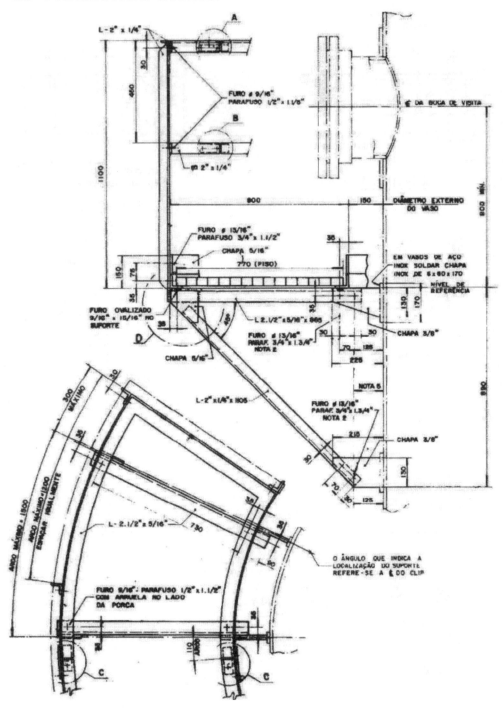

5.8.1 *Clip* para plataforma

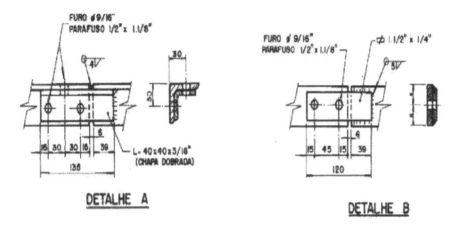

DETALHE A

DETALHE B

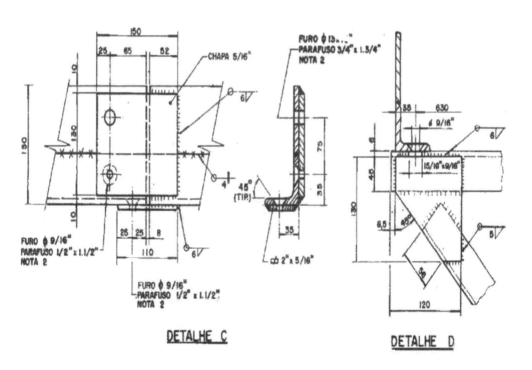

DETALHE C

DETALHE D

5.9 Suporte para isolamento

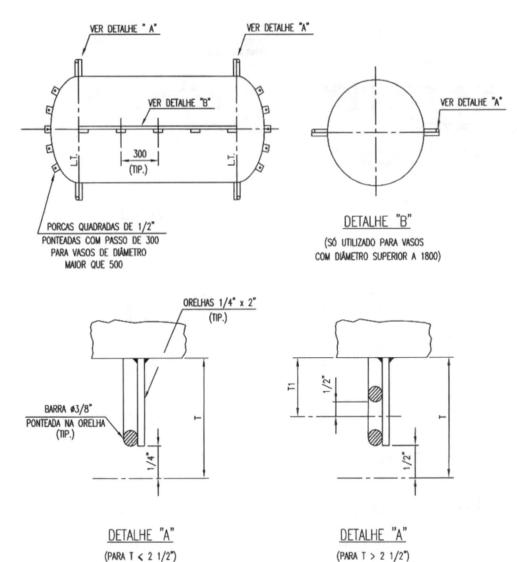

5.10 Localização de alças, olhais e sacadores para trocadores

Trocador vertical | Trocador vertical

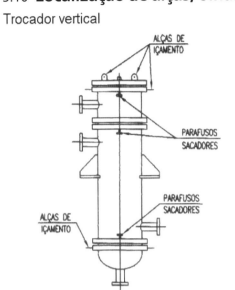
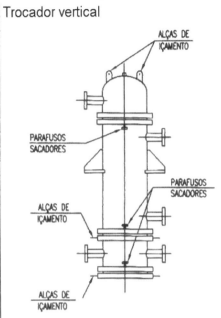

Trocador "cabeçote flutuante"

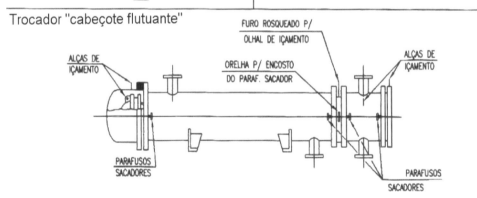

Trocador "espelhos fixos"

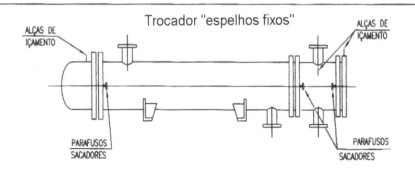

5.10.1 Alça para trocador

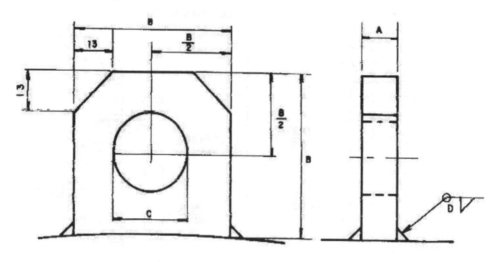

DIÂMETRO NOMINAL DO CASCO (in)	A mm	B mm	C mm	D mm
ATÉ 12 INCLUSIVE	NÃO REQUERIDA			
13 A 20 "	12,5	65	30	6
21 A 28 "	16	85	35	6
29 A 34 "	19	100	35	6
35 A 40 "	22,4	120	35	9
41 A 45 "	25,0	150	45	9
46 A 50 "	25,0	180	50	12
51 A 60 "	25,0	200	60	12

5.10.2 Olhal e *plug* para trocador

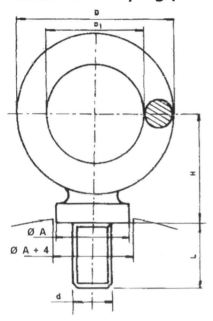
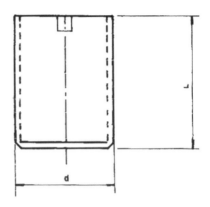

d (in)	L (mm)	D (mm)	D_1 (mm)	H (mm)	A (mm)	CARGA MÁXIMA (kgf)	CARGA MÁXIMA (kgf) 45°
3/8	28	42	24	28	20	250	125
1/2	40	50	30	33	22	400	200
5/8	50	65	37	42	28	800	400
3/4	55	78	46	52	32	1250	625
7/8	60	84	50	58	35	1600	800
1	65	92	54	64	38	2000	1000
1 1/4	80	109	61	74	45	3150	1575
1 1/2	100	129	75	80	55	5000	2500

5.11 Turco

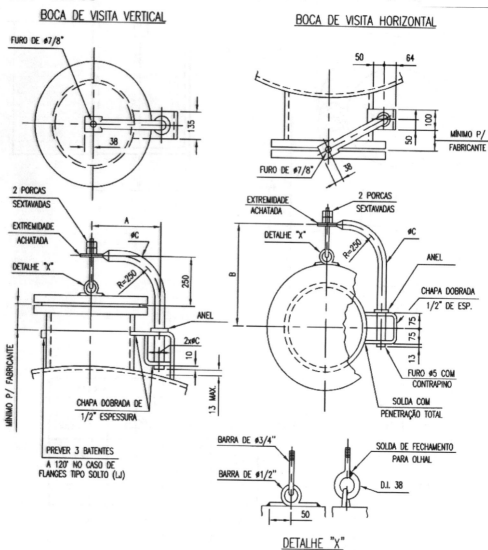

CLASSE	DIÂMETRO NOMINAL E FAIXA DE TRABALHO									
	150#			300 e 400#			600#		
DIMENSÃO	18"	20"	24"	18"	20"	24"	18"	20"	24"
A	370	400	455	405	440	510	420	455	520
B	470	500	560	510	540	610	525	560	620
BARRA ⌀C	1 1/8"	1 1/4"	1 1/2"	1 5/8"	1 3/4"	2 1/8"	1 7/8"	2"	2 3/8"
TUBO ⌀C	1 1/4" STD	1 1/4" STD	1 1/2" STD	1 1/2" X-S	2" STD	2" X-S	2" STD	2" X-S	2" XX-S

5.12 Espessura de parede de bocal

- **Aço-carbono:**

DIAM. NOM.	CORROSÃO									
	0		1/16" (1,59 mm)		1/8" (3,18 mm)		3/16" (4,76 mm)		1/4" (6,35 mm)	
	SCH	ESP. NOM.	SCH	ESP. NOM.	SCH	ESP. NOM.	SCH	ESP. NOM.	SCH	ESP. NOM.
1/2"	40	2,77	160	4,78	XXS	7,47	-	-	-	-
3/4"	40	2,87	160	5,56	XXS	7,82	-	-	-	-
1"	40	3,38	160	6,35	XXS	9,09	XXS	9,09	-	-
1.1/4"	40	3,56	160	6,35	XXS	9,70	XXS	9,70	-	-
1.1/2"	40	3,68	160	7,14	160	7,14	XXS	10,15	XXS	10,15
2"	40	3,91	80	5,54	160	8,74	160	8,74	XXS	11,07
2.1/2"	40	5,16	80	7,01	160	7,53	XXS	14,02	XXS	14,02
3"	40	5,49	80	7,62	160	11,13	160	11,13	XXS	15,24
3.1/2"	40	5,74	80	8,08	XXS	16,15	XXS	16,15	XXS	16,15
4"	40	6,02	80	8,56	120	11,13	120	11,13	160	13,49
5"	40	6,55	80	9,53	120	12,70	120	12,70	160	15,88
6"	40	7,11	80	10,97	80	10,97	120	14,27	120	14,27
8"	40	8,18	60	10,31	80	12,70	100	15,09	100	15,09
10"	40	9,27	60	12,70	60	12,70	80	15,09	100	18,26
12" 14" 16" 18"	P/ $T_r \leq 6{,}4$ chapa ¼"	6,35	P/ $T_r \leq 8$ chapa 3/8"	9,53	P/ $T_r \leq 6{,}4$ chapa 3/8"	9,53	P/ $T_r \leq 8$ chapa 1/2"	12,70	P/ $T_r \leq 6{,}4$ chapa 1/2"	12,70
20" 24" 30"	P/ $T_r > 6{,}4$ chapa 3/8"	9,53	P/ $T_r > 8$ chapa 1/2"	12,70	P/ $T_r > 6{,}4$ chapa 1/2"	12,70	P/ $T_r > 8$ chapa 5/8""	15,88	P/ $T_r > 6{,}4$ chapa 5/8""	15,88

- **Aço inox:**

CORROSÃO / DIAM. NOM.	0		1/16" (1,59 mm)	
	SCH	ESP. NOM.	SCH	ESP. NOM.
1/2"	40 S	2,77	80 S	4,78
3/4"	40 S	2,87	80 S	5,56
1"	40 S	3,38	80 S	6,35
1.1/4"	40 S	3,56	80 S	6,35
1.1/2"	40 S	3,68	80 S	7,14
2"	40 S	3,91	80 S	5,54
2.1/2"	40 S	5,16	80 S	7,01
3"	40 S	5,49	80 S	7,62
3.1/2"	40 S	5,74	80 S	8,08
4"	40 S	6,02	80 S	8,56
5"	40 S	6,55	80 S	9,53
6"	40 S	7,11	80 S	10,97
8"				
10"				
12" 14" 16" 18" 20"	P/$t_R \leq 6$ CHAPA 1/4" OU	6	P/$t_R \leq 8$ CHAPA 3/8"	10
24" 30"	P/$t_R > 6$ CHAPA 3/8"	10	P/$t_R > 8$ CHAPA 1/2"	12,70

5.13 Colete e revestimento de flange

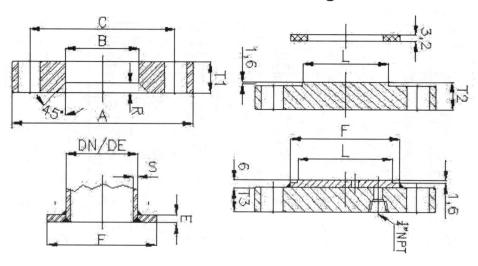

DIÂMETRO		PAREDE		DIÂMETRO			ESPESSURA			CHANFRO	FURAÇÃO			PESO-kgf		ALTURA	DIÂMETROS		
NOMINAL	EXTERNO	S	SCH	A	B	D	T1	T2	T3	R	C	No. FUROS	FURO	SOLTO	CEGO	E	F	L	M
1/2"	21,34	2,11	10S	88,900	22,860	30,163	11,113	12	15,875	3	60,325	4	5/8"	0,45	0,48	8	36	16	**
3/4"	26,67	2,11	10S	98,425	28,194	38,100	12,700	13	15,875	3	69,850	4	5/8"	0,91	0,94	8	45	22	
1"	33,40	2,77	10S	107,950	35,052	49,213	14,288	15	17,463	3,5	79,375	4	5/8"	0,98	1,03	8	55	28	
1.1/2"	48,26	2,77	10S	127,000	50,038	65,088	17,463	18	22,225	3,5	98,425	4	5/8"	1,36	1,84	8	74	42	
2"	60,33	2,77	10S	152,400	62,484	77,788	19,050	20	25,400	4	120,650	4	3/4"	2,27	2,30	8	93	55	
2.1/2"	73,03	3,05	10S	177,800	75,438	90,488	22,225	23	28,575	4	139,700	4	3/4"	3,17	3,22	8	112	65	
3"	88,90	3,05	10S	190,500	91,440	107,950	23,813	24	30,163	4	152,400	4	3/4"	3,63	4,12	8	125	75	
4"	114,30	3,05	10S	228,600	116,840	134,938	23,813	24	33,338	4	190,500	8	3/4"	5,90	7,75	8	163	105	
6"	168,28	3,40	10S	279,401	171,450	192,088	25,400	*	39,688	4,5	241,300	8	7/8"	8,62	13,46	10	210	160	125
8"	219,08	3,76	10S	342,901	222,250	246,063	28,575		44,450	4,5	298,451	8	7/8"	13,61	23,12	10	268	210	150
10"	273,05	3,40	5S	406,401	277,368	304,801	30,163		49,213	4,5	361,951	12	1"	19,50	35,81	10	328	260	175
12"	323,85	3,96	5S	482,601	328,166	365,128	31,750		55,563	4,5	431,801	12	1"	29,03	55,87	10	398	310	200
14"	355,60	3,96	5S	533,401	360,172	400,051	34,925		79,375	5	476,251	12	1.1/8"	47,63	70,77	12	439	340	225
16"	406,40	4,19	5S	596,901	411,226	457,201	36,513		87,313	5	539,751	16	1.1/8"	63,50	91,19	12	503	390	250
18"	457,20	4,19	5S	635,001	462,280	504,826	39,688		96,838	5	577,851	16	1.1/4"	72,56	110,70	12	538	440	275
20"	508,00	4,78	5S	698,501	514,350	558,801	42,863		103,188	5	635,001	20	1.1/4"	88,45	142,62	12	595	490	300

5.14 Quebra-vórtice

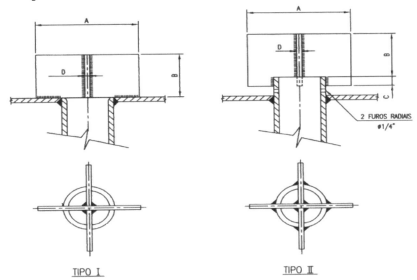

TIPO I TIPO II

	DIÂMETRO NOMINAL DO BOCAL														
	3/4"	1"	1 1/2"	2"	3"	4"	6"	8"	10"	12"	14"	16"	18"	20"	24"
A	50	70	100	120	180	230	340	440	540	640	700	820	920	1020	1220
B	25	35	50	60	90	115	170	220	270	320	355	410	460	510	610
C	12	12	12	20	20	25	25	30	30	40	40	40	50	50	50
D1	1/8"	1/8"	1/8"	1/8"	3/16"	3/16"	3/16"	3/16"	3/16"	1/4"	1/4"	1/4"	1/4"	1/4"	1/4"
D2	1/4"	1/4"	1/4"	5/16"	5/16"	5/16"	5/16"	5/16"	5/16"	5/16"	5/16"	5/16"	3/8"	3/8"	3/8"
D3	1/4"	1/4"	3/8"	3/8"	3/8"	3/8"	3/8"	3/8"	3/8"	3/8"	3/8"	3/8"	1/2"	1/2"	1/2"

5.15 Saída para tanque

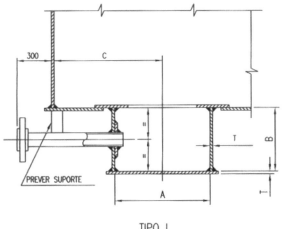

DIÂMETRO BOCAL	A	B	C
1"	200	300	350
1 1/2"	300	300	400
2"	360	300	430
3"	530	450	520
4"	680	450	600
6"	1000	500	750

TIPO I
(COM BACIA)

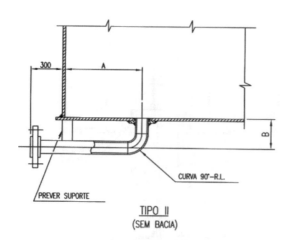

DIÂMETRO BOCAL	A	B
1"	150	150
1 1/2"	150	150
2"	200	150
3"	220	225
4"	240	225
6"	280	250

5.16 Bocal desmontável

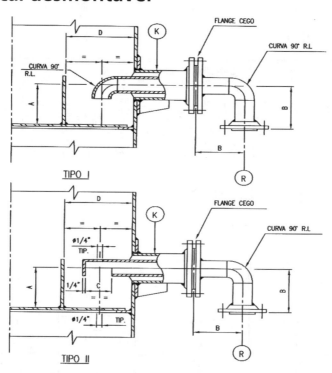

DIAMETRO BOCAL "R"	DIAM. BOCAL "K" TIPO I	DIAM. BOCAL "K" TIPO II	A	B	C
1"	3"	1 1/2"	70	150	35
1 1/2"	4"	2"	90	150	50
2"	6"	3"	125	160	60
3"	8"	4"	165	180	90
4"	10"	6"	220	220	115

5.17 Curva em tubo U
(parte reta fixa)

5.18 Curva em tubo U
(parte reta variável)

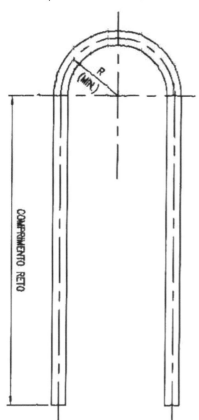
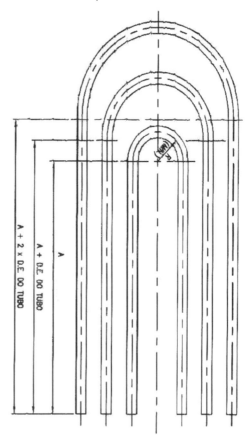

5.19 *Groove* para expansão de tubo em espelho

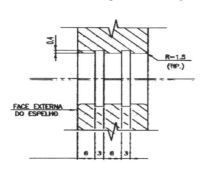

ESPELHO INTEGRAL

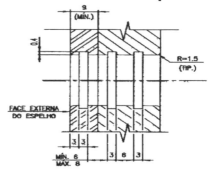

ESPELHO CLADEADO

DETALHE DAS RANHURAS

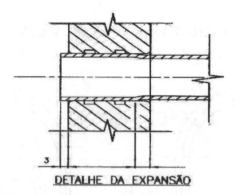

DETALHE DA EXPANSÃO

5.19.1 Solda de ligação tubo/espelho

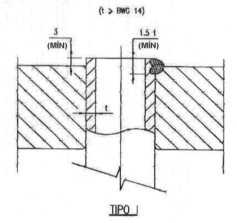

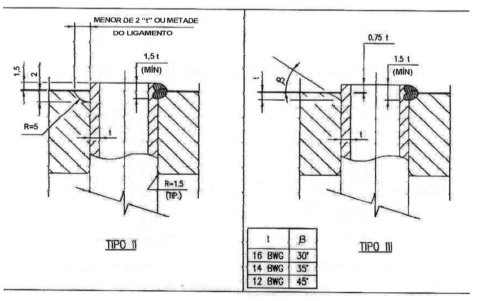

5.20 Parafuso sacador para trocador

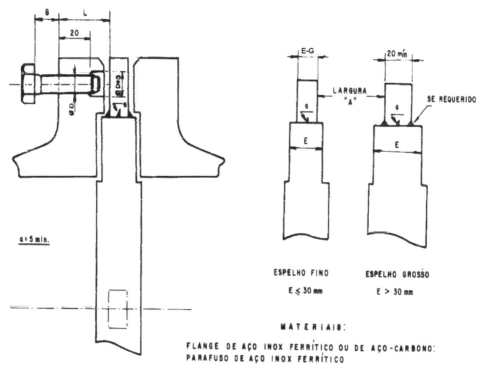

ESPELHO FINO
E ≤ 30 mm

ESPELHO GROSSO
E > 30 mm

MATERIAIS:

FLANGE DE AÇO INOX FERRÍTICO OU DE AÇO-CARBONO:
PARAFUSO DE AÇO INOX FERRÍTICO

FLANGE DE AÇO INOX AUSTENÍTICO:
PARAFUSO DE AÇO INOX AUSTENÍTICO

DO PARAFUSO SACADOR			DIÂMETRO DO PARAFUSO DO FLANGE										
D	A	B	$\phi \leq 1"$					$11/8" \leq \phi \leq 11/2"$				$15/8" \leq \phi \leq 2"$	
5/8"	20	35	x	x	x	x	x						
3/4"	30	45						x	x	x	x		
1"	40	60										x	x	x	x

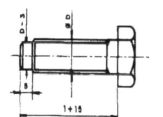

QUANT.	DIÂMETRO D	DIÂMETRO NOMINAL DO PERMUTADOR
2	5/8"	ATÉ 12" INCL.
3	3/4"	ACIMA DE 12" ATÉ 23" INCL.
4	1"	ACIMA DE 23"

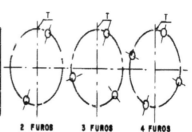

2 FUROS   3 FUROS   4 FUROS

5.21 Distância mínima feixe/bocal e defletora (trocador de calor)

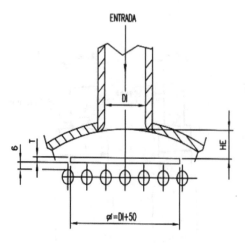

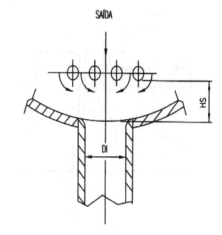

$$HE= \text{(O MAIOR ENTRE)} \begin{cases} \dfrac{DI}{4} + HC, \\ HEF + HC, \\ 12 \end{cases}$$

SENDO: $HC = \dfrac{DC - \sqrt{DC^2 - DI^2}}{4}$

$$HEF = \dfrac{1,15\, Q}{DI \sqrt{\rho}}$$

$$HS= \text{(O MAIOR ENTRE)} \begin{cases} HEF + HC - HF, \\ 2 \times HC, \\ \dfrac{DI}{6} \end{cases}$$

SENDO: HF – FATOR CORRETIVO DE HEF CONFORME TABELA ABAIXO

	AÇO-CARB.	AÇO-LIGA
ESP. T BOCAIS ØN ≤ 8"	5/16"	1/4"
BOCAIS ØN > 8"	3/8"	5/16"

CASCO	D.E.TUBO	PASSO	HF
A	5/8"	7/8"	0,072 x DI
B	3/4"	1"	0,063 x DI
C	3/4"	15/16"	0,049 x DI
D	1"	1.1/4"	0,049 x DI
E	1.1/2"	1.7/8"	0,049 x DI

NOMENCLATURA:
DI – DIÂMETRO INTERNO DO BOCAL EM MILÍMETROS.
DC – DIÂMETRO INTERNO DO CASCO EM MILÍMETROS.
Q – VAZÃO EM kg/h
ρ – DENSIDADE EM kg/m³

Padrões de Construção

5.22 Juntas para trocador de calor

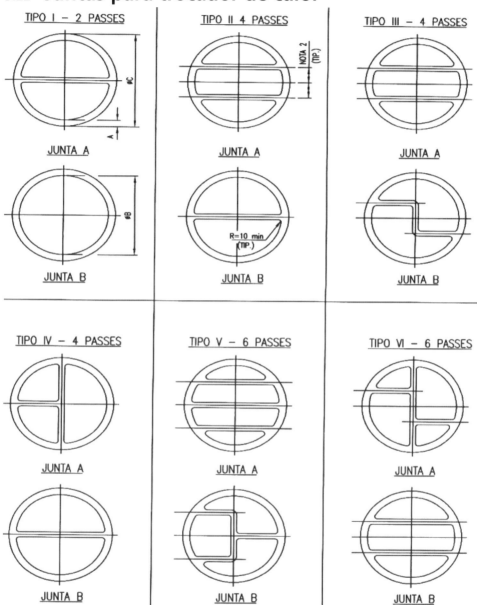

5.23 Alças de içamento

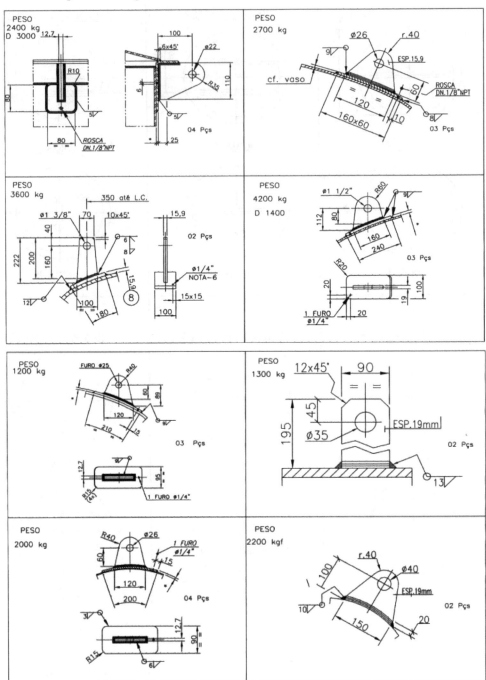

Padrões de Construção

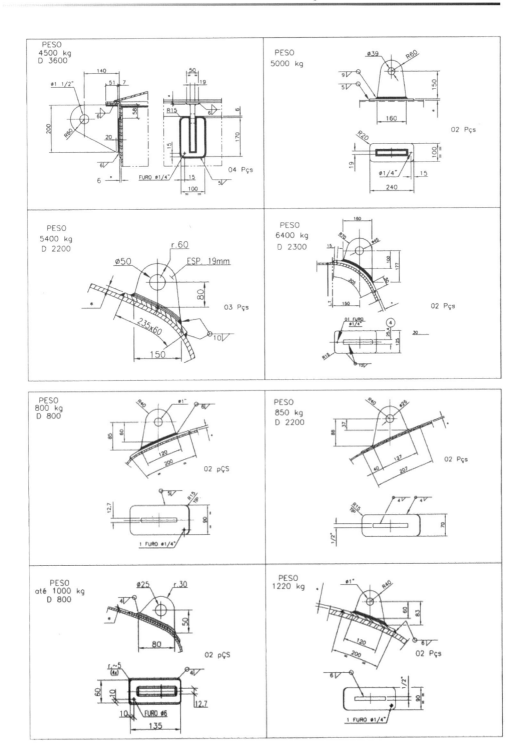

5.24 Entrada antiespuma

5.25 Spray ball

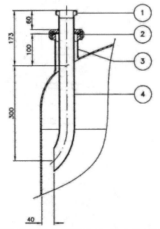
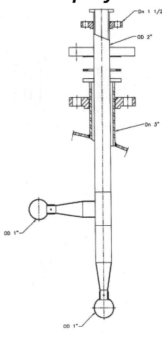

5.26 Poço

5.27 Pé regulável

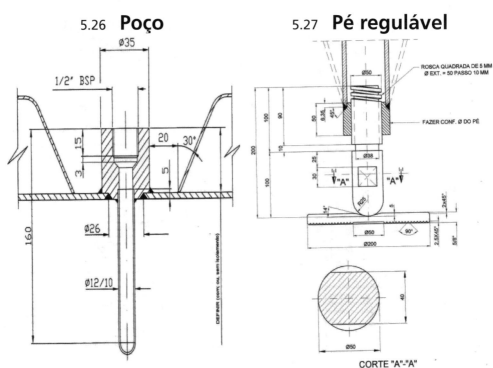

5.28 Mancais de fundo

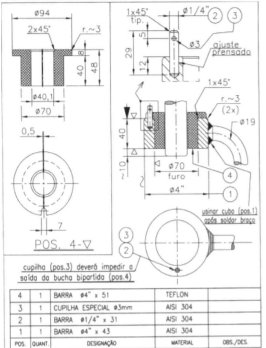

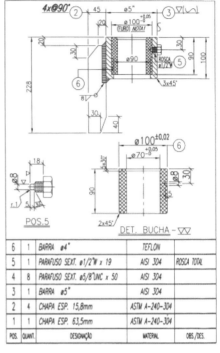

5.29 Vedação para eixo de agitador

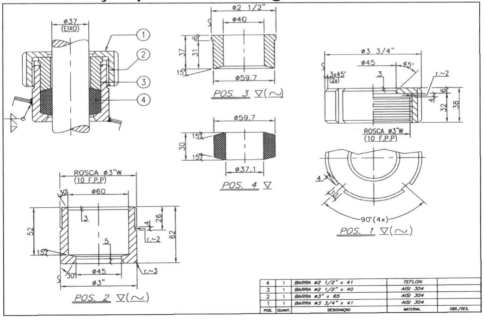

5.30 Fechos

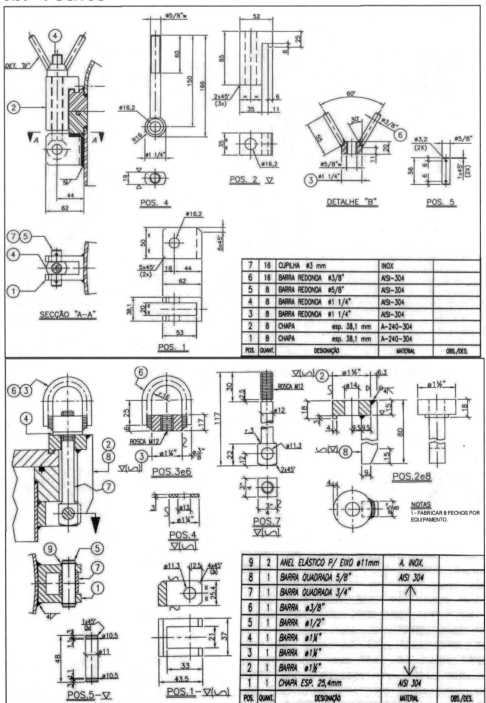

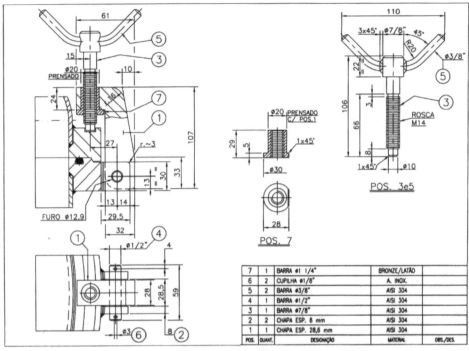
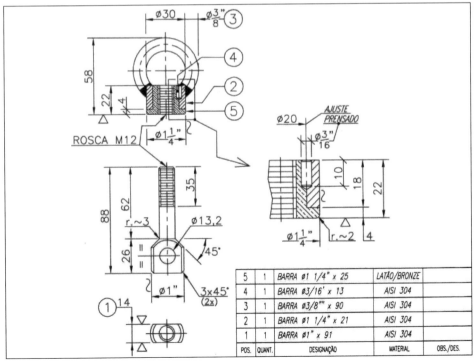

5.31 Boca de visita 0,5bars (equip. sanitário)

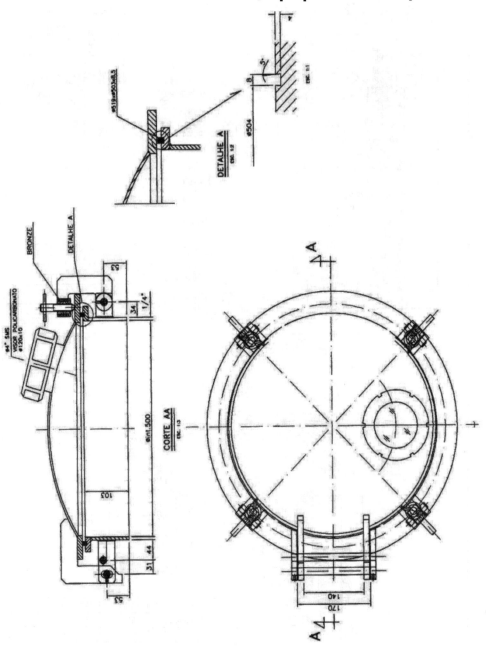

5.32 Boca de visita "abertura interna" (equip. sanitário)

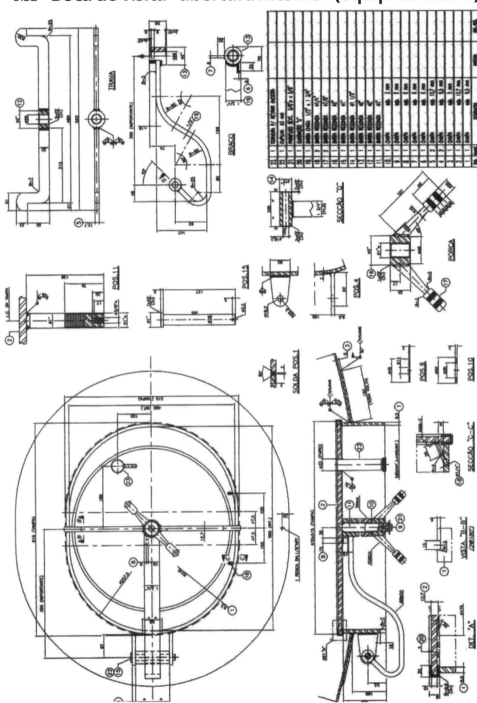

5.33 Boca de visita 4,5bars (equip. sanitário e outros)

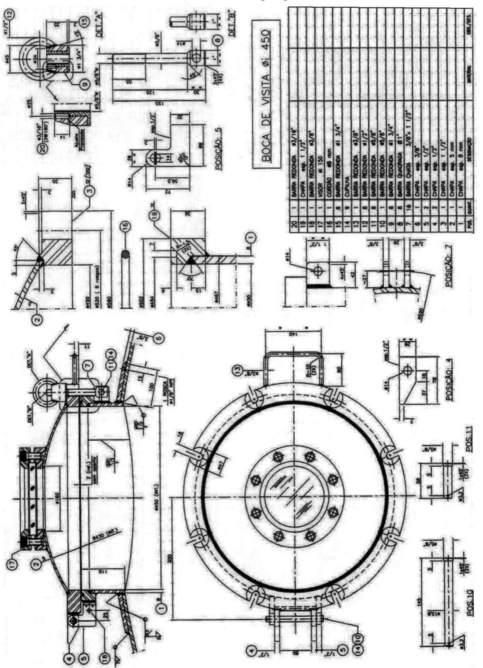

5.34 Boca de visita "atm" (equip. sanitário)

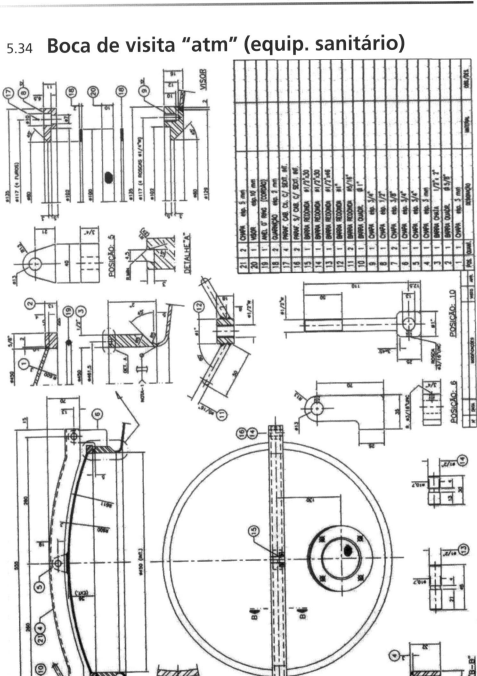

5.35 Boca de visita (vaso para ar comprimido)

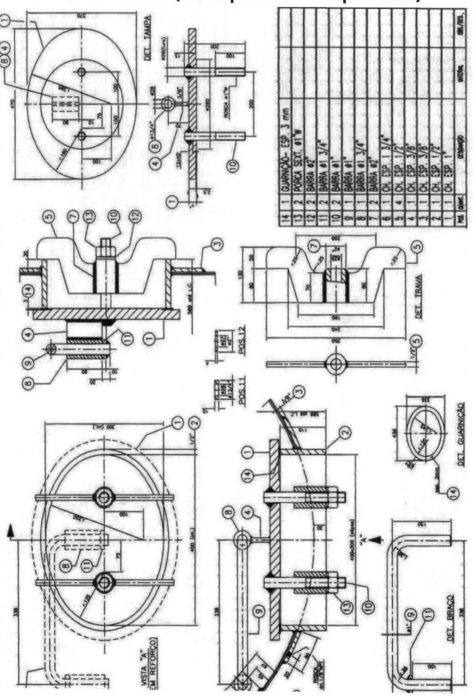

5.36 Boca de visita com tampa plana e revestimento

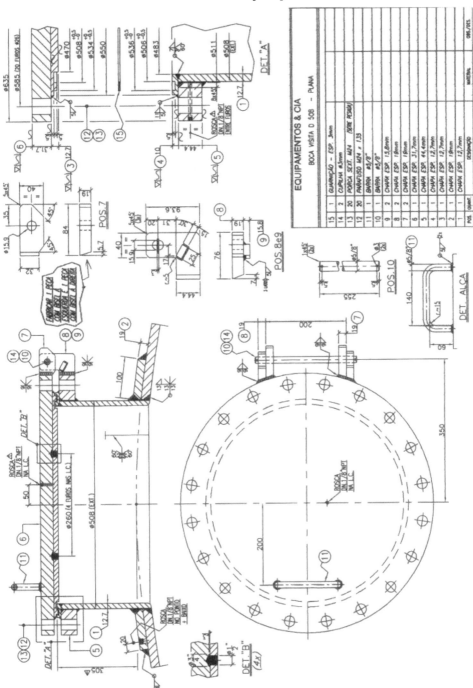

5.37 Boca de inspeção (equip. sanitário)

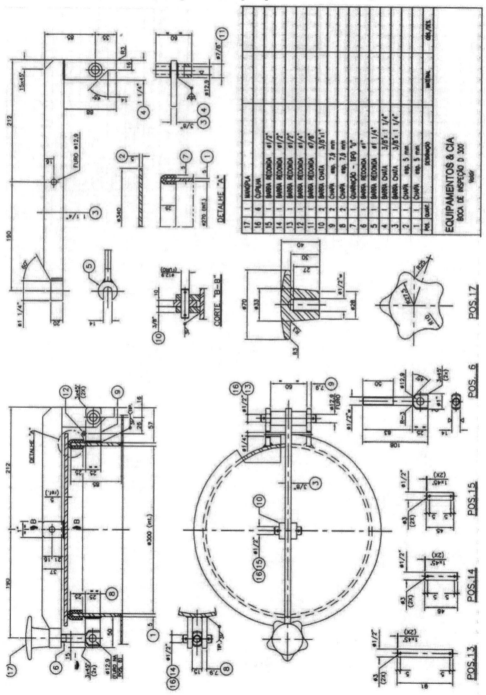

5.38 Boca de inspeção (equip. sanitário e outros)

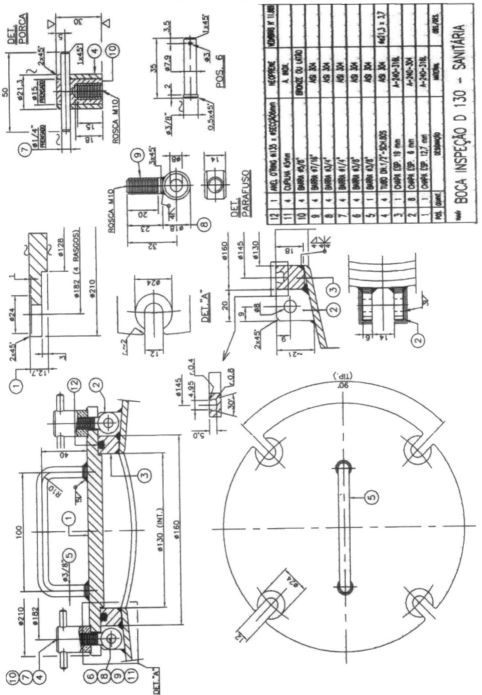

5.39 Válvula quebra-vácuo (equip. sanitário)

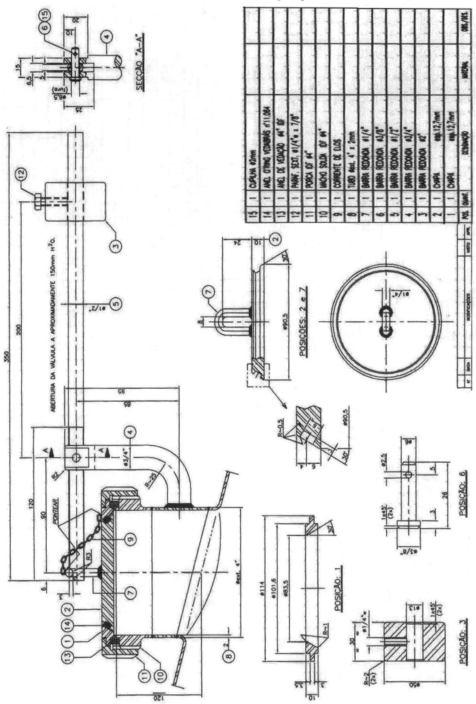

5.40 Válvula de segurança (equip. sanitário)

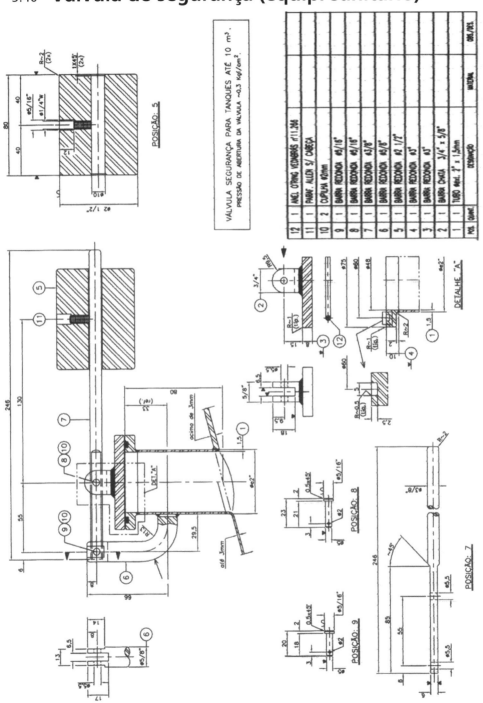

5.41 Visor flangeado com luminária (equip. sanitário)

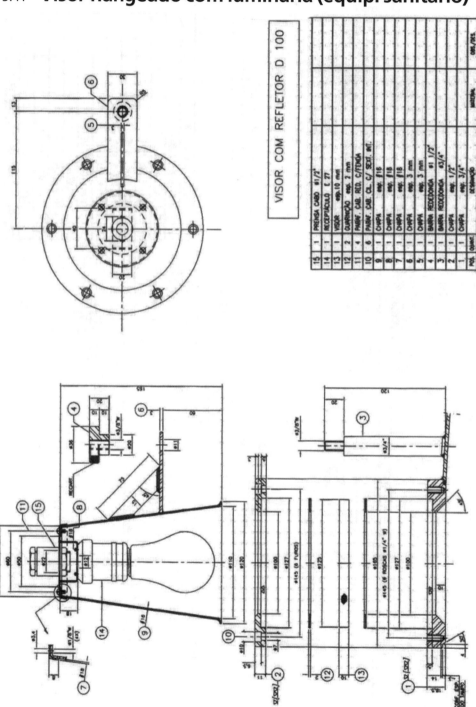

5.42 Visor SMS com luminária (equip. sanitário)

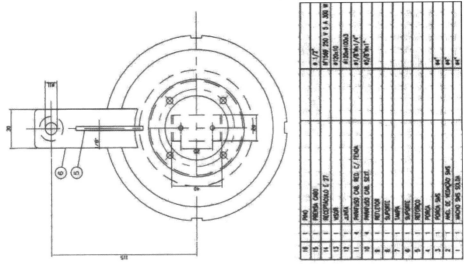

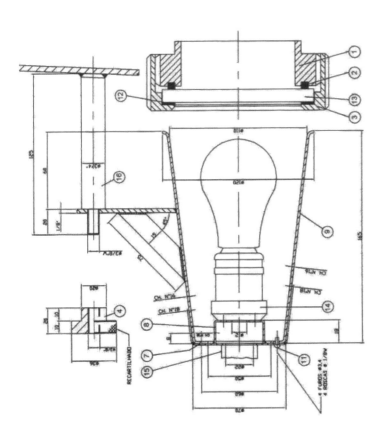

5.43 Válvula de amostra (equip. sanitário)

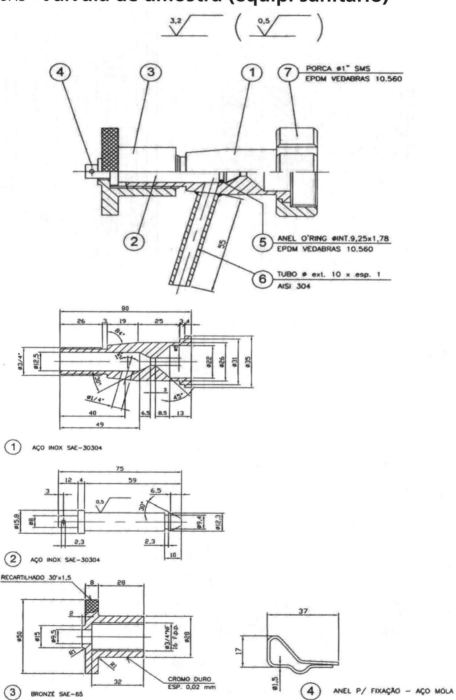

Capítulo 6
PERFIS PARA FABRICAÇÃO DE SUPORTE E ESTRUTURA

6.1 Cantoneira

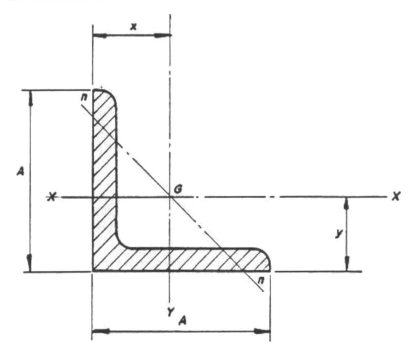

		ESPESSURA	ÁREA S	PESO	$I_x - I_y$	$W_x - W_y$	$R_x - R_y$	$x - Y$
TAMANHO NOMINAL								
polegada	milímetro - mm	mm	cm^2	kg/m	cm^4	cm^3	cm	cm
2 1/2 x 2 1/2	63,5 x 63,5	6,35	7,67	6,10	29	6,4	1,96	1,83
		7,94	9,48	7,44	35	7,9	1,93	1,88
		9,53	11,16	8,78	41	9,3	1,91	1,93
3 x 3	76,2 x 76,2	7,94	11,48	9,08	62	11,6	2,34	2,21
		9,53	13,61	10,70	75	13,6	2,31	2,26
		12,70	17,74	14,00	91	18,0	2,29	2,36
4 x 4	101,6 x 101,6	9,53	18,45	14,60	183	24,6	3,12	2,90
		12,70	24,19	19,10	233	32,8	3,10	3,00
		15,90	29,73	23,40	279	39,4	3,05	3,12
5 x 5	127,0 x 127,0	9,53	23,29	18,30	362	39,5	3,94	3,53
		12,70	30,64	24,10	470	52,5	3,91	3,63
		15,90	37,80	29,80	566	64,0	3,86	3,76
		19,10	44,76	35,10	653	73,8	3,81	3,86
6 x 6	152,4 x 152,4	9,53	28,12	22,20	641	57,4	4,78	4,17
		12,70	37,09	29,20	828	75,4	4,72	4,27
		15,90	45,86	36,00	1007	93,5	4,67	4,39
		19,10	54,44	42,70	1173	109,9	4,65	4,52
		22,20	62,76	49,30	1327	124,6	4,60	4,62
8 x 8	203,2 x 203,2	12,70	49,99	39,30	2022	137,8	6,38	5,56
		15,90	61,98	48,70	2471	168,9	6,32	5,66
		19,10	73,79	57,90	2899	200,1	6,27	5,79
		22,20	85,33	67,00	3311	229,6	6,22	5,89
		25,40	96,75	75,90	3702	259,1	6,20	6,02

6.2 Viga U (ou C)

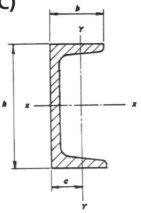

TAMANHO NOMINAL		ÁREA S cm^2	PESO kg/m	C cm	Ix cm^4	Iy cm^2	Wx cm^3	Wy cm^3	Rx cm	Ry cm
polegada	milímetro —mm									
3 x 1 1/2	76,2 x 38,1	7,78 9,48 11,40	6,11 7,44 8,93	1,11 1,11 1,16	68,9 77,2 86,3	8,2 10,3 12,7	18,1 20,3 22,7	3,32 3,82 4,39	2,98 2,85 2,75	1,03 1,04 1,06
4 x 1 5/8	101,8 x 41,3	10,10 11,90 13,70	7,95 9,30 10,80	1,16 1,15 1,17	159,5 174,4 190,6	13,1 15,5 18,0	31,4 34,3 37,5	4,61 5,10 5,61	3,97 3,84 3,73	1,14 1,14 1,15
6 x 2	152,4 x 50,8	15,50 19,90 24,70 29,40	12,20 15,60 19,40 23,10	1,30 1,27 1,31 1,38	546 632 724 815	28,8 36,0 43,9 52,4	71,7 82,9 95,0 107,0	8,06 9,24 10,50 11,90	5,94 5,63 5,42 5,27	1,36 1,34 1,33 1,33
8 x 2 1/4	203,2 x 57,2	21,60 26,10 30,80 35,60 40,30	17,10 20,50 24,20 27,90 31,60	1,45 1,41 1,40 1,44 1,49	1556 1503 1667 1830 1990	54,9 63,6 72,9 82,5 92,6	133,4 147,9 164,0 180,1 196,2	12,80 14,00 15,30 16,60 17,90	7,89 7,60 7,35 7,17 7,03	1,59 1,56 1,54 1,52 1,52
10 x 2 5/8	254,0 x 66,7	29,00 37,90 56,90 66,40	23,70 29,80 44,70 52,10	1,61 1,54 1,65 1,76	2800 3290 4310 4820	95,1 117,0 164,2 191,7	221,0 259,0 339,0 379,0	19,00 21,60 27,10 30,40	9,84 9,31 8,70 8,52	1,81 1,76 1,70 1,70
12 x 3	304,8 x 76,2	39,10 47,40 56,90 66,40 75,90	30,70 37,20 44,70 52,10 59,60	1,77 1,71 1,71 1,76 1,83	5370 6010 6750 7480 8210	161,1 186,1 214,0 242,0 273,0	352,0 394,0 443,0 491,0 539,0	28,30 30,90 33,70 36,70 39,80	11,70 11,30 10,90 10,60 10,40	2,03 1,98 1,94 1,91 1,90
15 x 3 3/8	381,0 x 85,7	64,20 66,40 75,80 85,30 94,80 104,30	50,40 52,10 59,50 67,00 74,40 81,90	2,00 1,99 1,96 1,99 2,03 2,21	13100 13360 14510 15650 16800 17950	338,0 347,0 387,0 421,0 460,0 498,0	688,0 701,0 762,0 822,0 882,0 942,0	51,00 51,80 55,20 58,50 62,00 66,50	14,30 14,20 13,80 13,50 13,30 13,10	2,30 2,29 2,25 2,22 2,20 2,18

6.3 Viga I (ou H)

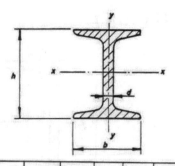

TAMANHO NOMINAL		ÁREA S cm^2	PESO kg/m	I_x cm^4	I_y cm^4	W_x cm^3	W_y cm^3	R_x cm	R_y cm
milímetro — mm	polegada								
76,2 x 60,3	3 x 2 3/8	10,8	8,45	105,1	18,9	27,6	6,41	3,12	1,33
		12,3	9,68	112,6	21,3	29,6	6,95	3,02	1,31
		14,2	11,2	121,8	24,4	32,0	7,67	2,93	1,31
101,6 x 66,7	4 x 2 5/8	14,5	11,4	252	31,7	49,7	9,37	4,17	1,48
		16,1	12,7	266	34,3	52,4	9,91	4,06	1,46
		18,0	14,1	283	37,6	55,6	10,6	3,96	1,45
		19,9	15,6	299	41,2	58,9	11,3	3,87	1,44
127,0 x 76,2	5 x 3	18,8	14,8	511	50,2	80,4	13,2	5,21	1,63
		23,2	18,2	570	58,6	89,8	14,7	4,95	1,59
		28,0	22,0	634	69,1	99,8	16,6	4,76	1,57
152,4 x 85,7	6 x 3 3/8	23,6	18,5	919	75,7	120,6	17,9	6,24	1,79
		28,0	22,0	1003	84,9	131,7	19,4	5,99	1,74
		32,7	25,7	1095	96,2	143,7	21,2	5,79	1,72
203,2 x 101,6	8 x 4	34,8	27,3	2400	155	236	30,5	6,50	2,11
		38,9	30,5	2540	166	250	32,0	8,08	2,07
		43,7	34,3	2700	179	266	33,9	7,86	2,03
		48,3	38,0	2860	194	282	35,8	7,69	2,00
254,0 x 117,5	10 x 4 5/8	48,1	37,7	5140	282	405	47,7	10,30	2,42
		56,9	44,7	5610	312	442	51,3	9,93	2,34
		66,4	52,1	6120	348	482	55,4	9,60	2,29
		75,9	59,6	6630	389	522	60,1	9,35	2,26
304,8 x 133,4	12 x 5 1/4	77,3	60,6	11330	563	743	84,5	12,10	2,70
		85,4	67,0	11960	603	785	88,7	11,80	2,66
		94,8	74,4	12690	654	833	94,0	11,60	2,63
		104,3	81,9	13430	709	881	99,7	11,30	2,61
381,0 x 139,7	15 x 5 1/2	80,6	63,3	18580	598	975	85,7	15,20	2,73
		84,7	66,5	19070	614	1001	87,3	15,00	2,70
		94,2	73,9	20220	653	1061	91,2	14,70	2,63
		103,6	81,4	21370	696	1122	95,5	14,40	2,59
457,2 x 152,4	18 x 6	103,7	81,4	33460	867	1464	113,7	18,00	2,89
		113,8	89,3	35220	912	1541	117,9	17,60	2,83
		123,3	96,8	36880	957	1613	122,1	17,30	2,79
		132,8	104,3	38540	1004	1686	126,5	17,00	2,75
506,0 x 177,8	20 x 7	154,4	121,2	61640	1872	2430	211,0	20,00	3,48
		161,3	126,6	63110	1922	2480	215,0	19,80	3,45
		170,7	134,0	65140	1993	2560	220,0	19,50	3,42
		180,3	141,5	67190	2070	2650	226,0	19,30	3,39
		189,7	148,9	69220	2140	2730	232,0	19,10	3,36

Capítulo 7
SOLDAGEM – I

7.1 Designação de processo de soldagem

DESIG-NAÇÃO	PROCESSO	DEFINIÇÃO
C A W	*CARBON–ARC–WELDING* Soldagem em Arco de Carbono	Processo em que a coalescência é produzida pelo calor desenvolvido no arco entre eletrodo de carbono e o material a soldar. Sem blindagem do arco. Pressão no metal de enchimento pode ou não ser usada.
C W	*COLD WELDING* Soldagem a Frio	Processo de soldagem em estado sólido, em que a coalescência é produzida pela aplicação de forças mecânicas externas.
D B	*DIP BRAZING* Brasagem por Imersão	Brasagem produzida com o calor fornecido por banho de metal ou químico.
D F W	*DIFFUSION WELDING* Soldagem por Difusão	Coalescência entre superfícies a partir da aplicação de pressão e elevadas temperaturas.
E B W	*ELECTRON BEAN WELDIN* Soldadem por Elétrons	Coalescência produzida pelo calor desenvolvido por um feixe de elétrons de alta velocidade.
E W	*ELECTROSLAG WELDING* Soldagem por Eletroescória	Coalescência pela fusão do metal de solda e das superfícies provocada por escória fundida. Esta escória protege a zona de solda e move-se de acordo com o progresso da soldagem. A escória é condutora elétrica e é mantida líquida pela sua resistência à corrente elétrica entre o eletrodo e as peças a soldar.
E X W	*EXPLOSION WELDING* Soldagem por Explosão	Processo de soldagem em estado sólido em que a coalescência é produzida por movimento de alta velocidade provocada por uma detonação controlada.
F B	*FURNACE BRAZING* Brasagem em Forno	Brasagem em que o calor necessário é fornecido por um forno.

DESIG-NAÇÃO	PROCESSO	DEFINIÇÃO
F C A W	*FLUSH Cored-ARC Welding* Soldagem em Arco com Eletrodo Tubular	Coalescência pelo calor produzido em arco entre um eletrodo tubular metálico consumível e as peças a soldar. A blindagem do arco é obtido pelo fluxo contido no interior do eletrodo tubular.
F D W	*FORGE WELDING* Soldagem por Forjamento	Processo de soldagem no estado sólido em que a coalescência é produzida por aquecimento e pela aplicação de pressão ou choque suficientes para causar deformação permanente na interface das superfícies a unir.
F R W	*FRICTION WELDING* Soldagem por Fricção	Processo de soldagem no estado sólido em que a coalescência é produzida por calor desenvolvido pelo atrito mecânico entre as superfícies a unir.
F W	*FLASH WELDING* Soldagem por Resistência sob Pressão	Processo de soldagem por resistência em que a coalescência é produzida simultaneamente em toda a área de contato das superfícies a unir pelo calor obtido da resistência à corrente elétrica entre as duas superfícies e pela aplicação de pressão após o aquecimento. Neste processo há expulsão de metal na junta.
G M A W	*GÁS METAL – ARC WELDING* Soldagem a Arco Metálico com proteção gasosa	Coalescência pelo calor produzido em arco entre um eletrodo metálico consumível e as peças a unir. A blindagem ou proteção do arco é gasosa. Exemplos de processos que aplicam este processo: mig e o co1.
G T A W	*GÁS Tungsten – ARC Welding* Soldagem a Arco de Tungstênio com proteção gasosa	Coalescência pelo calor produzido em arco entre um eletrodo de tungstênio não consumível e as peças a unir. A blindagem do arco é gasosa, podendo ou não haver a adição de metal. Um dos métodos que utiliza este processo: tig.
I B	*INDUCTION BRAZING* Brasagem por indução	Brasagem em que o calor necessário é produzido pela resistência das peças a unir. Oferecida à corrente elétrica induzida.
I R B	*INFRARED BRAZING*	Brasagem em que o calor é fornecido por radiação infravermelha.
I W	*INDUCTION WELDING* Soldagem por Indução	Coalescência pelo calor produzido pela resistência da peças a unir, oferecida à corrente elétrica induzida com ou sem aplicação de pressão.
L B W	*LASER BEAM WELDING* Soldagem por Raios Laser	Coalescência por calor produzido pela aplicação de feixe concentrado de raios laser.
O A W	*OXYACETILENE WELDING* Soldagem Oxiacetilênica	Coalescência por calor produzido por chama da combustão de acetileno com oxigênio, com ou sem pressão, e com ou sem adição de solda.

DESIG-NAÇÃO	PROCESSO	DEFINIÇÃO
O H W	*OXIHIDROGEM WELDING* Soldagem Oxi-Hidrogênica	Coalescência por calor produzido pela chama da combustão de hidrogênio. Com oxigênio, com ou sem pressão ou adição de metal.
P A W	*PLASMA-ARC WELDING* Soldagem a Plasma	Coalescência por calor produzido no arco entre eletrodo e peças a unir. Blindagem é gasosa proporcionada por gás ou por mistura gasosa, quente e ionizada. Aplica-se ou não pressão e adiciona-se ou não metal.
P E W	*PERCUSSION WELDING* Soldagem por percussão	Coalescência produzida simultaneamente em zona a soldar pelo calor de arco mediante rápida descarga elétrica e pressão percussivamente aplicada durante a descarga elétrica ou subsequente a ela.
P G W	*PRESSURE WELDING* Soldagem por calor sob Pressão	Coalescência produzida simultaneamente em toda a zona a soldar pelo calor de chama obtida pela combustão de gás com oxigênio. Com aplicação de pressão e sem adição de metal.
R B	*RESISTANCE BRAZING* Brasagem por Resistência	Brasagem por calor obtido da resistência à corrente elétrica no circuito em que o material a soldar é uma das partes.
R P W	*PROJECTION WELDING* Soldagem por Projeção	Soldagem por resistência em que a coalescência é produzida pelo calor da resistência à corrente elétrica através das partes a unir, mantidos sobre pressão pelos eletrodos do sistema elétrico. As soldas resultantes são localizadas em pontos predeterminados por projeções, intersecções ou ressaltos.
R S E W	*RESISTANCE-SEAM WELDING* Soldagem Contínua de Resistência por Discos	Soldagem por resistência em que a coalescência é produzida pelo calor da resistência à corrente elétrica através das partes a unir, mantidos sob pressão pelos eletrodos (discos). As soldas resultantes é uma série de pontos praticamente contínua, produzida pela rotação dos discos ao longo da junta.
R S W	*RESISTANCE-SPOT WELDING* Soldagem a Ponto	Soldagem por resistência em que a coalescência é produzida pelo calor da resistência à corrente elétrica das partes a unir, mantidas sob pressão pelos eletrodos do sistema elétrico. As dimensões e o formato das soldas dependem das dimensões e do contorno dos eletrodos.
S A W	*SUBMERGED-ARC WELDING* Soldagem a Arco Submerso	Soldagem a arco metálico em que a coalescência é produzida pelo calor do arco entre um eletrodo metálico e as peças a soldar. A proteção do arco é feita com material granulado, fusível durante a soldagem.

DESIG-NAÇÃO	PROCESSO	DEFINIÇÃO
S M A W	*SHIELDED Metal-ARC WELDING* Soldagem a arco metálico com Eletrodo revestido	Soldagem a arco metálico em que a coalescência é produzida pelo calor do arco entre um eletrodo metálico revestido e as peças a soldar. A proteção do arco é feita pelos produtos da decomposição do revestimento.
S M	*STUD WELDING* Soldagem de pinos metálicos	Soldagem a arco metálico em que a coalescência é produzida pelo calor do arco entre o pino metálico e a superfície à qual o pino será soldado. Proteção parcial do arco poderá ser proporcionada por arruelas de cerâmica aplicadas ao redor do pino.
T B	*TORCH WELDING* Brasagem por Chama	Brasagem por calor fornecido por chama proveniente de combustão de gás ou mistura gasosa.
T W	*THERMIT WELDING* Soldagem Alumínio Térmica	Coalescência produzida por aquecimento com metal líquido aquecido e escória resultante da reação química entre um óxido metálico e alumínio. Com ou sem pressão. O metal de enchimento, quando usado, é obtido do próprio metal liquefeito.
J S W U S W	*ULTRASONIC WELDING* Soldagem por Ultrassom	Processo de soldagem no estado sólido em que a coalescência é produzida pela aplicação localizada de energia vibratória de alta frequência, mantendo-se as partes a soldar sob pressão.

7.2 Terminologia

- **Abertura da raiz:** Mínima distância que separa os componentes a serem unidos por soldagem ou processos afins.
- **Bisel:** Borda do componente a ser soldado, preparado na forma angular.
- **Eficiência de deposição:** Relação entre o peso do metal depositado e o peso do consumível utilizado, expressa em percentual.
- **Eficiência de junta:** Relação entre a resistência de uma junta soldada e a resistência do metal da base, expressa em percentual.
- **Junta:** Região onde duas ou mais peças serão unidas por soldagem.
- **Junta soldada:** União obtida por soldagem de dois ou mais componentes, incluindo sona fundida, sona de ligação, sona afetada termicamente e metal de base nas proximidades da solda.
- **Metal de adição:** Metal ou liga a ser adicionado para a fabricação de uma junta soldada ou brasada.
- **Metal de base:** Metal ou liga a ser soldado, brasado ou cortado.
- **Metal depositado:** Metal de adição que foi depositado durante a operação de soldagem.

- **Metal de solda:** Porção de solda que foi fundida durante a soldagem.
- **Taxa de deposição:** Peso de material depositado por unidade de tempo.
- **Consumíveis de soldagem:** São todos os materiais empregados na deposição ou proteção da solda, tais como: eletrodos revestidos, varetas, arames sólidos e tubulares, fluxos, gases e anéis consumíveis.

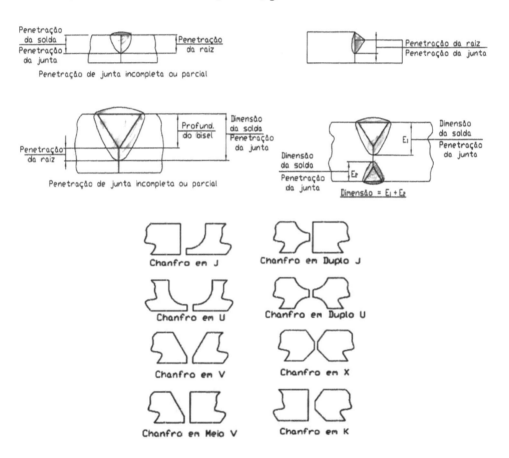

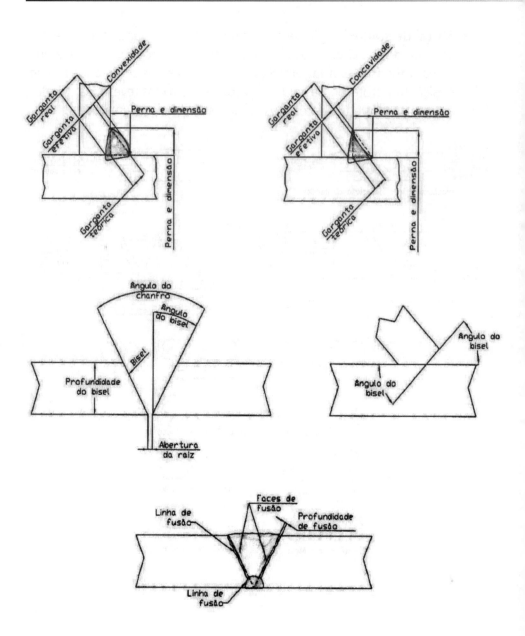

7.3 Simbologia

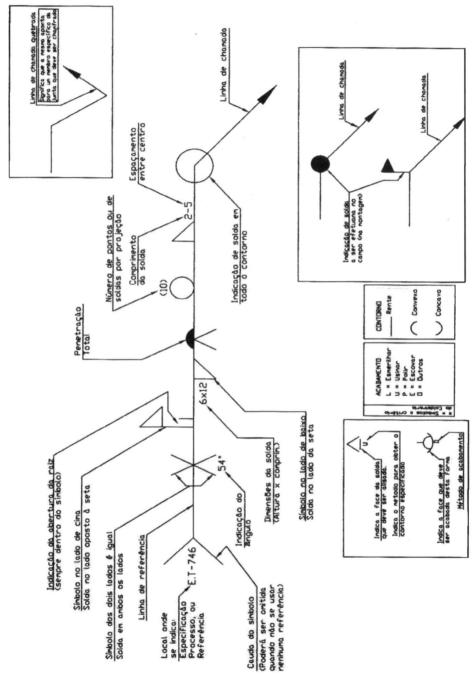

7.3.1 Símbolos básicos

DESCRIÇÃO / TIPOS

POSIÇÃO DA SOLDA	Filete	Tampão ou Fenda	Ponto ou Projeção	Contínua por Resistência	Bordas Retas
Lado da seta	⟨símbolo⟩	⟨símbolo⟩	⟨símbolo⟩	⟨símbolo⟩	⟨símbolo⟩
Lado oposto	⟨símbolo⟩	⟨símbolo⟩	⟨símbolo⟩	⟨símbolo⟩	⟨símbolo⟩
Ambos os lados	⟨símbolo⟩	Não usada	Não usado	Não usado	⟨símbolo⟩
Sem indicação de lado	Não usado	Não usada	⟨símbolo⟩	⟨símbolo⟩	*Não usado

* Exceto para soldar por resistência sob pressão ou por recalque.

DESCRIÇÃO / TIPOS

POSIÇÃO DA SOLDA	V. Completo	Meia V	U	J	V-COMPLETO COM SAÍDA EM CURVA	MEIO V- COM SAÍDA EM CURVA
Lado da seta	⟨símbolo⟩	⟨símbolo⟩	⟨símbolo⟩	⟨símbolo⟩	⟨símbolo⟩	⟨símbolo⟩
Lado oposto	⟨símbolo⟩	⟨símbolo⟩	⟨símbolo⟩	⟨símbolo⟩	⟨símbolo⟩	⟨símbolo⟩
Ambos os lados	⟨símbolo⟩	⟨símbolo⟩	⟨símbolo⟩	⟨símbolo⟩	⟨símbolo⟩	⟨símbolo⟩
Sem indicação de lado	Não usado	Não usado	Não usado	Não usado	Não usado	Não usado

7.3.2 Posicionamento dos símbolos

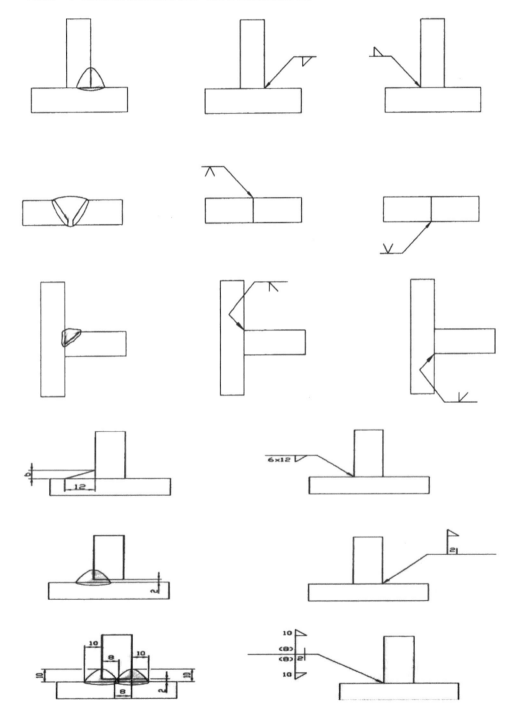

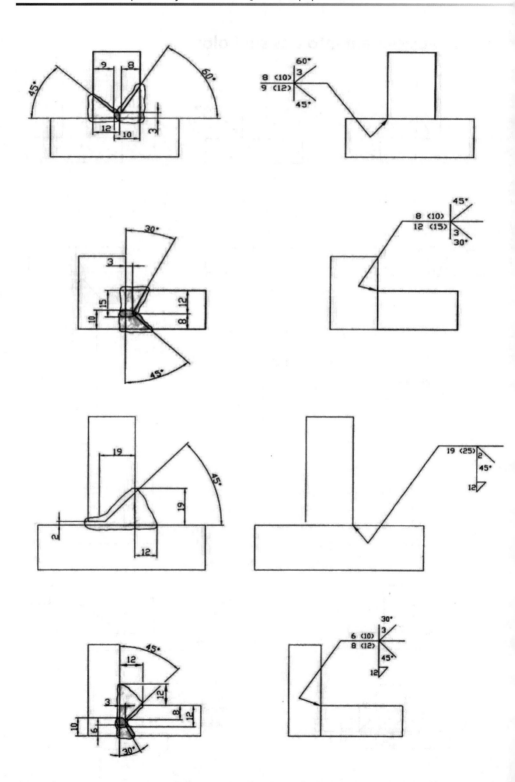

Soldagem – I 223

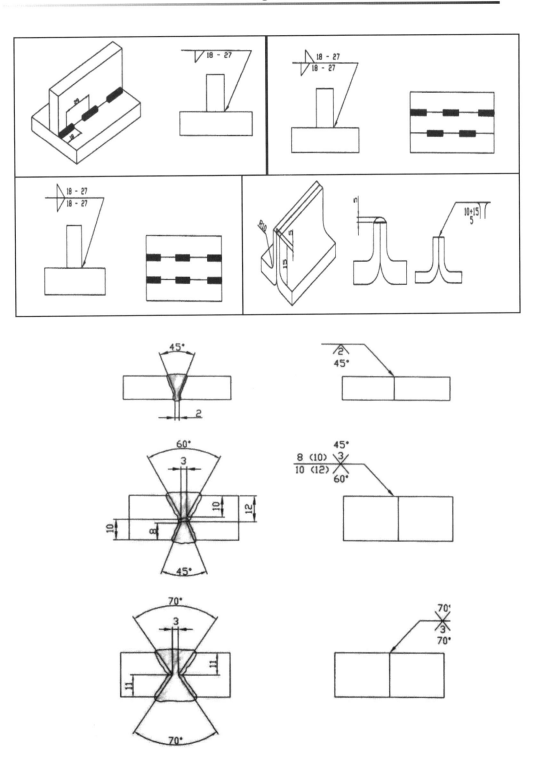

7.4 Simbologia de ensaio não destrutivo

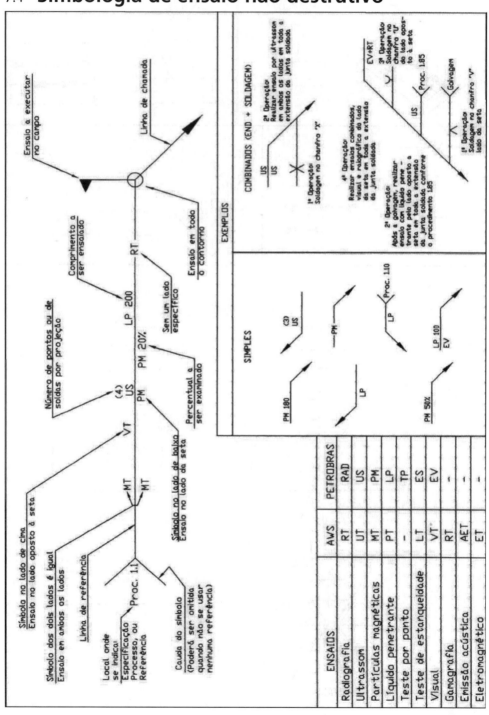

Capítulo 8
RECURSOS PARA PRODUÇÃO

8.1 Movimentação

Ponte rolante

Pórtico móvel

Talha manual

Empilhadeira

8.2 Preparação

Guilhotina

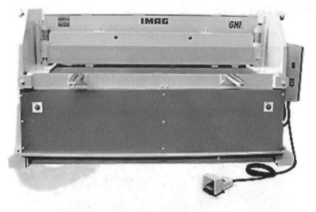

Dobradeira

Calandra

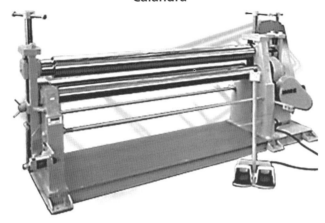

Ferramentas manuais

Corte de chapas automático   Oxicorte manual

 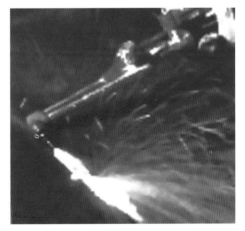

Calandra de tubos   **Rebordeadeira**   **Prensa hidráulica**

8.3 Soldagem

8.4 Diversos

Esmerilhadeiras/lixadeiras/politriz

Máquina para expansão e expandidor de tubos

8.5 Usinagem

Nota
Existem muitos outros equipamentos, logicamente a quantidade e qualidade estão condicionados ao porte e potencial financeiro da caldeiraria.

Capítulo 9
MONTAGEM

9.1 Conclusão

Planificar, traçar, esquadrejar, cortar, dobrar, bater pontas, calandrar, montar, pontear, travar, soldar, controlar deformação, furar, alargar, expandir, rebaixar, inspecionar, testar, pintar e dar acabamento são conhecimentos adquiridos com bons cursos, prática e experiência.

Para o sucesso da caldeiraria é necessário ter ou montar uma boa equipe de profissionais produtivos, o que muitas vezes não é fácil nos dias de hoje, onde os jovens correm sempre na direção da informática.

A bem-sucedida implantação de treinamento interno por algumas caldeirarias demonstra que este é o caminho para se alcançar o sucesso desejado.

O trabalho em equipe também deve substituir o individualismo, que muitas vezes predomina dentro de algumas caldeirarias. Muitas cabeças pensam melhor do que uma, é o conceito mais lógico, porém, existe principalmente nesse seguimento o medo de compartilhar conhecimentos.

Contando com uma boa equipe, os equipamentos sairão dentro do prazo e com qualidade, garantindo automaticamente o faturamento dentro das datas planejadas, mantendo, assim, a saúde financeira da caldeiraria que garantirá sua permanência e crescimento dentro do mercado.

Para um profissional, ver o equipamento pronto é motivo de muita satisfação e, sem dúvida, foram excelentes equipes que fabricaram os equipamentos apresentados a seguir.

9.2 Visualização de equipamentos e partes

9.2.1 Reservatório

9.2.2 Elevador de canecas

9.2.3 Tanque isotérmico

9.2.4 Caldeira

9.2.5 Silo duplo

9.2.6 Trocador de calor

9.2.7 Costado de forno

9.2.8 Preparação de costado e fundo

9.2.9 Costado flangeado

9.2.10 Reator com agitação simples

9.2.11 Rosca transportadora (dupla)

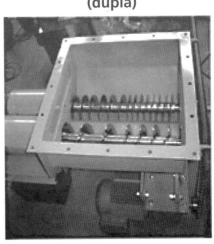

9.2.12 Radiador (com tubos aletados)

9.2.13 Rosca transportadora (simples)

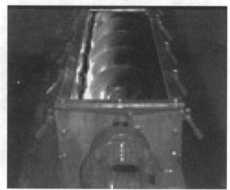

9.2.14 Serpentina tubular

9.2.15 Recuperador de calor

9.2.16 Reator (com camisa *Dimple*)

9.2.17 Vasos (com visores soldados no costado)

9.2.18 Feixe tubular "U"

9.2.19 Barca (estaleiro também é caldeiraria)

PARTE 2

Capítulo 10
CALDEIRARIA

10.1 Organograma

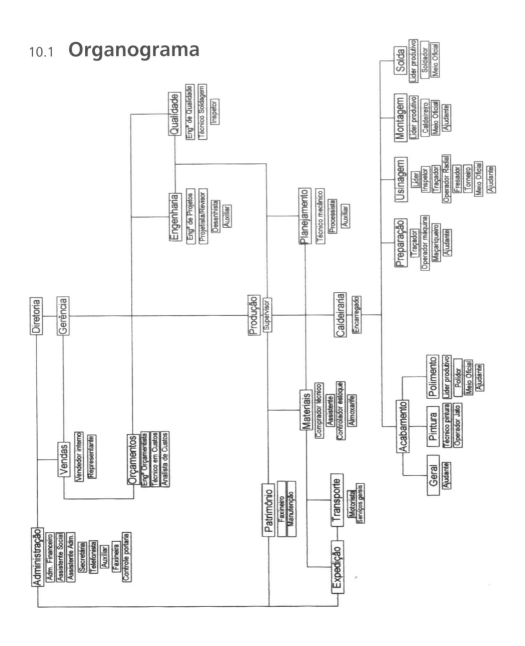

10.2 *Layout*

Muitas caldeirarias não possuem um *layout* ideal dos prédios e, muito menos, do setor produtivo. Existem casos, onde os funcionários trabalham sobre as chapas, trombando em equipamentos prontos ou em andamento. Também é comum não encontrarmos uma área reservada para materiais especiais e não se assuste se encontrar um equipamento de aço-carbono sendo pintado com revólver no meio da área de fabricação.

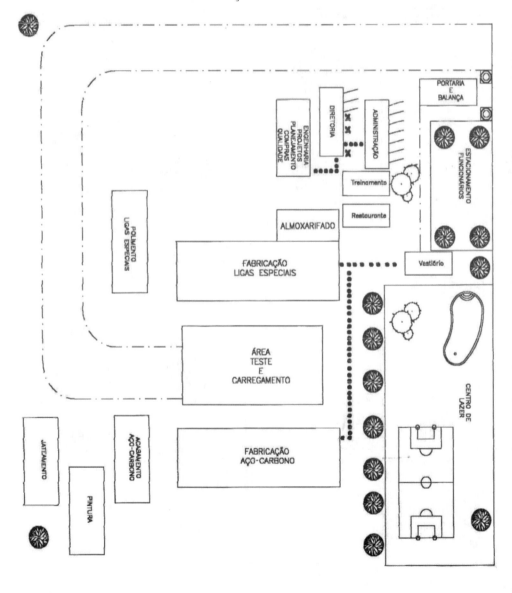

10.3 Exemplo de bons prédios

O espaço é importantantissímo dentro e fora do prédio, afinal, as peças e equipamentos movimentados, na maioria das vezes, são de grandes dimensões. A altura deve ser a maior possível, com portas altas e largas.

CBC em Jundiaí-SP

TREU no Rio de Janeiro-RJ

Capítulo 11
AÇOS INOXIDÁVEIS E AÇOS ESPECIAIS

11.1 Resistência à corrosão

- **Ácidos (corrosão geral):** A boa resistência à corrosão é explicada pela formação de uma película de proteção superficial de óxido de cromo. Outros elementos de liga, tais como molibdênio, silício, cobre e níquel, também podem ter efeitos favoráveis na resistência à corrosão. O efeito deste elemento de liga é variável em diversas atmosferas corrosivas, sendo esta a razão pela qual a atmosfera deve ser sempre considerada na escolha do tipo mais adequado.

- **Ácidos não oxidantes (H_2SO – H3 – PO_4 e ácidos orgânicos):** Um aumento de teor de molibdênio eleva a resistência à corrosão nestes ambientes. Em ácido sulfúrico, por exemplo, a adição de cobre produz ainda uma melhora na resistência à corrosão.

- **Ácidos oxidantes:** Os austeníticos são normalmente usados. A redução do teor de carbono dá uma alta resistência, juntamente com a elevação do teor de cromo.

- **Corrosão intergranular:** Quando submetido durante um tempo determinado a uma temperatura entre 450 e 750°C, conhecida como temperatura de sensitização, é suscetível a precipitar carbonetos de cromo em contorno de grão, com o que a porcentagem de cromo livre, que podia se unir com oxigênio para formar a capa de óxido de cromo, diminui e consequentemente não precipita a citada capa protetora e a torna sem defesa na zona afetada e sujeita a ser corroída nas bordas intergranulares.

- **Corrosão alveolar:** Ataque localizado (conhecido por *pitting*), causado pela presença de soluções de sais halógenos.

- **Corrosão sob tensão:** É a mais desagradável de todos os tipos de corrosão. Ocorre em todas as ligas, mas há poucos agentes específicos que a provocam.

- **Corrosão em frestas:** É uma forma específica de ataque local. Se apresenta nos pequenos espaços livres, entre as paredes dos materiais em contato de onde o líquido flui com dificuldade e consequentemente descresce a concentração de oxigênio. Isto faz com que a capa passiva não se regenere adequadamente, e que o metal fique exposto aos ataques corrosivos do meio que o banha.
A Corrosão em frestas pode ocorrer em juntas, flange e debaixo de impurezas depositadas sobre a superfície do aço, e também em pontos de contato entre o aço e materiais não metálicos, como madeira, plástico, borracha, etc.

- **Corrosão por erosão:** Este tipo de ataque tem lugar quando o material está exposto à corrosão e abrasão simultaneamente. A perda de espessura no material será maior do que se agir somente em uma delas. Isto é devido à capa passiva que é continuamente reduzida, ficando subjacente do aço ativa e exposta ao meio agressivo.
Este tipo de corrosão ocorre em dispositivos onde circulam soluções, por exemplos: válvulas, bombas, hélices, agitadores, etc. O efeito da corrosão-erosão será mais forte se as soluções contiverem partículas de areia, lodo ou bolhas de gás e se a velocidade do fluido é elevada.

- **Corrosão galvânica:** Esta corrosão tem lugar quando entram em contato dois metais com diferente potencial eletrolítico. Tanto a formação dos pares galvânicos, como o aumento ou diminuição da corrosão vão depender da corrosão dos elementos na escala eletrolítica de potenciais de oxirredução "potenciais redox".
Para eliminar os riscos desse tipo de corrosão, a superfície de contato dos aços deve ser isolada.

Aços Inoxidáveis e Aços Especiais

- **Corrosão em alta temperatura (ao ar):** Também denominada fenômenos de corrosão seca, caracteriza-se pelo ataque decorrente da interação entre um material metálico e um meio corrosivo, ambos submetidos a temperaturas elevadas.

- **Corrosão em alta temperatura (gases de combustão):** A temperatura máxima de trabalho é reduzida bruscamente com a presença de impurezas na atmosfera, particularmente gases sulfurosos.

- **Corrosão em alta temperatura (escórias e cinzas corrosivas):** Tais particulados são agressivos, sendo formados por silicatos, sulfatos e óxidos em geral, aos quais atacam formando eutéticos de baixo ponto de fusão.

- **Corrosão em alta temperatura (metais fundidos e sais fundidos):** O meio corrosivo em questão atua na superfície dos aços, também formando eutéticos de baixo ponto de fusão.

11.2 Classificação

- ***AISI* 410 (martensítico):** São normalmente utilizados na confecção de peças para turbinas a vapor, equipamentos para indústria de papel, válvulas, eixos e peças rosqueadas para indústria em geral. Pode ser utilizado na fabricação de peças que trabalham em temperaturas inferiores a 400 graus.

- ***AISI*-416 (martensítico):** Peças produzidas em tornos automáticos com grande remoção de cavacos, tais como parafusos, prisioneiros, porcas, pinos, peças roscadas em geral, etc.

- ***AISI*-420 (martensítico):** Artigos de cutelaria, instrumentos cirúrgicos e dentários, eixos, peças de bombas e válvulas, pás e outras peças de turbinas a vapor, peças de máquinas e equipamentos em geral, moldes para plásticos e para indústria do vidro.

- ***AISI*-302 (austenítico):** Elementos arquitetônicos, equipamentos hospitalares e farmacêuticos, equipamentos para as indústrias de alimentos e bebidas, máquinas de embalagem, molas, peças de tubulações, utensílios domésticos, artigos esportivos, etc.

- **AISI-303 (austenítico):** Peças produzidas em tornos automáticos com grande remoção de cavacos, tais como parafusos, prisioneiros, porcas, pinos, peças roscadas em geral, etc. Sujeitas a solicitações mecânicas moderadas e que devam possuir características de resistência à corrosão mais elevadas que as apresentadas pelo martensítico.

- **AISI-304 (austenítico):** Equipamentos das indústrias: química, farmacêutica, têxtil, petroquímicas, papel e celulose.

- **AISI-304L (austenítico):** Tem um campo de aplicação semelhante ao do *AISI* 304, porém, graças ao baixo teor de carbono é preferido nos casos em que existem condições propícias para a ocorrência de corrosão intercristalina.

- **AISI-310 (austenítico):** Peças de fornos, caixas para recozimento e para cementação, equipamentos para a indústria química e do petróleo, peças de motores a jato e de turbinas a gás, permutadores de calor, aquecedores de ar, transportadores internos de fornos, eletrodos e varetas.

- **AISI-316 (austenítico):** Equipamentos para indústrias químicas, farmacêuticas, têxtil, petroquímica, papel e celulose, etc. Peças e componentes diversos usados na construção naval, equipamentos da indústria do frio e aplicações criogênicas em geral.

- **AISI-316L (austenítico):** Tem um campo de aplicação semelhante ao do *AISI* 316, sendo, porém, preferido por seu baixo teor de carbono, nos casos em que existem condições propícias para a ocorrência intercristalina.

11.3 Ligas especiais

- **AISI-316Ti (austenítico):** Idem ao *AISI* 316L, porém, utilizando-se o Ti como fator de proteção contra a corrosão intergranular.

- **AISI-321 (austenítico):** Idem ao *AISI* 304L, porém, utiliza-se o Ti ou Nb como fator de proteção contra a corrosão intergranular.

- **AISI-309/310S/314 (austenítico):** Aplicados em situações de alta temperatura como peças e componentes de fornos, componentes de turbinas, aquecedores e recuperadores de calor.

Aços Inoxidáveis e Aços Especiais   247

- **AISI-317 (austenítico):** Aplicado nas indústrias em geral, em particular em papel e celulose, salmouras e demais aplicações onde a liga *AISI* 316 não tem resistência à corrosão suficiente.

- **AISI-317L (austenítico):** Idem ao *AISI* 317, porém, contendo extrabaixo teor de carbono, pelos motivos apresentados para o *AISI* 304L.

- **AISI-904L (austenítico):** Aplicado em condições corrosivas severas, tais como na produção e manuseio de ácidos fortes como: súlfurico e fosfórico. Também aparece com excelente opção para trocadores de calor que utilizam água do mar como meio de refrigeração, bem como nos processos com elevados teores de cloretos.

- **AISI-630 (austenítico):** Liga endurecível por precipitação, apresenta excelente resistência mecânica, associada a resistência à corrosão permitindo grande versatilidade de aplicação, principalmente nas indústrias petrolíferas, nucleares e aeroespacial.

- **AISI-430 (ferrítico):** Liga aplicada em adornos, pias, baixelas e em ambientes de baixa agressividade. Sua principal forma de aplicação é em forma de chapas.

- **AISI-446 (ferrítico):** Aplicações típicas em ambientes de agressividade média, combinado com altas temperaturas, inclusive na presença de atmosfera sulfurosa.

- **Niquel 200:** Aplicação típica em ambientes de agressividade extrema como plantas de soda caústica, produção de glicerina e equipamentos da indústria petroquímica. Excelente resistência à corrosão em meios redutores agressivos.

- **Monel 400:** Componentes de reatores e trocadores de calor que trabalham em ambientes agressivos, como indústrias químicas e petroquímicas. Destaque para plantas de PVC, refinarias que utilizam água do mar como meio de refrigeração.

- **Inconel 600:** Liga aplicada para situações de extrema agressividade que necessitam aliar resistência mecânica e resistência à corrosão em alta temperatura.

- **Incoloy 800:** Aplicações típicas que necessitam alta resistência à corrosão e à fluência, tais como *pigtails* presentes nos reformadores a vapor e fornalhas de pirólise de refinarias.

- **Incoloy 825:** Assim como o Incoloy 800, alia a alta resistência à corrosão e à fluência. Também aplicada em trocadores de calor e linhas de condução para ácido sulfúrico e fosfórico, além de aplicação nuclear.

- **Hastelloy B2:** Para ambientes de extrema agressividade, tais como na condução e/ou manuseio dos ácidos clorídrico, sulfúrico, fosfórico e acético.

- **Hastelloy C276:** Manipulação de sais oxidantes fortes, como cloreto férrico e cúprico. Aplicado em ambientes contendo ácidos fortes com trações de cloreto, além de soluções contendo ácido acético, fórmico, hipoclorito e soluções de dióxido de cloro, presentes, por exemplo, no branqueamento da celulose.

- **Hastelloy G:** Componentes e tubulações de manuseio de ácidos fortes a quente, como o sulfúrico e o fosfórico. Liga aplicada em ambientes agressivos tanto redutores como oxidantes.

- **Ligas CU-NI 70/30:** Equipamentos e componentes que manuseiam e transportam água do mar em refinarias, usinas de vapor, estações de dessalinização e plataformas marítimas de petróleo.

- **Ligas de titânio:** Aplicadas em plantas de ácido nítrico e acético, bem como em usinas nucleares, plantas de dessalinização e refinarias de petróleo.

- **SAF 2205:** Liga com alta resistência aos principais mecanismos de corrosão dos aços inoxidáveis, destacando-se a resistência à corrosão sob tensão fraturante. Além do fato, alia excelente resistência mecânica apresentando uma série de aplicações em meios ácidos e ricos em cloretos. Aplicadas em trocadores de calor de salmouras, refinarias de petróleo e demais ambientes agressivos contendo cloretos.

11.4 Acabamento superficial em chapas de inox

Designação Acesita	Equivalente ASTM	Equivalente DIN	Descrição	Rugosidade Transversal (μmRa)
IT	N1	1D	Chapas laminadas a quente, tratadas termicamente e decapadas quimicamente.	-
I0	-	-	Bobinas ou chapas laminadas a quente, recozida sem decapagem até a espessura de 7,93 mm.	-
IB	-	-	Bobinas e chapas laminadas a quente, sem recozimento e sem decapagem, espessura igual ou superior a 3,00 até 12,70 mm	-
I1	Nº1	1D	Bobinas e chapas laminadas a quente, tratadas termicamente, decapadas mecanica e quimicamente.	-
I2	2D	2D	Bobinas e chapas laminadas a frio, tratadas termicamente e decapadas quimicamente.	-
I3	2B	2B	Mesmo processo 2D, seguido de um leve passe final de encruamento em cilindros brilhantes.	-
DI a D9	-	2G	Bobinas e chapas laminadas a frio, sem posterior tratamento térmico para diferentes graus de encruamento.	-
I7	Nº3	2G	Acabamento obtido pelo lixamento a úmido com lixas abrasivas de #150 a #180, em bobinas e chapas.	0,41 a 0,80
I6	Nº4	-	Acabamento obtido pelo lixamento a úmido com lixas abrasivas de #180 a #220, em bobinas e chapas.	0,15 a 0,40
H1	-	-	Acabamento longitudinal obtido pelo lixamento a seco com abrasivos de até #80 (hair line), em chapas.	2,00 a 2,50
RF	-	2G	Acabamento obtido pelo lixamento a seco com lixas abrasivos de #80 a #100 (rugged finish), em chapas	2,00 a 2,50
G1	Nº3	2G	Acabamento obtido pelo lixamento a seco com rebolo abrasivo de #150 a #180 (grinding finish), em chapas.	1,20 a 1,50
L1	Nº4	2G	Acabamento obtido pelo lixamento a seco com rebolo abrasivo de #180 a #220 (grinding finish), em chapas.	1,00 a 1,20
S1	Nº4	2K	Acabamento obtido pelo lixamento a seco com lixas abrasivos de #220 a #320 (super finish), em chapas.	0,70 a 1,00
A1	Nº6	2P	Acabamento obtido pelo lixamento com rebolos abrasivos de #100 a #180 (satin finish), em bobinas e chapas.	0,10 a 0,15
P1	Nº7	2P	Acabamento obtido por polimento com escovas de algodão e pastas abrasivas de #400, #600 e #800 (buffing bright), em bobinas e chapas.	0,05 máx
E1	Nº8	-	Acabamento obtido por feltro e pastas de até #3000. Acabamento espelhado (mirror finish), em chapas.	0,05 máx
B1	-	-	Acabamento obtido por lixamento com pequenos rebolos de #80 a #120, dando à chapa aspecto de ondas sobrepostas (butterfly finish), em chapas.	0,10 a 0,30
X1	-	-	Acabamento obtido com pequenos rebolos de #80 a #120, dando à chapa aspecto de ondas simétricas (exclusive design), em chapas.	0,10 a 0,30

11.5 Equivalências de normas

	PADRÕES AISI					ESTR	PADRÕES SIMILARES				PROPRIEDADES MECÂNICAS TÍPICAS		
TIPO	C %	Cr %	Ni %	Mo %	OUTROS ELEMENTOS		JAPÃO	WERKST-OFF (ALEMÃO)	DIN (ALEMÃO)	SUÉCIA SIS	LIMITE DE RESISTÊNCIA À TRAÇÃO N/mm² *KG/mm²	LIMITE DE ELASTICIDADE N/mm² *KG /mm²	ALONGAMENTO (L=5d)%
201	0.15max	16.00/18.00	3.50/5.50	-	N 0.25max/Mn5.5-7.5	A	-	1.4371	X 8 Cr Mn Ni 18 9	-	784 - 80	431 - 44	55
202	0.15max	17.00/19.00	4.00/6.00	-	N 0.25max/Mn7.5-10.00	A	-	1.4371	X 8 Cr Mn Ni 18 9	2357	726 - 74	373 - 38	12
301	0.15max	16.00/18.00	6.00/8.00	-	-	A	SUS 39	1.4310	X12 Cr Ni 17 7	2331	755 - 77	275 - 28	60
302	0.15max	17.00/19.00	8.00/10.00	-	-	A	SUS 60	1.4300	X12 Cr Ni 18 8	2330	618 - 63	275 - 28	50
303	0.15max	17.00/19.00	8.00/10.00	0.60max	S 0.15min	A	-	1.4305	X12 Cr NiS 18 8	2346	-	-	-
303Se	0.15max	17.00/19.00	8.00/10.00	-	Se0.15min	A	-	-	-	-	-	-	-
304	0.08max	18.00/20.00	8.00/12.00	-	-	A	SUS 27B	1.4301	X5 Cr Ni 18 9	2332	588 - 60	235 - 24	55
304L	0.03max	18.00/20.00	8.00/12.00	-	-	A	SUS 28	1.4306	X2 Cr Ni 18 9	2352	509 - 52	196 - 20	60
305	0.12max	17.00/19.00	10.00/13.00	-	-	A	-	1.4312	G-X 10 Cr NiF18 8	-	588 - 60	255 - 26	50
308	0.08max	19.00/21.00	10.00/12.00	-	-	A	SUH 32	1.4828	X15 Cr Ni Si 20 12	-	588 - 60	235 - 24	50
309	0.20max	22.00/24.00	12.00/15.00	-	-	A	SUH 33	1.4841	X15 Cr Ni Si 25 20	2361	618 - 63	304 - 31	45
310	0.25max	24.00/2600	19.00/22.00	-	-	A	-	-	Cr Ni 25-20	-	657 - 67	304 - 31	45
314	0.08max	23.00/26.00	19.00/22.00	-	Si1.5/3.0	A	-	1.4843	-	-	696 - 70	343 - 35	40
316	0.03max	16.00/18.00	10.00/14.00	2.00/3.00	-	A	SUS 32	1.4401	X5 Cr Ni Mo 18 10	2343	618 - 63	275 - 28	50
316L	0.08max	16.00/18.00	10.00/14.00	2.00/3.00	-	A	SUS 33*	1.4404	X2 Cr Ni Mo 18 10	2353	510 - 52	216 - 22	50
316Ti	0.08max	16.00/18.00	10.00/14.00	2.00/3.00	Ti = 5 x Cmax	A	-	1.4571	X10 Cr Ni Mo Ti 18 10	2350	-	-	-
317	0.08max	18.00/20.00	11.00/15.00	3.00/4.00	-	A	SUS 64	1.4449	X5 Cr Ni Mo 17 13	-	618 - 63	275 - 28	45
321	0.08max	17.00/19.00	9.00/12.00	-	Ti = 5 x Cmin a0 6max	A	SUS 29	1.4541	X10 Cr Ni Ti 18 9	2337	618 - 63	235 - 24	60
329	0.07max	27.00/28.00	4.00/5.00	2.00/2.50	-	AF	-	-	-	2324	-	-	-
347	0.08max	17.00/19.00	9.00/13.00	-	Nb + Ta * 10 x C	A	SUS 43	1.4550	X10 Cr Ni Nb18 9	2338	657 - 67	275 - 28	45
348	0.08max	17.00/19.00	9.00/13.00	-	Nb + Ta * 10 x C Ta0.10MAX	A	-	1.4878	X12 Cr Ni Ti 18 9	-	657 - 67	275 - 28	45
403	0.15max	11.50/13.00	-	-	-	M	SUS 54	1.4024	X15 Cr 13	-	637-784 - 65-80	490 - 50	16
405	0.08max	11.50/14.50	-	-	-	F	SUS 38	1.4002	X7 Cr Al 13	-	441-637 - 45-65	245 - 25	20
410	0.15max	11.50/13.50	-	-	-	M	SUS 51	1.4006	X10 Cr 13	2301	588-735 - 60-75	441 - 45	18
414	0.15max	11.50/13.50	1.25/2.50	-	-	M	-	-	-	-	-	-	-
416	0.15max	12.00/14.00	-	0.60max	S 0.15min	M	-	1.4005	X12 Cr S 13	-	588-784 - 60-80	441 - 45	12
416Se	0.15max	12.00/14.00	-	-	Se 0.15min	M	-	-	-	-	-	-	-
420	0.15min	12.00/14.00	-	-	-	M	SUS 52	1.4034	X40 Cr 13	-	637-931 - 65-95	441 - 45	14
430	0.12max	14.00/18.00	-	-	-	F	SUS 24	1.4016	X8 Cr 17	2320	441-588 - 45-60	265 - 27	20
431	0.20max	15.00/17.00	1.25/2.50	-	-	M	-	1.4057	X22 Cr Ni 17	2321	785-932 - 80-95	588 - 60	14
440A	0.60/0.75	16.00/18.00	-	0.75max	-	M	-	-	-	-	-	-	-
440B	0.75/0.95	16.00/18.00	-	0.75max	-	M	SUS 57	1.4112	X90 Cr Mo V 18	-	-	-	-
440C	0.95/1.20	16.00/18.00	-	0.75max	-	M	SUH 6	1.4125	X105 Cr Mo 17	-	-	-	-
446	0.20max	23.00/27.00	-	-	N 0.25max	F	-	-	-	2322	-	-	-

Aços Inoxidáveis e Aços Especiais

11.6 Materiais especiais (Sandvik)

DESIGNATION SANDVIK	CHEMICAL COMPOSITION (NOMINAL), %				OTHERS	STANDARDS* UNS	ASTM TP AISI
	C	Cr	Ni	Mo			
5R10	0.04	18.5	9.5	–	–	S30400/S30409	304/304H
SANMAC 304L [6]	≤0.030	18.5	9.5	–	–	S30400/S30403	304/304L
3R12	≤0.030	18.5	10	–	–	S30403	304/304L
3R19	≤0.030	18.5	9.5	–	N	S30453	304LN
5R60	0.04	17	12	2.6	–	S31600/S31609	316/316H
SANMAC 316L	≤0.030	16.5	11	2.1	–	S31600/S31603	316/316L
SANMAC 4435	≤0.030	17.5	12.5	2.6	–	S31600/S31603	316/316L
3R60	≤0.030	17.5	13	2.6	–	S31603	316/316L
3R64	≤0.030	18.5	14.5	3.1	–	S31703	317L
3R65	≤0.030	17	11.5	2.1	–	S31603	316/316L
6R35	≤0.06	17.5	10.5	–	Ti	S32100/S32109	321/321H
8R30	≤0.08	17.5	10	–	Ti	S32100/S32109	321/321H
3R40	0.06	17.5	11	–	Nb	S34700/S34709	347/347H
8R41	0.06	16.5	13	–	Nb	–	–
5R75	≤0.05	17	12	2.1	Ti	(S31635)**	(316Ti)**
3R60 U.G.	≤0.020	17.5	14	2.6	–	S31603	316L (U.G.
2RE10	≤0.015	24.5	20.5	–	–	S31002	–
2RE69	≤0.02	25	22	2.1	N	S31050	310 mod.
2RE69	≤0.020	25	22	2.1	N	–	(310 mod.)
3RE60	≤0.030	18.5	5	2.7	Si, N	S31500	–
SAF 2304	≤0.030	23	4.5	–	N	S32304	–
SAF 2205	≤0.030	22	5	3.2	N	S31803/S32205	–
SAF 2507	≤0.030	25	7	4	N	S32750	–
2RK65	≤0.020	20	25	4.5	Cu	N08904	–
254 SMO	≤0.020	20	18	6.1	N, Cu	S31254	–
Sanicro 28	≤0.020	27	31	3.5	Cu	N08028	–
4C54	≤0.20	26.5	–	–	N	S44600	446-1
8RE18	0.07	22.5	14	–	–	S30908/S30909	309S. 309H
7RE10	0.07	24.5	21	–	–	S31008	310S
253 MA	0.08	21	11	–'	Si, N, Ce	S30815	–
353 MA	0.05	25	35	–	Si, N, Ce	S35315	–
Sanicro 31HT	0.07	21	31	–	Ti, Al	N08811/N08810	–
Esshete 1250	0.1	15	10	1.0	Mn, V, Nb, B	S21500	
Sanicro 30	≤0.030	20	32	–	Ti, Al	N08800	Alloy 800
Sanicro 41	≤0.030	21.5	40	3	Cu, Ti	N08825	Alloy 825
Sanicro 69	0.02	30	60	–	Fe	N06690	Alloy 690
Sanicro 70	≤0.05	16.5	72.5	–	Fe	N06600	Alloy 600
10RE51	0.04	26	5	1.4	–	S32900	–
5RA50	≤0.05	18	9.5	0.5	S	S30300	303

Capítulo 12
RESISTÊNCIA DOS MATERIAIS

12.1 Definição

Quando uma força age sobre um corpo, produz neste uma tensão que pode ser de: tração, compressão, cisalhamento, flexão, torção e flambagem. Todas as tensões produzidas no corpo causam a este uma deformação. Se a tensão for pequena, o corpo volta ao seu estado (tamanho) normal assim que a força deixa de agir – a esta propriedade chamamos de elasticidade. Porém, se a tensão for muito grande, poderá causar ao corpo uma deformação permanente. Se a tensão for ainda maior, poderá causar a ruptura do corpo.

12.2 Propriedades mecânicas

- Tensão de ruptura = kgf/cm^2.
- Tensão de escoamento = kgf/cm^2.
- Alongamento = % ou mm.
- Módulo elasticidade ou módulo de *Young* = kgf/cm^2.
- Dureza = HB/HRC/HRB/HV.

12.3 Tensão admissível

As peças a serem calculadas deverão suportar as cargas com segurança, isto é, sem provocar a deformação permanente. Para isto, terá que ser considerada nos cálculos uma tensão menor que a de escoamento e antes do limite máximo de elasticidade.

12.4 Fator de segurança

É a relação entre a tensão de ruptura e a admissível. É determinado em função do tipo de carga e existem tabelas com fatores de segurança consagrados na prática.

12.5 Exemplo de tração

Quando uma barra for submetida a uma força (F), atuando no sentido do seu eixo (perpendicular a sua secção transversal), estará sofrendo uma tração e um alongamento (D).

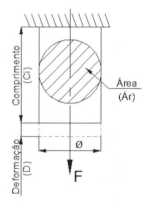

- **Adotando:**
    ✓ Aço 1020.
    ✓ Carga estática, com fator de segurança = 5 (tabela).
    ✓ Força = 6.000kg.
    ✓ Tensão de ruptura = 4.200kgf/cm² (tabela).

Determinar a tensão admissível:

$$\text{Tensão admissível} = \frac{\text{Tensão de ruptura}}{\text{Fator de segurança}} \Leftrightarrow \frac{4.200\text{kgf/cm}^2}{5} \Leftrightarrow \mathbf{840\text{kgf/cm}^2}$$

Determinar a secção transversal:

$$\text{Área} = \frac{\text{Força}}{\text{Tensão admissível}} \Leftrightarrow \frac{6.000\text{kgf}}{840\text{kgf/cm}^2} \Leftrightarrow \mathbf{7{,}14\text{cm}^2}$$

Determinar o diâmetro da barra:

$$\text{Diâmetro} = \frac{\sqrt{4 \times \text{Área}}}{\text{Pi}} \Leftrightarrow \frac{\sqrt{4 \times 7{,}14\text{cm}^2}}{3{,}1416} \Leftrightarrow 3{,}02\text{cm} \Leftrightarrow \mathbf{30\text{mm}}$$

Esclarecimento
Fórmula para diâmetro é a da área do círculo invertida.

12.6 Exemplo de compressão

Quando uma força (F) agir no sentido longitudinal (perpendicular a secção transversal), a barra estará sofrendo um achatamento (-D).

- **Adotando:**
  - ✓ Aço 1045.
  - ✓ Carga intermitente = com fator de segurança = 6.
  - ✓ Tensão de ruptura = 5.800kgf/cm² (a tensão de ruptura à compressão é igual à de tração).
  - ✓ Força = 12.000kgf.
  - ✓ Comprimento inicial = 800mm ⇔ 80cm.
  - ✓ Módulo de elasticidade = 2.100.000kgf/cm² (tabela).

Determinar a tensão admissível:

$$\text{Tensão admissível} = \frac{\text{Tensão de ruptura}}{\text{Fator de segurança}} \Leftrightarrow \frac{5.800kgf/cm^2}{6} \Leftrightarrow \mathbf{966,7kgf/cm^2}$$

Determinar a secção transversal:

$$\text{Área} = \frac{\text{Força}}{\text{Tensão admissível}} \Leftrightarrow \frac{12.000kgf}{966,7kgf/cm^2} \Leftrightarrow \mathbf{12,41cm^2}$$

Determinar o diâmetro da barra:

$$\text{Diâmetro} = \frac{\sqrt{4 \times \text{Área}}}{Pi} \Leftrightarrow \frac{\sqrt{4 \times 12,41cm^2}}{3,1416} \Leftrightarrow 3,98cm \Leftrightarrow \mathbf{39,8mm}$$

Determinar o achatamento (deformação):

$$\text{Deformação} = $$
$$= \frac{\text{Força} \times \text{comprimento inicial}}{\text{Módulo de elasticidade} \times \text{área}} \Leftrightarrow \frac{12.000kgf \times 80cm}{2.100.000kgf/cm^2 . 12,41cm^2} \Leftrightarrow 0,04cm \Leftrightarrow \mathbf{0,37mm}$$

12.7 Exemplo de cisalhamento

Quando duas forças (F) atuam sobre uma "peça", transversalmente, ao seu eixo, sofrerá um cisalhamento, isto é, a "peça" tenderá a ser cortada.

- ➢ **Adotando:**
  - ✓ *AISI* 316 (pino).
  - ✓ Carga alternada, com fator de segurança = 8.
  - ✓ Força = 3.800kgf.
  - ✓ Tensão de ruptura ao cisalhamento = 4.500kgf/cm².

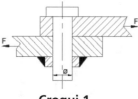 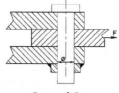

Croqui 1   Croqui 2

Determinar a tensão admissível:

$$\text{Tensão admissível} = \frac{\text{Tensão de ruptura}}{\text{Fator de segurança}} \Leftrightarrow \frac{4.500 \text{kgf/cm}^2}{8} \Leftrightarrow \mathbf{562,5 \text{kgf/cm}^2}$$

Determinar a secção transversal:

$$\text{Área} = \frac{\text{Força}}{\text{Tensão admissível}} \Leftrightarrow \frac{3.800 \text{kgf}}{562,5 \text{kgf/cm}^2} \Leftrightarrow \mathbf{6,76 \text{cm}^2}$$

Determinar o diâmetro da barra:

$$\text{Diâmetro} = \frac{\sqrt{4 \times \text{área}}}{\text{Pi}} \Leftrightarrow \frac{\sqrt{4 \times 6,76 \text{cm}^2}}{3,1416} \Leftrightarrow 2,93 \text{cm} \Leftrightarrow \mathbf{29,3 \text{mm}}$$

Nota

No caso de duas secções resistentes (croqui 2), a força deverá ser dividida por dois.

12.8 Exemplo de flexão

Quando uma força (F) atua sobre uma barra, perpendicularmente ao seu eixo, produzirá a flexão do referido eixo. A tensão é diretamente proporcional ao momento fletor e inversamente proporcional ao seu módulo de resistência à flexão.

O módulo de resistência à flexão é a característica geométrica da secção de uma viga que opõe a flexão.

- **Mf** = Momento fletor (kgf.cm).
- **WF** = Módulo de resistência à flexão (cm³).
- **I** = Momento de inércia (cm⁴).

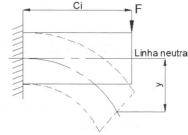

Nota

Falar de forças cortantes ou demonstrar como são obtidas as fórmulas não é o objetivo deste livro, portanto, nos limitaremos a uma demonstração de flexão pura.

> **Adotando:**
> ✓ *AISI* 304.
> ✓ Carga alternada, com fator de segurança = 8.
> ✓ Força = 950kgf.
> ✓ Tensão de ruptura = 6.300kgf/cm².
> ✓ Comprimento = 1.000mm (100cm).

Determinar a tensão admissível:

Tensão admissível = $\dfrac{\text{Tensão de ruptura}}{\text{Fator de segurança}}$ ⇔ $\dfrac{6.300\text{kgf/cm}^2}{8}$ ⇔ **787,5kgf/cm²**

Determinar o momento fletor:

Momento fletor = Força x comprimento ⇔ 950kgf x 100cm ⇔ **95.000kgf.cm**

Determinar o módulo de resistência à flexão:

Módulo de resistência = $\dfrac{\text{Momento fletor}}{\text{Tensão admissível}}$ ⇔ $\dfrac{95.000\text{kgf.cm}}{787,5\text{kgf/cm}^2}$ ⇔ **120,63cm³**

Determinar o diâmetro da barra:

Fórmula ⇔ $\dfrac{Wf = Pi \times d^3}{32}$, invertendo ficará conforme abaixo:

Diâmetro (d) = $\dfrac{\sqrt[3]{32 \times Wf}}{Pi}$ ⇔ $\dfrac{\sqrt[3]{32 \times 120{,}63\text{cm}^3}}{3{,}1416}$ ⇔ 10,71cm ⇔ **107,1mm**

Nota

Caso não queira usar redondo, podemos optar por cantoneira 6" x 6" x 4ª alma; ou viga u 8" x 2 ¼" x 1ª alma, que possui Wf menor que o requerido.

Observar

Ao calcular o módulo de resistência à flexão, deve-se observar a posição da peça em relação à posição da carga. No croqui abaixo, a peça da esquerda resistirá a um peso maior, pois a secção a ser cortada é maior, ou seja, o Wf é maior.

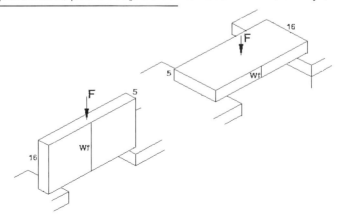

12.9 Exemplo de torção

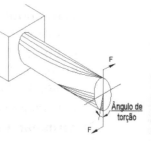

Uma força (F), agindo no plano perpendicular ao eixo da barra, tenderá a girar cada secção transversal em relação às demais secções, torcendo-a, causando ao eixo uma deformação chamada de ângulo de torção. A tensão será diretamente proporcional ao momento de torção (Mt).
A tensão é inversamente proporcional à característica geométrica da secção que se opõe à torção, o que chamamos de módulo de resistência polar (Wp).

Nota
As tensões de ruptura à torção equivalem às de cisalhamento.

Dimensionar um eixo:
➢ **Adotando:**
  ✓ Potência (N) = 2cv.
  ✓ Rotação (n) = 1.000RPM.
  ✓ Tensão admissível = 625kgf/cm².

Fórmula ⇔ $Mt = 71.620 \dfrac{N}{n} = kgf.cm$

Determinar o momento torçor:

$Mt = 71.620 \dfrac{2}{1.000}$ ⇔ **143,24kgf.cm**

Determinar o módulo de resistência polar:

$Wp = \dfrac{\text{Momento torçor}}{\text{Tensão admissível}}$ ⇔ $\dfrac{143,24 kgf.cm}{625 kgf/cm^2}$ ⇔ **Wp = 0,23cm³**

Determinar o diâmetro do eixo:

Fórmula ⇔ $Wp = \dfrac{Pi \times d^3}{16}$, invertendo ficará conforme abaixo:

Diâmetro (d) = $\dfrac{\sqrt[3]{Wp \times 16}}{Pi}$ ⇔ $\dfrac{\sqrt[3]{0,23cm^3 \times 16}}{3,1416}$ ⇔ 1,05cm ⇔ **10,5mm**

12.10 Flambagem

Em virtude de não ser possível exemplificar com clareza sem nos aprofundarmos no assunto, recomendamos os muitos livros de resistência disponíveis no mercado, que serão úteis também para as outras tensões tratadas anteriormente e outros assuntos que não trataremos neste livro.

12.11 Tabelas e fórmulas práticas

12.11.1 Tensões

MATERIAL	TENSÃO DE RUPTURA kgf/cm^2			σ_{esc}	ALON-GAMEN-TO	OBSERVAÇÕES
	TRAÇÃO σ_R	COM-PRES-SÃO σ_{R-C}	CISA-LHA-MENTO τ_{R-S}	TRAÇÃO kgf/cm^2	λ %	
Aço						
SAE 1010	4000	4000	3000	2000	30	
SAE 1015	3500	3500	2600	1300	33	
SAE 1020	3850	3850	2900	1750	30	
SAE 1025	4200	4200	3200	1930	26	Aços-Carbonos, recozidos ou
SAE 1030	4650	4650	3500	2100	22	normalizados
SAE 1040	5000	5000	3750	2300	20	
SAE 1050	5800	5800	4350	2620	18	
SAE 1070	6500	6500	4900	3600	15	
	7000	7000	5250	4200	9	
SAE 2330	7400	7400	5500	6300	20	Aço Níquel, recozido ou
SAE 2340	7000	7000	5250	4850	25	normalizado
SAE 3120	6300	6300	4750	5300	22	Aço Níquel-Cromo, recozido ou
SAE 3130	6800	6800	5100	5900	20	normalizado
SAE 3140	7500	7500	5600	6500	17	
SAE 4130	6900	6900	5200	5750	20	Aço Cromo-Molibdênio, recozido
SAE 4140	7600	7600	5700	6500	17	ou normalizado
SAE 4150	8150	8150	6100	6900	15	
SAE 4320	8400	8400	6300	6500	19	Aço Níquel-Cromo-Molibdênio,
SAE 4340	8600	8600	6500	7400	15	recozido ou normalizado
SAE 4620	6200	6200	4650	5100	23	Aço Níquel-Molibdênio, recozido
SAE 4640	8200	8200	6150	8700	15	ou normalizado
SAE 4820	6900	6900	5200	4700	22	
SAE 5120	6100	6100	4600	4900	23	Aço Cromo, recozido ou
SAE 5140	7400	7400	5500	6200	18	normalizado
SAE 5150	8150	8150	6100	7000	16	
SAE 6120	6500	6500	4850	6400	18	Aço Cromo-Vanádio, recozido ou normalizado
SAE 8620	6200	6200	4650	5600	18	Aço Cromo-Níquel-Molibdênio
SAE 8640	7500	7500	5600	6300	14	recozido ou normalizado
AISI 301	7700	7700	5800	2800	55	
AISI 302	6300	6300	4700	2480	55	Aço Inoxidável,
AISI 310	6900	6900	5150	3150	45	Cromo-Níquel
AISI 316	6000	6000	4500	2460	55	
AISI 410	4900	4900	3700	2640	30	Aço Inoxidável,
AISI 420	6700	6700	5000	3500	25	Cromo
Ferro Fundido	1200 a 2400	6000 a 8500	—	—	—	
Cobre	2250	2250	1680	700	45	
Latão	3420	3420	2550	1200	57	
Br. Fosf.	5250	5250	3950	4500	25	
Bronze	2800	2800	2100	—	50	
Alumínio	1800	1800	1350	700	22	
Metal pat.	790	790	590	100	18	

12.11.2 Dimensionamento de vigas

DISPOSIÇÃO DA CARGA E DOS APOIOS	REAÇÕES em A e B MOMENTO FLETOR MÁX. (M)	EQUAÇÕES DE RESISTÊNCIA	DEFLEXÃO MÁXIMA	SECÇÃO PERIGOSA
(1)	$B = P$ $M = PL$	$P = \dfrac{\sigma_f \cdot W}{L}$ $W = \dfrac{P.L}{\sigma_f}$	$f = \dfrac{PL^3}{3EI}$	EM B
(2)	$A = B = \dfrac{P}{2}$ $M = \dfrac{P.L}{4}$	$P = \dfrac{4.\sigma_f.W}{L}$ $W = \dfrac{P.L}{4.\sigma_f}$	$f = \dfrac{P.L^3}{48EI}$	NO MEIO DA VIGA
(3)	$A = \dfrac{P.L_2}{L}$ $B = \dfrac{P.L_1}{L}$ $M = \dfrac{P.L_1.L_2}{L}$	$P = \dfrac{\sigma_f.W.L}{L_1.L_2}$ $W = \dfrac{P.L_1.L_2}{\sigma_f.L}$	$f = \dfrac{P.L_1^2.L_2^2}{3EIL}$	NA APLICAÇÃO DA CARGA
(4)	$A = \dfrac{5}{16}P$ $B = \dfrac{11}{16}P$ $M = \dfrac{3PL}{16}$	$P = 5.33 \dfrac{\sigma_f.W}{L}$ $W = \dfrac{P.L}{5.33.\sigma_f}$	$f = \dfrac{7.P.L^3}{768.EI}$	EM B
(5)	$A = B = \dfrac{P}{2}$ $M = \dfrac{P.L}{8}$	$P = \dfrac{8.\sigma_f.W}{L}$ $W = \dfrac{P.L}{8.\sigma_f}$	$f = \dfrac{P.L^3}{192.EI}$	NO MEIO DA VIGA
(6)	$B = P$ $M = \dfrac{P.L}{2}$	$P = \dfrac{2.\sigma_f.W}{L}$ $W = \dfrac{P.L}{2.\sigma_f}$	$f = \dfrac{P.L^3}{8.E.I}$	EM B
(7)	$A = B = \dfrac{P}{2}$ $M = \dfrac{P.L}{8}$	$P = \dfrac{8.\sigma_f.W}{L}$ $W = \dfrac{P.L}{8.\sigma_f}$	$f = \dfrac{5.P.L^3}{384.E.I}$	NO MEIO DA VIGA
(8)	$A = \dfrac{3}{8}P \quad B = \dfrac{5}{8}P$ $M = \dfrac{P.L}{8}$	$P = \dfrac{8.\sigma_f.W}{L}$ $W = \dfrac{P.L}{8.\sigma_f}$	$f = \dfrac{P.L^3}{185.EI}$	EM B
(9)	$A = B = \dfrac{P}{2}$ $M = \dfrac{P.L}{12}$	$P = \dfrac{12.\sigma_f.W}{L}$ $W = \dfrac{P.L}{12.\sigma_f}$	$f = \dfrac{P.L^3}{384.EI}$	EM A e B

OBS.: (1) a (5) CARGA CONCENTRADA

(6) a (9) CARGA UNIFORMEMENTE DISTRIBUÍDA

12.11.3 Momento e módulo polar

SECÇÃO	MOMENTO DE INÉRCIA POLAR (I_p)	MÓDULO DE RESISTÊNCIA POLAR (W_p)
	$I_p = \dfrac{a^4}{6} = 0,1667 \cdot a^4$	$W_p = \dfrac{2}{9} \cdot a^3$
	$I_p = \dfrac{b \cdot h \cdot (b^2 + h^2)}{12}$	$W_p = \dfrac{b \cdot h^2}{3 + 1,8 \dfrac{h}{b}}$
	$I_p = \dfrac{5\sqrt{3}}{8} \cdot a^4$	$W_p = 0,2 \cdot b^3$
	$I_p = \dfrac{\pi d^4}{32} - \dfrac{a^4}{6}$	$W_p = \dfrac{\pi \cdot d^3}{16} - \dfrac{a^4}{3 \cdot d}$
	$I_p = \dfrac{\pi \cdot d^4}{32} - \dfrac{5\sqrt{3}}{a} \cdot a^4$	$W_p = \dfrac{\pi \cdot d^3}{16} - \dfrac{5\sqrt{3} \cdot a^4}{4 \cdot d}$
	$I_p = \dfrac{\pi \cdot d^4}{32}$	$W_p = \dfrac{\pi \cdot d^3}{16}$

12.11.4 Momento, módulo e raio de giração

SECÇÃO	MOMENTO DE INÉRCIA I	MÓDULO DE RESISTÊNCIA W	RAIO DE GIRAÇÃO R
(círculo cheio)	$I = \dfrac{\pi d^4}{64}$	$W = \dfrac{\pi d^3}{32} = 0,1\,d^3$	$R = \dfrac{d}{4}$
(coroa circular)	$I = \dfrac{\pi(D^4 - d^4)}{64}$	$W = \dfrac{\pi(D^4 - d^4)}{32\,D}$	$R = \sqrt{\dfrac{D^2 + d^2}{4}}$
(quadrado)	$I = \dfrac{a^4}{12}$	$W = \dfrac{a^3}{6}$	$R = \dfrac{a}{\sqrt{12}}$
(quadrado 45°)	$I = \dfrac{a^4}{12}$	$W = \dfrac{a^3}{6\sqrt{2}}$	$R = \dfrac{a}{\sqrt{12}}$
(quadrado vazado)	$I = \dfrac{a^4 - b^4}{12}$	$W = \dfrac{a^4 - b^4}{6a}$	$R = \sqrt{\dfrac{a^2 + b^2}{12}}$
(quadrado vazado 45°)	$I = \dfrac{a^4 - b^4}{12}$	$W = \dfrac{\sqrt{2}\,(a^4 - b^4)}{12\,a}$	$R = \sqrt{\dfrac{a^2 + b^2}{12}}$
(triângulo)	$I = \dfrac{b\,h^3}{36}$	$W = \dfrac{b\,h^2}{24}$	$R = \dfrac{h}{\sqrt{18}}$
(retângulo)	$I = \dfrac{b\,h^3}{12} = cm^4$	$W = \dfrac{b\,h^2}{6} = cm^3$	$R = \dfrac{h}{\sqrt{12}}$
(hexágono)	$I = 0,06\,b^4$	$W = 0,104\,b^3$	$R = 0,264\,b$
(hexágono)	$I = 0,06\,b^4$	$W = 0,12\,b^3$	$R = 0,264\,b$
(perfil T / I)	$I = \dfrac{B\,H^3 - (B-e)\,h^3}{12}$	$W = \dfrac{B\,H^3 - (B-e)\,h^3}{6H}$	$R = \sqrt{\dfrac{I}{S}}$
(perfil I)	$I = \dfrac{B\,H^3 - (B-e)\,h^3}{12}$	$W = \dfrac{B\,H^3 - (B-e)\,h^3}{6H}$	$R = \sqrt{\dfrac{I}{S}}$
(perfil cruz)	$I = \dfrac{e\,H^3 + (B-e)\,t^3}{12}$	$W = \dfrac{e\,H^3 + (B-e)\,t^3}{6H}$	$R = \sqrt{\dfrac{I}{S}}$

Capítulo 13
DIMENSIONAMENTO BÁSICO DE VASOS

13.1 Exemplo 1 (vaso em 316L)

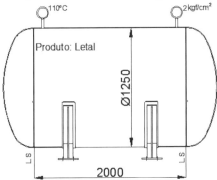

Dados:
Material = A-240-TP316L – Tensão admissível (considerada) = 90MPa (1MPa ⇔ 10,197kgf/cm²).

Eficiência da junta soldada = 1,0 – para produto letal conforme parte UW do código *ASME* – radiografia total.

• **Calcular a tensão circunferencial (costado):**
Espessura (t) =

$$t = \frac{\text{Pressão de projeto (P) x Raio (R)}}{\text{Tensão admissível (S) x Eficiência (E)} - 0,6 \text{ (constante) x Pressão de projeto (P)}}$$

$t = \dfrac{0,2\text{MPa} \times 625\text{mm}}{90\text{MPa} \times 1 - 0,6 \times 0,2\text{MPa}}$ ⇔ **t = 1,39mm**

- **Calcular a tensão longitudinal (costado):**

$$t = \frac{P \times R}{2 \times S \times E + 0,4 \times P} \Leftrightarrow t = \frac{0,2\text{MPa} \times 625\text{mm}}{2 \times 90\text{MPa} \times 1 + 0,4 \times 0,2\text{MPa}} \Leftrightarrow \mathbf{t = 0,69mm}$$

Conclusão:
Espessura requerida = 1,39mm ⇔ **espessura comercial adotada = 3mm**

- **Calcular a espessura do tampo:**

$$t = \frac{\text{Pressão (P)} \times \text{Diâmetro (D)}}{2 \times \text{Tensão admissível (S)} \times \text{Eficiência (E)} - 0,2 \text{ (constante)} \times \text{Pressão (P)}}$$

$$t = \frac{0,2\text{Mpa} \times 1.250\text{mm}}{2 \times 90\text{MPa} \times 1 - 0,2 \times 0,2\text{MPa}} \Leftrightarrow \mathbf{t = 1,39mm}$$

Nota
Para o tampo *ASME* 2:1, a perda de espessura no rebordeamento é de 2,3mm que deverá ser somado à espessura calculada.

Portanto:
t = 1,39mm + 2,6mm ⇔ t = 3,99mm ⇔ **espessura comercial adotada = 4mm**

13.2 Exemplo 2 (vaso em 516-60)

Dados:
Material = A-516-60 – Tensão admissível (considerada) = 103MPa – Corrosão admissível: 3mm.
Eficiência da junta soldada = 0,7 – sem radiografia.

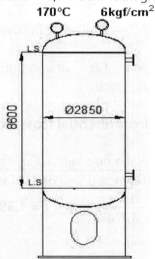

• Calcular a tensão circunferencial (costado):

Espessura (t) =

$$\frac{P \times R}{S \times E - 0,6 \times P} \iff \frac{t = 0,6MPa \times 1.425mm}{103MPa \times 0,7 - 0,6 \times 0,6MPa} \iff \textbf{t = 11,92mm}$$

• Calcular a tensão longitudinal (costado):

$$t = \frac{P \times R}{2 \times S \times E + 0,4 \times P} \iff \frac{t = 0,6MPa \times 1.425mm}{2 \times 107MPa \times 0,7 + 0,4 \times 0,6MPa} \iff \textbf{t = 5,92mm}$$

Conclusão:

Espessura requerida de 11,92mm + corrosão admissível de 3mm = espessura de 14,92mm $\iff$ **chapa = 5/8"** $\iff$ **15,9mm**

• Calcular a espessura do tampo:

Elíptico (*ASME* 2:1):

$$t = \frac{\text{Pressão (P) x Diâmetro (D)}}{2 \times \text{Tensão admissível (S) x Eficiência (E)- 0,2 (constante) x Pressão (P)}}$$

$$t = \frac{0,6Mpa \times 2.850mm}{2 \times 103MPa \times 0,7 - 0,2 \times 0,6MPa} \iff \textbf{t = 11,87mm}$$

Torisférico (*ASME* 10%):

$$t = \frac{0,885 \text{ (constante) x Pressão (P) x Diâmetro (L)}}{\text{Tensão admissível (S) x Eficiência (E)- 0,1 (constante) x Pressão (P)}}$$

$$t = \frac{0,885 \times 0,6Mpa \times 2.850mm}{103MPa \times 0,7 - 0,1 \times 0,6MPa} \iff \textbf{t = 21,01mm}$$

Nota

Para o tampo *ASME* 2:1, a perda de espessura no rebordeamento é de 3mm que deverá ser somada à espessura calculada, assim como a corrosão admissível de 3mm.

Portanto:

Usar *ASME* 2.1 $\iff$ t = 11,87mm + 3mm + 3mm $\iff$ t = 17,87mm $\iff$ **chapa = ¾"**

13.2.1 Calcular a saia

- **Determinar o peso do vaso**:
Costado = 9.672kg + tampos = 1.400kg + outros = 5% ⇔ **Peso = 13.096kg.**

- **Determinar o peso do produto (considerando a água)**:
Volume do costado = 55,22m³ ⇔ **55.220kg**
Volume dos tampos = 3,4m³ x 2 pçs = 6,8m³ ⇔ **6.800kg.**
Peso total = 13.096 + 55.220 + 6.800 ⇔ **P = 75.116kg.**

- **Determinar a área resistente:**
Material = A-36 ⇔ Tensão admissível = 880kgf/cm²
Área = 75.116kg / 880kgf/cm² ⇔ **Área = 85,36cm²**

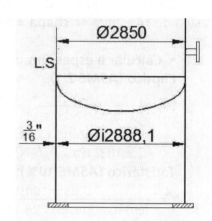

- **Adotar espessura de chapa comercial e checar área:**
Di = 2.888,1mm (288,81cm)
De = 2.897,6mm (289,76cm)

- **Calcular área resistente que equivale à área da coroa circular:**
Área = (289,76² − 288,81²) x 0,785 ⇔ **Área = 431,47cm²**

Notas

1 – Pela resistência simples (esforço de compressão), uma chapa com espessura de 1mm seria suficiente.

2 – Observar sempre todos os esforços, inclusive, força do vento que não foi abordada neste exemplo, por considerarmos o equipamento "abrigado".

13.3 Fórmulas práticas para dimensionamento de partes de vasos

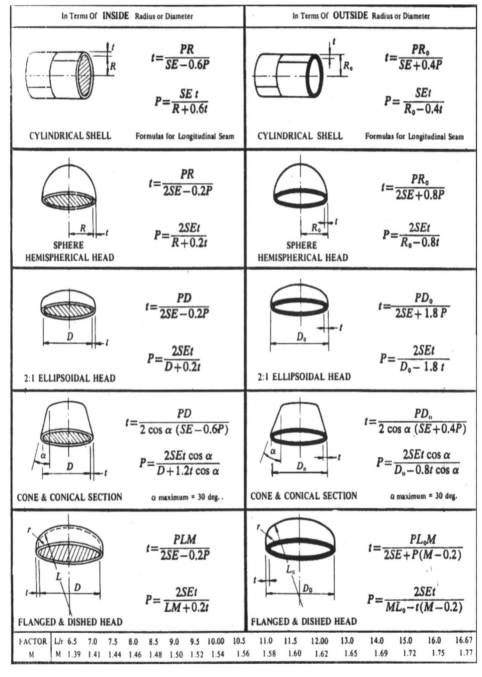

13.4 Valores de tensões conforme *ASME*

(usada no exemplo 2)

Espec. Nº	Grau	Composição Nominal	P. Nº	Grupo Nº	Notas	Resist. ao escoamento mínima especif., MPa	Resist. mínima à tração MPa	Tensão máxima admissível, MPa (Multiplicar por 10⁴ para obter Pa), para temp. de metal, °C, não superior a					Espec. Nº	Gráfico H Precisão ext. Fig. Nº
								325 (−30 a)	350	375	400	425		
Chapas grossas e finas de aço-carbono														
SA-36	...	C-Mn-Si	1	1	(1)(2)(3)(4)	248	400	88	88				SA-36	5-UCS-28.2
SA-283	A	C	1	1	(1)(2)	165	310	72	72	75	77	63	SA-283	5-UCS-28.1
	B	C			(1)(2)	186	345	77	79	83	77	67		
	C	C			(1)(2)	207	379	88	88	91	83	71		
	D	C			(1)(2)	228	414	88	88					
SA-285	A	C			(3)(4)(19)	165	310	78	78	75	71	63	SA-285	5-UCS-28.1
	B	C			(19)(20)	186	345	86	86	83	77	67	SA-285	5-UCS-28.2
	C				(19)(20)	207	379	95	95	91	83	71		
SA-299	...	C-Mn-Si			(19)	276	517	128	128	121	108	88	SA-299	5-UCS-28.3
SA-414	A	C		1	(19)(19)	172	310	78	78	75	71	63	SA-414	5-UCS-28.1
	B	C			(19)(20)	207	345	84	86	83	77	67		
	C	C-Mn			(19)(20)	228	379	95	95	91	88	75	SA-414	5-UCS-28.2
	D	C-Mn			(19)(20)	241	414	103	103	106	95	80		
	E	C-Mn		2	(19)(20)	242	445	111	111	113	101	84		
	F	C-Mn			(19)(20)	290	483	120	120	113	101	84		
	G	C-Mn			(19)(20)	310	517	128	128	121	108	88	SA-414	5-UCS-28.3
SA-442	55	C-Mn-Si	1	1	(19)	207	379	95	95	91	83	71	SA-442	5-UCS-28.2
	60	C-Mn-Si			(19)	221	414	103	103	98	89	75		
SA-455	até 9,5 mm incl.	C-Mn	1	1	(19)	242	517	130	130		83	77	SA-455	5-UCS-28.2
	Acima de 9,5 mm e até 147 mm, incl.	C-Mn	1	2	(19)	255	503	126	126		89	75		
	acima de 147 mm e até 191 mm, incl.	C-Mn			...	241	483	121	121					
SA-515	55	C-Si	1	1	(19)	207	379	95	95	91	83	71	SA-515	5-UCS-28.2
	60	C-Si			(19)	221	414	103	103	98	89	75		
	65	C-Si			(19)	241	448	112	112	106	95	80		
	70	C-Si		2	(19)	262	483	120	120	113	101	84		
SA-516	55	C-Si	1	1	(19)	207	379	95	95	91	83	71	SA-516	5-UCS-28.2
	60	C-Mn-Si			(19)	221	414	103	103	98	89	75		
	65	C-Mn-Si			(19)	241	448	112	112	106	95	80		
	70	C-Mn-Si		2	(19)	262	483	120	120	113	101	84		
SA-537	Classe 1- até 64,0 mm incl.	C-Mn-Si	1	1	(19)(20)(40)	345	483						SA-537	5-UCS-28.4
	Classe 1 - acima de 64,0 mm e até 1020 mm, incl.			2	(19)(20)	310	448						SA-537	5-UCS-28.3
	Classe 2 - até 64,0 mm incl.			3	(19)(20)(40)	414	552						SA-537	5-UCS-28.4
	Classe 2 - acima de 64,0 mm e até 1020 mm, incl.	C-Mn-Si			(19)(20)(40)	379	517							
	Classe 2 - acima de 1020 mm				(19)(20)(40)	317	483	117					SA-537	5-UCS-28.4 (usar curva, Classe I)

13.5 Valores de tensões conforme *ASME*

(usada no exemplo 1)

Composição Nominal	UNS Nº	P-Nº	Grupo Nº	Forma de Produto	Espec. Nº	Grau	Notas	Resist. mínima ao escoam. especif., MPa	Resist. mínima à tração especif., MPa	Tensão máxima admissível, MPa (Multiplicar por 10^6 para obter Pa), para temperatura de metal, °C, não superior a: -20 a 40	100	150	200	250	300	325	350	375	400	425	450	475	Espec. Nº	Gráfico p/ Pressão ext. FIG. Nº
16Cr-12Ni-2Mo	S31603	8	1	Chapas	SA-240	316L	(1)	172	483														SA-240	
16Cr-12Ni-2Mo	S31603	8	1	Tbs. s/ cost.	SA-213	TP316L	(1)	172	483														SA-213	
16Cr-12Ni-2Mo	S31603	8	1	Tb. cond. s/ cost.	SA-312	TP316L	(1)	172	483														SA-312	
16Cr-12Ni-2Mo	S31603	8	1	Forjados	SA-182	F316L	(1)	172	483	108	108	108	107	101	95	92	91	89	87	86	84	. . .	SA-182	5-UHA-28.4
16Cr-12Ni-2Mo	. . .	8	1	Forjados	SA-336	316L	(1)	172	483														SA-336	
16Cr-12Ni-2Mo	S31603	8	1	Barras	SA-479	316L	(1)	172	483														SA-479	5-UHA-28.4(15)
16Cr-12Ni-2Mo	S31603	8	1	Chapas	SA-240	316L	. . .	172	483														SA-240	
16Cr-12Ni-2Mo	S31603	8	1	Tbs. s/ cost.	SA-213	TP316L	. . .	172	483														SA-213	
16Cr-12Ni-2Mo	S31603	8	1	Tb. cond. s/ cost.	SA-312	TP316L	. . .	172	483														SA-312	
16Cr-12Ni-2Mo	S31603	8	1	Forjados	SA-182	F316L	. . .	172	483	108	90	82	75	70	66	64	63	62	61	59	58	. . .	SA-182	5-UHA-28.4
16Cr-12Ni-2Mo	. . .	8	1	Forjados	SA-336	316L	. . .	172	483														SA-336	
16Cr-12Ni-2Mo	S31603	8	1	Barras	SA-479	316L	. . .	172	483														SA-479	5-UHA-28.4(15)
16Cr-12Ni-2Mo	S31603	8	1	Tbs. soldados	SA-249	TP316L	(1)(4)																SA-249	
16Cr-12Ni-2Mo	S31603	8	1	Tb. cond. sold.	SA-312	TP316L	(1)(4)	172	483	92	92	92	91	86	81	79	77	75	74	73	71	. . .	SA-312	5-UHA-28.4
16Cr-12Ni-2Mo	S31603	8	1	Tbs. soldados	SA-688	TP316L	(1)(4)																SA-688	
16Cr-12Ni-2Mo	S31603	8	1	Tbs. soldados	SA-249	TP316L	(4)																SA-249	
16Cr-12Ni-2Mo	S31603	8	1	Tb. cond. sold.	SA-312	TP316L	(4)	172	483	92	77	70	64	59	56	55	54	52	50	50	. . .	. . .	SA-312	5-UHA-28.4
16Cr-12Ni-2Mo	S31603	8	1	Tbs. soldados	SA-688	TP316L	(4)																SA-688	
16Cr-12Ni-2Mo	J92800	8	1	Fundidos	SA-351	CF3M	(1)(6)	207	483	121	120	118	116	116	116	116	114	112	110	109	108	. . .	SA-351	5-UHA-28.4
16Cr-12Ni-2Mo	J92900	8	1	Fundidos	SA-351	CF8M	(1)(6)(8)	207	483	121	120	118	116	116	116	116	114	112	110	109	108	107	SA-351	5-UHA-28.2
16Cr-12Ni-2Mo	J92800	8	1	Fundidos	SA-351	CF3M	(6)	207	483	121	110	101	92	86	83	81	79	78	77	76	75	. . .	SA-351	5-UHA-28.4
16Cr-12Ni-2Mo	J92900	8	1	Fundidos	SA-351	CF8M	(6)(8)	207	483	121	110	101	92	86	83	81	79	78	77	76	75	75	SA-351	5-UHA-28.2
16Cr-12Ni-2Mo	S31600	8	1	Tb. cond. s/ cost.	SA-430	FP316	(1)(8)(10)																SA-430	
16Cr-12Ni-2Mo	S31609	8	1	Tb. cond. s/ cost.	SA-430	FP316H	(1)																SA-430	
16Cr-12Ni-2Mo	S31600	8	1	Forjados	SA-182	F316	(1)(8)(9)																SA-182	
16Cr-12Ni-2Mo	S31609	8	1	Forjados	SA-182	F316H	(1)(9)	207	483	121	120	118	116	116	116	116	115	112	111	110	108	108	SA-182	5-UHA-28.2
16Cr-12Ni-2Mo	S31600	8	1	Forjados	SA-336	Cl.F316	(1)(8)																SA-336	
16Cr-12Ni-2Mo	S31609	8	1	Forjados	SA-336	Cl.F316H	(1)																SA-336	
16Cr-12Ni-2Mo	S31600	8	1	Tb. cond. s/ cost.	SA-430	FP316	(8)(10)																SA-430	
16Cr-12Ni-2Mo	S31609	8	1	Tb. cond. s/ cost.	SA-430	FP316H	. . .																SA-430	
16Cr-12Ni-2Mo	S31600	8	1	Forjados	SA-182	F316	(8)(9)																SA-182	
16Cr-12Ni-2Mo	S31609	8	1	Forjados	SA-182	F316H	(9)	207	483	121	110	101	93	87	82	81	80	78	77	76	75	75	SA-182	5-UHA-28.2
16Cr-12Ni-2Mo	S31600	8	1	Forjados	SA-336	Cl.F316	(8)																SA-336	
16Cr-12Ni-2Mo	S31609	8	1	Forjados	SA-336	Cl.F316H	. . .																SA-336	
16Cr-12Ni-2Mo	S31600	8	1	Chapas	SA-240	316	(1)(8)																SA-240	
16Cr-12Ni-2Mo	S31635	8	1	Chapas	SA-240	316Ti	(1)(8)(10)																SA-240	
16Cr-12Ni-2Mo	S31640	8	1	Chapas	SA-240	316Nb	(1)(8)(10)																SA-240	
18Cr-13Ni-3Mo	S31700	8	1	Chapas	SA-240	317	(1)(8)																SA-240	
16Cr-12Ni-2Mo	S31600	8	1	Tbs. s/ cost.	SA-213	TP316	(1)(8)	207	517														SA-213	
16Cr-12Ni-2Mo	S31609	8	1	Tbs. s/ cost.	SA-213	TP316H	(1)			130	129	127	125	125	119	117	115	112	111	110	109	107	SA-213	5-UHA-28.2

Capítulo 14
DEPARTAMENTOS

14.1 Orçamento

14.1.1 Teoria

Como autêntica ciência do custeio, atua na concepção do empreendimento, verificando a viabilidade técnico-econômica, realizando, dessa forma, análise, diagnóstico, prognóstico, enfim, a necessária síntese quanto ao que há de ser – se consumado for – o empreendimento.

Gerenciar custos é uma das tarefas mais críticas e desafiadoras, desempenhada pelos administradores, gerentes e usualmente engenheiros. Os custos precisam ser avaliados antes que aconteçam e, depois, é preciso acompanhá-los à medida que eles ocorrem.

Avaliar custos é uma técnica de gestão que converte apropriadamente orçamentos benfeitos em gastos bem realizados, que maximizem a viabilidade a ser consumada no empreendimento.

Custo total = Custo direto + custo indireto + lucro.

- **Custo direto =** Todo elemento de custo de um empreendimento a ser despendido diretamente, seja em material, seja em elemento operativo sobre o material, para se obter a sua consumação. Costumeira e tradicionalmente os elementos operativos sobre o material indexavam-se apenas em homem-hora; porém, corretamente, deve ser expresso cada qual em sua unidade específica, eventualmente compostos todos numa só unidade, tipicamente chamada "unidade de serviço".

- **Custo indireto** = Todo elemento de custo de um empreendimento indiretamente incidente na composição orçamentária, tal que represente não especificamente os elementos do grupo anterior, mas que são imprescindíveis para que o empreendimento aconteça.

BDI: É a sigla originária da cultura anglo-saxônica, que significa *Budget Difference Income.* Costuma ser traduzido por **B**enefícios e **D**espesas **I**ndiretas (a forma mais usada) ou **B**ônus e **D**espesas **I**ndiretas. É o elemento orçamentário destinado a cobrir todas as despesas que, numa obra ou serviço, segundo critérios claramente definidos, classificam-se como indiretas (por simplicidade, as que não expressam diretamente nem o custeio do material, nem dos elementos) e, também, necessariamente, devem atender o lucro.

14.1.2 Prática

Cada caldeiraria tem o seu sistema de custos e orçamentos, que nem sempre segue os conceitos teóricos, mas que são eficientes na prática. O segredo está em ter um orçamentista que, além de conhecer os processos e etapas de fabricação, sabe determinar o tempo necessário para que ela se realize.

Os equipamentos podem ser dimensionados pelo cliente, pela caldeiraria, ou simplesmente copiados de aquisições antigas. Em qualquer dos casos, devem estar de acordo ou ser adequado às normas de projeto, construção e segurança vigentes.

14.1.2.1 Exemplos práticos

- **PPFE 001:**

Orçar tanque vertical para soda, capacidade = 500 litros úteis em aço inox 304, com as seguintes conexões *SMS*:
- ✓ 1 – Entrada 1"
- ✓ 1 – Saída 1"
- ✓ * – Tomadas para níveis
- ✓ 1 – Saída para dreno 2.1/2"
- ✓ 1 – Respiro superior

OBS.:

Deixar as pernas com no mínimo 900mm do piso até o bocal de saída.

Demais dados:
- ✓ Diâmetro interno e altura de tangente a tangente (adotado em função volume).
- ✓ Pressão de projeto: Atm.
- ✓ Temperatura de projeto: 25°C.
- ✓ Eficiência da solda: 0,7.
- ✓ Radiografia: Não.
- ✓ Corrosão admissível: Zero.
- ✓ Material: Inox 304.
- ✓ Espessuras requeridas (cálculo) = 0,4mm; porém, adotaremos chapa de 2mm para costado e tampos.

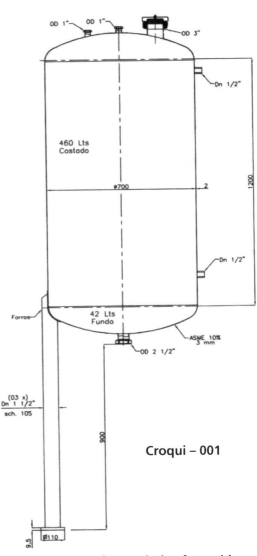

Croqui – 001

Croqui conforme dados fornecidos

> **Descritivo/proposta – 001:**
Existem outras formas de descritivo/proposta, adotei este(a) por considerá--lo(la) didática e por facilitar a visualização do que está sendo orçado.

274 Prontuário para Projeto e Fabricação de Equipamentos Industriais

Local, dia, mês e ano.

Cliente: EQUIPAMENTOS & CIA.
Aos Cuidados: Sr. Cleber Turin Nordon – Setor: Continental:

REFERÊNCIA/ASSUNTO

Prezados senhores, submetemos a vossa apreciação as nossas condições técnicas e comerciais para o fornecimento do equipamento conforme o descrito abaixo:

001) TANQUE PARA SODA/ÁCIDO – CAP. ÚTIL= 500 LTS

- Documento: Solicitação 001 + Croqui.
- Dimensões: (adotado) Di = 700 x 1.200mm, entre as L.T.
- Quantidade: 01 Unidade.

001.1) Materiais e características técnicas

- Tanque:
  - ➢ Costado: A-240-304, ch. 2mm.
  - ➢ Teto e fundo *ASME* 10%: A-240-304, ch. 2mm.

- Pernas: A-312-TP304 c/ costura, Dn 1 ½" – sch. 10S – com Forros em A-240-304, ch. 3mm e Bases, ch. 9,5mm.
  - ➢ Regulagem de altura: Não.

- Bocais:
  - ➢ Boca de visita: Não.
  - ➢ Respiro OD 3" (01):
    - ✓ Pescoço: A-270; ou, 269-TP304 c/ costura OD 3" – Parede = 2mm.
    - ✓ Macho, niple e Porca *SMS*: *AISI* 304, OD 3".
    - ✓ Demais partes:A-240-304/*AISI* 304/Algodão.
    - ✓ Anel de vedação: Borracha sanitária.
  - ➢ Tomadas para LSH/LHM, Dn ½" (02):
    - ✓ Luvas: A-182-F304, Dn ½" NPT – 3.000Lbs.
  - ➢ Demais bocais:
    - ✓ Pescoços: A-270; ou, 269-TP304 c/ costura (01) OD 2" – Parede = 2mm, (02) OD 1"– Parede = 1,6mm.
    - ✓ Machos *SMS* (03): *AISI* 304.

Departamentos

- Demais itens:
  - ➢ Suporte placa/Placa de identificação: A-240-304/*AISI* 304.
  - ➢ Alças de içamento + Forros (03): A-240-304.
  - ➢ Clip de aterramento (01): A-240-304.
  - ➢ Válvulas/Instrumentos/Abraçadeiras/Juntas: Exclusos.

001.2) Acabamento

INTERNO e EXTERNO: Polimento mecânico sanitário gr. 120.

001.3.) Dados de projeto e construção código *ASME* viii–div. 1, onde aplicável.

- Pressão (kgf/cm²)/Temp. (°C): Atm/25.
- Eficiência de solda/Radiografia: 0,7/Não.
- Corrosão admissível: Zero.

001.4) Condições de fornecimento

001.4.1) A cargo da "CONTRATADA"

Materiais/Desenho de fabricação/Memorial de cálculo mecânico/Exame com líquido penetrante/Teste hidrostático (cheio de água)/Inspeção/*Data book*.

001.4.2) A cargo da "CONTRATANTE"

Aprovação do desenho de fabricação/Inspeção/Transporte.

001.5.) Preço unitário, sem IPI = R$ _____ .

001.6.) Condições de pagamento

A definir.

001.7) Prazo de entrega

- Desenho: _____ dias após a efetivação do Pedido.
- Equipamento:_____dias após a aprovação do desenho de fabricação.

001.8) Validade da proposta

30 dias desta data, salvo reajuste da matéria-prima.

001.9) Transporte e seguro

Por conta da contratante.

001.10) Embalagem

Excluso.

001.11) Garantia contra defeito de fabricação

12 (doze) meses após a entrada em operação ou 18 (dezoito) meses após a entrega, prevalecendo o que ocorrer primeiro.

001.12) Impostos

- Posição: 73.09.00.90
- IPI (não incluso) – 0%
- ICMS (incluso): 12%.

Sem mais para o momento, atenciosamente

CONTRATADA

....
Responsável

➢ Custo – 001:

A forma apresentada é a mais simples (Excel)

EQUIPAMENTOS & CIA						Planilha 001				
Composição Orçamento						CLIENTE				
Valdir – 00 / 00 / 0000						EQUIPAMENTO	Tanque Soda 500 Lts			
Di = 700 x 1200 mm						DESENHO	Crq-001			

IT.	Descrição	Alt.	Diá.	L ou Peso	t	Aplicação	Qt.	MAT.	UN.	Cálculo	R$/Unit
1	CHAPAS (2B)							A-240-304			
1.1	VASOS										
1.1.1	Chapa	1210	703	2209	2,00	Costado	1	'	kg	42,76	'
1.1.1	Disco	*	840	*	3,00	Teto e Fundo	2	' '	kg	33,87	'
1.2	PERNAS										
1.2.1	Chapa	110	*	300	3,00	Forros	3	'	kg	2,38	'
1.3	RESPIRO										
1.3.1	Disco	*	125	*	2,00	Calota Perfurada	1	'	kg	0,25	'
1.3.1	Disco	*	175	*	2,00	Proteção	1	'	kg	0,49	'
1.4	ALÇAS										
1.4.1	Chapa	110	*	185	3,00	Forro	2	'	kg	0,98	'
								TOTAL	kg	80,72	17,24
2	CHAPAS (CQ)							A-240-304			
2.1	PERNAS										
2.1.1	Chapa	110	*	110	9,50	Sapatas	3	'	kg	2,76	'
2.2	ALÇAS										
2.2.1	Chapa	120	*	210	12,70	Alça	2	'	kg	5,12	'
								TOTAL	kg	7,88	15,90
4	TUBOS							A-270-TP304			
4.1	RESPIRO										
4.1.1	Tubo	*	OD 3"	100	2,00	Pescoço	1	'	R$	14,50	145,00
4.2	BOCAL OD 2"										
4.2.1	Tubo	*	OD 2"	100	2,00	Pescoço	1	'	R$	9,50	95,00
4.3	BOCAL OD 1"										
4.3.1	Tubo	*	OD 1"	100	1,60	Pescoço	2	'	R$	8,20	41,00
								TOTAL	R$	32,20	'
5	FLANGE / CONEXÕES										
5.1	RESPIRO					/					
5.1.1	Macho SMS	*	OD 3"	*	*	Conexão	1	AISI 304	R$	36,00	36,00
5.1.1	Niple SMS	*	OD 3"	*	*	Conexão	1	AISI 304	R$	31,10	31,10
5.1.1	Porca SMS	*	OD 3"	*	*	Conexão	1	AISI 304	R$	49,00	49,00
5.2	TOMADAS ½"										
5.2.1	Meia Luva	*	Dn ½"	NPT	3000 Lbs	Conexão	2	A-182-F304	R$	37,40	18,70
5.3	BOCAL OD 2"										
5.3.1	Macho SMS	*	OD 2"	*	*	Conexão	1	AISI 304	R$	17,60	17,60
5.4	BOCAL OD 1"										
5.4.1	Macho SMS	*	OD 1"	*	*	Conexão	2	AISI 304	R$	30,48	15,24
								TOTAL	R$	201,58	'
6	DIVERSOS										
6.1	VASOS										

6.1.1	Rebordeamento	*	700	*	3,00	ASME 10%	2		TERCEIROS	R$	430,00	215,00
6.1.1	Transporte	*	*	*	*	Cidade	2		TERCEIROS	R$	400,00	200,00
6.2	PERNAS											
6.2.1	Chapa	80	*	120	8,00	Clip Aterramento	1		A-240-304	R$	7,00	7,00
6.3	RESPIRO											
6.3.1	Porca Cega	*	¼"	*	*	Fixação	1		AISI 304	R$	15,70	15,70
6.4	VÁRIOS											
6.4.1	Tinta	*	*	*	*	Fundo	0		CROMATO ZN	R$	0,00	N.A
6.4.1	Outros	*	*	*	*	*	1,3		*	R$	669,50	515,00
								TOTAL		**R$**	**1522,20**	*
7	RADIOGRAFIA	1240,00	14,00		-		0	0,70	0		TERCEIROS	R$	0,00	C e D
8	MÃO DE OBRA											
8.1	Desenho	*	*	*	*	*		15	*	Hrs	*	52,00
8.2	Fabricação	*	*	*	*	*		250	*	Hrs	*	52,00
9	TRANSP. / MOVIM.	*	*	*	*	*		0		*	R$	0,00	CLI

• PPFE 002:

Enviar proposta para fornecimento de um tanque isotérmico vertical em aço inox 304 para estocagem de creme, cap. 10.000l útil, com agitador apropriado e tomadas com conexões *SMS*:
- ✓ Entrada para *spray ball* 2"
- ✓ Entrada de produto 2.1/2"
- ✓ Saída para recalque produto 3"
- ✓ Agitador vertical com motorredutor
- ✓ Tomadas para TT/TI/LSH/LHM/LT
- ✓ Tomada para retirada de amostra
- ✓ Boca de visita
- ✓ Suspiro superior

OBS.:
Deixar as pernas com no mínimo 920mm do piso até o bocal de saída.

Outras informações:
- ✓ Tanque isotérmico é isolado termicamente e adotamos lã de rocha.
- ✓ Confirmado com o cliente: Pressão de projeto = Atm//Temperatura de projeto = 65°C
- ✓ Adotado: Eficiência da solda = 0,7/Radiografia = Não//Corrosão admissível = Zero.

- ✓ Sendo um tanque para indústria alimentícia, por experiência sabemos que a preferência é por teto e fundo toricônicos. Da mesma forma optaremos por pernas cônicas.
- ✓ Material: Inox 304.
- ✓ A espessura (calculada) é de 1,17mm, porém, usaremos para o costado e teto = 3mm e fundo = 4mm.
- ✓ O sistema de agitação pode ser determinado através de cálculos/programas específicos; ou, simplesmente, por histórico de fabricação.
- ✓ Demais = **Croqui.**

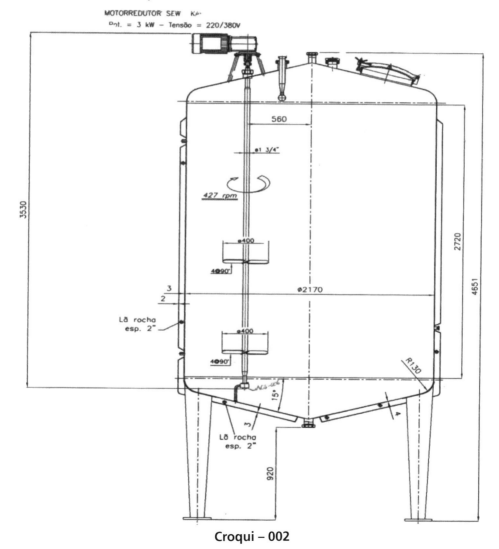

Croqui – 002

➤ Descritivo/proposta – 002:

Local, dia, mês e ano.

Cliente: EQUIPAMENTOS & CIA.
Aos Cuidados: Sr. Cleber Turin Nordon – Setor: Continental:

REFERÊNCIA/ASSUNTO

Prezados senhores, submetemos a vossa apreciação as nossas condições técnicas e comeriais para o fornecimento do equipamento conforme o descrito abaixo:

002.1) TANQUE ISOTÉRMICO PARA ESTOCAGEM – CAP. ÚTIL= 10.000 LTS

- Documento: Solicitação + Croqui.
- Dimensões: Di = 2.170 x 2.720mm, entre as L.S.
- Quantidade: 01 Unidade.

002.1.1) Materiais e características técnicas

- Tanque:
  - ➤ Costado: A-240-304, ch. 3mm.
  - ➤ Teto toricônico (Incl. = 15° – R = 50mm): A-240-304, ch. 3mm.
  - ➤ Fundo toricônico (Incl. = 15° – R = 50mm): A-240-304, ch. 4mm.
- Pernas cônicas + Forros (04): A-240-304, ch. 3mm – com bases, ch. 19,05mm.
  - ➤ Regulagem de altura: *Não*.
- Isolamento (costado e fundo): Lã de rocha PSE 48, esp. 50,8mm.
- Revestimento:
  - ➤ Costado: A-240-304, ch. 2mm.
  - ➤ Fundo toricônico (incl. = 15° – R = 30mm): A-240-304, ch. 3mm.
- Sistema de agitação (descentralizado):
  - ➤ Motorredutor: SEW KAF37 DZ100LS4 = Rotação de saída = 427RPM – Motor: 1.700RPM – Potência = 3kW – Tensão = 220/380Volts – Frequência = 60Hz – Grau de proteção = IP55.
    - ✓ Inversor de frequência/Painel elétrico: Exclusos.
  - ➤ Suporte de fixação (castelo): A-240-304/*AISI* 304 + Parafusos e porcas em *AISI* 304
  - ➤ Vedação do eixo do agitador: Caixa e preme-gaxeta em *AISI* 304 – com Gaxeta, tipo bucha em *teflon*.

Departamentos 281

- ➢ Conjunto mexedor:
  - ✓ Acoplamento rígido: *AISI* 304, D = 63,5mm.
  - ✓ Eixo: *AISI* 304, D = 44,4mm.
  - ✓ Impelidores, com diâmetros = 400mm (02):
    - ✓ Pás retas, soldadas ao eixo com inclinação = 25° (04+04): A-240-304, ch. 5 x Largura = 70mm.
    - ✓ Mancal de fundo: *AISI*-304, com bucha em *teflon*.
  - ✓ Quebra-ondas: Não.
- Bocais:
  - ➢ Boca de visita no teto, Di = 470mm (01): A-240-304/*AISI* 304 – com vedação em borracha sanitária.
    - ✓ *Spray ball*, OD 2″ (02):
      - ✓ Pescoços: A-270; ou, 269-TP304 c/ costura, OD 3″ – Parede = 2mm.
      - ✓ Machos *SMS*: *AISI* 304, OD 3″.
      - ✓ Partes desmontáveis:
        - ✓ Tubos: A-270; ou 269-TP304 c/ costura, OD 2″ – Parede = 1,25mm.
        - ✓ Tampões *SMS*, (soldados aos tubos): *AISI* 304, OD 3″ – com vedações em borracha sanitária.
        - ✓ Porcas *SMS*: *AISI* 304, OD 3″.
        - ✓ Machos *SMS*: *AISI* 304, OD 2″.
        - ✓ Niples TC, para *spray ball* + Abraçadeiras: *AISI* 304, OD 2″.
          - ✓ *Spray ball*: Por conta da CONTRATANTE.
    - ✓ Respiro OD 3″ (01):
      - ✓ Pescoço: A-270; ou, 269-TP304 c/ costura OD 3″ – Parede = 2mm.
      - ✓ Macho, niple e porca *SMS*: *AISI* 304, OD 3″.
      - ✓ Demais partes: A-240-304/*AISI* 304/Algodão.
      - ✓ Anel de vedação: Borracha sanitária.
    - ✓ Tomada de amostra, OD 1″ (01):
      - ✓ Pescoço: A-270; ou 269-TP304 c/ costura, OD 1″ – Parede = 1,6mm.
      - ✓ Macho *SMS*: *AISI* 304, OD 1″.
        - ✓ Válvula: Excluso.
    - ✓ Tomadas para TT/TI/LSH/LHM/LT, Dn ½″ (05):
      - ✓ Luvas: A-182-F304, Dn ½″ NPT – 3000Lbs.
    - ✓ Demais bocais:
      - ✓ Pescoços: A-270; ou 269-TP304 c/ costura (01) OD 3″, (01) OD 2 ½″ – Parede = 2mm.
      - ✓ Machos *SMS* (02): *AISI* 304.

- Demais itens:
  - ➢ Suporte placa/Placa de identificação: A-240-304/*AISI* 304.
  - ➢ Alças de içamento + Forros (04): A-240-304.
  - ➢ Clip de aterramento (01): A-240-304.
  - ➢ Clips para escadas/Plataformas: Não.
  - ➢ Válvulas/Instrumentos/Abraçadeiras/Juntas: Exclusos.

002.2) Acabamento

Polimento mecânico sanitário Gr. 120.

002.3) Dados de projeto e construção código *ASME* viii–div. 1, onde aplicável

- Pressão (kgf/cm^2)/Temp. (°C): Atm/65.
- Eficiência de Solda/Radiografia: 0,7/Não.
- Corrosão admissível: Zero.

002.4) Condições de fornecimento

002.4.1) A cargo da "CONTRATADA"

- Materiais/Desenho de fabricação/Memorial de cálculo mecânico/Exame com líquido penetrante/teste hidrostático/Teste de funcionamento do agitador/ Inspeção/*Data book*/Berços de madeira para transporte.

002.4.2) A cargo da "CONTRATANTE"

- Aprovação do desenho de fabricação/Inspeção/Transporte.

002.5) Preço unitário, sem IPI = R$ _____ .

002.6) Condições de pagamento 100% a 14 dias da data líquido

002.7) Prazo de entrega

- Desenho: _____ dias após o pedido.
- Equipamento:_____dias após a aprovação do desenho.

002.8) Validade da proposta

10 dias desta data.

002.9) Transporte e seguro

Por conta da contratante.

002.10) embalagem

Berços de madeira.

002.11) Garantia contra defeito de fabricação

12 (doze) meses após a entrada em operação ou 18 (dezoito) meses após a entrega, prevalecendo o que ocorrer primeiro.

002.12) Impostos

- Posição: 84.79.82.10.
- ICMS (incluso): 12%.
- IPI (não incluso): 0%.

Sem mais para o momento, subscrevemo-nos

CALDEIRARIA

....
Responsável

➢ Custo – 002:

EQUIPAMENTOS &CIA						Planilha 002				
Composição Orçamento						CLIENTE				
Valdir – 00 / 00 / 0000						EQUIPAMENTO	Tanque Estocagem 10.000 Lts			
Di = 2170 x 2720 mm						DESENHO	Crq-002			
IT.	Descrição	Alt.	Diâ.	L ou Peso	t	Aplicação	Qt.	MAT.	UN.	Calculo	R$/Unit
1	CHAPAS (2B)							A-240-304			
1.1	VASO										
1.1.1	Chapa	2730	2173	6827	3,00	Costado	1	'	kg	447,29	'
1.1.1	Disco	*	2502	*	3,00	Teto	1	'	kg	150,24	'
1.2	PERNAS										
1.2.1	Chapa	450	*	450	3,00	Forros	4	'	kg	19,44	'
1.2.1	Chapa	1367	*	2428	3,00	Pernas (04)	1	'	kg	79,66	'
1.3	REVESTIMENTO										
1.3.1	Chapa	2730	2273	7141	2,00	Costado	1	'	kg	311,91	'
1.3.1	Disco	*	2440	*	3,00	Fundo	1	'	kg	142,89	'
1.4	BOCA VISITA										
1.4.1	Disco	*	545	*	3,00	Pos. 1	1	'	kg	7,13	'
1.5	RESPIRO										
1.5.1	Disco	*	125	*	2,00	Calota Perfurada	1	'	kg	0,25	'
1.5.1	Disco	*	175	*	2,00	Proteção	1	'	kg	0,49	'
1.6	ALÇAS										
1.6.1	Chapa	110	*	250	3,00	Forro	4	'	kg	2,64	'
								TOTAL	kg	1161,93	17,24

284 Prontuário para Projeto e Fabricação de Equipamentos Industriais

2	CHAPAS (BQ)					A-240-304						
2.1	VASO											
2.1.1	Disco	*	2502	*	4,00	Fundo	1	'		kg	200,32	'
2.2	REVESTIMENTO											
2.2.1	Chapa	120	2220	6974	4,00	Fecham. / Reforços	6	'		kg	160,69	'
2.2.1	Chapa	*	*	*	4,00	Cones / Outros	1	'		kg	9,00	'
2.3	SUP. FIX. MOTORED.											
2.3.1	Disco		90	*	5,00	Forro	4	'		kg	1,30	'
2.4	AGITADOR											
2.4.1	Chapa	80	*	210	5,00	Pás	8	'		kg	5,38	'
2.5	BOCA VISITA					E						
2.5.1	Chapa	42	*	590	5,00	Pos. 8	2	'		kg	1,98	'
2.5.1	Chapa	35	*	50	9,50	Pos. 7	2	'		kg	0,27	'
									TOTAL	kg	378,93	15,50

3	CHAPAS (Cortada)					A-240-304						
3.1	PERNAS											
3.1.1	Chapa	250	*	250	19,05	Sapatas	4	'		kg	38,10	'
3.2	SUP. FIX. MOTORED.											
3.2.1	Disco	*	240	*	19,05	Flange	1	'		kg	8,78	'
3.3	BOCA VISITA											
3.3.1	Chapa	60	512,7	1611	15,90	Pos. 3	1	'		kg	12,29	'
3.3.1	Chapa	25	519	1630	19,05	Pos. 2	1	'		kg	6,21	'
3.3.1	Chapa	45	*	110	19,05	Pos. 6	1	'		kg	0,75	'
3.3.1	Chapa	44	*	50	19,05	Pos. 5	1	'		kg	0,34	'
3.4	ALÇAS											
3.4.1	Chapa	200	*	200	15,90	Alças	4	'		kg	20,35	'
									TOTAL	kg	86,82	20,40

4	REDONDO					AISI 304						
4.1	SUP. FIX. MOTORED.											
4.1.1	Br. Redonda	*	19,05	294	*	Pernas	4	'		kg	2,68	'
4.2	VEDAÇÃO EIXO											
4.2.1	Br. Redonda	*	114,3	75	*	Caixa	1	'		kg	6,16	'
4.2.1	Br. Redonda	*	133,35	55	*	Porca	1	'.		kg	6,15	'
4.2.1	Br. Redonda	*	101,6	45	*	Preme	1	'		kg	2,92	'
4.3	AGITADOR											
4.3.1	Br. Redonda	*	44,45	3600	*	Eixo	1	'		kg	44,69	'
4.3.1	Br. Redonda	*	63,5	125	*	Acoplamento	1	'		kg	3,17	'
4.4	MANCAL FUNDO											
4.4.1	Br. Redonda	*	22	350	*	Perna	1	'		kg	1,06	'
4.4.1	Br. Redonda	*	102	50	*	Mancal	1	'		kg	3,27	'
4.4.1	Br. Redonda	*	8	25	*	Pino	1	'		kg	0,01	'
4.5	BOCA VISITA											
4.5.1	Redondo	*	38,1	120	*	Pos. 10	1	'		kg	1,09	'
4.5.1	Redondo	*	12,7	50	*	Pos. 13 / 14 / 15	3	'		kg	0,15	'
4.5.1	Redondo	*	9,5	200	*	Pos. 17	1	'		kg	0,11	'
4.5.1	Redondo	*	25,4	23	*	Pos. 12	1	'		kg	0,09	'
4.5.1	Redondo	*	7,97	60	*	Pos. 11	2	'		kg	0,05	'
									TOTAL	kg	71,60	27,00

5	TUBOS					A-270-TP304						
5.1	SPRAY											
5.1.1	Tubo	*	OD 3"	100	2,00	Pescoço	2	'		R$	29,00	145,00
5.1.2	DESMONTÁVEL					SPRAY						
5.1.2	Tubo	*	OD 2"	1000	1,25	Tubo	2	'		R$	230,00	115,00
5.2	RESPIRO											
5.2.1	Tubo	*	OD 3"	100	2,00	Pescoço	1	'		R$	14,50	145,00
5.3	AMOSTRA OD 1"											
5.3.1	Tubo	*	OD 1"	100	1,60	Pescoço	1	'		R$	4,10	41,00
5.4	BOCAL OD 3"											
5.4.1	Tubo	*	OD 3"	100	2,00	Pescoço	1	'		R$	14,50	145,00
5.5	BOCAL OD 2 ½"											
5.5.1	Tubo	*	OD 2 ½"	100	2,00	Pescoço	1	'		R$	11,90	119,00
									TOTAL	R$	304,00	'

Departamentos 285

6	FLANGE / CONEXÕES									
6.1	SPRAY									
6.1.1	Macho SMS	*	OD 3"	*	*	Conexão	2	AISI 304	R$	62,20	31,10
6.1.2	*DESMONTÁVEL*				*SPRAY*						
6.1.2	Tampão SMS	*	OD 3"	*	*	Conexão	2	AISI 304	R$	71,46	35,73
6.1.2	Porca SMS	*	OD 3"	*	*	Conexão	2	AISI 304	R$	85,20	42,60
6.1.2	Spray Ball	*	OD 2"	*	*	Lavagem	0	AISI 304	R$	0,00	Cli
6.1.2	Macho SMS	*	OD 2"	*	*	Conexão	2	AISI 304	R$	30,48	15,24
6.2	RESPIRO					/					
6.2.1	Macho SMS	*	OD 3"	*	*	Conexão	1	AISI 304	R$	36,00	36,00
6.2.1	Niple SMS	*	OD 3"	*	*	Conexão	1	AISI 304	R$	31,10	31,10
6.2.1	Porca SMS	*	OD 3"	*	*	Conexão	1	AISI 304	R$	49,00	49,00
6.3	AMOSTRA OD 1"										
6.3.1	Macho SMS	*	OD 1"	*	*	Conexão	1	AISI 304	R$	15,24	15,24
6.4	TOMADAS ½"										
6.4.1	Meia Luva	*	Dn ½"	NPT	3000 Lbs	Conexão	5	A-182-F304	R$	93,50	18,70
6.5	BOCAL OD 3"										
6.5.1	Macho SMS	*	OD 3"	*	*	Conexão	1	AISI 304	R$	31,10	31,10
6.6	BOCAL OD 2 ½"										
6.6.1	Macho SMS	*	OD 2 ½"	*	*	Conexão	1	AISI 304	R$	31,10	31,10
								TOTAL	**R$**	**536,38**	'

7	DIVERSOS									
7.1	VASO										
7.1.1	Rebordeamento	*	2170	*	3,00	Toriconico R = 50	1	TERCEIROS	R$	680,00	680,00
7.1.1	Rebordeamento	*	2170	*	4,00	Toriconico R = 50	1	TERCEIROS	R$	645,00	645,00
7.1.1	Transporte	*	3175	*	*	Cidade	2	TERCEIROS	R$	700,00	350,00
7.2	PERNAS										
7.2.1	Chapa	80	*	120	8,00	Clip Aterramento	1	A-240-304	R$	7,00	7,00
7.3	ISOLAMENTO										
7.3.1	Isolante	2720	*	7800	50,80	Costado	28	LÃ DE ROCHA	R$	957,04	34,18
7.3.1	Isolante	*	2440	*	50,80	Fundo	8	LÃ DE ROCHA	R$	273,44	34,18
7.4	REVESTIMENTO										
7.4.1	Rebordeamento	*	2175	*	3,00	Toriconico R = 30	1	TERCEIROS	R$	715,00	715,00
7.4.1	Transporte	*	2440	*	*	Cidade	2	TERCEIROS	R$	700,00	350,00
7.5	SISTEMA AGIT.										
7.5.1	Motorredutor	KAF77	3 kW	*	*	Agitador	1	SEW	R$	2978,00	2978,00
7.6	SUP. FIX. MOTORED.										
7.6.1	Parafusos Cab. Sext.	*	5/8"	50	*	Fixação + (0%)	8	AISI 304	R$	91,20	11,40
7.6.1	Porcas Sextavadas	*	5/8"	*	*	Fixação + (0%)	8	AISI 304	R$	47,20	5,90
7.7	VEDAÇÃO EIXO										
7.7.1	Redondo	*	101,6	60	*	Gaxeta	1	TEFLON	R$	145,00	145,00
7.8	MANCAL FUNDO										
7.8.1	Redondo	*	101,6	60	*	Bucha	1	TEFLON	R$	145,00	145,00
7.9	BOCA VISITA										
7.9.1	Rebordeamento	*	500	*	3,00	Pos. 1- NA 1	1	TERCEIROS	R$	85,00	85,00
7.9.1	Transporte	*	*	*	*	Piracicaba	2	ILMA	R$	130,00	65,00
7.9.1	Anel "O"	*	*	1650	5,00	Pos. 9	1	BORR. SANIT.	R$	185,00	185,00
7.9.1	Parafuso Allen	*	3/16"	¼"	*	Pos. 16	2	AISI 304	R$	13,60	6,80
7.10	*DESMONTÁVEL*					*SPRAY*					
7.10.1	Anel de Vedação	*	OD 3"	*	*	Vedação	2	BORR. SANIT.	R$	9,60	4,80
7.10.1	RESPIRO										
7.10.1	Porca Cega	*	¼"	*	*	Fixação	1	AISI 304	R$	15,70	15,70
7.11	VÁRIOS										
7.11.1	Tinta	*	*	*	*	Fundo	0	CROMATO ZN	R$	0,00	N.A
7.11.2	Outros	*	*	*	*	*	1,35	*	R$	1734,75	1285,00
7.11.3	Berço	*	*	*	*	Transporte	1,1	A.C/ MAD. / BOR	R$	93,50	85,00
7.11.4	Viha U	3"	1 ½"	7	4,32	Anéis Transporte	30000	A-36	R$	848,16	3,80
								TOTAL	**R$**	**11199,19**	'

8	EXAMES	1240,00	14,00	-	0	Não	0	TERCEIROS	R$	0,00	C e D
9	MÃO DE OBRA										
9.1	Desenho	*	*	*	*	*	75	*	Hrs	*	52,00
9.2	Fabricação	*	*	*	*	*	1190	*	Hrs	*	52,00
10	TRANSP. / MOVIM.	*	*	*	*	*	0	*	R$	0,00	CLI

- **PPFE 003:**

Reator vertical em aço inox 304

✓ Capacidade = 3.000l útil

✓ Sistema de agitação com raspadores

✓ Aquecimento no costado e no fundo.

Dados de projeto:

➤ Pressão (kgf/cm²)/Temp. (°C):

✓ Tanque: Atm/15.

✓ Meia cana: 3/155.

➤ Eficiência de solda/Radiografia:

✓ Tanque/Meia cana: 0,7/Não.

➤ Corrosão admissível:

✓ Tanque/Serpentina: Zero.

Tomadas com conexões SMS:

✓ 2 – Entrada para *spray ball* 2"

✓ 1 – Entrada para água potável 2"

✓ 1 – Entrada de produto 2"

✓ 1 – Saída para produto 3"

✓ 2 – Entrada e saída do sistema de aquecimento

✓ 5 – Tomadas para TT/TI/LSH/LHM/LT

✓ 1 – Boca de visita parte superior dos tanques

✓ 1 – Suspiro superior

Demais características: Conforme croqui.

Departamentos

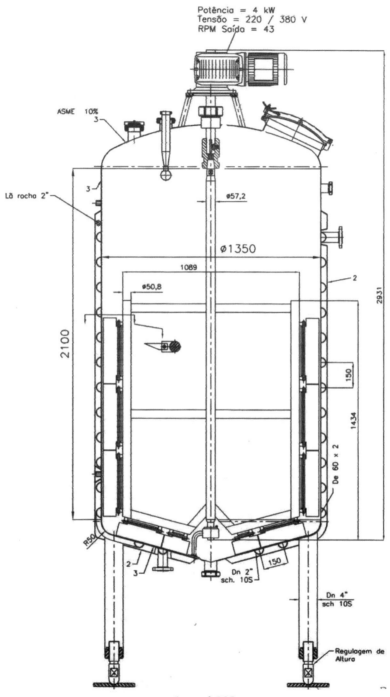

Croqui 003

Prontuário para Projeto e Fabricação de Equipamentos Industriais

➤ Descritivo/proposta – 003:

Local, dia, mês e ano.

Cliente: EQUIPAMENTOS & CIA.
Aos Cuidados: Sr. Cleber Turin Nordon – Setor: Continental:

REFERÊNCIA/ASSUNTO

Prezados Senhores,
Atendendo a solicitação em referência, submetemos as nossas condições para o fornecimento do equipamento abaixo descrito, como segue:
- Documento: Solicitação 001 + croqui.
- Dimensões: Di = 1.350 x 2.100mm, entre L.T.
- Quantidade: 01 Unidade.

003.1.1) Materiais e características técnicas

- Tanque:
  - ➤ Costado: A-240-304, ch. 3mm.
  - ➤ Tampo *ASME* 10%: A-240-304, ch. 3mm.
  - ➤ Fundo toricônico (incl. = 15° – R = 50mm): A-240-304, ch. 3mm.
- Pernas (04): A-312-TP304 c/ costura, Dn 4" – sch. 10S – com forros e bases em A-240-304.
  - ➤ Regulagem de altura: *AISI* 304/A-240-304.
- Serpentina meia cana:
  - ➤ Costado: A-240-304 – De = 60,3mm x ch. 2mm – Passo = 150mm – Aprox. = 12 Espiras.
  - ➤ Fundo: A-312-TP304 c/ costura – Dn 2" – sch. 10S – Passo = 150mm – Aprox. = 02 Espiras.
- Isolamento (costado e Fundo): Lã de rocha PSE 48, esp. 50,8mm.
- Revestimento:
  - ➤ Costado: A-240-304, ch. 2mm.
  - ➤ Fundo toricônico (inc. = 15° – R = 30mm): A-240-304, ch. 2mm.
- Sistema de agitação (centralizado):
  - ➤ Motorredutor: SEW KAF77 DX112M4 = Rotação de saída = 43RPM – Motor: 1.700RPM – Potência = 4kW – Tensão = 220/380Volts – Frequência = 60Hz – Grau de proteção = IP55.

- Inversor de frequência/Painel elétrico: Exclusos.
- Suporte de fixação (castelo): A-240-304/*AISI* 304 + Parafusos e porcas em *AISI* 304.
- Vedação (do eixo): Caixa e preme-gaxeta em *AISI* 304 – com gaxeta, tipo bucha em PTFE.
- Conjunto mexedor:
  - ✓ Acoplamento rígido: *AISI* 304, D = 101,6mm.
  - ✓ Eixo: *AISI* 304, D = 57,2mm.
  - ✓ Agitador (no costado e fundo) "tipo harpa", (alt. = 1.430 x larg. = 1.089mm): *AISI* 304, D = 50,8mm.
  - ✓ Raspadores (costado e fundo): PTFE, esp. 30mm – com suportes em A-240-304 + pinos em *AISI* 304.
- Mancal de fundo: *AISI*-304, com Bucha em PTFE.
- Quebra-ondas: Não.
- Bocais do tanque:
  - Boca de visita (no teto), Di = 390mm (01): A-240-304/*AISI* 304 – com vedação em borracha sanitária.
  - *Spray ball*, OD 76,2mm (02):
    - ✓ Pescoços: A-270-TP304 c/c, OD 76,2 x 2mm.
    - ✓ Machos *SMS*: *AISI* 304, OD 76,2mm.
    - ✓ Partes desmontáveis:
      - ✓ Tubos: A-270-TP304 c/ c, OD 50,8 x 1,5mm.
      - ✓ Tampões *SMS*, (soldado ao tubo): *AISI* 304, OD 76,2mm – com vedações em borracha sanitária.
      - ✓ Porcas *SMS*: *AISI* 304, OD 76,2mm.
      - ✓ Machos *SMS*: *AISI* 304, OD 50,8mm.
      - ✓ *Spray ball*: Por conta da contratante.
    - ✓ Respiro OD 76,2mm (01):
      - ✓ Pescoço: A-270-TP304 c/ c, OD 76,2mm x 2mm.
      - ✓ Macho, niple e porca *SMS*: *AISI* 304, OD 76,2mm.
      - ✓ Demais partes: A-240-304/*AISI* 304/Algodão.
      - ✓ Anel de vedação: Borracha sanitária.
    - ✓ Tomadas para TT/TI/LSH/LHM/LT, Dn ½" (05):
      - ✓ Luvas: A-182-F304, Dn ½" NPT – 3.000Lbs.
    - ✓ Demais bocais:
      - ✓ Pescoços: A-270-TP304 c/ c, (01) OD 76,2mm, (02) OD 50,8mm – Parede = 2mm.
      - ✓ Machos *SMS* (03): *AISI* 304.

- Bocais da meia cana:
  - ➤ Entrada/Saída, Dn 1 ½" (02):
    - ✓ Pescoço: A-312-TP304 c/ c, Dn 1 ½" – sch. 10S.
    - ✓ Flange S.O: A-182-F304, Dn 1 ½" – conforme *ANSI* B-16.5 – 150Lbs – R.F.
- Demais Itens:
  - ➤ Suporte placa/Placa de identificação: A-240-304/*AISI* 304.
  - ➤ Alças de içamento + Forros (02): A-240-304.
  - ➤ Clip de aterramento (01): A-240-304.
  - ➤ Válvulas/Instrumentos: Abraçadeiras/Juntas: Exclusos.

003.2) Acabamento

- INTERNO: Polimento mecânico sanitário gr. 220 + Eletropolimento com 0,25mícrons Ra.
- EXTERNO: Polimento mecânico sanitário Gr. 120.

003.3) Dados de projeto e construção Código *ASME* VIII–Div. 1, onde aplicável.

- Pressão (kgf/cm^2)/Temp. (°C):
  - ➤ Tanque: Atm/15.
  - ➤ Meia cana: 3/155.
- Eficiência de solda/Radiografia:
  - ➤ Tanque/Serpentina: 0,7/Não.
- Corrosão admissível:
  - ➤ Tanque/Serpentina: Zero.

003.4) Condições de fornecimento

003.4.1) A cargo da "CONTRATADA"

Materiais, salvo indicados em contrário/Desenho de fabricação/Memorial de cálculo mecânico/Memorial de cálculo do sistema de agitação/Memorial de cálculo térmico/Exame com líquido penetrante/Teste hidrostático/Teste de funcionamento do agitador/Inspeção/*Data book*/Berços de madeira para transporte/ Transporte.

003.4.2) A cargo da "CONTRATANTE"

Aprovação do desenho de fabricação/Inspeção/Transporte.

003.5) Preço unitário, sem IPI = R$ _____ .

003.6) Condições de pagamento

- 40% de adiantamento com o pedido.
- 60% a 14 dias da data líquido.

003.7) Prazo de entrega

- Desenho: _____ dias após o pedido.
- Equipamento:_____dias após a aprovação do desenho.

003.8) Validade da proposta

20 dias.

003.9) Transporte e seguro

Por conta da contratada.

003.10) Embalagem

Berços de madeira.

003.11) Garantia contra defeito de fabricação

18 (dezoito) meses após a entrada em operação ou 24 (vinte e quatro) meses após a entrega, prevalecendo o que ocorrer primeiro.
OBS.: Para peças que não forem de nossa fabricação, a garantia ficará limitada à recebida dos respectivos fornecedores.

003.12) Impostos

- Posição: 84.19.89.99.
- IPI (não incluso): 5%.
- ICMS (incluso): 8,8 %.

292 Prontuário para Projeto e Fabricação de Equipamentos Industriais

OBS.: Quaisquer alterações de impostos, ICMS – IPI, nas porcentagens diferenciadas do descrito acima serão acrescentadas ou deduzidas nas devidas proporções.

Sem mais para o momento, subscrevemo-nos

CALDEIRARIA

....

Responsável

➢ Custo – 003

EQUIPAMENTOS S&A								Cust - 003			
Composição Orçamento						CLIENTE					
Valdir – 00 / 00 / 0000						EQUIPAMENTO		Tanque de 3000 Lts			
Di = 1350 x 2100 mm						DESENHO		Crq-001			

IT.	Descrição	Alt.	Diâ.	L ou Peso	t	Aplicação	Qt.	MAT.	UN.	Calculo	R$/Unit
1	CHAPAS (2B)							A-240-304			
1.1	VASO										
1.1.1	Chapa	2110	1303	4094	3,00	Costado	1	'	kg	207,30	'
1.1.1	Disco	*	1560	*	3,00	Teto	1	'	kg	58,41	'
1.1.1	Disco	*	1530	*	3,00	Fundo	1	'	kg	56,18	'
1.2	PERNAS										
1.2.1	Chapa	220	*	. 450	3,00	Forros	4	'	kg	9,50	'
1.3	MEIA CANA										
1.3.1	Chapa	100	1386	4354	2,00	Costado	12	'	kg	83,60	'
1.4	REVESTIMENTO										
1.4.1	Chapa	2110	1456	4574	2,00	Costado	1	'	kg	154,42	'
1.4.1	Disco	*	1570	*	2,00	Fundo	1	'	kg	39,44	'
1.5	BOCA VISITA										
1.5.1	Disco	*	545	*	3,00	Pos. 1	1	'	kg	7,13	'
1.6	RESPIRO										
1.6.1	Disco	*	125	*	2,00	Calota Perfurada	1	'	kg	0,25	'
1.6.1	Disco	*	175	*	2,00	Proteção	1	'	kg	0,49	'
1,7	ALÇAS										
1.7.1	Chapa	110	*	250	3,00	Forro	2	'	kg	1,32	'
								TOTAL	kg	618,04	17,24
2	CHAPAS (BQ)							A-240-304			
2.1	MEIA CANA										
2.1.1	Chapa	*	*	*	4,00	Fechamento	1	'	kg	4,00	'
2.2	REVESTIMENTO										
2.2.1	Chapa	90	1850	5812	4,00	Fecham. / Reforços	3	'	kg	50,22	'
2.2.1	Chapa	*	*	*	4,00	Cones / Outros	1	'	kg	5,00	'
2.3	SUP. FIX. MOTORRED.										
2.3.1	Disco		90	*	5,00	Forro	4	'	kg	1,30	'
2.4	BOCA VISITA					E					
2.4.1	Chapa	42	*	590	5,00	Pos. 8	2	'	kg	1,98	'
								TOTAL	kg	62,49	15,50
3	CHAPAS (CQ)							A-240-304			
3.1	REGULAGEM ALT.										
3.1.1	Disco	*	160	*	15,90	Base	4	'	kg	13,03	'
3.2	BOCA VISITA					E					
3.2.1	Chapa	35	*	50	9,50	Pos. 7	2	'	kg	0,27	'
								TOTAL	kg	13,29	15,90

Departamentos

4	CHAPAS *(Cortada)*					A-240-304					
4.1	PERNAS										
4.1.1	Chapa	210	*	210	12,70	Sapatas	4	'	kg	17,92	'
4.2	SUP. FIX. MOTORRED.										
4.2.1	Disco	*	330	*	15,90	Flange	1	'	kg	13,85	'
4.3	AGITADOR										
4.3.1	Chapa	210	*	210	12,70	Sapatas	4	'	kg	17,92	'
4.4	BOCA VISITA										
4.4.1	Chapa	60	400	1257	15,90	Pos. 3	1	'	kg	9,59	'
4.4.2	Chapa	25	400	1257	19,05	Pos. 2	1	'	kg	4,79	'
4.4.3	Chapa	45	*	110	19,05	Pos. 6	1	'	kg	0,75	'
4.4.4	Chapa	44	*	50	19,05	Pos. 5	1	'	kg	0,34	'
4.5	ALÇAS										
4.5.1	Chapa	200	*	200	15,90	Alças	2	'	kg	10,18	'
								TOTAL	**kg**	**75,34**	**20,40**

5	REDONDO					AISI 304					
5.1	REGULAGEM ALT.										
5.1.1	Br. Redonda	*	38,1	182	*	Pino	4	'	kg	6,64	'
5.1.2	Br. Redonda	*	127	50	*	Porca	4	'	kg	20,27	'
5.2	SUP. FIX. MOTORRED.										
5.2.1	Br. Redonda	*	25,4	250	*	Pernas	4	'	kg	4,05	'
5.3	VEDAÇÃO EIXO										
5.3.1	Br. Redonda	*	114,3	75	*	Caixa	1	'	kg	6,16	'
5.3.2	Br. Redonda	*	133,35	55	*	Porca	1	'	kg	6,15	'
5.3.3	Br. Redonda	*	101,6	45	*	Preme	1	'	kg	2,92	'
5.4	AGITADOR										
5.4.1	Br. Redonda	*	57,2	3000	*	Eixo	1	'	kg	61,67	'
5.4.2	Br. Redonda	*	101,6	185	*	Acoplamento	1	'	kg	12,00	'
5.4.3	Br. Redonda	*	50,8	4000	*	Harpa	2	'	kg	129,72	'
5.4.4	Br. Redonda	*	15,9	400	*	Pinos	10	'	kg	6,35	'
5.5	MANCAL FUNDO										
5.5.1	Br. Redonda	*	22	350	*	Perna	1	'	kg	1,06	'
5.5.2	Br. Redonda	*	102	50	*	Mancal	1	'	kg	3,27	'
5.5.3	Br. Redonda	*	8	25	*	Pino	1	'	kg	0,01	'
5.6	BOCA VISITA										
5.6.1	Redondo	*	38,1	120	*	Pos. 10	1	'	kg	1,09	'
5.6.2	Redondo	*	12,7	50	*	Pos. 13 / 14 / 15	3	'	kg	0,15	'
5.6.3	Redondo	*	9,5	200	*	Pos. 17	1	'	kg	0,11	'
5.6.4	Redondo	*	25,4	23	*	Pos. 12	1	'	kg	0,09	'
5.6.5	Redondo	*	7,97	60	*	Pos. 11	2	'	kg	0,05	'
								TOTAL	**kg**	**261,77**	**27,00**

6	TUBOS					A-312-TP304					
6.1	PERNAS										
6.1.1	Tubo	*	Dn 4"	1500	Sch 10s	Pernas	4	'	R$	1434,00	239,00
6.2	MEIA CANA										
6.2.1	Tubo	*	Dn 2"	6000	Sch 10s	Fundo	1	'	R$	648,00	108,00
6.3	ENT. / SAÍDA DN 1 ½"					MEIA CANA					
6.3.1	Tubo	*	Dn 1 ½"	150	Sch 10s	Pescoço	2	'	R$	33,60	112,00

7	TUBOS					A-270-TP304					
7.1	SPRAY										
7.1.1	Tubo	*	OD 3"	100	2,00	Pescoço	2	'	R$	29,00	145,00
7.1.2	*DESMONTÁVEL*					*SPRAY*					
7.1.2	Tubo	*	OD 2"	1000	1,25	Tubo	2	'	R$	230,00	115,00
7.2	RESPIRO										
7.2.1	Tubo	*	OD 3"	100	2,00	Pescoço	1	'	R$	14,50	145,00
7.3	BOCAL OD 3"										
7.3.1	Tubo	*	OD 3"	100	2,00	Pescoço	1	'	R$	14,50	145,00
7.4	BOCAL OD 2"										
7.4.1	Tubo	*	OD 2"	100	2,00	Pescoço	2	'	R$	19,00	95,00
								TOTAL	**R$**	**2422,60**	'

294 Prontuário para Projeto e Fabricação de Equipamentos Industriais

8	FLANGE / CONEXÕES									
8.1	SPRAY									
8.1.1	Macho SMS	*	OD 3"	*	*	Conexão	2	AISI 304	R$	62,20	31,10
8.1.2	DESMONTÁVEL					SPRAY					
8.1.3	Tampão SMS	*	OD 3"	*	*	Conexão	2	AISI 304	R$	71,46	35,73
8.1.4	Porca SMS	*	OD 3"	*	*	Conexão	2	AISI 304	R$	85,20	42,60
8.1.5	Spray Ball	*	OD 2"	*	*	Lavagem	0	AISI 304	R$	0,00	Cli
8.1.6	Macho SMS	*	OD 2"	*	*	Conexão	2	AISI 304	R$	30,48	15,24
8.2	RESPIRO					/					
8.2.1	Macho SMS	*	OD 3"	*	*	Conexão	1	AISI 304	R$	36,00	36,00
8.2.2	Niple SMS	*	OD 3"	*	*	Conexão	1	AISI 304	R$	31,10	31,10
8.2.3	Porca SMS	*	OD 3"	*	*	Conexão	1	AISI 304	R$	49,00	49,00
8.3	TOMADAS ½"										
8.3.1	Meia Luva	*	Dn ½"	NPT	3000 Lbs	Conexão	5	A-182-F304	R$	93,50	18,70
8.4	BOCAL OD 3"										
8.4.1	Macho SMS	*	OD 3"	*	*	Conexão	1	AISI 304	R$	31,10	31,10
8.5	BOCAL OD 2"										
8.5.1	Macho SMS	*	OD 2"	*	*	Conexão	2	AISI 304	R$	35,20	17,60
8.6	ENT. / SAÍDA DN 1 ½"					MEIA CANA					
8.6.1	Flange S.O – 16.5	*	Dn 1 ½"	*	150 Lbs	Flange	2	A-182-F304	R$	330,00	165,00
								TOTAL	**R$**	**855,24**	'

9	DIVERSOS									
9.1	VASO										
9.1.1	Rebordeamento	*	1350	*	3,00	ASME 10%	1	TERCEIROS	R$	253,00	253,00
9.1.1	Transporte	*	*	*	*	Piracicaba	2	TERCEIROS	R$	200,00	100,00
9.1.1	Rebordeamento	*	1350	*	3,00	Toriconico R = 50	1	TERCEIROS	R$	164,00	164,00
9.1.2	Transporte	*	*	*	*	Piracicaba	2	TERCEIROS	R$	200,00	100,00
8.2	PERNAS										
8.2.1	Chapa	80	*	120	8,00	Clip Aterramento	1	A-240-304	R$	7,00	7,00
9.3	ISOLAMENTO										
9.3.1	Isolante	2100	*	4600	50,80	Costado	15	LÃ DE ROCHA	R$	512,70	34,18
9.3.2	Isolante	*	1700	*	50,80	Fundo	4	LÃ DE ROCHA	R$	136,72	34,18
9.4	REVESTIMENTO										
9.4.1	Rebordeamento	*	1456	*	2,00	Toriconico R = 30	1	TERCEIROS	R$	253,00	253,00
9.4.2	Transporte	*	*	*	*	Piracicaba	2	TERCEIROS	R$	200,00	100,00
9.5	SISTEMA AGIT.										
9.5.1	Motorredutor	KAF77	4 kW	*	*	Agitador	1	SEW	R$	5042,00	5042,00
9.6	SUP. FIX. MOTORRED.										
9.6.1	Parafusos Cab. Sext.	*	¾"	50	*	Fixação + (0%)	8	AISI 304	R$	92,00	11,50
9.6.2	Porcas Sextavadas	*	¾"	*	*	Fixação + (0%)	8	AISI 304	R$	46,40	5,80
9.7	VEDAÇÃO EIXO										
9.7.1	Redondo	*	101,6	60	*	Gaxeta	1	PTFE	R$	145,00	145,00
9.8	AGITADOR										
9.8.1	Placa	110	*	395	30,00	Raspadores – Cst	6	TEFLON	R$	1230,00	205,00
9.8.2	Placa	110	*	285	30,00	Raspadores – Fd	2	TEFLON	R$	390,00	195,00
9.8.3	Placa	110	*	162	30,00	Raspadores – Fd	2	TEFLON	R$	360,00	180,00
9.8.4	C.G	*	*	*	*	Raspadores	1,65	AISI 304	R$	82,50	50,00
9.9.1	MANCAL FUNDO										
9.9.1	Redondo	*	101,6	60	*	Bucha	1	TEFLON	R$	145,00	145,00
9.10	BOCA VISITA										
9.10.1	Rebordeamento	*	500	*	3,00	Pos. 1- NA 1	1	TERCEIROS	R$	85,00	85,00
9.10.2	Transporte	*	*	*	*	Piracicaba	2	ILMA	R$	130,00	65,00
9.10.3	Anel "O"	*	*	1650	5,00	Pos. 9	1	BORR. SANIT.	R$	185,00	185,00
9.10.4	Parafuso Allen	*	3/16"	¼"	*	Pos. 16	2	AISI 304	R$	13,60	6,80
9.11	DESMONTÁVEL					SPRAY					
9.11.1	Anel de Vedação	*	OD 3"	*	*	Vedação	2	BORR. SANIT.	R$	9,60	4,80
9.12	RESPIRO										
9.12.1	Porca Cega	*	¼"	*	*	Fixação	1	AISI 304	R$	15,70	15,70
9.13	VÁRIOS										
9.13.1	Tinta	*	*	*	*	Fundo	0	CROMATO ZN	R$	0,00	N.A
9.13.2	Outros	*	*	*	*	*	1,3	*	R$	1449,50	1115,00
9.13.3	Berço	*	*	*	*	Transporte	1,1	A.C/ MAD. / BOR	R$	60,50	55,00
9.13.4	Viha U	3"	1 ½"	7	4,32	Anéis Transporte	12000	A-36	R$	294,62	3,30
								TOTAL	**R$**	**11702,84**	'

10	EXAMES	1240,00	14,00	-	0	Não	0	METALTEC	R$	0,00	C e D
11	MÃO DE OBRA										
11.1	Desenho	*	*	*	*	*	85	*	Hrs	*	52,00
11.2	Fabricação	*	*	*	*	*	970	*	Hrs	*	52,00
12	TRANSP. / MOVIM.	*	*	*	*	*	0	*	R$	0,00	CLI

- **PPFE 004:** Orçar coluna, conforme folha de dados abaixo

1	**Função:** REATOR					
2	**DIMENSÕES (mm)** Diâmetro interno: 2 200		Diâmetro externo:		Comprimento tangente/tangente: 9 300	
3	**POSIÇÃO :** Vertical X Horizontal		Capacidade total (m³): 38			
4	**ESTADO:** Novo X Recuperado:		Modificado:	Não modificado		
5	**Agitado:** NÃO					
6						
7	**UTILIZAÇÃO** Condições de operação:	Contínua X	Batelada	ciclo:	h/	
8		Vaso		Circuito 1		Externo
9	Tipo de aquecimento ou resfriamento					
10	Fluido trabalhado					
11	Densidade (kg/m³)					
12	Viscosidade (cP)					
13	Vazão (kg/h)					
14	Volume de operação (m³)					
15	Altura de líquido (m)					
16						
17	*Pressões e Temperaturas*	P abs. (bar)	T (°C)	P abs. (bar)	T (°C)	P abs. (bar) T (°C)
18	Condições normais de operação	6	70 / 120			
19	T máx. de operação (à P)					
20	P máx. de operação (at T °C)					
21	Material de construção	SS 316 L			SS 316 L	
22	Corrosão permitida (mm)	Interna: 1	Externa:	Total : 1		
23		Entre compartimentos :				
24	Proteção de sobrepressão :	Válvula de alívio X	Disco de ruptura			
25	Isolamento : Nenhum	Quente X	Frio	Proteção pessoal		
26	**CONDIÇÕES DE PROJETO**					
27	Código de construção :	ASME SEC VIII DIV 1 X		NR-13 X		
28		API 650	API 620	Other		
29	Pressão de projeto (bar g)	6 / Vacuo				
30	Temperatura de projeto (°C)	Topo = 165 Fundo= 165				
31	Pressão de teste (bar g)	UG-99 Nota 33				
32	Código do selo					
33	Situação excepcional	P (bar g) :	P. (bar g) :	P (bar g) :		
34	(abertura da válvula de alívio)	T(°C) :	T(°C) :	T(°C) :		
35	Cálculo de vento e neve: X	Local ref.:		Cálculo sísmico	Local ref.:	
36	**NR-13**	Classe de fluido:	A			
37		Produto PV (Mpa.m³):				
38		Categoria de vaso:				
39	Instalação: Interna		Interna em prédio aberto	Externa X		
40	Posição de teste : Vertical na oficina		Horizontal na oficina X	Vertical no local X	Horizontal no local	

1	CONSTRUÇÃO								
2	Posição :	Autossuportado X	Em fundação X	Em estrutura de concreto		Em estrutura de metal			
3	Nível do suporte:	Tipo	Na saia	Nos pés X	No lóbulo	No berço			
4	Suporte à prova de fogo								
5	Tratamento com temperatura								
6	Decapagem	Passivação	Jato de areia / Pintura X	em		Revestimento	em		
7									
8	Inspeção :	Código	Especificação especial			Teste de vazamento			
9									
10	Massa (kg) :	Vazio : 10.000	Cheio de água: 50.000			Cheio de produto: 51.000			
11	Espessura de isolamento (mm) : 76								
12	Material de construção		Material (e normas) :			Notas			
13	Casco		SA-240-316L						
14	Fundo		SA-240-316L						
15	Topo		SA-240-316L						
16	Circuito 1								
17	Circuito 2								
18	Flanges								
19	Pestanas								
20	Gaxetas								
21	Porcas e parafusos								
22	Suporte de apoio		SA-36 / SA-240-316L						
23	Acessórios								
24	Suportes internos		SA-240-316L						
25	Placa de identificação de engenharia		Inox 304						
26	Suporte da placa de identificação		SA-240-316L						
27	BOCAIS								
28	Norma dimensional :	Acabamento faces dos flanges: Liso 125 AARH, Conf. MSS-SP6							
29	Material :	Tubos: ANSI B 36.19			Gaxetas:	Asberit AC-83 ou similar			
30		Flanges e pestanas: ANSI B 16.5			Estojos e Porcas:	SA-193 –B7 / SA-194-2H			

31	ITEM	Tamanho	Classe de pressão	Tipo de montagem	Serviço	Material tubos	Material Flange	Obs.:
32	A1	6"	150#	LJ RF	ENTRADA DE PRODUTO	A-312-316L	SA-105	
33	A2	¾"	150#	WN RF	ENTRADA ÁGUA QUENTE	A-312-316L	SA-182 F-316L	Tracing
34	B1	3"	150#	LJ RF	SAÍDA DE PRODUTO	A-312-316L	SA-105	
35	B2	2"	150#	LJ RF	SAÍDA ÁGUA LAVAGEM	A-312-316L	SA-105	
36	B3	¾"	150#	WN RF	SAÍDA DE ÁGUA QUENTE	A-312-316L	SA-182 F-316L	Tracing
37	B4	2"	150#	LJ RF	SAÍDA H2O LAV. P/ F-306	A-312-316L	SA-105	
38	C1	8"	150#	LJ RF	PASSAGEM PARA B2	A-312-316L	SA-105	
39	C2	8"	150#	LJ RF	PASSAGEM PARA R1	A-312-316L	SA-105	
40	C3	8"	150#	LJ RF	PASSAGEM PARA B4	A-312-316L	SA-105	
41	D1	¾"	150#	WN RF	DRENO	316L	SA-182 F-316L	
42	D2	¾"	150#	WN RF	DRENO	316L	SA-182 F-316L	
43	H1	20"	150#	LJ RF	BOCA VISITA/CARGA	A-240-316L	SA-105	
44	H2	20"	150#	LJRF	BOCA VISITA	A-240-316L	SA-105	
45	H3	12"	150#	PAD	BOCA DESCARGA	-	SA-240-316L	
46	R1	2"	150#	LJ RF	RESPIRO	A-312-316L	SA-105	
47	S1	8" HOLD	150#	LJ RF	VÁLVULA ALÍVIO	A-312-316L	SA-105	
48	T1	2"	150#	LJ RF	TEMPERATURA	A-312-316L	SA-105	
49	T2	2"	150#	LJ RF	TEMPERATURA	A-312-316L	SA-105	
50	T3	2"	150#	LJ RF	TEMPERATURA	A-312-316L	SA-105	

Departamentos

• PPFE-004 – Complementação à folha de dados:

Objetivo:
Fornecimento de um coluna (reator), conforme folha de especificação.

Documentos gerais:
- ✓ *ASME* VIII div. 1 – Código de projeto e construção.
- ✓ NBR-6123 – Forças devidas ao vento em edificações.
- ✓ NR-13 – Norma regulamentadora brasileira.

Acessórios e adicionais:
- ✓ Juntas, estojos e porcas.
- ✓ *Clips* para isolamento térmico.
- ✓ Escadas e plataformas, se aplicável.
- ✓ *Clips* suporte para escadas e plataformas, se aplicável.
- ✓ *Clips* de aterramento.
- ✓ Placa de identificação.

Serviços:
- ✓ Radiografia parcial.

Documentação:
A = com a proposta (1 arquivo eletrônico).
B = a ser submetido à aprovação antes do início de fabricação.
C = com *data book*.

A	B	C	
X	X	X	Lista de documentos
	X		Cronograma de fabricação
	X	X	Desenhos de fabricação + plano de soldagem
	X	X	Memorial de cálculo mecânico
	X	X	Plano de inspeção e testes (PIT)
	X	X	Procedimento de qualificação de solda
	X	X	Registro de qualificação de procedimento de solda
	X	X	Registro de qualificação de soldadores
		X	Relatório de radiografia das soldas
		X	Relatórios de reparos

A	B	C	
		X	Certificados e relatórios de ensaios não destrutivos (LP, PM, ultrassom...)
		X	Certificado de teste hidrostático
		X	*Data book*

➢ **Descritivo/proposta – 004 (Proposta técnica):**

Local, dia, mês e ano.

Cliente: EQUIPAMENTOS & CIA.
Aos Cuidados: Sr. Cleber Turin Nordon – Setor: Continental:

REFERÊNCIA/ASSUNTO

Prezados Senhores,
Atendendo a solicitação em referência, submetemos à apreciação de V.Sas. as nossas condições para o fornecimento do equipamento abaixo descrito, como segue:

004.1) Coluna

- Desenho: Folha de dados.
- Dimensões: Di = 2.200 x 9.300mm, entre as L.T.
- Quantidade: 01 Unidade.

004.1.1) Materiais e características técnicas

- Vaso:
  ➢ Costado: A-240-316L, ch. 9,5mm.
  ➢ Anéis de reforço para vácuo "externos": A-285-C, ch. 12,7mm – com forros em A-240-316L, ch. 3mm.
  ➢ Tampos *ASME* 2:1: A-240-316L, ch. 12,7mm.
- Internos:
  ➢ Anéis (para crepinas): A-312-TP316L c/ costura, Dn 3" – sch. 40S.
  ➢ Luvas (soldadas aos anéis): A-182-F316L, Dn ¾" BSP – 3.000Lbs.
  ➢ Suportes (para anéis): A-240-316L, ch. 9,5mm.
  ➢ Demais partes: Exclusos.

- Serpentina externa = *tracing* no costado: A-312-TP316L c/ costura, Dn ¾" – sch. 40S.
  - ➢ Presilhas (soldadas ao costado): A-240-316L, ch. 3mm.
- Pernas (04): A-36, viga I 12"x5 ¼' x 17,45mm – com forro em A-240-316L e sapatas em A-36, ch. 25,4mm.
  - ➢ Gabarito para chumbadores/Chumbadores: Exclusos.
- Bocais do Vaso:
  - ➢ Bocas de visita/Carga "H1, H2", Dn 20" (02):
    - ✓ Pescoços: A-240-316L, ch. 12,7mm.
    - ✓ Anéis de reforço: A-240-316L, (01) ch. 12,7mm, (01) Dn 9,5mm.
    - ✓ Flange L.J: A-105, conforme *ANSI* B-16.5 – 150Lbs – com colete em A-240-316L – RF.
    - ✓ Flange cego: A-105, conforme *ANSI* B-16.5 – 150Lbs – com revestimento em A-240-316L-RF + alças em *SAE* 1020, D = 15,9mm.
    - ✓ Estojos e porcas: A-193-B7 e A-194-2H – com 10% de reserva.
    - ✓ Juntas: Teadit AC-83, esp. 3,2mm – com 200% reserva.
    - ✓ Turco: Aço-carbono.
  - ➢ Boca de descarga "H " Dn 12" (01):
    - ✓ Flange PAD: A-240-316L, ch. 47mm.
    - ✓ Juntas/Prisioneiros e porcas: Exclusos.
  - ➢ Bocais "C1, C2, C3", Dn 8" (03):
    - ✓ Pescoços: A-240-316L, ch. 12,7mm.
    - ✓ Anéis de reforço: A-240-316L, (02) ch. 12,7mm, (01) Dn 9,5mm.
    - ✓ Flange L.J: A-105, conforme *ANSI* B-16.5 – 150Lbs – com colete em A-240-316L-RF.
    - ✓ Bocais: desmontáveis " B2, B4, R1 ", Dn 2" (03):
      - ✓ Flange cego: A-105, Dn 8", conforme *ANSI* B-16.5–150Lbs–com revestimento em A-240-316L-RF.
      - ✓ Tubos: A-312-TP316L, Dn 2" – sch. 80S.
      - ✓ Flange L.J: A-105, conforme *ANSI* B-16.5 – 150Lbs – com colete em A-240-316L-RF.
      - ✓ Estojos e porcas: A-193-B7 e A-194-2H – com 10% de reserva.
      - ✓ Juntas: Teadit AC-83, esp. 3,2mm – com 200% reserva.
      - ✓ Demais partes: "Ver internos".
  - ➢ Bocais " T1, T2, T3, T4 ", Dn 2" (04):
    - ✓ Pescoços: A-312-TP316L, Dn 2" – sch. 80S.
    - ✓ Anel de reforço: Não.
    - ✓ Flange L.J: A-105, conforme *ANSI* B-16.5 – 150Lbs – com colete em A-240-316L-R.F.

- ✓ Flange cego: A-182-F316L – conforme *ANSI* B-16.5 – 150Lbs-R.F.
- ✓ Meia luvas (soldadas aos flanges cegos): A-182-F316L, Dn ¾" NPT – 3.000Lbs.
- ✓ Estojos e porcas: A-193-B7 e A-194-2H – com 10% de reserva.
- ✓ Juntas: Teadit AC-83, esp. 3,2mm – sem reserva.
- ➤ Bocais " D1, D2 ", Dn ¾" (02):
  - ✓ Luva/Redução especial: *AISI* 316L, Dn ¾" – usinado.
  - ✓ Flange W.N: A-182-F316L, Dn ¾" – sch. 80S – conforme *ANSI* B-16.5 – 150Lbs-R.F.
  - ✓ Demais partes: "Ver internos".
- ➤ Bocal " A1 ", Dn 6" (01):
  - ✓ Pescoço: A-240-316L, ch. 12,7mm.
  - ✓ Anel de reforço: A-240-316L, ch. 12,7mm.
  - ✓ Flange L.J: A-105, conforme *ANSI* B-16.5 – 150Lbs – com colete em A-240-316L-RF.
  - ✓ Chapa perfurada: A-240-316L, ch. 9,5mm.
  - ✓ Barras de sustentação (04): A-240-316L, ch. 6mm.
- ➤ Demais Bocais "S1; W1; W2; B1":
  - ✓ Pescoços: A-240-316L, ch. 12,7mm – (01) Dn 8", (01) Dn 6".
  - ✓ Pescoços: A-312-TP316L, (01) Dn 4", (01) Dn 3" – sch. 80S.
  - ✓ Anéis de reforços: A-240-316L, (01) Dn 8", (01) Dn 6", (01) Dn 3", ch. 12,7mm, (01) Dn 4", ch. 9,5mm.
  - ✓ Flange L.J (04): A-105, conforme *ANSI* B-16.5 – 150Lbs – com coletes em A-240-316L-RF.
  - ✓ Flange cego: A-105, (01) Dn 6" (01) Dn 4", conforme *ANSI* B-16.5 – 150Lbs – com revestimento em A-240-316L-RF.
  - ✓ Estojos e porcas: A-193-B7 e A-194-2H – sem reserva.
  - ✓ Juntas: Teadit AC-83, esp. 3,2mm – sem reserva.
- • Bocais da serpentina " A2, B3 " (02):
  - ➤ Pescoços: A-312-TP316L, Dn ¾" – sch. 40S.
  - ➤ Flange W.N: A-182-F316L, Dn ¾" – sch. 40S – conforme *ANSI* B-16.5 – 150Lbs-R.F.
- • Demais partes:
  - ➤ Suporte placa/Placa de identificação: A-240-316L/*AISI* 304.
  - ➤ *Clip* de aterramento (01): A-240-304.
  - ➤ Alças de içamento (04): A-36 – com Forros em A-240-316L.
  - ➤ Anel para isolamento: A-240-316L, ch. 6mm.
  - ➤ *Clips* para isolamento: A-240-316L, ch. 4mm.

> ➢ Isolamento: Por conta da CONTRATANTE.
> ➢ *Clips* para escada/Plataformas/Suporte tubulação: A-36 – com forro em A-240-316L.
> ➢ Exclusos: Escadas/Plataformas + Parafusos e porcas/Válvulas e instrumentos.

004.2) Acabamento

- INOX: Decapado e passivado.
- CARBONO: Jateamento ao metal branco padrão Sa 3 + Aplicação de uma demão de tinta a base de zinco, espessura = 75μm

004.3) Dados de projeto e construção – Código *ASME* VIII – Div. 1.

- Pressão (bar "g")/Temp. (°C): 6/Vácuo//Topo e fundo = 165.
- Eficiência de solda/Radiografia: 0,85/Parcial.
- Corrosão admissível: Inox: 1mm.

004.4) Condições de fornecimento

004.4.1) A cargo da "CONTRATADA"

Materiais, salvo indicados em contrário/Desenho de fabricação/Memorial de cálculo mecânico/Exame com líquido penetrante/RX parcial/Teste hidrostático (na posição horizontal)/Teste de vácuo/Inspeção/*Data book*/Berços para transporte/Transporte.

004.4.2) A cargo da "CONTRATANTE"

Aprovação do desenho de fabricação/Inspeção/Descarregamento.

004.5) Prazo de entrega

- Desenho: _____ após a colocação do pedido.
- Equipamento:_____dias após a aprovação do desenho de fabricação.

Sem mais para o momento

Atenciosamente,

CALDEIRARIA

....
Responsável

> ## Descritivo/proposta – 004 (Proposta comercial):

Local, dia, mês e ano.

Cliente: EQUIPAMENTOS & CIA.
Aos Cuidados: Sr. Cleber Turin Nordon – Setor: Continental:

REFERÊNCIA/ASSUNTO

Prezados Senhores,
Atendendo a solicitação em referência, submetemos à apreciação de V.Sas. as nossas condições para o fornecimento do equipamento abaixo descrito, como segue:

004.1) Coluna

- Desenho: Folha de dados.
- Dimensões: Di = 2.200 x 9.300mm, entre as L.T.
- Quantidade: 01 Unidade.

004.1.1) Materiais e características técnicas

Conforme proposta técnica.

004.2) Preço unitário, sem IPI = R$ _____.

004.3) Condições de pagamento

Finame.

004.4) Validade da proposta

10 dias desta data.

004.5) Prazo de entrega

- Desenho: _____ após a aprovação Finame.
- Equipamento: _____dias após a aprovação do desenho de fabricação.

004.6) Transporte e seguro

Por conta da contratada.

004,7) Embalagem

Berços.

004.8) Garantia contra defeito de fabricação

12 (doze) meses após a entrada em operação ou 18 (dezoito) meses após a entrega, prevalecendo o que ocorrer primeiro.

004.9) Impostos

- Posição: 84.19.40.90.
- IPI (não incluso): 0 %.
- ICMS (incluso): 8,8%.

OBS.: Quaisquer alterações de impostos, ICMS – IPI, nas porcentagens diferenciadas do descrito acima serão acrescentadas ou deduzidas nas devidas proporções.

Sem mais para o momento, subscrevemo-nos

Atenciosamente,

CALDEIRARIA

....
Responsável

304 Prontuário para Projeto e Fabricação de Equipamentos Industriais

➢ Custo – 004:

EQUIPAMENTOS S&A										
Composição Orçamento						CLIENTE	CONTRATANTE			
Valdir – 00 / 00 / 00						EQUIPAMENTO	REATOR			
Di = 2200 x 9300 mm						DESENHO	Folha especificação			

IT.	Descrição	Alt.	Diâ.	L ou Peso	t	Aplicação	Qt.	MAT.	UN.	Calculo	R$/Unit
1	CHAPAS (2B)							A-240-316L			
1.1	TRACING										
1.1.1	Chapa	40	*	150	3,00	Presilhas	240	'	kg	34,56	'
								TOTAL	kg	34,56	30,40
2	CHAPAS (BQ)							A-240-316L			
2.1	BOCAL DN 20"					H1 / H2					
2.1.1	Disco	*	610	*	8,00	Revestimento	2	'	kg	47,63	'
2.2	DESMONTÁVEIS					B2 / B4 / R1					
2.2.1	Disco	*	273	*	7,90	Revestimento	3	'	kg	14,13	'
2.3	BOCAL DN 6"					A1					
2.3.1	Chapa	60	*	400	6,00	Barras Sust.	4	'	kg	4,61	'
2.4	BOCAL DN 6"					W1					
2.4.1	Disco	*	215	*	7,90	Revestimento	1	'	kg	2,92	'
2.5	BOCAL DN 4"					W2					
2.5.1	Disco	*	168	*	7,90	Revestimento	1	'	kg	1,78	'
2.6	ISOL. / REVEST.										
2.6.1	Chapa	115	2329	7317	6,00	Anel de Selagem	1	'	kg	40,39	'
2.62	Chapa	50	2329	7317	6,00	Anel de Selagem	1	'	kg	17,56	'
2.6.3	Chapa	45	*	45	4,00	Clips	1150	'	kg	74,52	'
								TOTAL	kg	203,54	28,20
3	CHAPAS (CQ)							A-240-316L			
3.1	VASO										
3.1.1	Chapa	9310	2210	6943	9,50	Costado	1	'	kg	4912,54	'
3.1.2	Chapa	85	2296	7213	12,70	Anel Vácuo	1	'	kg	62,29	'
3.1.3	Disco	*	2690	*	12,70	Tampo	2	'	kg	1470,38	'
3.2	INTERNOS										
3.2.1	Chapa	160	*	310	9,50	Suportes	12	'	kg	45,24	'
3.2.2	Chapa	30	*	150	9,50	Suporte	12	'	kg	4,10	'
3.3	PERNAS										
3.3.1	Chapa	320	*	360	12,70	Forros	6	'	kg	70,23	'
3.4	BOCAL DN 20"					H1 / H2					
3.4.1	Chapa	350	508	1596	12,70	Pescoço	2	'	kg	113,50	'
3.4.2	Disco	*	760	*	12,70	Anel de Reforço	2	'	kg	117,37	'
3.4.3	Chapa	73	*	1755	15,90	Colete	2	'	kg	32,59	'
3.5	BOCAL DN 8"					C1 / C2 / C3					
3.5.1	Chapa	300	219,08	688	12,70	Pescoço	3	'	kg	62,93	'
3.5.2	Disco	*	340	*	12,70	Anel de Reforço	3	'	kg	35,23	'
3.5.3	Chapa	49	*	800	15,90	Colete	3	'	kg	14,96	'
3.6	DESMONTÁVEIS					B2 / B4 / R1					
3.6.1	Disco	*	132	*	12,70	Colete	3	'	kg	5,31	'
3.7	BOCAL DN 2"					T1 / T2 / T3 / T4					
3.7.1	Disco	*	132	*	12,70	Colete	4	'	kg	7,08	'
3.8	BOCAL DN 6"					A1					
3.8.1	Chapa	300	168,3	529	12,70	Pescoço	1	'	kg	16,12	'
3.8.2	Chapa	295	*	670	12,70	Cone	1	'	kg	20,08	'

Departamentos

3.8.3	Disco	*	290	*	12,70	Anel de Reforço	1	'	kg	8,54	'
3.8.4	Chapa	45	*	630	12,70	Colete	1	'	kg	2,88	'
3.8.5	Disco	*	510	*	9,50	Chapa Perfurada	1	'	kg	19,77	'
3.9	BOCAL DN 8"					S1					
3.9.1	Chapa	300	219,08	688	12,70	Pescoço	1	'	kg	20,98	'
3.9.2	Disco	*	340	*	12,70	Anel de Reforço	1	'	kg	11,74	'
3.9.3	Chapa	49	*	800	15,90	Colete	1	'	kg	4,99	'
3.10	BOCAL DN 6"					W1					
3.10.1	Chapa	300	168,3	529	12,70	Pescoço	1	'	kg	16,12	'
3.10.2	Disco	*	290	*	12,70	Anel de Reforço	1	'	kg	8,54	'
3.10.3	Chapa	45	*	630	12,70	Colete	1	'	kg	2,88	'
3.11	BOCAL DN 4"					W2					
3.11.1	Disco	*	220	*	12,70	Anel de Reforço	1	'	kg	4,92	'
3.11.2	Disco	*	183	*	12,70	Colete	1	'	kg	3,40	'
3.12	BOCAL DN 3"					B1					
3.12.1	Disco	*	290	*	12,70	Anel de Reforço	1	'	kg	8,54	'
3.12.2	Disco	*	145	*	12,70	Colete	1	'	kg	2,14	'
3.13	ALÇA										
3.13.1	Chapa	300	*	600	12,70	Forro Alça	4	'	kg	73,15	'
3.14	CLIPS ESC. / PLAT.										
3.14.1	Chapa	60	*	210	9,50	Forros	110	'	kg	105,34	'
								TOTAL	**kg**	**7283,89**	**28,40**

4	CHAPAS *(Cortada)*							A-240-316L			
4.1	BOCAL DN 12"					H3					
4.1.1	Disco	*	510	*	50,80	Pad	1	'	kg	105,70	'
								TOTAL	**kg**	**105,70**	**34,60**

5	CHAPAS							A-285-C			
5.1	VASO										
5.1.1	Chapa	75	2385	7493	12,70	Anel Vácuo	1	'	kg	57,09	'
								TOTAL	**kg**	**57,09**	**4,60**

6	CHAPAS							A-36			
6.1	PERNAS										
6.1.1	Chapa	150	*	300	25,40	Bases	6	'	kg	54,86	'
6.1.2	Chapa	2800	*	2800	4,76	Gabarito	2	'	kg	597,09	'
6.2	ALÇA										
6.2.1	Chapa	250	*	500	25,40	Alça	4	'	kg	101,60	'
6.2.2	Chapa	50	*	500	19,05	Nervuras Alça	4	'	kg	15,24	'
6.3	CLIPS ESC. / PLAT.										
6.3.1	Chapa	145	*	160	9,50	Clips	110	'	kg	193,95	'
								TOTAL	**kg**	**962,75**	**3,30**

7	PERFIS							A-36			
7.1	PERNAS										
7.1.1	Viga I	12"	5 ¼"	74	17,45	Pernas	18000	'	kg	1339,38	'
								TOTAL	**kg**	**1339,38**	**3,80**

8	TUBOS							A-312-TP316L			
8.1	INTERNOS										
8.1.1	Tubo	*	Dn 3"	5970	Sch 40S	Suporte Crepinas	1	'	Mts	5,97	'
8.1.2	Tubo	*	Dn 3"	4780	Sch 40S	Suporte Crepinas	1	'	Mts	4,78	'
8.1.3	Tubo	*	Dn 3"	3590	Sch 40S	Suporte Crepinas	1	'	Mts	3,59	'
8.1.4	Tubo	*	Dn 3"	2395	Sch 40S	Suporte Crepinas	1	'	Mts	2,40	'
								TOTAL	**Mts**	**16,74**	**274;71**

Prontuário para Projeto e Fabricação de Equipamentos Industriais

9	TUBOS							A-312-TP316L			
9.1	TRACING										
9.1.1	Tubo	*	Dn ¾"	7200	Sch 40S	Tracing	10	A-312-TP316L	R$	2950,56	40,98
9.2	DESMONTÁVEIS					B2 / B4 / R1					
9.2.1	Tubo	*	Dn 2"	300	Sch 80S	Pescoço	3	'	R$	315,90	351,00
9.3	BOCAL DN 2"					T1 / T2 / T3 / T4					
9.3.1	Tubo	*	Dn 2"	300	Sch 80S	Pescoço	4	'	R$	421,20	351,00
9.4	BOCAL DN 4"					W2					
9.4.1	Tubo	*	Dn 4"	300	Sch 80S	Pescoço	1	'	R$	321,00	1070,00
9.5	BOCAL DN 3"					B1					
9.5.1	Tubo	*	Dn 3"	300	Sch 80S	Pescoço	1	'	R$	213,93	713,10
9.6	BOCAIS DN ¾"					A2 / B3					
9.6.1	Tubo	*	Dn ¾"	300	Sch 40S	Pescoço	2	'	R$	32,40	54,00
								TOTAL	R$	**4254,99**	'

10	FLANGE / CONEXÕES										
10.1	INTERNOS										
10.1.1	Luva	*	Dn ¾"	BSP	3000 Lbs	Conexão p/ Crepina	194	A-182-F316L	R$	5626,00	29,00
10.2	BOCAL DN 20"					H1 / H2					
10.2.1	Flange L.J – 16.5	*	Dn 20"		150 Lbs	Flange	2	A-105	R$	5196,00	2598,00
10.2.2	Flange Cego –16.5	*	Dn 20"		150 Lbs	Flange	2	A-105	R$	3670,00	1835,00
10.3	BOCAL DN 8"					C1 / C2 / C3					
10.3.1	Flange L.J – 16.5	*	Dn 8"		150 Lbs	Flange	3	A-105	R$	555,00	185,00
10.4	DESMONTÁVEIS					B2 / B4 / R1					
10.4.1	Flange Cego – 16.5	*	Dn 8"	*	150 Lbs	Flange	3	A-105	R$	630,00	210,00
10.4.2	Flange L.J – 16.5	*	Dn 2"		150 Lbs	Flange	3	A-105	R$	117,00	39,00
10.5	BOCAL DN 2"					T1 / T2 / T3 / T4					
10.5.1	Flange L.J – 16.5	*	Dn 2"		150 Lbs	Flange	4	A-105	R$	156,00	39,00
10.5.2	Flange Cego – 16.5	*	Dn 2"	*	150 Lbs	Flange	4	A-182-F316L	R$	707,20	176,80
10.5.3	Meia Luva	*	Dn ¾"	*	3000 Lbs	Conexão	4	A-182-F316L	R$	116,00	29,00
10.6	BOCAL DN ¾"					D1 / D2					
10.6.1	Flange W.N – 16.5	*	Dn ¾"	Sch. 80S	150 Lbs	Flange	2	A-182-F316L	R$	178,00	89,00
10.7	BOCAL DN 6"					A1					
10.7.1	Flange L.J – 16.5	*	Dn 6"		150 Lbs	Flange	1	A-105	R$	125,00	125,00
10.8	BOCAL DN 8"					S1					
10.8.1	Flange L.J – 16.5	*	Dn 8"		150 Lbs	Flange	1	A-105	R$	175,00	175,00
10.9	BOCAL DN 6"					W1					
10.9.1	Flange L.J – 16.5	*	Dn 6"		150 Lbs	Flange	1	A-105	R$	125,00	125,00
10.9.2	Flange Cego – 16.5	*	Dn 6"	*	150 Lbs	Flange	1	A-105	R$	195,00	195,00
10.10	BOCAL DN 4"					W2					
10.10.1	Flange L.J – 16.5	*	Dn 4"	*	150 Lbs	Flange	1	A-105	R$	78,00	78,00
10.10.2	Flange Cego – 16.5	*	Dn 4"	*	150 Lbs	Flange	1	A-105	R$	110,00	110,00
10.11	BOCAL DN 3"					B1					
10.11.1	Flange L.J – 16.5	*	Dn 3"	*	150 Lbs	*	1	A-105	R$	60,00	60,00
10.12	BOCAIS DN ¾"					A2 / B3					
10.12.1	Flange W.N – 16.5	*	Dn ¾"	Sch. 80S	150 Lbs	Flange	2	A-182-F316L	R$	166,40	83,20
								TOTAL	R$	**17985,60**	'

11	DIVERSOS										
11.1	VASOS										
11.1.1	Rebordeamento	*	2200	*	12,70	ASME 2:1	2	TERCEIROS	R$	4620,00	2310,00
11.1.2	Transporte	*	2700	*	*	Rebordeamento	2	TERCEIROS	R$	900,00	450,00
11.2	PERNAS										
11.2.1	Chapa	80	*	140	7,90	Clip Aterramento	1	A-240-304	R$	5,00	5,00
11.3	BOCAL DN 20"					H1 / H2					
11.3.1	Estojo	*	1 1/8"	178	*	Fixação + 10%	44	A-193-B7	R$	846,12	19,23

Departamentos

11.3.2	Porca Sextavada	*	1 1/8"	*	*	Fixação + 10%	88	A-194-2H	R$	573,76	6,52
11.3.3	Junta	*	610	*	3,20	Vedação + 200%	6	AC-83	R$	510,00	85,00
11.3.4	Turco	*	*	*	*	Movimentação	93	Aço-Carbono	R$	548,70	5,90
11.4	DESMONTÁVEIS					B2 / B4 / R1					
11.4.1	Estojos	*	¾"	127	*	Fixação + 10%	28	A-193-B7	R$	187,60	6,70
11.4.2	Porcas	*	¾"	*	*	Fixação + 10%	56	A-194-2H	R$	70,00	1,25
11.4.3	Junta		273	*	3,20	Vedação + 200%	9	AC-83	R$	135,00	15,00
11.5	BOCAL DN 2"					T1 / T2 / T3 / T4					
11.5.1	Estojo	*	5/8"	95	*	Fixação + 10%	18	A-193-B7	R$	94,50	5,25
11.5.2	Porca Sextavada	*	5/8"	*	*	Fixação + 10%	36	A-194-2H	R$	39,60	1,10
11.5.3	Junta	*	98	*	3,2	Vedação + 200%	12	AC-83	R$	78,00	6,50
11.6	BOCAL DN ¾"					D1 / D2					
11.6.1	Redondo	*	57,15	140	*	Luva / Redução	2	AISI 316L	R$	195,37	34,00
11.7	BOCAL DN 6"					W1					
11.7.1	Estojos	*	¾"	120	*	Fixação + 10%	9	A-193-B7	R$	61,65	6,85
11.7.2	Porcas	*	¾"	*	*	Fixação + 10%	18	A-194-2H	R$	23,40	1,30
11.7.3	Junta	*	215	*	3,20	Vedação + 200%	3	AC-83	R$	30,00	10,00
11.8	BOCAL DN 4"					W2					
11.8.1	Estojos	*	5/8"	108	*	Fixação + 10%	9	A-193-B7	R$	51,75	5,75
11.8.2	Porcas	*	5/8"	*	*	Fixação + 10%	18	A-194-2H	R$	19,80	1,10
11.8.3	Junta	*	168	*	3,20	Vedação + 200%	3	NA 1002	R$	22,50	7,50
11.9	VÁRIOS										
11.9.1	Tinta	*	*	*	*	Fundo	4	RENNER	R$	786,00	196,50
11.9.2	Outros	*	*	*	*	*	1,3	*	R$	2359,50	1815,00
11.9.3	Berços/Prot./Travas	*	*	*	*	Transporte	1,2	MADEIRA	R$	216,00	180,00
11.10	ANALISES										
11.10.1	% de Carbono	*	*	*	*	316L	3	TERCEIROS	R$	114,00	38,00
								TOTAL	R$	12488,25	'
12	RADIOGRAFIA	1740,00	17,00	-	1	*	11	METALTEC	R$	1927,00	C e D
13	MÃO DE OBRA										
13.1	Desenho	*	*		*	*	40	*	Hrs	*	52,00
13.2	Fabricação	*	*	*	*	*	1610	*	Hrs	*	52,00
14	TRANSP. / MOVIM.	*	*	*	*	*	1	TERCEIROS	R$	3250,00	3250,00

- **PPFE – 005:** Orçar conforme croqui abaixo + *TEMA* "C" + PIT.

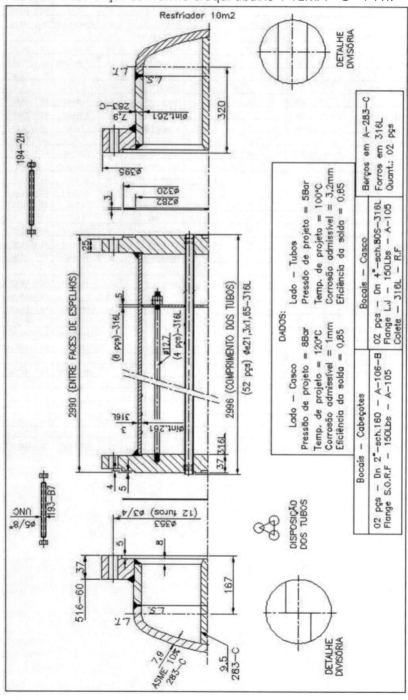

• PPFE-005 – Plano de inspeção e testes (PIT):

Partes construtivas		Fase	Atividades	Testemunho	Observações
Materiais		A	8	SIM (N.1)	Conforme ASME II
Casco	Chapas	B	4, 15, 19		Realizar dimensional de ovalização conforme UG-80
	Soldas	B	4, 6, 10, 11, 19		LP na raiz e no acabamento. RX conforme código.
Cabeçotes/Tampos	Chapas	B	4, 15, 19		Medição de espessura após conformação (UG-32). LP nos biséis.
	Soldas	B	4, 6, 10, 11, 19		LP na raiz e no acabamento. RX conforme código.
Conexões	Pré-montagem	B	4, 15, 19		LP nos biséis
	Soldas	B	4, 10, 11, 19		LP na raiz e acabamento
Reforço de Conexões	Pré-montagem	B	15.19		
	Soldas	B	4, 7, 10, 11, 19		LP no acabamento. Pneumático nas chapas de reforço.
Flanges	Pré-montagem	B	4, 15, 19		LP no bisel
	Soldas	B	4, 6, 10, 11, 19		LP na raiz e no acabamento.
Tubos		C	1 ou 21		LP na raiz e no acabamento.
Espelhos	Furação	B, C	15, 17, 18, 19		
	Expansão tubos	B, C	7, 17, 19		
	Solda Tubos / Espelhos	B, C	2, 4, 17, 19, 22	SIM (nota 7)	LP na raiz e no acabamento.
Suportes	Pré-montagem	B	15.19		
	Soldas	B	4, 10, 11, 15, 19		LP na raiz e no acabamento das soldas de ligação. Pneumático nas chapas de reforço.
Placa de Identificação		B	19		Atendimento a NR-13, onde aplicável.
Conjunto		B	4, 6, 15, 16, 17, 18, 19		LP na raiz e no acabamento das soldas de ligação. RX conforme código.
Conjunto		C	1	SIM	Casco e cabeçotes
Liberação / Embarque		C	19, 20	SIM	Acondicionamento

Fases: **A** - Antes do início da fabricação **B** - Durante a fabricação **C** - Após a fabricação

Atividades de inspeção:

1. Teste hidrostático
2. Teste com aletos
3. Teste de ultrassom
4. Exame por líquido penetrante
5. Exame por partículas magnéticas
6. Exame radiográfico
7. Exame com espuma de sabão
8. Certificado de qualidades materiais
9. Curva de tratamento térmico
10. Qualificação de procedimentos de soldagem
11. Qualificação de soldadores

12. Análise química
13. Análise metalográfica
14. Inspeção de pré-montagem
15. Inspeção dimensional
16. Inspeção de alinhamento e montagem final
17. Inspeção de pintura/acabamento
18. Inspeção de limpeza superficial
19. Inspeção visual
20. Verificação documentação/*Data book*
21. Teste por "*Eddy Current*"
22. Teste com hélio

Notas

1. Aplicável para as seguintes condições, baseadas na norma NR-13: Classes A ou B/Categoria I ou II, exceto indicado em contrário:

2. As atividades assinaladas com testemunho implicam a interrupção da fabricação e deverão ser testemunhadas pela(o) cliente ou seu representante. Demais atividades de inspeção poderão ser testemunhadas, a critério da(o) cliente, sem interrupção da fabricação. Ficam definidas as seguintes atividades de inspeção:

    a) Reunião inicial com o fabricante antes do início da fabricação.

    b) Três visitas, no máximo, acordadas com o fabricante, de atividades de inspeção sem interrupção da fabricação.

    c) Uma visita para cada atividade testemunhada.

3. Após pedido de compra e previamente agendado/acordado, a caldeiraria deverá permitir o acesso da(o) cliente ou de seu representante nas dependências da fábrica para acompanhamento dos procedimentos e documentação de fabricação.

4. O fabricante deverá apresentar ao cliente o plano de inspeção e testes, detalhado para comentários/aprovação.

5. Além dos testes e inspeções indicados, também devem ser realizados os exames e testes exigidos pelos códigos e normas aplicáveis.

6. Todos os exames e testes realizados deverão ser registrados em relatórios e anexados ao *data book*.

7. Realizar testemunho nas atividades 2 ou 22, quando aplicável.

Departamentos 311

➢ **Descritivo/proposta – 005:**

Local, dia, mês e ano.

Cliente: EQUIPAMENTOS & CIA.
Aos Cuidados: Sr. Cleber Turin Nordon – Setor: Continental:

REFERÊNCIA/ASSUNTO

005.1) Resfriador

- Desenho: Croqui.
- Dimensões: Di = 261 x 2.990mm, entre as faces dos espelhos.
- Quantidade: 01 Unidade.

005.1.1) Materiais e características técnicas
- Casco:
  - ➢ Costado: A-240-316L, ch. 3mm.
- Berços (02): A-283-C – com forros em A-240-316L.
- Cabeçotes (02):
  - ➢ Costados: A-283-C, ch. 7,9mm.
    - ✓ Divisórias (4 passes): A-283-C, ch. 9,5mm.
  - ➢ Tampos *ASME* 10%: A-283-C, ch. 7,9mm.
  - ➢ Flange principal: A-516-60, esp. 37mm.
    - ✓ Estojos e porcas: A-193-B7 e A-194-2H – com 10% de reserva.
    - ✓ Juntas: Teadit U-60, esp. 3mm – com 300% de reserva.
- Feixe tubular:
  - ➢ Espelhos fixos, estendidos para flange: A-240-316L, esp. 37mm.
  - ➢ Tubos retos (52): A-249-TP316L, De = 21,34mm – Parede = 1,65mm – Mandrilado.
  - ➢ Chicanas (08): A-240-316L, ch. 5mm.
  - ➢ Tirantes (04): A-479-316L, Ø 12,7mm.
  - ➢ Espaçadores e porcas: Não.
- Bocais do casco (02):
  - ➢ Pescoços: A-312-TP316L c/ costura, Dn 4″– sch. 80S.
  - ➢ Anéis de reforço: A-240-316L, ch. 3mm.
  - ➢ Flange L.J: A-105, conforme *ANSI* B-16.5 – 150Lbs – com colete em A-240-316L-RF.

312 Prontuário para Projeto e Fabricação de Equipamentos Industriais

- Bocais dos cabeçotes (04):
  - ➢ Pescoços: A-106-B,Dn 2" – sch. 160.
  - ➢ Anel de reforço: Não.
  - ➢ Flange S.O: A-105 – conforme *ANSI* B-16.5 – 150Lbs-RF.
- Demais itens:
  - ➢ Suporte placa/Placa de identificação: A-240-316L/*AISI* 304.
  - ➢ Terminal para fio terra (01): A-36.
  - ➢ Alças de içamento (02): A-36.
  - ➢ *Clips* para isolamento: Não.

005.2) Acabamento

- INOX: Decapado e passivado.
- CARBONO:
  - ➢ INTERNO: Superfícies isentas de rebarbas, escórias, oleosidades e respingos de solda.
  - ➢ EXTERNO: Jateamento ao metal branco padrão Sa 2½ e uma demão de Sumadur 120 *(Sherwim Williams)*.

005.3) Dados de projeto e construção – Código *ASME* VIII – Div. 1 e *TEMA* – "C".

- Pressão (bar)/Temp. (°C):
- Lado do casco: 8/120.
- Lado dos tubos: 5/100.
- Eficiência de solda/Radiografia:
- Lado do casco/Lado dos tubos: 0,85/Parcial.
- Corrosão admissível:
- Lado do casco: 1mm.
- Lado dos tubos: 3,2mm.
- Ultrassom/Alívio de tensões: Não.

005.4) Condições de fornecimento

005.4.1) A cargo da "CONTRATADA"
Materiais, salvo indicados em contrário/Desenho de fabricação/Memorial de cálculo mecânico/Exame com líquido penetrante/RX parcial/Teste hidrostático/ Inspeção/*Data book*/Atendimento ao plano de inspeção e testes.

005.4.2) A cargo da "CONTRATANTE"

Aprovação do desenho de fabricação/Inspeção/Transporte.

005.5) Preço unitário, sem IPI = R$ _____

005.6) Condições de pagamento

- 40% de adiantamento com o pedido.
- 60% a 14 dias da data líquido.

005.7) Prazo de entrega

- Desenho:_____ dias após a efetivação do pedido.
- Resfriador:_____dias após a aprovação do desenho de fabricação.

005.8) Validade da proposta

30 dias.

005.9) Transporte e seguro

Por conta da cliente.

005.10) Embalagem exclusa

005.11) Garantia contra defeito de fabricação

12 (doze) meses após a entrada em operação ou 18 (dezoito) meses após a entrega, prevalecendo o que ocorrer primeiro.

005.12) Impostos

- Posição: 84.19.50.90.
- IPI (não incluso): 0%.
- ICMS (incluso): 8,8%.

Sem mais para o momento, subscrevemo-nos
Atenciosamente,
CALDEIRARIA

....
Responsável

314 Prontuário para Projeto e Fabricação de Equipamentos Industriais

• Custo – 005:

		EQUIPAMENTOS S&A				
	Composição Orçamento	CLIENTE				
	Valdir 30/07/03	EQUIPAMENTO	Resfriador			
		DESENHO	Croqui			
ITEM	DESCRIÇÃO / DIMENSÕES	APLICAÇÃO	MATERIAL	QUANT.	PESO	VALOR UNIT.
	LADO DO CASCO					
1	Chapa 3 x 2930 x 830	Costado	A-240-316L	01 pç	58,4 kg	13,85/kg
2	Chapa 5 x Ø 287,5 (293 x 293)	Chicanas Transversais	A-240-316L	08 pçs	27,5 kg	11,80/kg
3	Chapa 37 x Ø 395 (1 ¾" x 400x400)	Espelhos Estendido	A-240-316L	02 pçs	112,8 kg	11,80/kg
4	Barra Ø ½" x 2920	Tirantes – Espac. -Não Req.	A-479-316L	04 pçs	11,9 kg	16,12/kg
5	**BOCAL DN 4" -SCH 80S**	A1 / B1				
5,1	Tubo Dn 4" x 180	Pescoço	A-312-316L	02 pçs	0,4 m	189,80/total
5,2	Flange L.J – 150 Libras – 16.5	*	A-105	02 pçs	*	43,90/pç
5,3	Chapa ½" x Ø 220	Colete	A-240-316L	02 pçs	10 kg	11,80/kg
	BERÇOS	02 Peças				
6	Chapa 3 x 105 x 330	Forro – Berço	A-240-316L	02 pçs	1,7 kg	13,85/kg
6,1	Chapa 3/8" x 245 x 225	Suporte	A-283-C	02 pçs	8,3 kg	2,02/kg
6,2	Chapa 3/8" x 70 x 145	Nervura	A-283-C	02 pçs	1,6 kg	2,02/kg
6,3	Chapa ½" x 105 x 265	Base	A-283-C	02 pçs	5,6 kg	2,02/kg
	LADO DOS TUBOS					
7	**Cabeçote Tampo Abaulado**	02 Peça				
7,1	Chapa 5/16" x Ø 365 (365 x 365)	Tampos Cabeçote	A-283-C	02 pçs	16,8 kg	2,02/kg
7,2	Rebordeamento Di= 261	ASME 10%	UNITAMPOS	02 pçs	*	55,00/pç
7,3	Chapa 5/16" x 320 x 845	Costado	A-283-C	01 pç	17 kg	2,02/kg
7,4	Chapa 5/16" x 167 x 845	Costado	A-283-C	01 pç	9,1 kg	2,02/kg
7,5	Anel 37 x Ø 395 x Ø 280 (1 ¾" x Ø 400)	Flange Principais	A-516-60	02 pçs	110,6 kg	3,19/kg
7,6	Chapa 3/8" x 372 x 261	Divisória	A-285-C	03 pçs	21,9 kg	2,02/kg
7,7	Estojos Ø 5/8" x 130	*	A-193-B7	24+03 pçs	*	2,75/pç
7,8	Porca Ø ¾"	*	A-194-2H	48+05 pçs	*	0,50/pç
7,9	Junta Ø 320 x Ø 280 x 3	Teste	NA 1002	02 pçs	0,12 m2	171,80/m2
7.10	Junta Ø 320 x Ø 280 x 3	Definitiva	U-60	02 pçs	0,24 m2	210,00/m2
7,11	Parafuso Cab. Sext. Ø 5/8" x 85	Sacadores	A-307-B	08 pçs	*	2,30/pç
8	**OLHAL E ALÇA**					
8.1	Chapa 5/8" x 85 x 85	Alça	A-283-C	04 pçs	4,1 kg	2,02/kg
8.2	Barra Ø 5/8" x 450	Olhal	1020	01 pç	0,8 kg	2,95/kg
9	**FEIXE TUBULAR**					
9,1	Tubo ØE 21,3 mm x 1,65 x 3000	Feixe	A-249-316L	52 pçs	156 pçs	**32,36/m**
10	**BOCAL DN 2" -SCH 160**	A1 / A2				
10,1	Tubo Dn 2" x 180	Pescoço	A-106-B	02 pçs	4,5 KG	6,35/kg
10,2	Flange S.O – 150 Libras – 16.5	*	A-105	02 pçs	*	18,30/pç
11	Chumbadores	Não requerido	*	*	*	0,00
11,1	Porcas e Arruelas	Não requerido	*	*	*	0,00
12	Clips Isolamento/Aterramento/Alças	Carbono	A-283-C	*	2 kg	2,02/kg
12,1	Clips Isolamento	Inox	A-240-316L	*	2 kg	11,80/kg
13	Juntas	Testes	Amianto	*	*	100,00
14	Tinta	Carbono	Sumadur 120	01+01 gl	Gl de 3,6 l	69,30/Total
15	Radiografia	Parcial	1Diaria + 5 F	*	*	820,00
16	Análise Química % Carbono	01 amosta – 316L	*	*	*	360,00
17	Transporte	Terceiros	C/SEGURO	*	*	400,00
18	Outros	Geral	*	*	*	235,00

Departamentos

14.1.3 **Preço de venda**

Cada caldeiraria deve ter sua forma de calcular. Usando o BDI ou a maneira prática desenvolvida pelo proprietário ou orçamentista, o importante é não errar, pois é um ramo onde um erro pode levar à falência. Para diminuir a possibilidade de erros quando fizer um orçamento, cheque os **princípios, pontos** e **fatores** abaixo:

- **Princípios:**
  - ✓ É melhor perder o pedido do que levar prejuízo.
  - ✓ Fazer mais barato agora, para pegar um pedido melhor amanhã, não é uma política comercial.
  - ✓ Prazo de entrega deve ser o possível. E a política de pegar o pedido e depois negociar a prorrogação de prazo deve ser abolida.
  - ✓ O pedido só vale quando confirmado e documentado.
  - ✓ Tudo é custo, até os pensamentos.
  - ✓ Rotatividade de mão de obra, se possível, deve ser evitada.
  - ✓ Caldeiraria não é banco, portanto, o prazo para pagamento deve ser o menor possível e, preferencialmente, sem parcelamentos longos.
  - ✓ Sem dinheiro ou crédito não se estabelece, e um negócio deve ter lucro.

- **Pontos:**
  - ✓ Matéria-prima: chapas, tubos e perfis e outros.
  - ✓ Acessórios: flange, curvas, luvas, *SMS*, TC e outras conexões.
  - ✓ Diversos: rebordeamento, calandragem, corte, serviços de terceiros em geral, fixações e juntas.
  - ✓ Vários: eletrodo ou varetas para solda, discos de desbaste e corte, lixas e materiais de acabamento, ferramental e dispositivos especiais, tinta, água para teste hidrostático, berços e outros para transporte.
  - ✓ Ensaios e testes: análises químicas e metalografia, radiografia, ultrassom, partículas magnéticas, alívio de tensões, caixa de vácuo, teste de vazamento com gases, e outros.
  - ✓ Eletropolimento, eletrodecapagem, galvanização, etc.
  - ✓ Qualificação de soldador e procedimento de soldagem.
  - ✓ Movimentação interna (guindaste e *munck*).
  - ✓ Transporte.
  - ✓ Mão de obra (o segredo para sua determinação é a experiência, histórico e análise apurada de cada caso).

- **Fatores:**
  - ✓ Todos os gastos e impostos devem estar contidos em **fatores de multiplicação**, exceto para a mão de obra que deve ser calculado à parte, tendo na sua composição todos os encargos (exemplo 1).
  - ✓ Pode-se também calcular todos os custos e incluir os impostos e margem de lucro (exemplo 2).

➢ **Exemplo 1:**

Cliente			Data:	
Equipamento:			Controle:	
Quantidade:		Dimensões:	Resp.	
1 – MATÉRIA-PRIMA				
Material	**Peso**	**Valor unit.**	**Fator**	**Total**
Ch. 316L	1218	17,18	1,19	
Ch. 304	615	11,70	1,19	
Ch. A-515-70	145	5,14	1,38	
Ch. A-36	56	2,90	1,29	
Viga U – A-36	102	3,20	1,29	
2 – DESPESAS				
Descrição	**Obs.:**	**Valor**	**Fator**	**Total**
Flange e conexões	*	3.347,45	1,25	
Diversos	*	1.519,00	1,25	
Vários	*	1.211,65	1,25	
Radiografia	Spot	2.338,00	1,20	
Análise química	% C (L)	436,00	1,20	
Transporte + seguro	Entrega	1.500,00	1,12	
3 – MÃO DE OBRA				
Descrição	**Horas**	**Valor/h**	**Fator**	**Total**
As built	0	55,00	1,00	
Cálculos por 3º	0	120,00	1,15	
Memorial cálculo	25	65,00	1,00	
Desenho	40	55,00	1,00	
Fabricação	450	45,00	1,00	

Totalização: 1 + 2 + 3 ⇔ **Preço de venda = R$** _____.

• Exemplo 2:

EQUIPAMENTOS & CIA			
Cliente: BRASIL S.A		Rerência:	Y-0002-1
Equipamento: (03) Washing water 2m³		Des.: 00-000-XXX-00 /1	
Dimensões: De 2000 x Alt. Cil. 830mm		Resp.: Valdir – 03/05/06	

DESCRIÇÃO	VALORES		CUSTO R$
Matérias-primas:	Total	R$ / Unit.	
Chapas – 316L	1.091 kg	23.30	25.420.00
Redondos – 316L	51 kg	25.40	1.295.40
Perfis – 316L	86 kg	31.00	2.066.00
Tubos – Diversos	*	*	47.10
Gastos gerais de fabricação	*	*	11.145.00
Mão de obra	455 hrs	16.50	7.507.50
Total custo váriável			**47.481.00**
Gastos gerais de fabricação (indiretos)	*	*	1.300.00
Mão de obra indireta	80 krs	20.55	1.644.00
Depreciação	*	*	560.40
Remuneração do capital investido no ativo imobilizado	*	*	830.00
Total custo industrial			**51.815.40**
Gestão administrativa	*	*	2.790.00
Gestão comercial	*	*	1.755.00
Remuneração do capital investido no giro	*	*	238.60
Custo unitário			**56.599.00**
	Taxas %	Valores R$	
Comissão	2.00	1.131.98	
Impostos diretos (ICMS/PIS/COFINS/IOF/Outros)	21.38	12.100.87	
Custo financeiro (para médio 30 dias)	0.30	169.79	
Lucro	15.13	8.565.13	
Total	*38.81*	*21.967.77*	
Preço de venda unitário (R$)			**78.566.77**
IPI - (Posição 84.79.82.10 <=> IPI =0% // ICMS =12%)	0.00	0.00	
Preço total com IPI			**78.566.77**

14.1.4 Exemplo de *software*

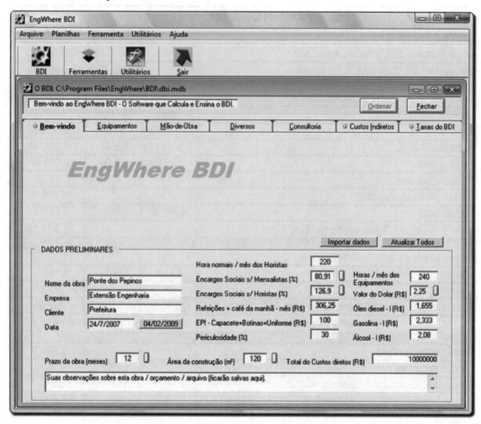

14.2 Engenharia

De posse dos documentos elaborados na fase de orçamento e, também, dos ajustes efetuados pelo departamento de vendas, inicia-se o processo de fabricação conforme a rotina a seguir:

14.2.1 Recebimento da ordem de serviço

ORDEM DE SERVIÇO Nº: _____ DATA DE ABERTURA: ___/___/_____
CLIENTE:_____ CÓDIGO:_____
Nº DA PROPOSTA:_____ Nº CONTRATO:_____

CONTATOS:

Engenharia:_____ Qualidade_____
Planejamento: _____ Fabricação _____

DESCRIÇÃO: <u>Fabricação de (02) Tanques atmosféricos, cap. 50m³</u>_____
_____

ACOMPANHA DESENHO DE REFERÊNCIA: ( ) Sim – Nº:_____ ( ) Não

 VISITA AO CLIENTE PARA LEVANTAMENTO DE CAMPO: ( ) Sim   ( ) Não

ELABORARAÇÃO DE DOCUMENTOS:
Memorial de Cálculo: ( ) Sim   ( ) Não   Desenhos: ( ) Sim   ( ) Não
PIT: ( ) Sim ( ) Não   Cronograma: ( ) Sim   ( ) Não

PRAZOS:
Envio de Memorial de Cálculo: ___/ ____/ _____   Aprovação até: ___/ ____/ _____
Envio de Desenhos: ___/ ____/ _____   Aprovação até: ___/ ____/ _____
Entrega do Equipamento: ___/ ____/ _____
Montagem de Campo: Início: ___/ ____/ _____ Entrega: ___/ ____/ _____

QUANTIDADE DE HORAS: Previstas: _____ Reais:_____

OBSERVAÇÕES:_____
_____

AUTORIZADO POR:_____ Data: ___/ ___/ _____

14.2.2 Desenhos fornecidos pelo cliente

É importante verificar se os desenhos recebidos estão de acordo com o que foi orçado.

Os desenhos devem ser verificados cuidadosamente. Evitar que o proprietário ou vendedor cortem caminho, passando os desenhos diretamente para o planejamento ou produção, pois o tempo que eles acreditam ganhar é ilusório. É importantíssimo eliminar todas as pendências, evitando assim as perdas de tempo e dinheiro.

A engenharia deve ter um responsável (independentemente do título que possua) que, além de possuir sólidos conhecimentos, tenha pulso firme para segurar a ansiedade, precipitação, arrogância ou, simplesmente, a mania de proprietários e vendedores, que muitas vezes se acham "os todo-poderosos".

14.2.3 Memorial de cálculo, projetos e desenhos elaborados pela caldeiraria

De posse da ordem de serviço e da cópia da proposta técnica, o responsável pelo departamento analisa todas as características do equipamento e toma as seguintes providências:

a) Reúne-se com orçamentista e vendedor e elimina as dúvidas que existirem.

b) Entra em contato com o cliente e elimina as pendências.

c) Libera a elaboração do memorial de cálculo, e orienta o projetista ou desenhista quanto à adequação das normas pertinentes ao equipamento a ser fabricado.

O memorial de cálculo é prioritário e, havendo a possibilidade, libera-se a compra dos materiais básicos e a execução de serviços por terceiros, visando a adiantar o processo produtivo (a aprovação do cliente é indispensável).

14.2.4 Documentos para aprovação do cliente

• **Dimensionamento ⇔ Memorial ou memória de cálculo:**

Empresas pequenas ainda efetuam cálculos manuais ou em planilhas Excel. O ideal é utilizar um *software* existente no mercado que torna os trabalhos mais rápidos e seguros **(ref. a seguir: PV Elite)**.

PV Elite and CodeCalc 2008 Released

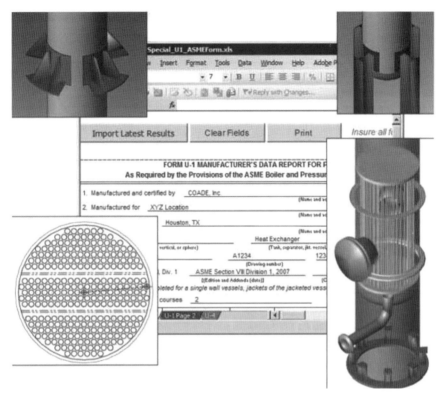

- **Desenhos:**
Deverão ser executados utilizando programas como:
CAD – A sigla vem do inglês "*Computer Aidded Design*" que significa Desenho Assistido por Computador. Na verdade, são programas (*softwares*) para computador específicos para geração de desenhos e projetos.

AUTOCAD – É um programa (*software*) que se enquadra no conceito de tecnologia CAD e é utilizado mundialmente para a criação de projetos em computador. Na verdade, AUTOCAD é o nome de um produto, assim como *Windows*, *Office* (*Word*, *Excel*,...), etc. Existem outros *softwares* de CAD como *MicroStation*, *VectorWorks*, *IntelligentCad*; para modelamento tridimensional e paramétricos há *softwares* como *Catia*, *Pro Engineer*, *Solid Works*, *Solid Edges*, etc.

A tela gráfica

A precisão do AutoCAD é de até 16 casas decimais e nos permite desenhar uma cidade inteira em escala. Com o AutoCAD, podemos economizar horas de repetições tediosas combinando partes de desenhos antigos e também utilizando os comandos poderosos de cópia desse pacote. Com as capacidades de geração de modelos em 2D e 3D, podemos analisar o projeto de forma visual, acrescentar superfícies em 3D aos desenhos, definir fontes de iluminação e adicionar cores, para que os desenhos tenham uma aparência mais realista.

- **Tipos de desenhos:**

Conjunto geral + detalhes de: tampos, bocais, feixes, espelhos, cabeçotes, sapatas, berços, pernas, internos, alças, terminais fio terra, gerais + planificações + mapa de solda.

Nota

Tratando-se de projeto desenvolvido pela caldeiraria, o envio de todos os detalhes estará vinculado ao pagamento pelo projeto. Caso contrário, envia-se um conjunto dimensional sem mostrar os detalhes de fabricação, porém, convém salientar que muitas vezes o cliente opta pelo não pagamento do projeto, e fará um *as built* do equipamento.

Departamentos 323

- **Verificação de desenhos:**

O desenhista deve fazer sua verificação, cuidando para que tudo esteja de acordo: formatos, distribuição das vistas, legenda, controle de revisões, escalas, linhas, dimensões, tolerâncias, lista de materiais, lista de bocais, acabamento e notas. Em seguida, encaminha ao projetista ou revisor que fará a verificação final e liberação para envio ao cliente.

- É recomendável que verificações não sejam feitas pelo chefe do departamento, que deve se ocupar com outras atividades.
- Um profissional com amplos conhecimentos em projetos, desenhos, planejamento, compras e fabricação tem o perfil ideal para efetuar as verificações.

14.2.5 Documentos comentados, aprovados e certificados

- Em caso de **comentários**, efetuar os acertos, mudar para "Rev. 1" e encaminhar novamente. (Este procedimento deve ser repetido até a aprovação final. É recomendado manter os arquivos de todas as revisões).
- Após **aprovação final,** os desenhos devem receber os carimbos "certificado" + "responsável pelo projeto, com CREA e ART".
- Não há necessidade de ter a "aprovação final" para iniciar ou dar andamento à fabricação (imaginemos um desenho "Rev. 10", sendo que cada envio e retorno pode levar "de 10 a 15 dias", somando "100 a 150 dias"). Em muitas situações, a produção anda de acordo com as "aprovações parciais", o que causa um certo desgaste, pois os trabalhos não fluem de forma natural. No entanto, isto é peculiar ao setor.
- Tudo deve ser documentado entre caldeiraria e cliente, pois atrasos na entrega só são justificáveis em decorrência da demora em definições e aprovações pelo cliente.
- Muitas vezes o equipamento fica pronto, e a produção ainda não recebeu o(s) desenho(s) com a "aprovação final". É indispensável que, para a inspeção final do cliente, todos os desenhos estejam "certificados"; e, logicamente, o equipamento deverá estar de acordo com a última revisão.
- A **liberação** de cópias e a imediata substituição pela última revisão é de vital importância, assim como o controle destas cópias e revisões que poderá ser exigido pelo cliente a qualquer momento.
- **Obs.:** Todas as revisões devem ser controladas.

CONTROLE DE REVISÕES DE DESENHOS						FOLHA 01

DESENHO:		CLIENTE:		OS:		

REV		ELABORADO	VERIFICADO	APROVADO	DESCRIÇÃO	STATUS
0	DATA	06/07/09	01/07/09	01/07/09	Emissão original	APV
	NOME	Luis	*	*		

REV		ELABORADO	VERIFICADO	APROVADO	DESCRIÇÃO	STATUS
1	DATA	15/10/09	15/10/09	15/10/09	Revisão geral	APV
	NOME	Valdir	Valdir	Valdir Santos		

REV		ELABORADO	VERIFICADO	APROVADO	DESCRIÇÃO	STATUS
2	DATA					
	NOME					

REV		ELABORADO	VERIFICADO	APROVADO	DESCRIÇÃO	STATUS
3	DATA					
	NOME					

APROVAÇÃO DO CLIENTE:
DATA: ___/___/_____ RESPONSÁVEL:_____
VISTO: _____.

A seguir, desenhos com **carimbos** indicando as "fases", até a aprovação final. Aplica-se também ao memorial de cálculo.

14.2.6 Exemplo de desenho "comentado"

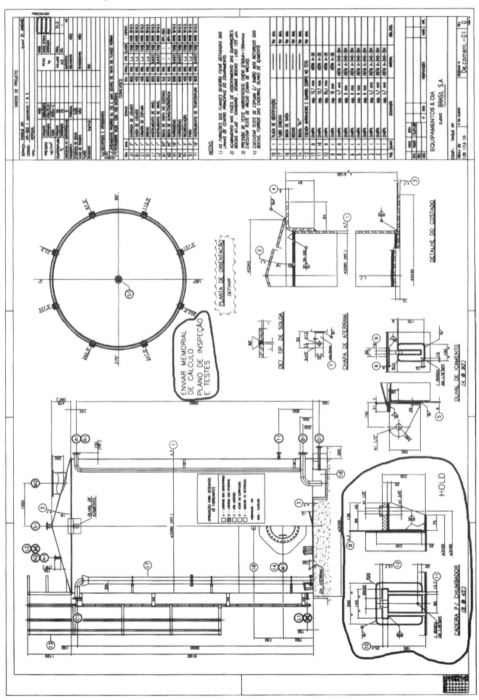

14.2.7 Exemplo de desenho "aprovado"

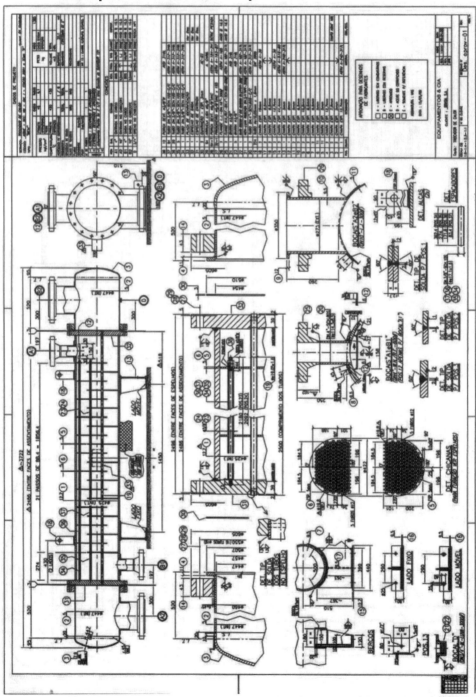

14.2.8 Exemplo de desenho "certificado"

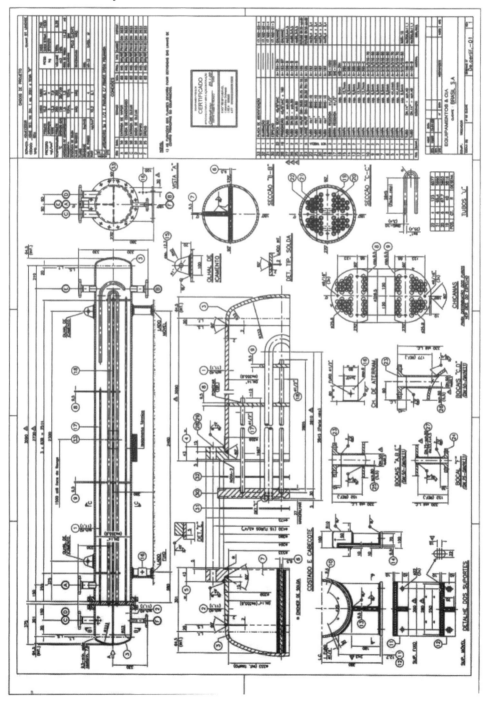

14.3 Planejamento

14.3.1 Teoria

É um conjunto de fases (subprocessos e processos) pelas quais se realiza uma operação. O processo é sistematizado e obedece a relações precisas de interdependência que o caracterizam como um sistema, como um conjunto de partes (fases e processos) coordenadas entre si, de maneira a formarem um conjunto coerente e harmônico visando alcançar um objetivo final (produto e resultado) determinado.

Esse processo desempenha uma função precisa que é a de dar maior eficiência à atividade humana. Eficiência essa que sempre deverá traduzir-se em resultados finais ou objetivos a serem alcançados, facilitando o aumento da eficácia do produto final. Objetiva, também, aumentar a cientificidade do processo de tomada de decisões. Todavia, não se restringe, como se poderia supor, às decisões que permitiram estabelecer os objetivos e diretrizes de um plano, programa ou projeto, mas a quaisquer que sejam as decisões e as fases em que se verifiquem.

Ao se procurar dar maior eficiência a uma atividade humana deve-se ter em mente a presença de dois elementos, os quais são componentes da estrutura do conceito de planejamento enquanto processo: **metas e prazos**. A prática do planejamento só é possível quando se deseja intervir num futuro próximo ou longínquo. E intervir significa estabelecer metas (objetivos quantificados) a serem alcançadas num tempo (prazo) determinado. Verifica-se, portanto, que os elementos meta e prazo são indissociáveis, e compõem necessariamente a conceituação de planejamento. Esses elementos, meta e prazo, determinam de forma intensa a qualidade e profundidade do processo.

14.3.2 **Prática**

Em muitas caldeirarias o setor "planejamento" não existe. As cópias dos desenhos são deixadas sobre a mesa do encarregado da produção, que passa a lista de materiais ao comprador. Independentemente do tamanho da empresa, caso este departamento não exista, deverá ser criado e seu sucesso estará condicionado ao conhecimento de quem irá comandá-lo.

São responsabilidades deste departamento: cobrar os desenhos da engenharia, fazer o cronograma e a lista de materiais, desenvolver processos e instruções de trabalho, monitorar compras para que os materiais estejam à disposição nas datas programadas, alimentar o controle de qualidade com informações, para que as inspeções/liberações ocorram no tempo necessário, susbstituir os desenhos quando sofrerem revisões, abastecer a produção para que os serviços se desenvolvam sem surpresas, controlar as horas de produção, fazer o fechamento das ordens de serviços.

- **Programação:**

O planejamento desenvolve o cronograma geral e encaminha aos envolvidos, inclusive para o cliente.

> ➤ Poderão ser elaborados cronogramas específicos para controle interno, desenvolvidos pelos departamentos envolvidos, porém, monitorados pelo planejamento.

14.3.2.1 Cronogramas

• Geral

EQUIPAMENTOS S/A — **CRONOGRAMA GERAL Nº 00001**

CLIENTE:
EQUIPAMENTO:
PEDIDO: DATA DO PEDIDO: O.S.:
QUANT.:   Nº DESENHO: Rev.
Elaborado por: Data: Verificado por: Data: Aprovado por: Data: Rev.

DESCRIÇÃO DAS ATIVIDADES	01 a 0407 / 1ª semana	07 a 1107 / 2ª semana	14 a 1807 / 3ª semana	21 a 2507 / 4ª semana	28/07 a 0108 / 5ª semana	04 a 0608 / 6ª semana	11 a 1508 / 7ª semana	18 a 2208 / 8ª semana	25 a 2908 / 9ª semana	01 a 0509 / 10ª semana	08 a 1209 / 11ª semana	15 a 1909 / 12ª semana	22 a 2609 / 13ª semana	29 a 3009 / 14ª semana
Elaboração memorial														
1º envio p/ aprovação														
2º envio p/ aprovação														
Aprovação final														
Elaboração desenhos														
1º envio p/ aprovação														
2º envio p/ aprovação														
3º envio p/ aprovação														
4º envio p/ aprovação														
Aprovação final														
Planejamento														
Aquisição matéria-prima														
Fabricação														
Conformação por 3º														
Montagem														
Solda														
Líquido penetrante														
Radiografia														
Teste hidrostático														
Inspeção														
Acabamento														
Embarque														

Departamentos

• Engenharia

Cliente:	// EQUIP.:					//	DES.:	
Elaborado em:	Por:			//	Aprovado em:		Por.:	
		De	A	De	A			
IT.	ATIVIDADE							
1	Memorial de Cálculo							
2	Conjunto							
3	Feixe							
4	Bocais							
5	Suportes/acessórios							
6	Verificação							
7	Envio aprovação							
8	Desenho Comentado							
9	Atendimento comentários							
10	Reenvio							
11	Desenho aprovado							
12	Certificação							
13	Liberação p/ planejamento							

• Compras

CRONOGRAMA: Aquisição M.P		O.S:			Prazo entrega:			
Cliente:	// EQUIP.:					//	DES.:	
Elaborado em:	Por:			//	Aprovado em:		Por.:	
		De	A	De	A			
IT.	ATIVIDADE							
1	Cotações							
2	Aprovação pedido							
3	Envio do pedido							
4	Chapa 31,8 mm – Inox 316							
5	Rebordeamento							
6	Tubos – Inox							
7	Tubos – Carbono							
8	Forjados – A182							
9	Flanges > de 16"							
10	Flanges < 16" + Conexões							
11	Alívio tensões							
12	Fechamento							

14.3.2.2 Processos ou instruções de trabalho

Descreve passo a passo a construção do equipamento, visando agilizar o processo produtivo. Caso seja necessário mostrar algo que a descrição "escrita" não deixe claro, deverão ser elaborados croquis, ou utilizados fotos e registros de fabricações anteriores.

- **Processo de fabricação para trocador de calor "casco/tubos"**

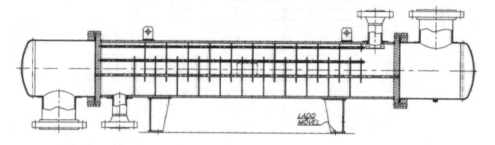

Descrição:

- **Casco:**
    - Virola:
        - ✓ Esquadrejar, traçar, cortar e biselar.
        - ✓ Bater as pontas, calandrar, pontear e soldar (longitudinal).
        - ✓ Desbastar a solda interna e fazer exame com líquido penetrante.
        - ✓ Ajustar o diâmetro interno (se necessário recalandrar).
        - ✓ Juntar as virolas, pontear e soldar (circunferencial) formando o costado.
        - ✓ Desbastar solda interna (circunferencial) e ajustar o diâmetro interno.
        - ✓ Fazer exame com líquido penetrante e radiografia (se requerido).
    - **Bocais:**
        - ✓ Fabricar os anéis de reforço + pescoços (tubo) e soldá-los aos flange *welding neck*.
        - ✓ Traçar o costado e abrir os furos.
        - ✓ Montar e pontear no costado
        - ✓ Travar internamente o costado e soldar os pescoços.
        - ✓ Desbastar solda interna e fazer exame com líquido penetrante.
        - ✓ Soldar os anéis de reforços.
    - **Berços:**
        - ✓ Fabricar forros, montar e soldar no costado.

Departamentos

- ✓ Fabricar os berços (aplicar a demão de tinta de fundo), montar nos forros e ponteá-los.
- ➢ **Alças:**
  - ✓ Fabricar, montar e soldar.
- ➢ **Decapagem e passivação das soldas.**

- **Feixe:**
  - ➢ Espelhos: traçar, cortar, tornear, traçar furação e furar.
  - ➢ Chicanas: traçar, cortar, Juntar e pontear, traçar furos e furar, tornear, separá-las e eliminar rebarbas.
  - ➢ Tirantes e espaçadores: cortar e usinar.
  - ➢ Pré-montagem do "esqueleto" com: (01) espelho + (todas) chicanas + (todos) tirantes e espaçadores + (alguns) tubos.
  - ➢ **Montagem do esqueleto:**
    - ✓ Montar o esqueleto no costado (casco), esquadrejar e pontear o espelho.
    - ✓ Montar os tubos.
    - ✓ Montar o outro espelho, esquadrejar e ponteá-lo.
    - ✓ Montagem final dos tubos, ajustando-os em relação as faces dos espelhos. pontear, soldar (quando requerido), expandir (quando requerido) e facear no comprimento.
    - ✓ Exame com líquido penetrante (no caso de solda tubos/espelhos).
    - ✓ Soldar espelhos ao costado.
    - ✓ Lavar internamente os tubos "com pressão e preferencialmente com vapor", para eliminar oleosidade e impurezas.
    - ✓ **Concluir** soldagem dos berços e demais partes que foram deixadas para o final, evitando deformações que prejudicariam a montagem do feixe.
    - ✓ **Efetuar** o teste hidrostático (lado do casco).

- **Cabeçotes:**
  - ➢ Costados:
    - ✓ Traçar e cortar discos dos tampos e rebordear (interna ou por terceiros).
    - ✓ Esquadrejar, traçar, cortar e biselar chapas dos costados.
    - ✓ Bater pontas, calandrar, pontear e efetuar solda longitudinal (recalandrar se necessário).
    - ✓ Ajustar e montar os tampos nos costados.

334 Prontuário para Projeto e Fabricação de Equipamentos Industriais

- ✓ Soldar, fazer exame com líquido penetrante e radiografia (se aplicável).
- ✓ Pré-usinar os flange principais em aço-carbono, montar e soldá-los aos costados e coletes.
- ✓ Efetuar a usinagem final dos flange principais.
- ➢ Bocais:
  - ✓ Fabricar os anéis de reforços + pescoços (chapas calandradas), soldando longitudinalmente e montando-os aos coletes.
  - ✓ Traçar os costados e abrir furos.
  - ✓ Montar e ponteá-los nos costados.
  - ✓ Travar internamente o costado e soldar os pescoços.
  - ✓ Fazer exame com líquido penetrante.
  - ✓ Soldar os anéis de reforços.

- **Montagem** dos cabeçotes/**Teste** hidrostático (lado dos tubos).

- **Inspeção/pintura** final das partes em aço-carbono.

14.3.2.3 Controle de horas

Existem muitas formas de controlar o tempo de execução de trabalhos, desde cartões digitais até fichas preenchidas manualmente. Não importa o sistema usado, o importante é que todo o tempo seja controlado e comparado ao que foi previsto. Assim, pode-se melhorar as estimativas de tempo nos orçamentos e ajustar a produção.

14.3.2.4 Lista de materiais

À medida que é elaborada, uma nova verificação do desenho é feita naturalmente. O responsável deve conceber em sua mente a fabricação do equipamento e caso falte detalhes facilitadores (cota da projeção do bocal e não do comprimento do tubo, obrigando o caldeireiro a fazer traçado) para a produção, cabe ao planejamento em conjunto com a engenharia providenciar esses detalhes.

Nota

Estes detalhes facilitadores, geralmente, são considerados "segredos de fabricação" e sua colocação nos desenhos enviados ao cliente é opcional.

EQUIPAMENTOS & CIA. — LISTA DE MATERIAL — Nº

CLIENTE: EQUIP.:   OS.:   DES.:   Rev.   Data:

DADOS GERAIS					ESTOQUE			COMPRA			RECEBIMENTO		LIBERAÇÃO		
POS.	DESCRIÇÃO	MATERIAL	DIMENSÕES	QT.	SIM	NÃO	Nº CERT.	PEDIDO	EMISSÃO	PREVISÃO	N.F. / REL. ENT.	DATA	INSPEÇÃO	CERTIF.	REQUIS.

ELABORADO POR	DATA	VERIFICADO ESTOQUE POR	DATA	PEDIDO LIBERADO POR:	DATA	APROVADO POR:	DATA

- Adequar o que é solicitado no desenho ao que o mercado oferece, e fazer o aproveitamento de materiais.
- Sempre comparar o aproveitamento de materiais feito pelo Planejamento ao elaborado na fase de orçamento.

14.4 **Compras**

De posse da lista de materiais, verifica-se os itens em estoque, e solicita que a qualidade libere os materiais reservados, mediante a apresentação dos respectivos certificados. Em seguida, faz as requisições e as encaminha ao Planejamento que distribuirá aos envolvidos.

14.4.1 **Requisição de materiais**

REQUISIÇÃO DE MATERIAIS									*Nº 0000/00*
EQUIPAMENTO:				O.S:		Nº DES.:			Rev.
LIBERAÇÕES									
COMPRAS:	DATA	INSPEÇÃO	DATA	PLANEJto.	DATA	PRODUÇÃO	DATA	ALMOXARIF.	DATA

INFORMAÇÕES GERAIS							**PREPARAÇÃO**		**RETIRADO**	
POS.	QUANT.	DESCRIÇÃO	MATERIAL	DIMENSÕES	PESO	RASTREAB.	FUNC.	DATA	FUNC.	DATA

FINALIZAÇÕES									
PRODUÇÃO	DATA			PLANEJto.	DATA		COMPRAS	DATA	SUPERVISOR	DATA

- Os itens que não tiverem em estoque deverão ser cotados e seus preços comparados com os da consulta feita na fase de orçamento.

14.4.2 Consulta de preços

	EQUIPAMENTOS & CIA						
	CONSULTA DE PREÇOS				REF. Nº.: 0000/00		
Cliente:	// EQUIP.:			// DES.:			
Solicitado por:	Data: / /	// Prazo:		/ Compras.:			

Item	DESCRIMINAÇÃO	QT.	FORNECEDOR	CONTATO	R$ UNIT.	PRAZO	PAG.

- Concluída e aprovada as cotações, emite-se os pedidos de compras. E a via da lista de materiais com as respectivas datas "previstas para entrega" deverá ser devolvida ao Planejamento. Em seguida, aguarda-se a chegada dos materiais.

14.4.3 Controle de recebimento de materiais

CONTROLE DE RECEBIMENTO DE MATERIAIS											Nº
Descrição material	Tipo material	Dimensões	Fornecedor	Nº Planej	Pedido	Qt. receb.	Qt. ped.	O.S	Cód.	Corrida	Rel. insp.
Almoxarife		Data	Compras		Data						

- O Almoxarifado registra todos os itens recebidos, junta as notas fiscais e certificados, e os encaminha a Compras.

338 Prontuário para Projeto e Fabricação de Equipamentos Industriais

14.5 Qualidade

14.5.1 Teoria

O termo é geralmente empregado para significar "Excelência" de um produto ou serviço.

- **Gestão da qualidade** envolve a concepção dos processos dos produtos e serviços, envolve a melhoria dos processos e o controle de qualidade.
- **Garantia da qualidade** são as ações tomadas para redução de defeitos.
- **Controle da qualidade** são as ações relacionadas com a medição da qualidade, para diagnosticar se os requisitos estão sendo respeitados e se os objetivos da empresa estão sendo atingidos.

A *ISO*, cuja sigla significa *International Organization for Standardization,* é uma entidade não governamental criada em 1947, com sede em Genebra – Suíça. O seu objetivo é promover, no mundo, o desenvolvimento da normalização e atividades relacionadas com a intenção de facilitar o intercâmbio internacional de bens e de serviços, e para desenvolver a cooperação nas esferas: intelectual, científica, tecnológica e de atividade econômica.

ISO **série 9000** compreende um conjunto de cinco normas (*ISO* 9000 a *ISO* 9004). Entretanto, estas normas, oficializadas em 1987, não podem ser consideradas normas revolucionárias, pois elas foram baseadas em normas já existentes, principalmente nas normas britânicas BS 5750.

Além destas cinco normas, deve-se citar a existência da *ISO* 8402 (conceitos e terminologia da qualidade), da *ISO* 10011 (diretrizes para a auditoria de sistemas da qualidade) e de uma série de guias *ISO* pertinentes à certificação e registro de sistemas da qualidade.

As normas *ISO* 9000 podem ser utilizadas por qualquer tipo de empresa, seja ela grande ou pequena, de caráter industrial, prestadora de serviços ou mesmo uma entidade governamental.

Deve ser enfatizado, entretanto, que as normas *ISO* série 9000 são normas que dizem respeito apenas ao sistema de gestão da qualidade de uma empresa, e não às especificações dos produtos fabricados por esta empresa. Ou seja, o fato de um produto ser fabricado por um processo certificado segundo as normas *ISO* 9000 não significa que este produto terá maior ou menor qualidade que um outro similar. Significa apenas que todos os produtos fabricados segundo este processo apresentarão as mesmas características e o mesmo padrão de qualidade.

As normas individuais da série ISO 9000 podem ser divididas em dois tipos:·

- Diretrizes para seleção e uso das normas (*ISO* 9000) e para a implementação de um sistema de gestão de qualidade (*ISO* 9004). Esta última usa frases do tipo: "o sistema de qualidade deve...".
- Normas contratuais (*ISO* 9001, *ISO* 9002, *ISO* 9003). Chamadas assim por se tratarem de modelos para contratos entre fornecedor (que é a empresa em questão) e cliente. Utilizam frases do tipo: "o fornecedor deve...". É importante salientar que as empresas só podem ser certificadas em relação às normas contratuais, ou seja, *ISO* 9001, *ISO* 9002 e *ISO* 9003. Segue uma breve descrição de cada uma das normas contratuais:
  - ➢ *ISO* 9001: esta norma é um modelo de garantia da qualidade que engloba as áreas de projeto e desenvolvimento, produção, instalação e assistência técnica.
  - ➢ *ISO* 9002: esta Norma é um modelo de garantia da qualidade que engloba a produção e a instalação.
  - ➢ *ISO* 9003: esta norma é um modelo de garantia da qualidade em inspeção e ensaios finais.
  - ➢ A decisão sobre qual das normas contratuais da série *ISO* 9000 utilizar depende da finalidade das atividades da indústria em questão. A *ISO* 9002 é a mais apropriada para a maioria das fábricas baseadas em processos de manufatura bem estabelecidos. A *ISO* 9001 por sua vez é mais apropriada para processos que envolvem atividades de pesquisa e desenvolvimento. A *ISO* 9003 engloba somente a inspeção e ensaios finais e, por isso, tem um valor limitado. Na prática, esta norma não é mais utilizada.

Sistema de controle de qualidade – (conforme *ASME* VIII – Apêndice 10):

• Autoridade e responsabilidade:

Devem ser claramente estabelecidas a autoridade e a responsabilidade das pessoas encarregadas da aplicação do sistema de controle de qualidade. As pessoas que desempenhem funções de controle de qualidade devem ter uma autoridade sufuciente e bem definida, bem como autoridade e liberdade organizacionais para identificar problemas afetos ao controle da qualidade e para iniciar, recomendar e providenciar soluções.

• Organização:

É requerido um organograma que reflita a organização real do fabricante, mostrando o relacionamento entre dirigentes e setores de engenharia, compras, fabricação, construção, inspeção e controle de qualidade. O objetivo desse organograma é o de identificar e associar os vários grupos organizacionais com as respectivas funções particulares, para as quais são designados como responsáveis. O código não pretende interferir no direito que o fabricante possua quanto ao estabelecimento e às alterações que julgar apropriados para os seus trabalhos abrangidos pelo código.

• Controle de desenhos, cálculos de projetos e especificações:

O sistema de controle de qualidade do fabricante deve fornecer os procedimentos que garantam que os desenhos mais recentes aplicáveis, os cálculos de projeto, as especificações e instruções requeridas pelo código, bem como as modificações autorizadas, são os utilizados para fabricação, exame, inspeção e testes.

• Controle de material:

O fabricante deve incluir um sistema de controle de recebimento que garanta que o material seja recebido devidamente identificado e acompanhado da documentação necessária, incluindo os certificados de conformidade ou relatórios de testes dos materiais requeridos, para atender aos requisitos do código explicitados na ordem de compra. O sistema de controle de material deve assegurar que somente os materiais previstos sejam empregados nas construções de código.

• Programa de exame e inspeção:

O sistema de controle de qualidade do fabricante deve descrever as operações de fabricação, incluindo os exames a serem efetuados; essa descrição deve ser suficientemente detalhada, para permitir que o inspetor determine quais os estágios de fabricação que devam ser submetidos a inspeções específicas.

• Correção de não conformidades:

Deve haver um sistema, estabelecido de comum acordo com o inspetor, para a correção de não conformidades. Uma não conformidade é qualquer condição que não atenda às regras aplicáveis desta divisão. As não conformidades podem ser corrigidas ou eliminadas de algum modo, antes que o componente terminado possa ser considerado como estando de acordo com esta divisão.

> Soldagem: o sistema de controle de qualidade deve incluir prescrições para indicar que a soldagem atende aos requisitos da seção IX, conforme suplementados por esta divisão.

• Exames não destrutivos:

O sistema de controle de qualidade deve incluir prescrições para a identificação dos procedimentos de exames não destrutivos que o fabricante pretende utilizar, a fim de que sejam atendidos os requisitos desta divisão.

• Tratamento térmico:

O sistema de controle de qualidade deve prever controles que garantam a aplicação dos tratamentos térmicos, conforme requeridos pelas regras desta divisão. Devem ser indicados os meios que permitam ao inspetor certificar-se de que estão atendidos os requisitos do código para tratamento térmico. Esses meios podem consistir, por exemplo, na verificação dos registros tempo--temperatura do forno, ou em outros métodos apropriados.

• Calibração dos equipamentos de medição e de testes:

O fabricante deve ter um sistema para calibração de equipamentos de exames, medições e testes, usados para o total atendimento aos requisitos desta divisão.

• Conservação dos registros:

O fabricante deve ter um sistema para a conservação de radiografias e relatórios de dados do fabricante, conforme requeridos por esta divisão.

• Modelo de formulários:

Os formulários usados no sistema de controle de qualidade e em quaisquer procedimentos detalhados para uso do sistema devem estar disponíveis para verificação. A descrição escrita deve incluir as referências necessárias a esses formulários.

• Inspetor:

> A definição de inspetor está incluída no parágrafo UG-91.
> A descrição escrita do sistema de controle de qualidade deve incluir referências ao inspetor.
> O fabricante deve manter em suas instalações e a disposição do inspetor uma cópia atualizada da descrição escrita do seu sistema de controle de qualidade.

342   Prontuário para Projeto e Fabricação de Equipamentos Industriais

> O sistema de controle de qualidade do fabricante deve proporcionar ao inspetor, nas instalações do fabricante, o acesso a todos os desenhos, cálculos, especificações, procedimentos, folhas de processo, procedimentos de reparo, registros, resultados de testes, e a quaisquer outros documentos que forem necessários para que o inspetor possa cumprir as suas obrigações, de acordo com esta divisão. O fabricante pode proporcionar esse acesso, tanto diretamente aos seus próprios arquivos de tais documentos, como fornecendo ao inspetor cópias desses documentos.

14.5.2 Prática

14.5.2.1 Sistema "simplificado" da garantia da qualidade

- **Recebimento: Procedimento VA-000**

Nesta fase, toda matéria-prima e consumíveis são 100% inspecionados visualmente e dimensionalmente e relatados em formulário próprio, sendo também codificados com códigos de cores e códigos alfanuméricos de acordo com o tipo do material.

Os respectivos certificados de qualidade são conferidos com as normas específicas, codificados e arquivados no setor do C.Q.

- **Corte da matéria-prima**

Todo corte de matéria-prima é feito mediante requisição contendo:
> Ordem de serviço.
> Número do desenho.
> Posição.
> Tipo do material.
> Dimensões.
> Quantidade e código do material.

Após o corte, o material recebe a identificação da ordem de serviço, número do desenho e posição, a qual acompanha o material durante toda a fabricação.

Os retalhos e sobras recebem a identificação do tipo do material, bitola e código de recebimento e devolvidos ao estoque.

- **Fabricação: Procedimento VA-000**

Todas as fases da fabricação, sejam elas de traçagem, caldeiraria, montagem ou usinagem sofrem inspeção 100% e só passam para a fase seguinte após liberação por escrito emitida pelo setor de C.Q.

As inspeções são relatadas em formulário próprio e arquivados na pasta da ordem de serviço referente ao equipamento inspecionado, em arquivos do C.Q.

• Soldagem: Procedimento VA-000

Todas as soldas de responsabilidade são executadas com procedimento qualificado e por soldadores devidamente qualificados, a pedido do cliente estas recebem o sinete do soldador que as executaram (sinetar em aço inoxidável pode contaminá-lo).

Pela norma interna, toda soldagem de raiz sofre ensaio por L.P, assim como as soldas acabadas com laudo emitido por inspetor qualificado.

Os ensaios não destrutivos como: ultrassom, radiográfico, partículas magnéticas, entre outros, são subcontratados, porém, com laudos emitidos por profissionais qualificados e de acordo com as normas exigidas.

• Produtos não conforme: Procedimento VA-000

Os produtos não conforme gerados no recebimento ou durante a fabricação são segregados em local diferenciado e identificados para que não entrem por engano no fluxo de fabricação.

• Acabamento: Procedimento VA-000

Os equipamentos recebem acabamento de acordo com as especificações do projeto ou do cliente e estes são executados obedecendo as normas específicas e inspecionados em cada etapa com emissão de relatório para o caso de jateamento e pintura.

• Testes e inspeção final: Procedimento VA/00/00

Os testes especificados no projeto são aplicados em concordância com as normas específicas e seus resultados relatados em formulário próprio.

A inspeção final é executada com base nos desenhos de fabricação onde se verifica o visual e o dimensional do equipamento e se aplicável o teste funcional, os desvios encontrados são relatados em formulário próprio e posteriormente analisados em conjunto com o cliente.

• Embarque

Os equipamentos ou partes de equipamentos a serem embarcados são analisados caso a caso sobre a necessidade de embalagem ou berços para transporte (salvo quando especificado no pedido de compra), o embarque é acompanhado pelo nosso setor de expedição e o equipamento é fotografado em vários ângulos e as fotos mantidas em arquivo por tempo indeterminado.

344   Prontuário para Projeto e Fabricação de Equipamentos Industriais

Quando aplicável é emitido romaneio descriminando o número de volumes e as quantidades de cada volume, sendo que uma cópia acompanha a nota fiscal.

14.5.2.2 Procedimentos

14.5.2.2.1 Recebimento de materiais

• Escopo

Este procedimento visa estabelecer uma rotina de trabalho para a inspeção de recebimento de matéria-prima.

• Atividades

Todo material recebido deve ser descrito no controle de recebimento de materiais, pelo almoxarife, e encaminhado com demais documentos pertinentes ao C. Q., que fará a inspeção.

Será executada a inspeção nos materiais recebidos com base nos pedidos de compra ou desenhos de fabricação.

Todo material a ser inspecionado deve ser checado: aspecto visual, dimensional, tipo do material, gravação de usina ou fabricação referente a corrida e material e a concordância entre o certificado de qualidade e o material inspecionado.

Os certificados de qualidade devem ser confrontados com a norma específica, carimbados com a data de recebimento e arquivados nas pastas do C.Q, pela ordem do código de rastreabilidade.

Materiais como conexões, motorredutores, motores, guarnições, perfilados etc., devem ser dimensionados conforme respectivos catálogos.

Materiais especificados como aço inoxidável tipo 316 ou 316l devem ser submetidos ao reagente de molibdênio DETET-16 ou similar.

Toda chapa em aço-carbono com espessura maior ou igual a 19,0mm deve ser submetida a ensaio por U.S, a fim de detectar dupla laminação ou segregação.

• Registro da inspeção

O inspetor emitirá um relatório de inspeção de matéria-prima (RIMP) em 3 vias descrevendo os materiais inspecionados, tipo de material especificado, código dos resultados e as divergências encontradas, sendo que uma via ficará no Almoxarifado, uma via no Planejamento e uma via no C.Q.

• Não conformidades

As não conformidades encontradas durante a inspeção de matéria-prima devem ser tratadas conforme procedimento abaixo.

RELATÓRIO DE INSPEÇÃO								Nº			
ITEM	O.S	DESCRIÇÃO	QT.	DIMENSÕES	MATERIAL	DESENHO	POS.	FORNECEDOR	N.F	CÓD.	NOTA

NOTAS

CÓDIGOS			
A	Aprovado para fabricação	* Todos material deve ser inspecionado com a máxima urgência	Inspeção
B	Aguardar inspeção do cliente		Data
C	Aprovação condicional		
D	Aceito com desvio		Planej.
E	Reprovado		Data

> **Material reprovado (E):** O C. Q. encaminha o relatório de não conformidade a Compras que cuida para que o material seja devolvido ao fornecedor.
> ✓ A troca de material só será aceita se o fornecedor for "parceiro" e não houver reincidência.
> ✓ Caso haja reincidência de fornecedor "parceiro", este será desqualificado.

> **Material sem certificado (C):** O C. Q. encaminha o relatório de não conformidade a compras que entra em contato com o fornecedor para providenciar o documento.
> ✓ Caso o certificado não seja enviado no tempo determinado, o procedimento adotado será de material reprovado. Este procedimento será aceito para fornecedor "parceiro" e que não seja reincidente.
> ✓ Caso haja reincidência de fornecedor "parceiro", este será desqualificado.

> **Material com defeito que não comprometem, ou faltando algum detalhe (D):** O C. Q. encaminha o relatório de não conformidade a Compras que comunica ao fornecedor o procedimento a ser seguido (técnico ou comercial).

346   Prontuário para Projeto e Fabricação de Equipamentos Industriais

✓ Exemplo 1: Flange com ranhuras, porém, material recebido sem ranhuras >> Ranhura será feita e o fornecedor concederá um desconto.

✓ Exemplo 2: Solicitado e descrito na nota fiscal: 12 estojos e 12 porcas >> Recebido: 11 estojos e 9 porcas.

✓ Caso os itens faltantes não sejam enviados no tempo determinado, o procedimento será de material reprovado.

✓ Exemplo 3: Tubo com cavidades dentro do permissível pelas normas e padrão de qualidade interno.

✓ Caso haja reincidência de fornecedor "parceiro", este será desqualificado (válido para exemplos 1, 2 e 3).

➢ **Material com inspeção do cliente (B)**: O C. Q. faz a inspeção, e estando tudo de acordo, solicita a visita do inspetor do cliente.

➢ **Aprovado (A):** O Almoxarifado codificará a matéria-prima e os respectivos certificados de qualidade, com um código alfanumérico para rastreabilidade dos materiais.

- **Rastreabilidade:**

Além de notas fiscais e certificados, devem ser gerados códigos internos que identifiquem e facilitem a busca de tudo que diz respeito aos componentes utilizados na fabricação de um equipamento. Um sistema de cores também é necessário para agilizar a localização de materiais, principalmente as chapas, tubos e perfis.

➢ **Exemplos de códigos**:

✓ A-xxx <=> Chapas em aço-carbono (A1 = SAE 1020 // A2 = A-36 // A3 = A-283-C // A4 = A-285-C // A4 = A-516 // A5 = A-515 // A6 = outras).

✓ B-xxx <=> Chapas em A-240-304.

✓ B1-xxx <=> Chapas em A-240-304L.

✓ C-xxx <=> Chapas em A-240-316.

✓ C1-xxx <=> Chapas em A-240-316L.

✓ CA-xxx <=> Materais especiais (CA1 = 904L // CA2 = SAF 2205 // CA3 = outros).

✓ D-xxx <=> Tubos em aço-carbono.

✓ E-xxx <=> Tubos TP304 (E1 = A-249 // E2 = A-269 // E3 = A-270 // E4 = A-312 // E5 = outros).

✓ F-xxx <=> Tubos TP304L (F1 = A-249 // F2 = A-269 // F3 = A-270 // F4 = A-312 // F5 = outros).

✓ G-xxx <=> Tubos TP316 (G1 = A-249 // G2 = A-269 // G3 = A-270 // G4 = A-312 // G5 = outros).

Departamentos

✓ EA-xxx <=> Tubos em materiais especiais (EA1 = 904L // EA2 = SAF 2205 // EA3 = outros).

✓ H-xxx <=> Flange em A-105 (H1 = S.O // H2 = L.J // H3 = W.N // H4 = outras).

✓ I-xxx <=> Conexões em A-105 (I1 = curva // I2 = luvas // I3 = outras).

✓ HA-xxx <=> Flange em A-182-F304 (HA1 = S.O // HA2 = L.J // HA3 = W.N // HA4 = outras).

✓ IA-xxx <=> Conexões em A-182-F304 (IA1 = curva // IA2 = luvas // IA3 = outras).

✓ HB-xxx <=> Flange em A-182-F304L (HB1 = S.O // HB2 = L.J // HB3 = W.N // HB4 = outras).

✓ IB-xxx <=> Conexões em A-182-F304L (IB1 = curva // IB2 = luvas // IB3 = outras)

✓ HC-xxx <=> Flange em A-182-F316 (HC1 = S.O // HC2 = L.J // HC3 = W.N // HC4 = outras).

✓ IC-xxx <=> Conexões em A-182-F316 (IC1 = curva // IC2 = luvas // IC3 = outras).

✓ HD-xxx <=> Flange em A-182-F316L (HD1 = S.O // HD2 = L.J // HD3 = W.N // HD4 = outras).

✓ ID-xxx <=> Conexões em A-182-F316 (ID1 = curva // ID2 = luvas // ID3 = outras).

✓ HE-xxx <=> Conexões sanitárias (HE1 = 304 // HE2 = 304L // HE3 = Especiais).

✓ HF-xxx <=> Conexões sanitárias (HF1 = 316 // HF2 = 304L // HF3 = Especiais).

✓ J-xxx <=> Forjados (J1 = A-105 // J2 = A-182 // J3 = outros).

✓ K-xxx <=> Fundidos.

✓ L-xxx <=> Não ferrosos (L1 = chapas // L2 = tubos // L3 = redondos // L4 = outros).

✓ M-xxx <=> Perfilados (MA = aço-carbono // MB = aço inox // MC = outros).

✓ N-xxx <=> Motores.

✓ NA-xxx <=> Redutores.

✓ NX-xxx <=> Motorredutores.

✓ N1-xxx <=> Conversores/Inversores.

✓ NX1-xxx <= > Acoplamentos

✓ NX2-xxx <=> Mancais.

✓ NX3-xxx <=> Selos mecânicos.

✓ O-xxx <=> Acessórios (O1 = spray // O2 = quebra-vácuo // O3 = válvula de alívio e segurança // O4 = visores/O5 = corta chama/O6 = outros).

✓ P-xxx <=> Válvulas (P1 = sanitárias // P2 = diafragma // P3 = esferas // P4 = outras).

✓ Q-xxx <=> Internos de colunas.

✓ R-xxx <=> Fixações (R1 = aço-carbono // R2 = aço inox).

✓ S-xxx <=> Eletrodos (S1 = carbono // S2 = inox // S3 = especiais).

✓ T-xxx <=> Varetas (T1 = carbono // T2 = inox // T3 = especiais).

✓ U-xxx <=> Telas (U1 = carbono // U2 = 304/L // U3 = 316/L // U4 = especiais).

✓ V-xxx <=> Juntas.

✓ X-xxx <=> Tintas.

✓ Z-xxx <=> Diversos.

➤ **Exemplo de sistema de identificação de materiais, por cores:**

✓ Verde ⇔ A-36

✓ Verde + azul ⇔ A-283-C.

✓ Verde + azul + branco ⇔ A-285-C.

✓ Azul ⇔ A-515-60 // Azul + branco ⇔ A-515-70.

✓ Amarelo ⇔ A-516-60 // Amarelo + branco ⇔ A-516-70.

✓ Vermelho ⇔ Inox 304 // Vermelho + amarelo ⇔ Inox 304L.

✓ Preto ⇔ Inox 316 // Preto + amarelo ⇔ 316L.

✓ Branco ⇔ 904L.

✓ Branco + preto ⇔ SAF 2304. Branco + vermelho ⇔ Hastelloy C-22.

✓ Branco + azul ⇔ Inconel.

✓ Branco + vermelho + preto ⇔ Titânio.

14.5.2.2.2 Uso de materiais especiais

• Escopo

Este procedimento visa estabelecer uma rotina de trabalho para uso de materiais especiais durante o processo de fabricação.

• Atividades

Todo material considerado "especial", seja ele tubo, chapa ou barra deve ser inspecionado no recebimento conforme o procedimento AAAA-000.

• Materiais comprados para uma "O. S." específica

Após a liberação do material, este deve ser traçado com as posições do desenho do equipamento onde o material será usado e convocar o setor de C.Q. para inspeção e, se aplicável, sinetagem do material (emitir relatório).

A sobra do material deve ser identificada com o código de rastreabilidade, tipo de material e código de cores, só então armazenar no devido lugar.

• Materiais de estoque

Os materiais de estoque que forem separados para uma determinada "OS" devem ser traçados com as posições do desenho do equipamento onde o material será usado e convocar o setor de C.Q. para inspeção e, se aplicável, sinetagem do material.

O setor de C.Q. deve verificar o tipo de material especificado na requisição das posições e confrontá-lo com a gravação da chapa, tubo, etc..., verificar a conformidade com o certificado de qualidade e retirar uma pequena amostra para possível análise química posterior (a amostra deve ser guardada por 5 anos devidamente identificada com código de rastreabilidade, OS, desenho, posições que foi usada e data de armazenagem).

O setor de corte deve anotar o código de rastreabilidade na requisição do material e transferir as identificações para as sobras.

Obs.:

Em nenhuma hipótese o material pré-selecionado poderá ser substituído por outro, mesmo que esteja identificado com as mesmas especificações, sem que seja feita nova inspeção. Os materiais sem identificação de usina ou interna não poderão ser usados.

14.5.2.2.3 Produto não conforme (recebimento)

• Escopo

Este procedimento visa estabelecer uma rotina de trabalho para o tratamento dos produtos não conformes e/ou não conformidades encontradas no recebimento.

• Atividades

Todo produto não conforme e/ou não conformidade, obrigatoriamente, deve gerar um relatório de rejeição preenchido pelo C.Q., e no final de um tempo preestabelecido ser analisado pela diretoria.

• Recebimento

No ato da inspeção de recebimento da matéria-prima, caso algum produto não conforme seja encontrado, o inspetor deve relatar o ocorrido no relatório de inspeção de matéria-prima (RIMP) dando-lhe o código de reprovado e especificar o motivo da reprovação.

Ao receber o relatório do C.Q., o setor de Planejamento deve analisar a não conformidade e, no caso desta ser grave, e que comprometa o processo produtivo e/ou a qualidade do produto final, deve ser comunicado o setor de Compras, a fim de efetuar a devolução ou troca do produto.

O setor de Compras deve negociar junto ao fornecedor a devolução imediata da matéria-prima que está sendo rejeitada e enviar notificação de não conformidade ao fornecedor, com cópia ao C.Q. Caso não seja possível a devolução imediata da matéria-prima, esta deve ser segregada em uma área diferenciada e identificada como material rejeitado até se proceder sua devolução.

Caso a não conformidade não comprometa o processo produtivo e/ou a qualidade do produto final, o setor de Planejamento deve solicitar a avaliação da diretoria, a qual poderá ou não autorizar o recebimento da matéria-prima rejeitada.

Em caso de autorização pela diretoria, esta deverá visitar o relatório de inspeção e o setor de Planejamento comunicará o C.Q. para que seja emitido um novo relatório de aceito com desvio ou aceito condicionalmente.

Em casos que a matéria-prima rejeitada seja trabalhada em nossa fábrica, esta deve ser inspecionada pelo C.Q. após o retrabalho, com emissão de relatório.

14.5.2.2.4 Fabricação de caldeiraria

• Escopo

Este procedimento visa estabelecer uma rotina de trabalho para a inspeção de fabricação no setor de caldeiraria.

• Atividades

Todo equipamento, partes de equipamentos ou reformas em execução devem sofrer intervenção da inspeção em todas as fases de fabricação e execução de testes.

O setor de caldeiraria emitirá uma solicitação de inspeção (SRI) preenchido com os dados do equipamento, tipo de inspeção solicitada e dados do executante do trabalho a ser inspecionado.

O responsável pelo setor que executou o trabalho deve proceder uma pré-inspeção no equipamento em questão, assinar a solicitação e entregá-la no setor do C.Q.

• Inspeção

As inspeções devem ser executadas com base nos desenhos de fabricação (atualizados) ou croquis assinados pelo projeto ou pela Engenharia.

Em hipótese alguma deve ser seguida informações verbais, anotações em desenho sem a assinatura do responsável ou croquis sem a assinatura do projeto ou diretoria. As anotações e/ou assinaturas feitas a lápis não serão consideradas válidas.

Os detalhes dos desenhos de fabricação devem ser seguidos rigorosamente e qualquer modificação na fabricação será motivo de rejeição, salvo se autorizado por escrito pela Engenharia.

Em todas as fases da fabricação onde a inspeção for solicitada, salvo onde não aplicável, deve ser aplicado o exame dimensional, visual, de alinhamento, de orientação, de esquadro, de nível e de prumo.

• Registro das inspeções

Os registros dos resultados da inspeção poderão ser feitos no relatório de inspeção (SRI) ou anotados nos desenhos de fabricação, desde que conste no relatório de inspeção, em desenho, de qual setor foram feitas as anotações.

Se nenhuma irregulariedade for constatada durante a inspeção de fabricação, deve ser emitido pelo inspetor um relatório de aprovação em 3 vias, constando o que foi liberado e para que fase de fabricação está sendo liberado.

Uma via do relatório deve ficar com a Produção, uma via com o Planejamento e uma via ficará com o C.Q.

Em caso de ser encontrada alguma não conformidade deve-se atuar conforme o procedimento AAAA-0000.

14.5.2.2.5 Fabricação na usinagem

• Escopo

Este procedimento visa estabelecer uma rotina de trabalho para a preparação e inspeção de fabricação no setor de Usinagem.

• Atividades

Todos os equipamentos, partes de equipamentos ou reformas em execução devem sofrer intervenção da inspeção em todas as fases de fabricação, traçagem e usinagem.

O setor de Usinagem emitirá uma solicitação de inspeção (RID) preenchido com os dados do equipamento, tipo de inspeção solicitada e dados do executante do trabalho a ser inspecionado.

O responsável pelo setor que executou o trabalho deve proceder uma pré--inspeção no equipamento ou peça em questão, assinar a solicitação e entregá--la no setor de C.Q.

• Inspeção

As inspeções devem ser executadas com base nos desenhos de fabricação (atualizados) ou croquis assinados pelo projeto ou pela Engenharia.

Em hipótese alguma deve ser seguida informações verbais, anotações em desenho sem assinatura do responsável ou croquis sem a assinatura do projeto ou diretoria. As anotações e/ou assinaturas feitas a lápis não serão consideradas válidas.

Os detalhes dos desenhos de fabricação devem ser seguidos rigorosamente e qualquer modificação na fabricação será motivo de rejeição, salvo se autorizado por escrito pela Engenharia.

Em todas as fases da fabricação onde a inspeção for solicitada, salvo onde não aplicável, deve ser aplicado o exame dimensional, visual e de orientação, usando-se os instrumentos de medição apropriados de acordo com as especificações dos desenhos de fabricação.

• Registro das inspeções

Os resultados da inspeção devem ser registrados no relatório de inspeção dimensional (RID), constando todas as dimensões especificadas e as dimensões encontradas, assim como o resultado visual.

Se nenhuma irregularidade for constatada durante a inspeção de usinagem ou traçagem, deve ser preenchida a etiqueta anexa ao (RID) como aprovado e esta deve acompanhar a peça ou equipamento até a sua montagem ou próxima etapa de fabricação.

O relatório de inspeção dimensional (RID) deve ficar nos arquivos do C.Q.

Em caso de ser encontrada alguma não conformidade deve-se atuar conforme o procedimento nº AAAA.

14.5.2.2.6 Produto não conforme (processo produtivo)

• Escopo

Este procedimento visa estabelecer uma rotina de trabalho para o tratamento dos produtos não conformes e/ou não conformidades encontradas nas etapas de fabricação.

• Atividades

Todo produto não conforme e/ou não conformidade, obrigatoriamente, deve gerar um relatório de rejeição preenchido pelo C.Q., e no final de um tempo preestabelecido ser analisado pela Engenharia.

• Processo produtivo

Durante o processo produtivo, seja ele de caldeiraria, solda ou usinagem, caso seja encontrada alguma não conformidade, o inspetor deve preencher o relatório de "solicitação e relatório de inspeção" (SRI) como rejeitado e especificar o motivo da rejeição e, em seguida, abrir um relatório de não conformidade (RNC).

Ao receber o relatório da inspeção, o setor de Planejamento deve analisar a não conformidade em conjunto com a Engenharia, a fim de encontrar a melhor solução para sua recuperação. Após a decisão de como executar o retrabalho, o C.Q. abrirá uma ficha de ação corretiva (FAC) e o setor de Planejamento abrirá um cartão de mão de obra na cor vermelha para registrar o tempo gasto com a recuperação, os quais serão entregues ao responsável pelo setor de produção.

Caso a não conformidade seja grave e comprometa diretamente a qualidade do produto final, e após análise da Engenharia, decida-se pela fabricação de novo produto, a peça ou produto não conforme deve ser segregado em uma área diferenciada, e receber identificação como material rejeitado.

Todo retrabalho e/ou recuperação deve ser reapresentado ao C.Q. após sua execução, e novo relatório de inspeção deve ser emitido.

Em caso de aprovação, no relatório deve constar "aprovado após recuperação".

14.5.2.2.7 Ensaio por líquido penetrante

• Escopo

Este procedimento visa estabelecer uma rotina de trabalho para execução de ensaios por líquido penetrante.

• Pré-limpeza

Remover toda e qualquer substância estranha, tais como: graxa, óleo, tinta, óxido, umidade, poeira, etc., da superfície a ser ensaiada.

A limpeza deve ser executada por escovamento, decapagem ou esfregamento de panos embebidos em solventes.

• Aplicação do penetrante

Aplicar o líquido penetrante sobre a superfície a ser ensaiada, por meio de "*spray*" ou pincelamento, de modo que toda a área receba uma camada uniforme. Deve-se aguardar um tempo de 15 a 20 minutos para a penetração do líquido.

Remover o excesso do líquido penetrante por meio de jato de água com pressão não superior a 40lbs/pol^2 e com inclinação aproximada de 45° ou então, como alternativa, usar panos umedecidos em água.

Efetuar a secagem da superfície usando-se panos limpos e que não soltem fiapos.

• Aplicação do revelador

Aplicar o revelador de forma que toda superfície a ser ensaiada receba uma camada fina e uniforme.

A aplicação deve ser feita por meio de "*spray*" ou pistola de pintura.

Deve-se aguardar um tempo de 10 a 20 minutos antes de proceder a inspeção.

• Inspeção do ensaio

Toda a área ensaiada deve ser examinada pelo inspetor, observando-se a ocorrência de porosidades e/ou trincas.

• Critérios de aceitação

Os critérios de aceitação devem ser os citados na norma *ASME* – Seção VIII – Div. 1 – Ap. 8.

• Registro do ensaio

O inspetor deverá emitir relatório ou certificado de execução do ensaio, com carimbo constando assinatura e n° do SNQC.

• Procedimento após ensaio

A área submetida ao ensaio deve ser limpa de forma que sejam removidos todos os resíduos originários dos produtos usados no ensaio.

Notas

Na execução da pré-limpeza, remoção do excesso de penetrante e na secagem não é permitido o uso de estopa ou panos que soltem fiapos.

Na execução da remoção de excesso de penetrante não é permitido o uso de solventes.

Não é permitido executar a aplicação do revelador por meio de pincel.

Entre a remoção do excesso de penetrante e a aplicação do revelador, o tempo não deve exceder 20 minutos.

14.5.2.2.8 **Teste pneumático**

• **Escopo**

Este procedimento visa estabelecer uma rotina de trabalho para a preparação e execução de teste pneumático em vasos de pressão, trocadores de calor e componentes ou partes destes equipamentos.

• **Características do fluido de teste**

Como fluido de teste, pode ser usado ar comprimido seco ou nitrogênio.

• **Indicadores de pressão**

Os manômetros devem estar aferidos na realização do teste, admitindo-se um período máximo de validade de 3 meses de aferição.

O valor da escala dos manômetros deve estar entre uma vez e meia e quatro vezes a pressão teste e a menor divisão da escala não deve exceder a 5% da indicação máxima. Os manômetros não devem ter o mostrador com diâmetro inferior a 75mm.

Devem ser usados, no mínimo, 2 manômetros na execução do teste e pelo menos um deles deve ser instalado na parte mais alta do equipamento a ser testado.

Pelo menos um manômetro deve estar visível ao inspetor durante o teste.

• **Pressurização**

A pressão deve ser elevada gradualmente até cerca da metade da pressão do teste, após o que, aumentar a pressão em degraus de 1/10 da pressão de teste até atingir a pressão requerida. Manter a pressão pelo tempo mínimo de 30 minutos e em seguida reduzir a pressão para um valor igual a 4/5 da pressão de teste e mantê-la nesse nível durante o tempo de inspeção.

• **Inspeção visual do equipamento**

Todas as partes pressurizadas devem ser examinadas pelo inspetor, observando-se a ocorrência de vazamentos ou deformações. Eventualmente poderá ser usada espuma de sabão para melhor visualização de vazamentos.

• Proteção/acesso

Devem ser previstas condições seguras de acesso às partes a serem inspecionadas, e bloqueio entre os manômetros e o equipamento, para permitir substituição caso seja necessário.

• Critérios de aceitação

Devem ser obedecidos os critérios de aceitação descritos na norma *ASME* – Seção VIII – Div. UG-99/UG-100

• Registro de teste

O inspetor deve emitir relatório ou certificado de execução do teste.

• Procedimento após teste

A pressão deve ser retirada de forma lenta e gradativa.

Notas

Recomenda-se que o teste pneumático seja executado por profissional devidamente qualificado e tomando-se todas as precauções e medidas de segurança.

Para teste pneumático em reforços de bocais, almofadas de suportes ou *clips* deve ser aplicada uma pressão de 2,0kgf/cm², aplicando-se espuma de sabão nas soldas e observando possíveis vazamentos.

14.5.2.2.9 Teste hidrostático

• Escopo

Este procedimento visa estabelecer uma rotina de trabalho para a preparação e execução de teste hidrostático em vasos de pressão e trocadores de calor.

• Características do fluido de teste

O fluido de teste deve ser água limpa e não deverá ter a temperatura inferior a 15°C.

• Indicadores de pressão

Os manômetros deverão estar aferidos para a realização do teste, admitindo-se um período máximo de 3 meses de validade na aferição.

O valor da escala dos manômetros deve estar entre uma vez e meia e quatro vezes a pressão de teste e a menor divisão da escala não deve exceder a 5% da indicação máxima.

Os manômetros não devem ter o mostrador com diâmetro inferior a 75mm. Devem ser usados, no mínimo, 2 manômetros na execução do teste e pelo menos um deles deve ser instalado na parte mais alta do equipamento a ser testado.

Pelo menos um manômetro deve estar visível ao inspetor durante o teste.

• Pressurização

A pressurização deve ser executada de forma lenta e só poderá ser executada, no mínimo, 24 horas após o término da última solda.

• Duração do teste

O equipamento deve ficar pressurizado, no mínimo 30 minutos, antes de se proceder o seu exame visual.

• Inspeção visual do equipamento

Todas as partes pressurizadas devem ser examinadas pelo inspetor, observando-se a ocorrência de vazamentos e/ou deformações.

• Proteção/acesso

Devem ser obedecidos os critérios de aceitação descritos na norma *ASME* – Seção VIII – Div.1 – UG-99.

• Registro do teste

O inspetor deve emitir relatório ou certificado de execução do teste.

• Procedimento após teste

Tirar totalmente a pressão, drenar, secar e limpar completamente o equipamento testado.

Notas

Em hipótese alguma deve ser executada solda em equipamentos com fluido de teste e/ou pressurizado.

Enquanto o equipamento estiver pressurizado não deve ocorrer qualquer tipo de pancada sobre este.

Após a realização do teste não é permitida a execução de reparos por solda, soldagem de componentes ou acerto de conexões através de uso de martelos ou marretas.

14.5.2.2.10 Teste de vácuo

• Escopo

Este procedimento visa estabelecer uma rotina de trabalho para teste de vácuo em vasos de pressão e trocadores de calor.

• Procedimento

Fazer a ligação rígida entre a conexão de sucção da bomba e o equipamento a ser testado.

Instalar uma válvula de esfera entre a bomba e o equipamento a ser testado.

Após ser atingido o vácuo desejado, desligar a bomba e deixar o equipamento sob ação do vácuo pelo período mínimo de 30 minutos.

O equipamento estará aprovado se, após este período de teste, a marcação do manovacuômetro se mantiver constante.

PRESSÃO ATMOSFÉRICA LOCAL (kgf/cm^2)			
Altitude (m)	Pressão (kgf/cm^2)	Altitude (m)	Pressão (kgf/cm^2)
0	1,0000	1.200	0,8658
200	0,9763	1.400	0,8447
400	0,9526	1.600	0,8250
600	0,9303	1.800	0,8053
800	0,9079	2.000	0,7868
1.000	0,8868	3.000	0,6934

• Equipamentos utilizados

Bomba de vácuo "OMEL" modelo BVM-150/60 com 7,5CV ou similar.
Manovacuômetro: escala 0-76cmHg.

• Cálculo da pressão de teste

PL = Pressão atmosférica do local do teste
PM = Leitura do manovacuômetro
PC = Depressão conseguida.
PC = PL – PM

Departamentos

14.5.2.2.11 Jateamento

- **Norma de referência: sueca SIS 05.5900**

- **Escopo**

Este procedimento visa estabelecer uma rotina de trabalho para acabamento superficial em equipamentos ou partes de equipamentos que sofrerão pintura.

- **Atividades**

Todo equipamento ou parte de equipamento que estiver especificado em desenho o jateamento e pintura deverá se proceder conforme abaixo descrito:

  ✓ Grau Sa2 = Limpeza ao metal cinza ou jateamento comercial: Deverão ser removidos 50% de óxidos e carepas da superfície jateada.

  ✓ Grau Sa 2 ½ = Limpeza ao metal quase branco: Deverão ser removidos 95% de óxidos e carepas da superfície jateada.

  ✓ Grau Sa3 = Limpeza ao metal branco: Deverão ser removidos 100% de óxidos e carepas da superfície jateada.

- **Inspeção**

Após o jateamento, o controle da qualidade deverá ser convocado para inspeção do equipamento ou partes jateadas e liberar para pintura baseando-se na norma em questão.

Obs.:

Após o jateamento, a pintura deve ser aplicada no máximo dentro de 6 horas ou todo processo terá que ser refeito.

Deve ser evitado o jateamento em dias chuvosos, nos quais a pintura não poderá ser aplicada devido a alta umidade do ar. O jateamento deve ser executado com granalha de aço para materiais em aço-carbono e microesfera de vidro para materiais em aço inoxidável, salvo se for indicado em desenho outro procedimento.

360 Prontuário para Projeto e Fabricação de Equipamentos Industriais

14.5.2.2.12 Decapagem e passivação

- **Norma de referência:** *ASTM*-A380

- **Escopo**

Este procedimento visa estabelecer uma rotina de trabalho para decapagem e passivação em equipamentos de aços inoxidáveis.

- **Decapagem/passivação**

Escovar as soldas com escova de aço inoxidável e desengraxar com solvente toda a região a ser decapada/passivada.

Aplicar gel decapante/passivante "Avesta" em toda região a ser decapada/passivada e deixar agir por no mínimo 50 minutos a temperatura ambiente.

Escovar toda região das soldas e ZTAs com escova de aço inoxidável.

Lavar com água corrente, até a remoção total do produto aplicado ($\pm$ 3 minutos).

Obs.:

Agite bem o produto para homogeneizar antes de utilizar.

A aplicação do gel decapante/passivante deve ser feita com pincel plástico para evitar contaminação do produto e equipamento.

Durante a aplicação, o operador deve usar EPIs, como: máscara, luvas de borracha, botas de borracha, óculos de proteção e avental de borracha.

14.5.2.2.13 Inspeção final

- **Escopo**

Este procedimento visa estabelecer uma rotina de trabalho para a solicitação de inspeção final nos equipamentos em que o processo de fabricação esteja concluído.

- **Atividades**

Todo equipamento e seus componentes em que o processo de fabricação esteja concluído, obrigatoriamente, deve gerar uma solicitação de inspeção final preenchida pelo caldeireiro e assinada pelo responsável do setor em que o equipamento foi fabricado, a qual será entregue no setor de C. Q.

O encarregado do setor responsável pela fabricação do equipamento deve vistoriar este para detectar possíveis erros e só depois assinar a solicitação de inspeção final e entregá-la ao C. Q.

O equipamento que será submetido a inspeção final deve estar com o nivelamento dos bocais, conexões e suportes em ordem, assim como o equipamento deve ser nivelado e preparado em local de fácil acesso para se proceder a inspeção.

Departamentos 361

O C. Q. deve executar a inspeção final com base nos desenhos de fabricação e observar o dimensional, visual, alinhamento, prumo e orientação do equipamento, assim como conferir os acessórios que não estão montados neste.

Nenhum equipamento poderá ser preparado para teste hidrostático, teste pneumático ou para ensaio por líquido penetrante final, sem antes ter em mãos a liberação da inspeção final, emitida pelo C. Q.

Se for constatada pelo C. Q. alguma não conformidade, seja no dimensional ou no visual durante a inspeção final, deve ser emitido pelo inspetor um relatório de rejeição em 3 vias, as quais serão entregues para o setor de Produção e ao setor de Planejamento; uma via ficará em poder do C. Q. para a elaboração do "relatório de não conformidade" e da "ficha de ação corretiva".

Se nenhuma irregulariedade for constatada no equipamento, deve ser emitido pelo inspetor um relatório de liberação em 3 vias, sendo uma via para o setor de Produção, uma via para o setor de Planejamento e a outra ficará em poder do C. Q.

Em caso de ser detectada alguma não conformidade, o equipamento deve ficar aguardando até a emissão da "ficha de ação corretiva", a qual dará o procedimento a ser seguido.

14.5.2.2.14 Produto não conforme (após entrega)

• Escopo

Este procedimento visa estabelecer uma rotina de trabalho para o tratamento dos produtos não conforme e/ou não conformidades encontradas.

• Atividades

Todo produto não conforme e/ou não conformidade, obrigatoriamente, deve gerar um relatório de rejeição preenchido pelo C.Q., e no final de um tempo preestabelecido ser analisado pela Engenharia.

• Produto após entrega

Caso o cliente identifique alguma não conformidade no produto já entregue, deve ser analisado imediatamente a não conformidade em conjunto com o cliente e decidir qual a melhor ação a ser tomada para a sua correção.

O setor de C.Q. deve registrar a ocorrência por meio da abertura de uma ficha de ocorrência (F. O.) e analisar os motivos que ocasionaram a não conformidade e também o motivo pelo qual a não conformidade deixou de ser detectada internamente.

PLANO DE INSPEÇÃO E TESTES

						Nº 0000 / Rev. 0
CLIENTE:	BRASIL S.A	EQUIP.: T.C			O.S: 000-00	DATA: 00 / 00 / 0000

FASE	EVENTO	ENSAIOS E TESTES	CALDEIRARIA	CLIENTE	NORMAS / PROCEDIMENTOS	CRITÉRIOS / OBSERVAÇÕES
Matéria-prima	Inspeção	EV / DM / DOC	A / P	A / P	ASME II – Parte A	Conforme desenho
Traçagem	Costado	EV / DM	A	N	Conforme desenho	Conforme desenho
Conformação	Costado	EV / DM	N	N	Conforme desenho	ASME VIII,Div. 1 – UG-80
Conformação	Tampo	EV / DM / PT / ER	N	N	Conforme desenho	ASME VIII,Div. 1 – UG-81
Usinagem	Conexões / Espelhos	EV / DM / ER	A	A / V	Conforme desenho	Conforme desenho
Preparação	Costado / Tampo	EV / DM	A	*	Conforme desenho	Conforme desenho
Preparação	Traçagem/Conexões	EV / DM	A	*	Conforme desenho	Conforme desenho
Pré-montagem	Costado / Tampo	EV / DM	A	*	Conforme desenho	Conforme desenho
para soldagem	Conexões e partes	EV / DM	A	*	Conforme desenho	Conforme desenho
Soldagem	EPS / RQPS / RQS	DOC	A	A / V	ASME IX	ASME VIII,Div. 1
	Inspeção	EV / DM / PT / ER	A	A / V	Conforme desenho	Conforme desenho
Inspeção final	Qualidade	EV / DM / ER	A	A / P	Conforme desenho	Conforme desenho
Testes / Ensaios	E – Radiográfico	RT / ER	A	A / V	ASME VIII, Div. 1	Parcial UW-52 / Total UW-51
	T – Pneumático	OT / ER	N	N	Procedimento interno	Reforços bocais
	T – Hidrostático	TH / ER	A	A / P	ASME VIII, Div. 1	Procedimento interno
Acabamento	Decapado / Apassivado	EV / AC	A	A / V	Procedimento interno	Nas partes em inox
	Jateamento / Pintura	AD / PE / ER	A	A / V	Procedimento interno	Nas partes em carbono
Documentos	Data book	DOC	A	A / P	De acordo com pedido	Incluso NR-13

SIGLAS
A = A ser executado
P = Parada obrigatória
V = Verificação sem interrrupção fabricação
N.A = Não aplicável

CÓDIGOS	
DOC = Análise de documentos	LT = Estanqueidade
EV = Visual	RT = Radiografia
D = Dimensional	PE = Película tinta
PT = Líquido penetrante	AD = Aderência tinta
MT = Partículas magnéticas	E.R = Emissão de relatório
UT = Ultrassom	OT = Outros (Procedimentos)
T.H = Hidrostático	AC = Acabamento

Para controle de revisões ver Doc.: 1.00/01

Elaborado por:	Aprovado por:		Aprovação do Cliente / Representante:

SOLICITAÇÃO DE LIBERAÇÃO

N°.:

DADOS GERAIS:

SOLICITANTE:	CARTÃO:	DATA:	ENCARREGADO

O.S N°:	N° DES.:	REV.:	ITEM:
CLIENTE:	Equip.:		

PRIORIDADE:

☐ Para: __/__/____   ☐ Urgente   ☐ Imediato

LIBERADO PARA:

☐ Traçagem ☐ Furar ☐ Refilar ☐ Radiografar
☐ Corte ☐ Tornear ☐ Abrir bocais ☐ Ultrassom
☐ Calandrar ☐ Fresar ☐ Montar ☐ Teste Pneumático
☐ Dobrar ☐ Mandrilhar ☐ Soldar ☐ Teste Hidrostático
☐ Terceiros ☐ Outros ☐ Líquido penetrante ☐ Teste Funcionamento
☐ Jato e Pintura

Posições: _____

Obs.: _____

NÃO LIBERADO:

Motivo: _____

Providência: _____

Inspetor		CCQ	
Data		Data	

RELATORIO / CERTIFICADO DE EXAME COM LÍQUIDO PENETRANTE   Nº

DADOS GERAIS

CLIENTE:		PEDIDO:		O.S:
EQUIP.	ITEM:	DESENHO:		
NORMA: ASME Seção V – Artigo 6		PROC. INTERNO:		

MATERIAIS

Metal base:	Metal de adição:	Espessura:
Tipo de junta:	Processo soldagem:	Acabamento:

PRODUTOS:

PENETRANTE	REMOVEDOR	REVELADOR
Marca:	Marca:	Marca:
Tipo :	Tipo :	Tipo :
Lote nº:	Lote nº:	Lote nº:
Certificado:	Certificado:	Certificado:
Tempo de penetração:	Tempo de penetração:	Tempo de penetração:

OUTRAS INFORMAÇÕES / RESULTADOS

Técnica		Códigos (Cd)	EXAMES	Ref.	Abv	Dimensões	Cd
Cores contratantes		A – Aprovado	Raiz longitudinal (UW-3 = A)				
Fluorescentes		B – Reprovado	Raiz circunferencial (UW-3 = B)				
Temperatura da peça:		C – Remoção imperfeições	Longitudinal acabada (UW-3 = A)				
Temp. penetrante: Min. 16 / Max. 52ºC		D – Exame complementar	Circunferencial acabada (UW-3 = A)				
			União tampo/costado (UW-3 = B)				
Abreviações (Abv)		**Padrões de aceitação**	União flange prínc./costado (UW-3 = C)				
T = Trinca			União flange/tubos (UW-3 = C)				
F = Fenda		ASME VIII, Div. 1	União bocais/costado (UW-3 = D)				
P = Poros		Apendice 8	União bocais/tampos (UW-3 = D)				
DF – Defeitos de laminação			Fundidos Laminados				
G = Gotas frias			Especiais				

CARIMBOS / ASSINATURAS

INSPETOR	DATA	CLIENTE	DATA	QUALIDADE	DATA

CERTIFICADO DE TESTE HIDROSTÁTICO   Nº

INFORMAÇÕES GERAIS

CLIENTE:	PEDIDO:
EQUIPAMENTO:	ITEM:
OS: DESENHO:	NORMA:

Certificamos que o equipamento acima foi testado conforme os dados abaixo:

DADOS DE PROJETO

DESCRIÇÃO	Unidade	Vaso/Casco	Tubos	Camisa	Serpentina
Pressão					
Temperatura					
Eficiência					
Radiografia					
Corrosão admissível					
Alívio de tensões					
Exame com L.P					
Teste pneumático					

DADOS DE TESTE

DESCRIÇÃO	Unidade	Vaso/Casco	Tubos	Camisa	Serpentina
Pressão					
Temperatura					
Duração					
Data:					
Nº dos manômetros					
Capacidade da escala					

COMENTÁRIOS / OBSERVAÇÕES

CONCLUSAO

Declaramos que os testes foram testemunhados por nós e as informações contidas neste são verdadeiras e satisfatórias **(Aprovado)**.

Local e data

CARIMBOS / ASSINATURAS

RELATÓRIO/CERTIFICADO DE PINTURA

CLIENTE:			
EQUIP.:		ITEM:	O.S:
Preparação superfície:			Norma:
Fabricante da tinta:			
Nome da tinta:		Validade:	Certificado nº:

TINTA DE FUNDO:

Dados:	Primeira demão	Segunda demão	Terceira demão
Data			
Horário			
Espessura seca (μm)			
Umidade ® %			
Temp. ºC			

TINTA INTERMEDIÁRIA:

Dados:	Primeira demão	Segunda demão	Terceira demão
Data			
Horário			
Espessura seca (μm)			
Umidade ® %			
Temp. ºC			

TINTA DE ACABAMENTO:

Dados:	Primeira demão	Segunda demão	Terceira demão
Data			
Horário			
Espessura seca (μm)			
Umidade ® %			
Temp. ºC			

Resultado:		Data	Inspetor
Espessura final seca (μm):			

Controle dimensional

CLIENTE / OBRA: _Cliente / Job / Cliente / Proyecto :_   **PEP / REF.:** _PEP / Reference / PEP / Referencia_

DESENHO: _Drawing / Dibujo_   **REVISÃO:** _Revision / Revisión_   **O. P.:** _Production Order / Orden de producción_

EQUIPAMENTO: _Equipment / Equipo_

IDENTIFICAÇÃO DA COTA OU COORDENADA DO DESENHO _Dimension identification or coordinate drawing / Identificación de la dimensión o coordenada del dibujo_	COTA ESPECIFICADA _Specified dimension / Dimensión especificada_	TOLERÂNCIA _Tolerance / Tolerancia_		DIMENSÃO REAL _Actual dimension / Dimensión real_		IDENTIFICAÇÃO DA COTA OU COORDENADA DO DESENHO _Dimension identification or coordinate drawing / Identificación de la dimensión o coordenada del dibujo_	COTA ESPECIFICADA _Specified dimension / Dimensión especificada_	TOLERÂNCIA _Tolerance / Tolerancia_		DIMENSÃO REAL _Actual dimension / Dimensión real_	
		Mínimo _Minimum / Mínimo_	Máximo _Maximum / Máximo_	Mínimo _Minimum / Mínimo_	Máximo _Maximum / Máximo_			Mínimo _Minimum / Mínimo_	Máximo _Maximum / Máximo_	Mínimo _Minimum / Mínimo_	Máximo _Maximum / Máximo_

INSTRUMENTO DE MEDIÇÃO USADO
Measurement equipment used / Instrumento de medición usado

TÍPO _Type / Tipo_	CÓDIGO _Code / Código_	TÍPO _Type / Tipo_	CÓDIGO _Code / Código_

OBSERVAÇÕES: _Remarks / Observaciones_

CONTROLADO POR _Controlled by / Controlado por_	RNC Nº _NCR Nº._	APROVADO _Approved / Aprobado_	SIM _Yes / Si_ ☐	Não _No / No_ ☐
NOME / VISTO _Name / Sign_	DATA _Date_	NOME / VISTO _Name / Sign_	DATA _Date_	

Certificado de chapa

Certificado de tubo

 TUBOS REUNIDOS, S.A. - AMURRIO

EN 10204.1991/A1/3.1.B

CERTIFICADO DE CALIDAD
MILL TEST CERTIFICATE
ABNAHMEPRÜFZEUGNIS NACH
CERTIFIÉ DE QUALITÉ

Nº 0000059364 REV. 0

PAG. 1/3

CLIENTE: CUSTOMER BESTELLER CLIENT	DALMINE S.P.A. - DIEUR	Nº PEDIDO/PARTIDA: P.ORDER / ITEM BESTELLER NR / POS Nº COMMANDE / POSTE	01 AT 300994 000001
PRODUCTO: ARTICLE PRODUCTIONSTAND FOURNITURE	TUBERIA SIN SOLDADURA LAMINADA EN CALIENTE HOT FINISHED SEAMLESS TUBES	REF. FABRICA: WORK ORDER WERKS NR. Nº INTERNE	0300001833 000010
EXTREMOS: ENDS ENDEN EXTRÉMITÉ	BISELADOS BEVELLED ENDS	PROTECCION SUPERF: EXT. COATING ROSTSCHUTZ PROT. SUPERFICIEL	LACA SECA EXTERIOR OD DRY LACQUERED
NORMA / GRADO: APL. STANDARD AND GRADE SPEZIFIKATION / STAHL NORME ET QUALITÉ	LINE PIPE / BAJAS TEMPERATURAS API 5L2000, 933.1, A/SA 333.99 Gº X52 / Gº 6	ESPEC. ADICIONALES: ADITIONAL SPECS. ANFORDERUNGEN SPECIFIC. ADITIONNELLES	SEE ANNEX
DIMENSIONES: DIMENSIONS ABMESSUNGEN DIMENSIONS	60,3 X 11,07 MM. X 8-11,8 M.	REQUISITOS SUP.: SUP. REQUIREMENTS ZUSATZLICHE ERFORDER. CONDITIONS REQUISES SUP.	
		PROCESO FUSION: MELTING PROCESS ERSCHMELZUNGSART PROCÉDÉ FUSION	HORNO ELECTRICO ACERO TOTALMENTE CALMADO ELECTRIC FURNACE // FULLY KILLED
MARCAS: MARKING KENNZEICHNUNG MARQUAGE	ESTAMPADO DIE STAMPING/POINCONAGE	TR H.N. (COLADA)	
	PINTADO STENCILLED/PEINTED	TR 5L-0011 (SELLO API) (MM/AA) API5L GR.X52 ASTM/ASME A/SA 333 GR 6 60 .30 X 11.070 MM 9,04 LB/FT 5 H.N. TESTED 3000 PSI (LONG. TUBO EN MTS) M H.N. (COLADA)	
	CODIGO COLOR /COLOUR CODE		
TRAT. TERMICO: HEAT TREATMENT WÄRMEBEHANDLUNG TRAITEMENT THERMIQUE	NORMALIZADO, HORNO CONTINUO. / NORMALIZED,CONTINUOUS FURNACE 970 ºC 23 MIN		

ALBARANES: 80066813

DESCRIPCION SUMINISTRO / DESCRIPTION OF DELIVERY / UMFANGDERLIEFERUNG / DESCRIPTION DE LA LIVRAISON

ITEM FABRICA T.A. ITEM WERKS POS POSITION INTERNE	ITEM CLIENTE CLIENTS ITEM BESTELLER POS. POSTE DU CLIENT	LONG.INDIV (M) INDIVIDUAL LENGHT LÄNGE INDIVIDUELL LONGITUDE UNITAIRE	COLADA CAST NR. SCHMELZE NR. NºCOULEE	Nº TUBOS QUANTITY STÜCKZAHL NOMBRE	LONG.TOTAL(M) LENGHT LÄNGE LONGITUDE	PESO(KG) WEIGHT MASSE POIDS	PROBETAS Nº SPECIMEN NR. PROBE NR. ESSAI Nº
000010	1	8.000 - 11.800	60942	158	1.817,010	23896	1 - 2
TOTAL				158	1.817,010	23896	

Certificado de parafusos

	IDENTIFICAÇÃO DO PRODUTO	QUANT.PÇS.
A	PARAF.P/ MADEIRA CAB.RED.3/16x1.1/2 A/C.	04
B	PARAF.SEXT 5/8X2.1/2 UNC CADM. / BICRO. RT A-193 B7 DESIDROGENIZADOS	11

COMPOSIÇÃO QUÍMICA

	C	Mn	P	S	Si	Cr	Ni	Mo	Cu	Al	DUREZA	CARGA APLICADA
A	0.22	0.42	0.04	0.05	-	-	-	-	-	-	180 HRB	-
B	0.41	0.80	0.016	0.032	0.25	1.10	0.03	0.25	0.06	0.019	31 HRC	-

ENSAIO MECÂNICO

	Limite Escoamento	Limite de Resistência	Estrição	Alongamento
A	-	75 KSI	-	18 %
B	800 N / (mm)2	900 N / (mm)2	60 %	23 %

REF. A-193 B7

** Temperatura de Tempera = 860 °C
** Temperatura de Revenimento = 600 °C
** Material Fornecido Conforme ASTM A-193 B7
** Exame Metalografico de acordo com norma ASTM E381 ED.01 – APROVADO
** Macroestrutura S: 1 ; Macroestrutura R: 2; Macroestrutura C: 1

Certificado de consumível de solda

Produto KST KB SCHWARZ AN   Quantidade   18,00 Kg
Product   Ø 3,25 mm x 350 mm   Quantity

Norma aplicável   ASME SFA5.1-04 AD05 AWS A5.1.M:2004 E7018/E7018-1
Specification   DIN 8529 ESY 42 55 Mn B

Certificado conforme ASME SFA5.01 AD03 PROGRAMA F (quando aplicável) e/ou DIN 50049 2.2 (quando aplicável)
Test report

Composição Química Chemical composition Depósito de solda/arame (%) Weld metal/wire (%)	Propriedades Mecânicas Mechanical Properties
C = 0,047 Cr = 0,03 Mn = 1,24 Mo = 0,022 Ni = 0,12 P = 0,018 S = 0,012 Si = 0,37 V = 0,049	Al (%) >= 22 Impacto 27 J -45 °C LE (N/mm2) Min: 400 RT (N/mm2) Min: 490
Teste radiográfico Radiographic test Aprovado	
Teste de filete Fillet weld test Atende aos requisitos de teste de filete	

Relatório de ultrassom

Procedimento de ensaio: US CH 01 Rev. 0		Critério de aceitação: ASTM A 577/578	

DADOS DA CHAPA / MATERIAL DATA	IDENTIFICAÇÃO (Identification)	(TAMPA + FUNDO)	EQUIPAMENTO / EQUIPMENT	CONDIÇÃO DA SUPERFÍCIE (Surface condition)	BRUTO	TRANSDUTORES / PROBES	TIPO (Type)	D. CRISTAL	ÂNGULAR
	DIMENSÕES (Dimensions)	DESENHO E CROQUIM ABAIXO		ACOPLANTE (Coupling medium)	METIL		DIMENSÕES (Dimensions)	Ø 10 mm	8 x 9 mm
	NORMA (Code)	ASTM A 240		TIPO (Type)	PULSO ECO		ÂNGULO REAL (Real angle)	0°	45°/60°
	CLASSIFICAÇÃO (Classification)	TP 304-L		CALIBRAÇÃO (Calibration)	PEÇA / BLOCO		FREQUÊNCIA (Frequency)	2 Mhz	4mHZ
	CORRIDA (Heat)			FABRICANTE (Brand)	KRAUTKRAMER		FABRICANTE (Brand)	KRAUTKRAMER	
	OBSERVAÇÕES (Remarks)	MATER. CONFORMADO		MODELO (Model)	USK7B		MODELO (Model)	MSE B2H	MWB_° N4

RESULTADOS DOS TESTES
TEST RESULTS

DESCONTINUIDADE (Descontinuit)	DISTÂNCIA PONTO REFER. (Distance from reference point)		NÍVEL DO ECO (Echo Level)	PROFUNDIDADE (Depth)	CABEÇOTE (Probe)	LAUDO (Result)	OBSERVAÇÕES (Remarks)
	X (mm)	Y (mm)					
						Aprovado	

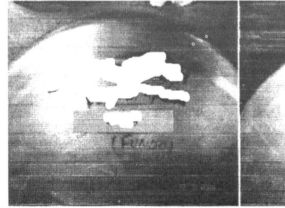
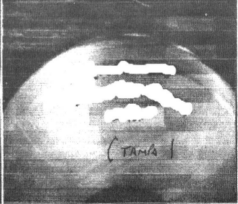

ESPESSURA = 6,0 mm

Relatório de alívio de tensões

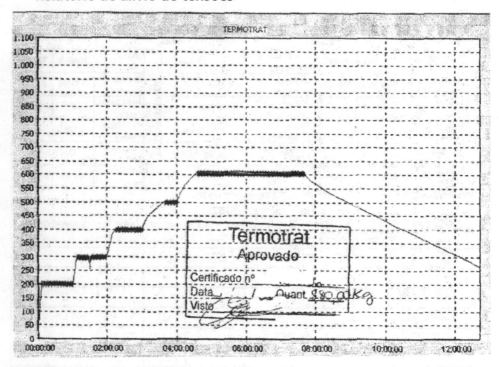

Certificamos que, com base nas informações contidas em sua Nota Fiscal mencionada acima, executamos o(s) tratamento(s) térmico(s), cujos resultados apresentamos abaixo:

Tratamento(s) Térmico(s):   ALÍVIO DE TENSÃO.

Material Especificado: AÇO A516-60.

Quantidade do Lote: 880,00 kg.

Denominação:

Relatório de rebordeamento

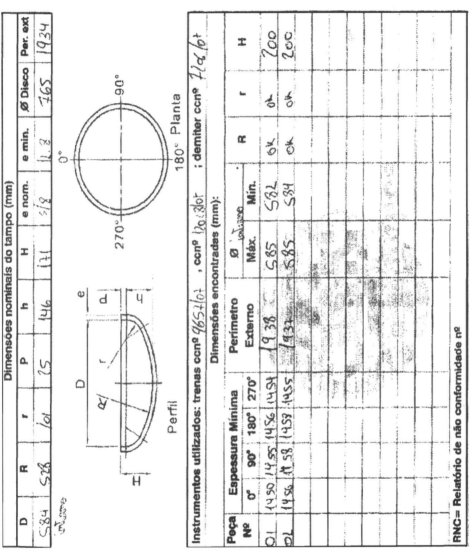

Relatório de exame radiográfico

PROCEDIMENTO TÉCNICO: MTC 021 REVISÃO 17						NORMA:	ASME VIII				
EQUIPAMENTO: SS-17578											
TIPO DE RADIAÇÃO: GAMA	MARCA DO ISOTOPO	IR192	POTÊNCIA OU ATIVIDADE	38Ci		DIMENÇÃO DO FOCO 2,7mmX0,25mm					
MARCA DO FILME: KODAK		TIPO: II	ECRAN DIANTEIRO: 0,005mm ECRAN TRASEIRO: 0,010mm			Nº DE FILMES POR CHASSIS: 01					
MAT: A-516-60						Processo de solda:					

RAD Nº	POS	DIAM.	ESP	REF.	DFF	DFF	TECNICA	SOLD	LOCALIZAÇÃO OU ESPECIFICAÇÃO	LAUDO A	R	TIPO DE DEFEITO
01	0-1		15,8MM	3MM	700MM		PSVS	1/4	C-01	✓		
02	0-1	"	15,8MM	3MM	700MM		PSVS	1/4	C-02 / L-01	✓		PO
"	"	"	"	"	"	"	"	"	"	"	"	"

ESP. = Espessura da chapa   REF. = Altura do Reforço   DFP min.= Distância Fonte Peça   DFF = Distância peça-filme na mínima dist. fonte peça
T=TRINCA PO=POROSIDADE CO=CONCAVIDADE IE=INCLUSÃO DE ESCORIA   PE=PENETRAÇÃO EXCESSIVA
FP=FALTA DE PENETRAÇÃO   MD=MORDEDURA   IT=INCLUSÃO DE TUGSTENO   FF=FALTA DE FUSÃO   A=APROVADO R=REPROVADO

Total de Filmes	3.1/2"x17" =	3.1/2"x8.1/2" =		4.1/2"x17" =	4.1/2"x8.1/2" =

Relatório de micrografia

Informações fornecidas pelo solicitante:

Material.................. : 304
Amostra.................. : Espessura: 12,70 – Corrida: 741068A02 – Acesita - OV: 149411
Documento............. : S/N°
Fornecedor Declarado : ----
Natureza do ensaio/análise .: Metalográfico

RESULTADOS OBTIDOS

1. **Análise micrográfica:**

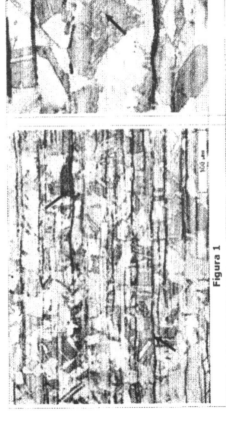

Figura 1

Figura 2

A micrografia realizada no sentido longitudinal após ataque químico mostra uma microestrutura austenítica, típica de um aço inoxidável austenítico. Nota-se a presença de ferrita delta com cerca de 5% (setas). Foi evidenciada a presença característica de martensita com cerca de 5%.

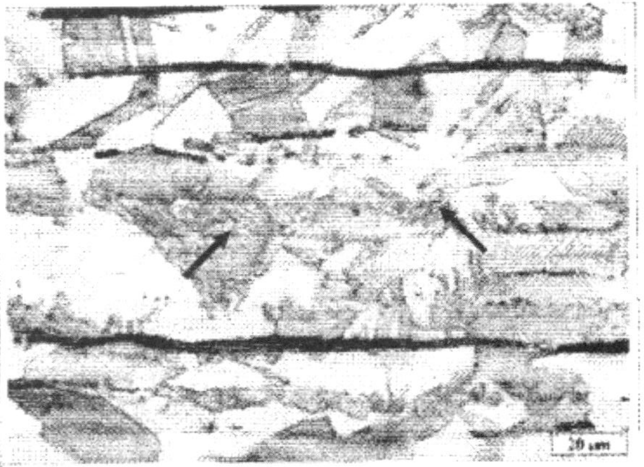

Detalhe da microestrutura com característica de martensita (setas).

Mapa radiográfico

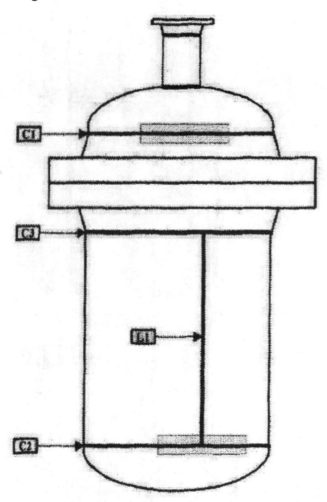

Especificação de procedimento de soldagem

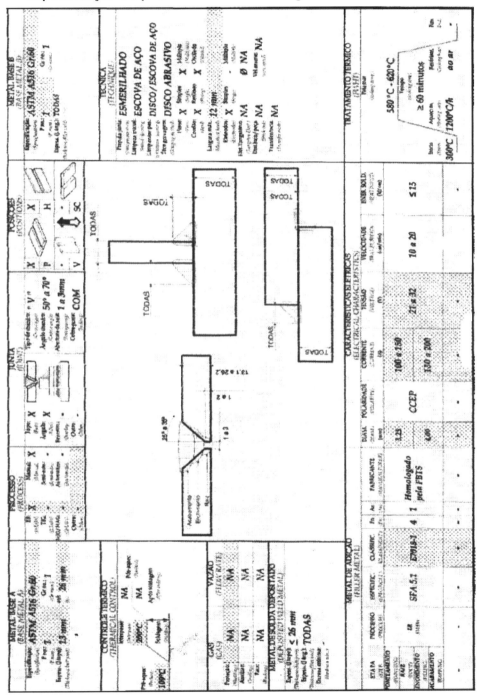

Registro de qualificação do procedimento de soldagem

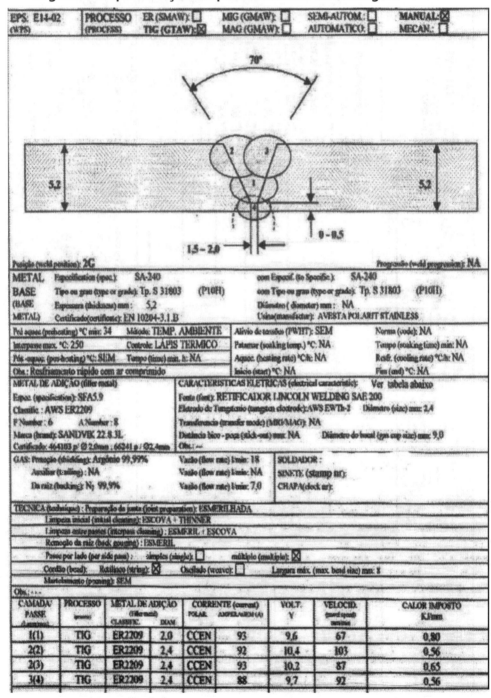

Registro de qualificação do soldador

SOLDADOR (WELDER): Nome: Chapa (clock n°):　　　　Sinete (stamp):	EPS utilizada (WPS used):

METAL BASE Especif. (specif.): **ASTM A516 Gr.60** (base metal):　　Espes. (thickness) mm: **13**	PROCESSO: **ER (SMAW)** (process): **Manual:** ☒　Automat.:☐　Semi-aut.:☐

VARIAVEIS (Variables) para soldador (welder) QW350	VALORES USADOS NA QUALIFICAÇÃO (Actual Values used)		FAIXA QUALIFICADA (Qualification Range)	
P Nr QW 403.18	1	com to　1	**1 a 11; 34; 41 a 47** (E metais não assinalados de composição similar)	
COBRE JUNTA (backing) QW 402.4:	**COM**		COM(with) ☒	SEM(without)☐
Metal de adição (filler metal)	F Number QW 404.15	4	1 - 2 - 3 - 4	-
	SFA Number & Classific. Number (informat.)	SFA 5.1 E 7018-1		
	Solda autógena QW 404.14 (PAW – GTAW)	NA	NA	
≥ 3 camadas (layers) ≥ 13 mm QW 452 1b ☒ sim (yes) ☐ não (no)	Inserto consumível (insert) QW 404.22 (PAW - GTAW)	NA	NA	
	Arame sólido ou metal-cored para arame tubular QW 404.23 (PAW - GTAW)	NA	NA	
	Esp. do metal deposit. (weld depos. thickness) mm QW 404.30 (QW 404.32 – GQ46W-S)	13	CHANFRO (groove) **ILIMITADO**	ÂNGULO (fillet) **ILIMITADO**
Posição de soldagem (weld position) QW405.1		**1G**	CHANFRO (groove) **P**	ÂNGULO (fillet) **P**
Progressão (weld progression) QW 405.3		NA	NA	
Transferência (transfer mode) QW409.2 (GMAW)		NA	NA	
Corrente e polaridade (current/polarity) QW 409.4 (GTAW)		NA	NA	
Gás de prot. da raiz (root gas) QW408.8 (GTAW GMAW)		NA	NA	
Mat. usado (material used):　chapa (plate) ☒　tubo (pipe) ☐			CHANFRO (groove) POS. P - II (F – II)　POS. V – SC (V-O)	ÂNGULO (fillet)
Diâmetros qualificados (qualified diameters) mm QW 403.16		NA	> 73　　NA	**TODOS**

VARIAVEIS PARA OPERADOR QW 361.2

Controle visual (visual control) Direto / Remoto	NA	NA
Contr. aut. de voltagem (autom. volt. control) (GTAW)	NA	NA
Alinhamento automático (autom. joint tracking)	NA	NA
Posição de soldagem (welding position)	NA	NA
Inserto consumível (consumable insert)	NA	NA
Cobre-junta (backing)	NA	NA
Passe único ou múltiplo (por lado) (Single or multiple pass)	NA	NA

TESTES (Test)	CRITÉRIO (Criterium)	LABORATÓRIO (Laboratory)	CERTIFICADO (Certificate number)	RESULTADOS (Results)
EXAME VISUAL (Visual inspection)	QW 302.4	FBTS IS1317 N1	NA	**APROVADO**
DOBRAMENTO (bend test)	QW 163	152.00457-08B	NA	**APROVADO**
RADIOGRAFIA (radiographic examination)	QW 191	NA	NA	NA
MACROGRAFIA (macrographic examinat.)	QW 184	NA	NA	NA
FRATURA (fracture test)	QW 182	NA	NA	NA
L.PENETRANTE (fracture test)	QW 195.2	NA	NA	NA

Relatório de diligenciamento

RELATÓRIO Nº	CHEGADA: 07:30 hrs	SAÍDA: 13:00 hrs
CLIENTE:	CONTATO:	FONE:
P. COMPRA:	Nº CONTRATO:	PROJETO: DCRT-ACE
FABRICANTE:	CONTATO:	FONE:
ENDEREÇO:		

PRÓXIMA VISITA	DILIGENCIAMENTO	STATUS FORNECIMENTO
DIA:	■ TOTAL ☐ PARCIAL	■ N ☐ A ☐ C

PARTICIPANTES:	NOME	FONE	VISTO	DATA
FABRICANTE:				
FABRICANTE:				
DILIGENCIADOR:				

ITEM	DESCRIÇÃO	QUANT.	PRAZO	
			CONTRATO	PREVISTO
10	SEPARATOR ON CHLORINATION VENT GAS	01		

O fabricante informa que está de posse de todos os documentos que compõe o contrato? ■ SIM ☐ NÃO
Em caso negativo informar quais.

DOCUMENTOS DE PROJETO

STATUS	DESENHOS		MEM. DE CÁLCULO		CRONOGRAMA		PIT	
ENVIADO	■ SIM	☐ NÃO	■ SIM	☐ NÃO	■ SIM	☐ NÃO	■ SIM	☐ NÃO
A. COMENTÁRIOS	☐ SIM	☐ NÃO	☐ SIM	☐ NÃO	■ SIM	☐ NÃO	☐ SIM	☐ NÃO
APROVADO	☐ SIM	☐ NÃO	☐ SIM	☐ NÃO	■ SIM	☐ NÃO	☐ SIM	☐ NÃO
CERTIFICADO	☐ SIM	☐ NÃO	☐ SIM	☐ NÃO	☐ SIM	■ NÃO	☐ SIM	■ NÃO
DATA	18/JUN/08		18/JUN/08		18/JUN/08		18/JUN/08	

DESENHO Nº

PLANO DE INSPEÇÃO E TESTES Nº

ESPECIFICAÇÃO DE PROCEDIMENTO DE SOLDAGEM (EPSP) Nº

REGISTRO DE QUALIFICAÇÃO DE PROCEDIMENTO DE SOLDAGEM (RQPS) Nº

REGISTRO DE QUALIFICAÇÃO DE SOLDADOR/OPERADOR (RQS) Nº

MAPA RADIOGRÁFICO Nº

MEMORIAL DE CÁLCULO Nº

CRONOGRAMA DE FABRICAÇÃO Nº

Capítulo 15
SOLDAGEM – II

15.1 Teoria

A soldagem é o processo de união de materiais mais importante do ponto de vista industrial, sendo extensivamente utilizada na fabricação e recuperação de peças, equipamentos e estruturas. Idealmente, a soldagem ocorre pela aproximação das superfícies das peças a uma distância suficientemente curta para a criação de ligações químicas entre os seus átomos. Isto pode ser observado, quando colocamos dois pedaços de gelo em contato. Para outros materiais, isto não ocorre tão facilmente pois a criação de ligações químicas entre os seus átomos é dificultada pela rugosidade, camadas de óxido, umidade, gordura, poeira e outros contaminantes existentes em qualquer superfície metálica. Duas são as formas principais para superar esta dificuldade e que dão origem a dois grupos de processos de soldagem:

15.1.1 Soldagem por pressão ou deformação

Deformar as superfícies em contato, rompendo as camadas de contaminantes e permitindo a sua aproximação e a formação de ligações químicas. As superfícies de contato podem ser aquecidas para facilitar a sua deformação.

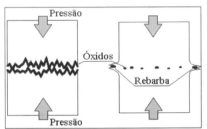
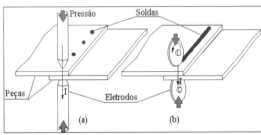

- **Alguns exemplos:** Soldagem por ultrassom, por fricção, por forjamento, por resistência elétrica, por difusão, por explosão, entre outros. Alguns destes processos, como a soldagem por resistência a ponto, apresentam características intermediárias entre os processos de soldagem por fusão e por deformação.

15.1.2 Soldagem por fusão

Aquecer localmente a região a ser soldada até a sua fusão, destruindo, assim, as superfícies e produzindo a solda com a solidificação do material fundido.

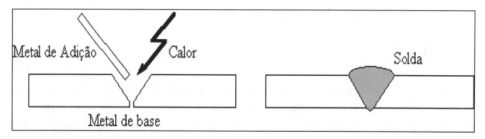

15.2 Prática

15.2.1 Solda elétrica convencional

O processo de soldagem ao arco elétrico com eletrodos revestidos (*Shielded Metal Arc Welding – SMAW*) utiliza fonte de energia de corrente constante (retificadores e transformadores), porta-eletrodo, cabos e eletrodos revestidos, sendo basicamente um processo manual. Um arco elétrico é formado com o contato do eletrodo na peça a ser soldada, o eletrodo então é consumido à medida que vai se formando o cordão de solda, cuja proteção contra contaminações do ar atmosférico é feita por atmosfera gasosa e escória, provenientes da desintegração do seu revestimento.

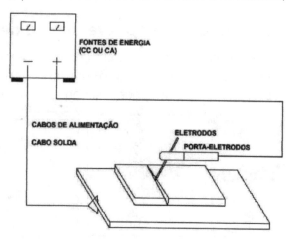

Mesmo com o advento de processos semiautomáticos e automáticos, a soldagem com eletrodos revestidos ainda é um processo muito utilizado na indústria em geral e é usado em grande número de materiais, como aços-carbono, aços de baixa, média e alta liga, aços inoxidáveis, ferros fundidos, alumínio, cobre, níquel e ligas destes.

Deposição = 1 a 5kg/h // Espessuras = 2 a 200mm.

15.2.2 Solda *TIG*

Tungstênio Inert Gás ou *GTAW (Gás Tungstênio Arc Welding)*. O calor gerado do arco é concentrado e funde as partes a serem soldadas. Quando se faz necessário acrescentar material de fusão, empregam-se varetas próprias.

Utiliza fonte de energia de corrente constante (retificador ou transformador), cabos, tochas, gás de proteção, refrigeradores de água. É um processo no qual um arco elétrico controlado é estabelecido entre a peça a ser soldada e um eletrodo não consumível. A região da solda é protegida contra contaminações do ar ambiente por atmosfera gasosa que flui através da tocha.

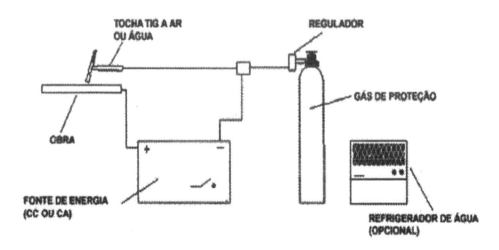

Deposição = 0,2 a 1,3kg/h // **Espessuras** = 0,1 a 50mm // **Gases:** Argônio ou hélio; ou a mistura dos dois

15.2.3 Solda *MIG/MAG*

GMAW (GAS Metal Arc Welding). Utiliza-se fontes de potencial constante, cabos, tocha, alimentador de arame e gás de proteção. É um processo basicamente semiautomático no qual um arco elétrico, controlado, é estabelecido entre a peça a ser soldada e o arame eletrodo. Este é continuamente alimentado através da tocha e derretido pelo arco, formando a poça de fusão e consequentemente o cordão de solda. A região de solda é protegida contra contaminações do ar ambiente por uma atmosfera de gás (puro ou misturas).

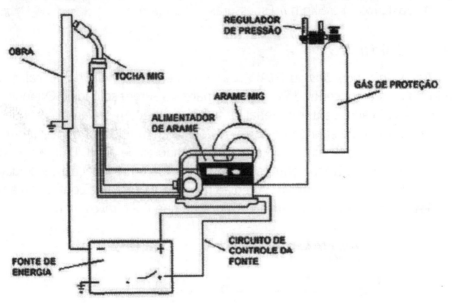

que flui, também, através da tocha.

MIG = Metal Inerte Gas // **Gases** = Argônio, hélio, argônio + 1% de O_2, argônio + 3% de O_2.

MAG = Metal Active Gas // **Gases** = CO_2, CO_2 + 5 a 10% de O_2, argônio + 15 a 30% de CO_2, argônio + 5 a 15% de O_2, argônio + 25 a 30% de N_2.

Deposição = 1 a 15kg/h // **Espessuras** = Curto-circuito = acima de 0,5mm/ Pulverização axial = acima de 6mm.

15.2.4 Solda com arame tubular

Flux Cored Arc Welding (FCAW). Processo de soldagem que produz a coalêscencia de metais pelo aquecimento destes com um arco elétrico estabelecido entre um eletrodo metálico tubular, contínuo, consumível e o metal de base. A proteção do arco e o cordão é feita por um fluxo de soldagem contido dentro do eletrodo que pode ser suplementado por uma proteção gasosa adicional por uma fonte externa.

Foi criada visando unir as vantagens do processo MIG/MAG com as do processo com eletrodo revestido (revestimento fusível formador de gases protetores, escória, elementos de liga, etc.). Deste modo, o arame eletrodo maciço foi substituído por outro composto de um arame tubular com alma de fluxo fusível, semelhante ao utilizado no arco submerso. Soldagem apenas de aço-carbono e inoxidável.

Deposição = 1 a 18kg/h // **Espessuras** = acima de 3mm.

15.2.5 **Solda por eletrogás**

Electrogas Welding (EWG). É uma variação dos processos MIG/MAG e a do arame tubular. Utiliza sapatas de retenção para confinar a poça de fusão na posição vertical. A formação da atmosfera protetora e a transferência do metal são iguais ao MIG/MAG. Uma proteção adicional pode ser utilizada com a injeção de um gás ou de uma mistura proveniente de fonte externa. Normalmente a solda é num único passe. Soldagem na posição vertical ⇔ Topo/ângulo.

15.2.6 **Solda ao arco submerso**

(SAW). É um processo no qual o calor para a soldagem é fornecido por um ou mais arcos desenvolvidos entre um eletrodo de arame sólido ou tubular e a peça. Como já está explícito no nome, o arco ficará protegido por uma camada de fluxo granular fundido que o protegerá, assim como o metal fundido e a poça de fusão, da contaminação atmosférica.

Como o arco elétrico fica completamente coberto pelo fluxo, este não é visível, e a solda se desenvolve sem faíscas, luminosidades ou respingos, que caracterizam os demais processos de soldagem em que o arco é aberto.

O fluxo, na forma granular, para além das funções de proteção e limpeza do arco e metal depositado, funciona como um isolante térmico, garantindo uma excelente concentração de calor que irá caracterizar a alta penetração que pode ser obtida com o processo.

Em soldagem por arco submerso, a corrente elétrica flui através do arco e da poça de fusão, que consiste em metal de solda e fluxo fundidos. O fluxo fundido é, normalmente, condutivo (embora no estado sólido, a frio, não o seja). Em adição a sua função protetora, a cobertura de fluxo pode fornecer elementos desoxidantes, e em solda de aços-liga pode conter elementos de adição que modificariam a composição química do metal depositado. Durante a soldagem, o calor produzido pelo arco elétrico funde uma parte do fluxo, o material de adição (arame) e o metal de base, formando a poça de fusão.

A zona de soldagem fica sempre protegida pelo fluxo escorificante, parte fundida e uma cobertura de fluxo não fundido. O eletrodo permanece a uma pequena distância acima da poça de fusão e o arco elétrico se desenvolve nesta posição. Com o deslocamento do eletrodo ao longo da junta, o fluxo fundido sobrenada e se separa do metal de solda líquido, na forma de escória. O metal de solda, que tem ponto de fusão mais elevado do que a escória, se solidifica enquanto a escória permanece fundida por mais algum tempo. A escória também protege o metal de solda recém-solidificado, pois este é ainda, devido a sua temperatura, muito reativo com o nitrogênio e o oxigênio da atmosfera, tendo a facilidade de formar óxidos e nitretos que alterariam as propriedades das juntas soldadas.

Com o resfriamento posterior, remove-se o fluxo não fundido (que pode ser reaproveitado) através de aspiração mecânica ou métodos manuais e a escória, relativamente espessa de aspecto vítreo e compacto e que em geral se destaca com facilidade.

O fluxo é distribuído por gravidade. Fica separado do arco elétrico, ligeiramente à frente deste ou concentricamente ao eletrodo. Esta independência do par fluxo-eletrodo é outra característica do processo que o difere dos processos eletrodo revestido, *MIG-MAG* e arame tubular.

No arco submerso, esta separação permitirá que se utilize diferentes composições fluxo-arame, podendo com isto selecionar combinações que atendam especificamente a um dado tipo de junta em especial.

O processo pode ser semiautomático com a pistola sendo manipulada pelo operador. Esta, porém, não é a maneira que o processo oferece a maior produtividade. Esta é conseguida com o cabeçote de soldagem sendo arrastado por um dispositivo de modo a automatizar o processo. Outra característica está em seu rendimento, pois, praticamente, pode-se dizer que não há perdas de material por projeções (respingos) e alta taxa de deposição, muitas vezes não encontradas em outros processos de soldagem. As soldas apresentam boa tenacidade e boa resistência ao impacto, além de excelente uniformidade e acabamento.

A maior limitação deste processo de soldagem é o fato que não permite a soldagem em posições que não sejam a plana ou horizontal. Ainda assim, a soldagem na posição horizontal só é possível com a utilização de retentores de fluxo de soldagem e na circunferencial pode-se recorrer a sustentadores de fluxo.

Soldagem – II

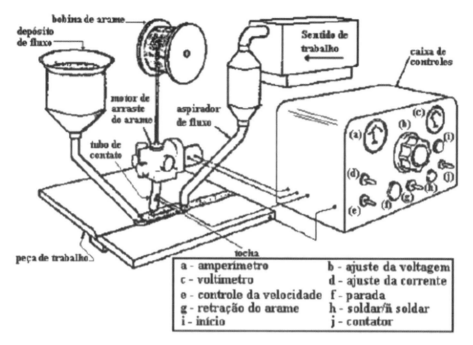

a - amperímetro	b - ajuste da voltagem
c - voltímetro	d - ajuste da corrente
e - controle da velocidade	f - parada
g - retração do arame	h - soldar/ñ soldar
i - início	j - contator

Deposição = 6 a 20kg/h // **Espessuras** = acima de 5mm.

15.2.7 Solda por eletroescória

Electroslag Welding (ESW). Não é um processo de soldagem a arco pois nele o arco é usado apenas para dar início ao processo. Uma escória fundida, funde o metal de adição e o metal base. A escória protetora da poça de fusão acompanha a soldagem.

O processo começa pela abertura de um arco elétrico entre o eletrodo e a base da junta. O fluxo granulado é aquecido e fundido pelo calor do arco. Quando uma camada espessa de escória se forma o arco é interrompido e a corrente passa do eletrodo para o metal de base através da escória por condução elétrica. O calor é gerado pela resistência da escória fundida à passagem da corrente de soldagem e é suficiente para fundir o eletrodo e as faces do chanfro. O eletrodo fundido (e tubo guia, quando é usado) e o metal de base fundido formam a solda abaixo do banho de escória fundida. Soldagem na posição vertical ⇔ topo /ângulo ⇔ espessuras acima de 20mm ⇔ requer tratamento térmico.

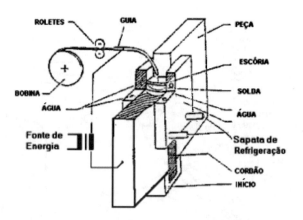

15.2.8 Solda por explosão

É um processo de soldagem no estado sólido que é obtido a partir da deformação plástica superficial dos metais ocorrida após colisão de uma peça acelerada, lançada em alta velocidade contra outra através da detonação calculada de um explosivo. Esta colisão é muito violenta e libera um jato metálico formado a partir do impacto pontual entre as partes que serão soldadas. Este jato limpa a face do metal retirando sua película superficial, ele faz uma espécie de decapagem, liberando-as de óxidos e impurezas. Naquele instante as superfícies novas são fortemente comprimidas, uma a outra, pela ação dos explosivos.

As aplicações da soldagem por explosão variam de placas de grandes dimensões até pequenos componentes. Sua maior aplicação normalmente é para o *clad* para chapas de até 6 metros de comprimento.

- **Vantagens:**
    ✓ É rápido (se obtém uma junta em 10-6seg).
    ✓ A camada de intermetálicos gerada é muito pequena.

✓ Não é necessária rígida limpeza das superfícies (exceto a carepa em chapas de aço laminadas a quente).
✓ Não há necessidade de investimento com equipamentos.

- **Desvantagens:**
  ✓ Para aços-carbono e baixa liga as superfícies sofrem endurecimento, sendo necessário um alívio de tensões posterior.
  ✓ Há necessidade de se ter um local adequado e distante dos grandes centros para a execução do processo.
  ✓ É perigoso.

15.2.9 Solda orbital

Os sistemas de soldagem orbital são utilizados na automatização da união por soldagem de tubos que não podem ser rotacionados. Eles são requeridos em situações que a qualidade da solda deve estar em conjunto com a produtividade, visto sua capacidade de produzir com elevado grau de reprodutividade e rapidez de execução, soldas de excelente aspecto visual e livres de defeitos.

Este sistema foi primeiramente utilizado nos anos 60 quando a indústria aeroespacial precisava de uma nova técnica para a soldagem de tubos utilizados em aeronaves. Esta técnica de soldagem só veio a ser utilizada em maior escala na década de 80, com o desenvolvimento de fontes de soldagem e sistemas de controle mais modernos.

Hoje em dia, os controles digitais são capazes de armazenar os valores dos parâmetros e variáveis de soldagem para posterior utilização, garantindo repetitividade e um menor número de defeitos. Neste tipo de soldagem existem cabeçotes de câmara fechada que são destinados a tubos na faixa de 3 até aproximadamente 170mm. Para tubos maiores utilizam-se os abertos.

Câmara fechada

Câmara aberta

Visualização prática

15.2.10 Informações práticas

- **Sinais e abreviações**

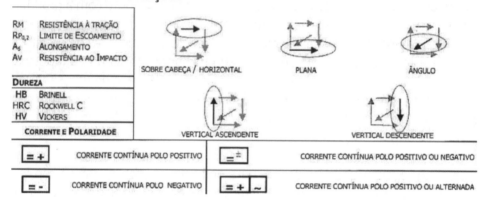

- **Tempo de soldagem (ref. Avesta)**

Espessura da chapa T mm	Diâmetro do eletrodo mm	Espaçamento d mm	Corrente Amperes	Velocidade de soldadura cm/min.	Número de eletrodos por metro de solda Unidades	Tempo de soldadura por metro corrente min.
1,5	2,0	0,5—0,7	35—45	30	3,7	3,3
2,0	2,5	0,8—1,0	55—70	32	2,9	3,1
2,5	3,25	1,0—1,2	85—105	36	2,6	2,8
3,0	3,25	1,2—1,5	90—110	34	2,9	2,9

Soldagem – II

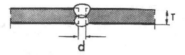

Espessura da chapa T mm	Passe n°	Diâmetro do eletrodo mm	Espaçamento d mm	Corrente Amperes	Velocidade de soldadura cm/min.	Número de eletrodos por metro de solda Unidades	Tempo de soldadura por metro corrente min.
2,0	1 2	2,5	0,8—1,0	55—70	32	6,4	6,3
2,5	1 2	3,25	1,0—1,2	85—105	36	5,4	5,6
3,0	1 2	3,25	1,2—1,5	90—110	35	5,7	5,7
4,0	1 2	4,0 3,25	1,5—2,0	115—140 90—110	33	2,2 2,8 } 5,0	3,1 3,0 } 6,1
5,0	1 2	5,0 4,0	2,0—2,5	150—175 110—135	32	2,1 2,4 } 4,5	3,1 3,2 } 6,3

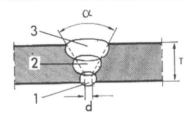

Espessura da chapa T mm	Passe n°	Diâmetro do eletrodo mm	Espaçamento d mm	Corrente Amperes	Velocidade de soldadura cm/min.	Número de eletrodos por metro de solda Unidades	Tempo de soldadura por metro corrente min.
4,0	1 2	2,5 3,25	1,0	70—80 95—110	25	4,6 3,9 } 8,5	8,0
5,0	1 2	2,5 4,0	1,0	65—75 110—135	24	4,6 3,1 } 7,7	8,2
6,0	1 2	3,25 4,0	1,5	80—100 120—140	20	4,0 4,3 } 8,3	10,0
7,0	1 2	3,25 5,0	1,5	90—110 150—180	18	4,5 4,1 } 8,6	11,0
8,0	1 2	4,0 5,0	2,0	110—130 155—190	18	3,5 4,4 } 7,9	11,2
9,0	1 2	4,0 5,0	2,0	110—130 160—195	15	4,0 5,8 } 9,8	13,4
10,0	1 2 3	4,0 4,0 5,0	2,0	110—130 120—145 160—195	17	4,0 4,5 5,0 } 13,5	17,9

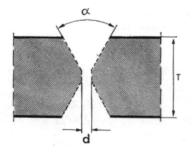

Para efeitos de cálculo, a junta em X poderá ser considerada como uma junta em V duplo.

- **Tempo de soldagem (ref. Jean Lieutaud)**

Espessura da Chapa (mm)	Diâmetro do Eletrodo (mm)	Consumo de Eletrodo (Kg/m)	Tempo de Soldagem (Minutos)	Força Motriz KWA	Força Motriz Amperes	Nº Passes
1,5	2	0,020	5	0,10	45	01
2,0	2	0,025	5	0,20	60	01
3,0	2	0,035	5	0,30	70	01
4,0	3	0,119	8	0,51	90	01
5,0	3	0,185	11	0,75	110	01
6,0	4	0,270	15	1,00	130	01
7,0	3	0,365	20	1,35	110	02
8,0	3 e 4	0,475	27	1,80	110/130	02
9,0	3 e 4	0,601	35	2,28	110/130	02
10,0	3 e 4	0,740	40	2,77	110/130	02
12,0	3, 4 e 5	1,060	56	3,90	110/130/165	03
14,0	3, 4, 5 e 6	1,200	65	4,40	130/165/210	04
15,0	3, 4, 5 e 6	1,400	70	5,00	130/165/210	04
16,0	3, 4, 5 e 6	1,600	80	5,70	130/165/210	04
18,0	3, 4, 5 e 6	2,000	100	7,20	130/165/210	04
20,0	3 e 4	1,500	80	5,60	110/130	04
22,0	3 e 4	1,800	100	6,70	110/130	04
25,0	3, 4 e 5	2,320	125	8,70	110/130/165	06
30,0	3, 4 e 5	3,350	175	16,20	110/130/165	06

Peso solda = 1,33 x consumo.

• Detalhes chanfros (*TIG*)

Espessura da chapa mm	Forma da junta	Dimensões
< 3		$d = 0$
3—10		$d = 0$ $k = 1,5$ $\alpha = 70°$
10—30		$d = 0$ $k - 1,5$ $r = 8$ $\beta = 10°$

• Detalhes chanfros (arco metálico)

Espessura da chapa mm.	Forma da junta	Dimensões
< 3		$d_1 \sim 1$ $d_2 - 3$ $k = 2 - 3$
3—12		$d = 1$ $k = 1,5$ $\alpha - 60°$
12—60		$d = 1$ $k = 1,5$ $r = 6$ $\beta = 10°$

• Detalhes chanfros (arco metálico)

Espessura da chapa mm.	Forma da junta	Dimensões
abaixo de 2		$d = 1$
2—6		$d = 2$
6—12		$d = 2$ $k = 2$ $\alpha = 60°$
6—12		$d = 2$ $k = 2$ $\beta_1 = 45°$ $\beta_2 = 15°$
12—30		$d = 2$ $k = 2$ $\alpha = 60°$ Nas espessuras abaixo de 14mm não se faz chanfragem da base e k fica então de 2—4 mm.
12—30		$d = 2$ $k = 2$ $\beta_1 = 45°$ $\beta_2 = 15°$ Nas espessuras abaixo de 14mm não se faz chanfragem da base e k fica então de 2—4 mm.
30—60		$d = 3$ $k = 2$ $r = 6$ $\beta = 10°$

15.2.11 Tabelas de consumíveis

• Eletrodo aço-carbono e baixa ligas

NORMA ASME / AWS / NORMA DIN	ANÁLISE MEDIA DO METAL DEPOSITADO (%)	APLICAÇÕES	PROPRIEDADES MECÂNICAS - DEPÓSITO DE SOLDA	DESCRIÇÃO	INSTRUÇÕES PARA SOLDAGEM E DIMENSÕES
SFA-5.1 E6010 / 1913 E 43 54 C 4	C 0,12 / Mn 0,6 / Si 0,15	Aços de construção St 34 - St 52, tubos: St 35, St 45, St 52, StE 210.7 - StE 415.7 TM, St 35.8, St 45.8, X 42 - X 60.	Rm >430 N/mm² / Rp0,2 >390 N/mm² / A5 >22 % / Av 70 J	Eletrodo celulósico para a soldagem de tubulação (pipelines), principalmente na posição vertical descendente.	Polaridade =+ / 2,50 A 80 / 3,25 A 120 / 4,00 A 160 / 5,00 A 200
SFA-5.1 E6013 / 1913 E 51 32 RR 8	C 0,08 / Si 0,4 / Mn 0,5	Aços de construção a partir de 0,8 mm de espessura St 34, St 360, St 42, HI-HIV, API 5LX, C 10 até C 22, GS 45, etc.	Rm 510 N/mm² / Rp0,2 430 N/mm² / A5 20-25 % / Av 62-83 J / Dureza 150 HB	Eletrodo rutílico apresentando um cordão de solda liso e uniforme. O depósito de solda apresenta elevada tenacidade para temperaturas de trabalho de 0 até + 450 °C.	== / 1,50 A 40 / 2,00 A 60 / 2,50 A 90 / 3,25 A 130 / 4,00 A 180 / 5,00 A 240
1913 E 51 22 RR 6	C 0,08 / Si 0,4 / Mn 0,6	Aços de construção St 33, St 52, St 35, St 35.8, St 45.4, St 45.8, HI-HIII.	Rm 510 N/mm² / Rp0,2 430 N/mm² / A5 23-26 % / Av 76-96 J / Dureza 150 HB	Eletrodo rutílico de múltipla aplicação como em estaleiros, na construção de tanques e caldeiras, etc., pode ser aplicado principalmente em chapas finas devido a suave fluidez do metal depositado. Indicado para temperaturas de trabalho de 0 a +450 °C.	== / 2,00 A 60 / 2,50 A 90 / 3,25 A 135 / 4,00 A 180 / 5,00 A 240
SFA-5.1 E7024 / 1913 E 51 32 RR 11 180	C 0,07 / Si 0,4 / Mn 0,8	Aços de construção com limite de resistência até 520 N/mm² St 35, St 45, St 52,4, API 5LX, StE 255 até StE 315, C 10 - C 22, GS 45.	Rm 520 N/mm² / Rp0,2 440 N/mm² / A5 24-28 % / Av 80-110 J	Eletrodo revestido para soldagem de aços com limite de resistência até 520 N/mm². O aspecto do cordão é uniforme, liso e de fácil remoção da escória.	=+ / 3,25 A 150 / 4,00 A 210 / 5,00 A 290
SFA-5.1 E7018 / 1913 E 51 54 B 10 / 8529 ESY 42 55 Mn B	C 0,05 / Si 0,5 / Mn 0,8	Aços de construção com limite de resistência até 580 N/mm². St 34, St 360, St 510-3, HI-HIV, C 10 - C 25, GS 40 - GS 52.	Rm 550 N/mm² / Rp0,2 450 N/mm² / A5 28-33 % / Av 124-165 J	Eletrodo de revestimento básico, indicado para a soldagem de aços de elevadas solicitações como construções de veículos, caldeiras, vasos de pressão, p/ temperatura de operação -29°C.	== / 2,50 A 90 / 3,25 A 130 / 4,00 A 170 / 5,00 A 230
SFA-5.5 E7018-G / 1913 E 51 4 B 120 20	C 0,08 / Si 0,3 / Mn 0,9 / Ni 0,95 / Cu 0,5	Aços de construção resistentes às intempéries como CORTEN, PATINAX e CORALDUR WT ST 37 - 2, WT ST 52 - 3, SAC 50.	Rm 520 N/mm² (480 min) / Rp0,2 420 N/mm² (390 min) / A5 25-30 % (25 min) / Av 130-160 J / (TT 620°C/1h rest forno até 320°C/ar)	Eletrodo de revestimento básico para a soldagem de aços de composição similar, resistentes aos agentes corrosivos da atmosfera como CORTEN e PATINAX. O depósito de solda apresenta-se com elevadas propriedades mecânicas e resistência ao fissuramento.	== / 2,50 A 70 / 3,25 A 110 / 4,00 A 160 / 5,00 A 220
SFA-5.5 E7018-A1 / 8575 E Mo B 26	C 0,07 / Mn 0,9 / Si 0,5 / Mo 0,5	St 50 - St 70, 17 Mn 4 ; 19 Mn 5, 15 Mo 3, H III, H IV, Fundidos de liga similar, ASTM-A 217 GR WC1, ASTM-A 335 GR P1.	Rm >600 N/mm² (>390) / Rp0,2 >490 N/mm² (>390) / A5 >25 % (>25) / Av 100 J / (TT 620°C/1h rest forno até 320°C/ar)	Eletrodo de revestimento basico para a soldagem de aços para caldeiras e tubos resistentes ao calor, indicado especialmente para 15 Mo 3 em temperaturas de operação até 500 °C. Pré-aquecimento, entrepasses e tratamento térmico conforme exigências do metal de base.	== / 2,50 A 80 / 3,25 A 125 / 4,00 A 170 / 5,00 A 230
SFA-5.5 E8018-G / 8529 EY 46 77 1 Ni B	C 0,07 / Si 0,23 / Mn 1,65 / Ni 0,6	Aços de baixa liga St 510C, St 52-3, C35 - C45, StE 360, 7 TM, TStE 380 - 460, GS 52 - GS 60.	Rm 580 N/mm² (550 min) / Rp0,2 480 N/mm² (460 min) / A5 25-30 % (19 min) / Av 140 J ; 60 J a -60 °C / (TT 620°C/1h rest forno até 320°C/ar)	Eletrodo básico ligado ao Ni - Mn com elevada tenacidade e resistência ao fissuramento. Indicado para a soldagem de aços de construção de grãos finos de alta resistência em especial para temperaturas de trabalho de -60 °C até +350 °C.	== / 2,50 A 80 / 3,25 A 120 / 4,00 A 160 / 5,00 A 220
SFA-5.5 E8018-G / 8529 EY 42 53 Mn B	C 0,06 / Mn 1,4 / Si <0,5	Aços para trilhos C25, C35, C45; St 50 - St 70, GS 52 - GS 60, H III - H IV, 17 Mn 4 - 19 Mn 5.	Rm >600 N/mm² (>550) / Rp0,2 >490 N/mm² (>460) / A5 >25 % (>19) / Av 130 J	Eletrodo de revestimento básico para soldas extremamente tenazes. Indicado para aços com alto teor de carbono (até ≤0,60%, C). Elevada resistência ao impacto em baixas temperaturas.	== / 2,50 A 80 / 3,25 A 130 / 4,00 A 170 / 5,00 A 230
SFA-5.5 E8018-B2 / 8575 E CrMo 1 B 26	C 0,07 / Mn 0,9 / Si 0,5 / Cr 1	ASTM-A 193 GR B7, ASTM-A 335 GR P11 e P12, 13 Cr Mo 4.4, 15 Cr Mo 3, 13 Cr Mo V 42 assim como aços fundidos similares.	Rm >550 N/mm² / Rp0,2 >460 N/mm² / A5 >19 % / TT 690°C/1h rest forno até 320°C/ar	Eletrodo de revestimento básico ligado ao Cr-Mo para a soldagem de aços de construção de caldeiras e tubulações, para temperatura de operação até 500 °C. Este eletrodo também é indicado para aços beneficiáveis de baixa liga com uma resistência até 680 N/mm² aços para cementação e nitretação.	== / 2,50 A 80 / 3,25 A 125 / 4,00 A 170 / 5,00 A 230
SFA-5.5 E9018-G / 8529 EY 50 77 1 NiMo B	C 0,07 / Mn 1,4 / Ni 1,15 / Mo 0,5	Aços de grãos finos beneficiáveis até 640 N/mm² 20 Mn Mo Ni 55, St 50-2, St 70-2, EStE 390 - 500.	Rm 650 N/mm² (620 min) / Rp0,2 560 N/mm² (530 min) / A5 20-25 % (17 min) / Av 140 J ; 60 J a -60 °C / (TT 620°C/1h rest forno até 320°C/ar)	Eletrodo de revestimento básico para a soldagem de aços de grãos finos de alta resistência mecânica e ao fissuramento, para temperaturas de operação até -60 °C.	== / 2,50 A 80 / 3,25 A 120 / 4,00 A 160 / 5,00 A 220
SFA-5.5 E9018-B3 / 8575 E CrMo 2 B 26	C 0,05 / Mn 1 / Si 0,5 / Cr 2,3 / Mo 1	ASTM-A 335 GR P22, 10 Cr Mo 9 10, 10 Cr Si Mo V 7, aços fundidos de liga similar, aços para cementação/nitretação, aços beneficiáveis com Rm ≤1100 N/mm².	Rm >620 N/mm² / Rp0,2 >530 N/mm² / A5 >19 % / TT 690°C/1h rest forno até 320°C/ar	Eletrodo de revestimento básico ligado ao Cr-Mo, utilizado para a soldagem de aços para construção de caldeiras, vasos de pressão e tubulações que operam em elevadas temperaturas (600 °C). Indicado para aços beneficiáveis com até 1100 N/mm² de resistência a tração, aços para cementação e nitretação.	=+ / 2,50 A 80 / 3,25 A 125 / 4,00 A 170 / 5,00 A 230

• Eletrodo aço-carbono e baixa liga

NORMA ASME / AWS — NORMAS DIN	ANÁLISE MÉDIA DO METAL DEPOSITADO (%)	APLICAÇÕES	PROPRIEDADES MECÂNICAS - DEPÓSITO DE SOLDA	DESCRIÇÃO	INSTRUÇÕES PARA SOLDAGEM / DIMENSÕES (Ø mm / A)
SFA-5.5 E9018-D1 — 8529 ESY 55 43 MnMo B	C 0,06; Mn 1,5; Si 0,5; Mo 0,4	Aços de construção: St 50 - St 70, C 35 - C 60, 17 Mn Mo V 64, StE 380 - 500, WStE 380 - 500, aços fundidos : GS 60 - GS 70, GS 22 Mo 4, aços para trilhos até 685 N/mm² de resistência.	Rm >620 N/mm²; Rp0,2 >530 N/mm²; As >17%; Av >27 J (-51 °C); TT 620°C/1h restrf forno a 320°C/ar	Eletrodo básico ligado ao Mn-Mo para a soldagem de aços de construção de alta resistência mecânica e resistentes ao calor. Depósito de solda tenaz, resistente ao fissuramento e a fadiga.	2,50 / 80; 3,25 / 120; 4,00 / 160; 5,00 / 200
SFA-5.5 E10018-G — 8529 EY 62 77 Mn2NiCrMo	Mo 0,36; C 0,07; Ni 2; Si 0,25; Mn 1,5; Cr 0,53	Aços de grãos finos beneficiáveis até 620 N/mm² e aços beneficiáveis até 780 N/mm² TStE 500.	Rm 750 N/mm² (690 min); Rp0,2 680 N/mm² (660 min); As 22% (16 min); Av 130 J; -50 J a -60 °C; (TT 620°C/1h restrf forno até 320°C/ar)	Eletrodo de revestimento básico ligado ao Mn-Cr-Ni-Mo para a soldagem de aços de grãos finos beneficiáveis de alta resistência. Depósito de solda extremamente tenaz, resistente ao fissuramento. Indicado para temperatura de operação de -60°C até +400°C.	2,50 / 80; 3,25 / 120; 4,00 / 160; 5,00 / 220
SFA-5.5 E11018-G — 8529 EY 69 65 Mn2NiCrMo B	Mo 0,2; C 0,05; Ni 2; Si 0,5; Mn 1,5; Cr 0,4	Aços de grãos finos beneficiáveis até 740 N/mm² de resistência a tração e aços beneficiáveis de baixa liga até 880 N/mm². N - A-XTRA 56, 63, 70.	Rm >760 N/mm²; Rp0,2 >670 N/mm²; As >15%; TT 620°C/1h restrf forno até 320°C/ar	Eletrodo básico de elevada tenacidade e resistência ao fissuramento. Indicado principalmente para a soldagem de aços de construção de grãos finos de alta resistência. Pré-aquecimento, entrepasses e tratamento térmico são determinados conforme o metal de base.	3,25 / 130; 4,00 / 170; 5,00 / 230
SFA-5.5 E11018-M — 8529 EY 62 76 2 NiMo B	Cr <0,4; Mo 0,4; C <0,1; Ni 2; Si <0,6; Mn 1,5	StE 500 até StE 690 V, TStE 500, WELMONIL 43 e 35, N-A-XTRA 55 até 70.	Rm >760 N/mm²; Rp0,2 680 - 760 N/mm²; As >20%; Av >27 J -51 °C	Eletrodo de revestimento básico para a soldagem de aços beneficiáveis de grãos finos para temperaturas de trabalho de -50 °C até +350°C.	3,25 / 130; 4,00 / 170; 5,00 / 230
SFA-5.5 E12018-G	Cr 0,6; Mo 0,5; C <0,1; Ni 2; Si 0,5; Mn 1,5	Aços beneficiáveis de grãos finos até 820 N/mm² de resistência mecânica e aços beneficiáveis de baixa liga até 960 N/mm².	Rm >830 N/mm²; Rp0,2 >740 N/mm²; As >14%; TT 620°C/1h restrf forno até 320°C/ar	Eletrodo básico para a soldagem de aços de elevada resistência. Depósito de solda tenaz, resistente ao fissuramento e a fadiga.	3,25 / 130; 4,00 / 170; 5,00 / 230
SFA-5.5 E12018-M	Cr 1; Mo 0,45; C <0,1; Ni 2; Si 0,5; Mn 1,8	Aços de elevada resistência mecânica até 900 N/mm²; HY 110; JALLOY S-110, NA-X-TRA 110, X802, ASTM-A 541.	Rm >830 N/mm²; Rp0,2 745 - 830 N/mm²; As >18%; Av >27 J -51 °C	Eletrodo básico ligado ao Mn-Ni-Mo-Cr para a soldagem de aços de construção de elevada resistência mecânica, assim como de aços beneficiáveis de grãos finos. Depósito de solda resistente ao fissuramento, tenaz até -60 °C e resistente à fadiga.	3,25 / 130; 4,00 / 170; 5,00 / 230
SFA-5.4 E502-15 — (SFA-5.5 E8018-B6) — 8575 E CrMo 5 B 20,	Mo 0,5; C 0,07; Mn 1; Si 0,5; Cr 5,1	ASTM-A 213, A 217 GR C5, A 335 GR P5; 12 Cr Mo 19 5. Aços fundidos equivalentes, aços beneficiáveis até 1200 N/mm².	Rm >420 N/mm² (>550); Rp0,2 (>460 N/mm²); As >20% (>19)	Eletrodo de revestimento básico utilizado para a construção de caldeiras e empregado na indústria petrolífera, para temperaturas de trabalho até 600 °C. O depósito de solda é beneficiável, pré-aquecimento e entrepasses 250 - 350 °C.	2,50 / 80; 3,25 / 125; 4,00 / 170; 5,00 / 230
SFA-5.4 E505-15 — (SFA-5.5 E8018-B8) — 8575 E CrMo 9 B 20,	C 0,07; Mn 1; Si 0,5; Cr 9; Mo 1	ASTM-A 217 GR C12, ASTM-A 335 GR P9, X 12 Cr Mo 91, G-X 12 Cr Mo 10.	TT 840°C/1h restrf forno até 595°C/ar (TT 740°C/1h restrf forno até 316°C/ar)	Eletrodo de revestimento básico para a soldagem de aços submetidos a serviços em altas temperaturas (600 °C). Indicado para a soldagem de aços para a construção de caldeiras e tubos, utilizado principalmente nas refinarias de petróleo. O depósito de solda é beneficiável, pré-aquecimento e temperaturas de entrepasses 250 - 350 °C.	2,50 / 80; 3,25 / 125; 4,00 / 170; 5,00 / 230
SFA-5.5 E015-B9	C 0,10; Mn 1,0; Si 0,25; Cr 9,0; Mo 1,0; V 0,25; Nb 0,08; N 0,05	ASTM P 91/T 91 e aços beneficiáveis com 9% Cr.	Rm >620 N/mm²; Rp0,2 >530 N/mm²; As >17%; TT 740°C/1h restrf forno até 316°C/ar	Eletrodo básico ligado ao Cr-Mo-V-Nb de excelente soldabilidade fora de posição, indicado para a soldagem de aços para construção de caldeiras, tubulações de composição similar.	2,50 / 80; 3,25 / 125; 4,00 / 170; 5,00 / 230

• Eletrodos inox austeníticos (aços dissimilares)

Tabela 1

Designação	Composição química (%)	Propriedades mecânicas	Aplicação	Características	⌀ (mm) / I (A)
SFA-5.4 E307-15 8556 E 18 8 Mn B 20	C <0,1 Mn 4 Cr 18 Ni 8	Rm >600 N/mm² Rp0,2 >350 N/mm² A5 >40 % Av >60 J	Aço carbono e beneficiáveis de alta resistência mecânica, aços austeníticos ligados ao Mn, aços de construção resistentes a elevadas temperaturas.	Especial para soldagem de união de aços de difícil soldabilidade (Ex. C = 0,7%). Por se tratar de um depósito de solda totalmente austenítico, as tensões geradas na soldagem são aliviadas através da deformação plástica. Indicado também para almofadas de revestimento duro e endurece superficialmente quando solicitado por impacto a frio. Resistente a formação de carepa até 900 ºC.	2,50 / 70 3,25 / 90 4,00 / 130 5,00 / 170
SFA-5.4 E307-16 8556 E 18 8 Mn R 26					2,50 / 110 3,25 / 140 4,00 / 190 5,00 / 250
SFA-5.4 E307-26 8556 E 18 8 Mn MPR 26 160					2,50 / 70 3,25 / 90 4,00 / 120 5,00 / 160
SFA-5.4 E308L-16 8556 E 23 12 LR 23	C <0,03 Cr 23 Ni 13	Rm >520 N/mm² Rp0,2 >420 N/mm² A5 >30 % Av >47 J	Aços ligados e sem liga, beneficiáveis, aços inoxidáveis ferríticos e austeníticos, aço Manganês ("Hadfield"), bem como soldagem de cladeamento e dissimilares.	Eletrodo revestido tipo misto, indicado principalmente para a soldagem de aços de difícil soldabilidade. Depósito de solda com teor de ferrita ≅16%, apresentando elevada tenacidade e resistência ao fissuramento.	2,50 / 90 3,25 / 120 4,00 / 170
SFA-5.4 E309MoL-16 8556 E 23 12 2 LR 23 160	C <0,03 Cr 23 Ni 13 Mo 2,5	Rm >550 N/mm² Rp0,2 >350 N/mm² A5 >35 % Av 60 J	Aços carbono e beneficiáveis de alta resistência mecânica, bem como, aços inoxidáveis ferríticos ao Cromo, austeníticos ao Cr-Ni e aços austeníticos ao Manganês.	Indicado para a união de aços inoxidáveis austeníticos e aços ao carbono, utiliza-se também na soldagem de aços de soldabilidade restrita e cladeamento. O depósito de solda é resistente a formação de carepa até 1050 ºC.	2,50 / 90 3,25 / 120 4,00 / 170

Tabela 2

Designação	Composição química (%)	Propriedades mecânicas	Aplicação	Características	⌀ (mm) / I (A)
SFA-5.4 E312-16 8556 E 29 9 R 23	C <0,1 Cr 29 Ni 9	Rm >800 N/mm² Rp0,2 >600 N/mm² A5 >20 % Av >40 J	Aços carbono e aços beneficiados de alta resistência mecânica, chapas para blindagem, aços austeníticos ao manganês, aços ferramenta.	Eletrodo universal para a soldagem de aços de composição dissimilar com elevada resistência mecânica e ao fissuramento. É indicado para depósitos resistentes ao desgaste, bem como almofadas de depósito de revestimentos duros, além de apresentar uma excelente resistência ao calor e a corrosão.	1,50 / 35 2,00 / 50 2,50 / 70 3,25 / 90 4,00 / 120 5,00 / 160
SFA-5.4 E312-26 8556 E 29 9 MPR 26 170					2,50 / 90 3,25 / 120 4,00 / 170
8556 E 20 10 3 LR 23	C <0,03 Mo 3,5 Cr 20 Ni 10	Rm >600 N/mm² Rp0,2 >400 N/mm² A5 >30 % Av >60 J	Aços de construção de alta resistência, aços beneficiáveis, aços ligados ao Cr e Cr-Ni, aços Mn, para a soldagem entre si e outros aços.	Depósito de solda com alta resistência ao fissuramento devido ao teor de 20% de ferrita. Indicado para a soldagem de aços das mais variadas ligas como união de aços ferríticos com austeníticos, bem como camadas intermediárias na soldagem de aços "CLAD".	2,00 / 55 2,50 / 70 3,25 / 90 4,00 / 120 5,00 / 160
8556 E 20 10 3 MPR 26 160					2,00 / 70 2,50 / 90 3,25 / 130 4,00 / 170 5,00 / 240

398   Prontuário para Projeto e Fabricação de Equipamentos Industriais

• Eletrodos inox (resistentes à corrosão)

NORMA ASME / AWS NORMAS DIN	ANÁLISE MÉDIA DO METAL DEPOSITADO (%)	APLICAÇÕES	PROPRIEDADES MECÂNICAS - DEPÓSITO DE SOLDA	DESCRIÇÃO	INSTRUÇÕES PARA SOLDAGEM E DIMENSÕES
8556 E 25 4 R 26	C <0,06 Cr 25 Ni 4	AISI 327, ASTM-A 297 HC.	Rm >640 N/mm² Rp$_{0,2}$ >440 N/mm² A$_5$ >20 % Av >30 J	Indicado para a soldagem de união e revestimento de aços refratários. O depósito de solda tem uma excelente resistência contra gases de combustão sulfurosa e resiste à formação de carepa até 1100 °C. Pré-aquecimento e temperatura de entrepasses de 200 a 400 °C (conforme material de base e espessura).	2,50 → 70 3,25 → 90 4,00 → 120
8556 E 25 4 MPR 26 150					2,50 → 90 3,25 → 120 4,00 → 170
SFA-5.4 E410NiMo-15 / 8556 E 13 4 B 20,	C 0,04 Si 0,3 Mn 0,6 Cr 12,5 Ni 4,5 Mo 0,5	ACI, GR. CA 6 NM, G-X5 Cr Ni 13 4 , G-X5 Cr Ni 13 6, X6 Cr 13.	Rm >760 N/mm² A$_5$ >15 % TT 600°C/1h resfr ar	Eletrodo básico ligado na alma para a soldagem de aços martensíticos-ferríticos laminados, forjados e fundidos de composição similar resistentes a corrosão. Aplicado na construção de turbinas de hidroelétricas, vedações, assim como na construção de caldeiras. Resistente contra a ação da água, vapor e atmosfera marítima. Eletrodo de fácil remoção da escória. Em paredes espessas, pré-aquecimento e entre passes 100-160 °C. Tratamento térmico pós soldagem 580-620 °C.	2,50 → 80 3,25 → 110 4,00 → 140 5,00 → 180
SFA-5.4 E410NiMo 25 / 8556 E 13 4 B 20,	C <0,06 Cr 12 Ni 4,5 Mo 0,6			Eletrodo de revestimento básico para a soldagem de aços inoxidáveis martensíticos e martensíticos-ferríticos de composição similar. Resiste contra água, vapor e maresia. Pré-aquecimento 150-200 °C e entrepasses 180-260 °C. Tratamento térmico pós soldagem 650-750 °C.	
SFA-5.4 = E420-26 / 8555 E 6 UM 400 RZ	C <0,2 Cr 14 Mo 1,5	Revestimento de todos os metais de base adequados para a soldagem. Observar a influência da diluição e introdução de calor. União: aços resistentes a corrosão beneficiáveis ligados ao Cr com C<0,20% (soldagem de manutenção). Soldagem de revestimento resistente a corrosão em GS-C25, 41 Cr 4, etc.	Rm >750 N/mm² Rp$_{0,2}$ >550 N/mm² A$_5$ >12 % Dureza 250 HB (450 HB sem TT) TT 700°C/2h resfr forno	Indicado para a soldagem de união e revestimento de aços empregados na construção de turbinas, válvulas e caldeiras para vapor. Temperatura de trabalho até 500 °C. Com a adição de Mo na liga, obtém-se uma alta resistência à fadiga e formação de carepa até 800 °C. Aços sensíveis ao endurecimento, pré-aquecer a 200 °C.	2,50 → 80 3,25 → 110 4,00 → 140 5,00 → 180
SFA-5.4 = E420-15 / 8555 E 6 UM 400 RZ					
SFA-5.4 E430-25 / 8555 E 5 UM 250 RZ	C <0,1 Cr 16	Revestimento: todos os aços adequados para a soldagem como aço carbono e baixa liga. Observar a influência da diluição e introdução de calor. União: aços ligados ao Cr de composição similar com C<0,20%, AISI 430 Ti, 431, X6 CrTi 17, X20 CrNi 17 2.	Rm >450 N/mm² A$_5$ >20 % Dureza ≈ 250 HB sem TT ≈ 200 HB com TT TT 840°C/2h resfr forno até 595°C/ar	Indicado principalmente para a soldagem de revestimento resistente à corrosão e abrasão, como componentes de válvulas de vapor, água e gás. Resiste à formação de carepa até 900 °C. Pré-aquecimento e entrepasses 200-300 °C. Revenimento pós soldagem 730-800 °C.	2,50 → 80 3,25 → 110 4,00 → 140 5,00 → 180
SFA-5.4 E430-26 / 8555 E 5 UM 250 RZ					
DESENVOLVIMENTO ESPECIAL	C 0,04 Cr 16 Ni 6	ACI, GR CA 6NM, G-X5 CrNi 13 4, G-X5 CrNi 13 6, X6 Cr 13.	Rm 750 N/mm² Rp$_{0,2}$ 600 N/mm² A$_5$ 15 % Av 47 J TT 600°C/2h resfr ar	Eletrodo básico para a soldagem de aços similares resistentes à corrosão como aços inoxidáveis martensíticos e martensíticos-ferríticos. Aplicado principalmente na construção de turbinas de hidroelétricas, componentes de vedação, caldeiras para vapor, resistindo à ação da água, vapor e maresia.	2,50 → 80 3,25 → 110 4,00 → 140 5,00 → 180

• Eletrodos inox (resistentes a corrosão)

NORMA ASME / AWS — NORMAS DIN	Análise média do metal depositado (%)	Aplicações	Propriedades mecânicas - Depósito de solda	Descrição	Dimensões (Ø mm / A)
SFA-5.4 E317L-16 / S556 E 19 12 4 LR 26	C <0,04; Cr 20; Ni 13; Mo 3,5; Mn 1; Si 0,8	Aços inoxidáveis austeníticos de composição similar como AISI 317, 317 L.	Rm >520 N/mm²; A5 >30 %	Depósito de solda de alta resistência a corrosão química, em especial a corrosão contra íons de cloro (corrosão por Pitting). Indicado para cladeamento de aços comuns e soldagem de aços similares. Resistente a corrosão intercristalina até 300 ºC.	2,50/70; 3,25/90; 4,00/120; 5,00/160
SFA-5.4 E316-15 / S556 E 19 12 3 B 20.	C <0,06; Si 0,9; Mn 0,7; Cr 18,3; Ni 11,8; Mo 2,5	Aços Cr-Ni-Mo 18/8/3 não estabilizados AISI 316.	Rm >550 N/mm²; Rp0,2 >350 N/mm²; A5 >35 %; Av >70 J	Eletrodo com um depósito de solda de estrutura austenítica para a soldagem de aços de composição idêntica e resistente à corrosão intercristalina e corrosão em soluções ácidas até 300 ºC e formação de óxidos (carepa) até 800 ºC. Limitar a 200 ºC a temperatura de entrepasses. Tratamento térmico e pré-aquecimento desnecessários.	1,50/35; 2,00/55; 2,50/70; 3,25/90; 4,00/120; 5,00/160
SFA-5.4 E316-16 / S556 E 19 12 3 R 23					1,50/50; 2,00/65; 2,50/90; 3,25/120; 4,00/170
SFA-5.4 E316-26 / S556 E 19 12 3 MPR 26 160					
SFA-5.4 E316L-17 / S556 E 19 12 3 LR 23	C <0,03; Si 0,9; Mn 0,7; Cr 18,3; Ni 11,8; Mo 2,5	Aços Cr-Ni-Mo 18/8/3 não estabilizados de baixo teor de Carbono AISI 316 L.	Rm >550 N/mm²; Rp0,2 >350 N/mm²; A5 >35 %; Av >70 J	Para a soldagem de aços austeníticos de composição similar, resistente à corrosão intercristalina e corrosão em soluções ácidas até 400ºC. Tratamento térmico e pré-aquecimento para depósito de solda desnecessários: limitar a temperatura de entrepasses a 200 ºC.	1,50/35; 2,00/55; 2,50/70; 3,25/90; 4,00/120; 5,00/160
SFA-5.4 E316L-26 / S556 E 19 12 3 L MPR 26 160					2,00/65; 2,50/90; 3,25/120; 4,00/170
SFA-5.4 E316L-16 / S556 E 19 12 3 LR 16					2,50/70; 3,25/90
SFA-5.4 E318-15 / S556 E 19 12 3 Nb B 20,	C <0,07; Si 0,9; Mn 0,7; Cr 18,3; Ni 11,8; Mo 2,5; +Nb	Aços inoxidáveis Cr-Ni-Mo estabilizados AISI 316 Cb, 316 Ti, 318.	Rm >550 N/mm²; Rp0,2 >370 N/mm²; A5 >25 %; Av >80 J	Depósito de solda de estrutura austenítica com baixo teor de ferrita para a soldagem de aços de composição similar, resistente à corrosão intercristalina e em solução ácida até 400 ºC. Tratamento térmico e pré-aquecimento desnecessários, limitar a 200ºC a temperatura de entrepasses.	1,50/35; 2,00/55; 2,50/65; 3,25/70; 4,00/90; 5,00/120
SFA-5.4 E318-16 / S556 E 19 12 3 Nb R 23					2,50/70; 3,25/90; 4,00/120
SFA-5.4 E309-15 / S556 E 22 12 B 20,	C <0,06; Cr 22; Ni 11	AISI 305, ASTM-A 297 HF, aços ferríticos refratários ao Cr-Si-Al.	Rm >540 N/mm²; Rp0,2 >320 N/mm²; A5 >35 %; Av >80 J	Indicado para a soldagem de aços refratários de composição similar, assim como, soldagem de união de aços dissimilares, revestimento de aço carbono e baixa liga. Resistente a formação de carepa até 1050 ºC. Para aços ferríticos, pré-aquecimento e entrepasses de 200 a 300 ºC.	2,00/65; 2,50/90; 3,25/120; 4,00/170
SFA-5.4 E309-16 / S556 E 22 12 R 26					
SFA-5.4 E309-26 / S556 E 22 12 MPR 26 160					
SFA-5.4 E310-15 / S556 E 25 20 B 20,	C <0,1; Cr 25; Ni 20; Mn 2,5; Mn 2,2	AISI 305, 310, 314, ASTM-A 287 HJ, ASTM-A 297 HF, aços ferríticos refratários ao Cr-Si-Al.	Rm >600 N/mm²; Rp0,2 >350 N/mm²; A5 >30 %; Av >60 J	Indicado para a soldagem de união de aços refratários de composição similar, assim como cladeamento de aços comuns empregados em elevadas temperaturas. Resistente à formação de carepa até 1200ºC.	2,50/70; 3,25/90; 4,00/120
SFA-5.4 E310-16 / S556 E 25 20 R 26					2,00/65; 2,50/90; 3,25/120; 4,00/170
SFA-5.4 E310-26 / S556 E 25 20 LR 26 170					
SFA-5.4 E310H-15	C 0,39; Cr 25; Ni 20	Aços fundidos de composição similar como HK 40.	Rm >620 N/mm²; Rp0,2 >400 N/mm²; A5 >10 %	Eletrodo de revestimento básico para a soldagem de aços refratários de composição similar. O depósito de solda possui elevada resistência em temperaturas acima de 930 ºC.	2,50/80; 3,25/100; 4,00/130
SFA-5.4 E410-15 / B556 E 13 B 20,	C <0,12; Cr 12	Revestimento: todos os metais de base adequados para a soldagem com aço-carbono e baixa liga. Observar a influência da diluição e introdução de calor. União: aços ligados ao Cr de liga similar com C<0,20%, X10 Cr 13, X20 Cr 13, AISI 410 e 420.	Rm >450 N/mm²; Dureza ≅ 350 HB sem TT; ≅ 200 HB com TT; A5 >20 %; TT 730ºC 1h resf/forno até 315ºC/ar	Indicado principalmente para a soldagem de revestimento resistente à corrosão e abrasão, como componentes de vedação de válvulas para vapor, água e gás. O depósito de solda é resistente ao revenimento até 450ºC, à corrosão e formação de carepa até 900ºC. Pré-aquecimento e entrepasses 200-300ºC. Revenimento pós soldagem 700-750 ºC (≅ 200 HB).	2,50/80; 3,25/110; 4,00/140; 5,00/180
SFA-5.4 E410-26					

400 Prontuário para Projeto e Fabricação de Equipamentos Industriais

• Eletrodos inox (resistentes a corrosão)

NORMA ASME / AWS NORMAS DIN	ANÁLISE MÉDIA DO METAL DEPOSITADO (%)	APLICAÇÕES	PROPRIEDADES MECÂNICAS - DEPÓSITO DE SOLDA	DESCRIÇÃO	∅ mm	A
8556 E 25 4 R 26	C <0,06; Cr 25; Ni 4	AISI 327, ASTM-A 297 HC.	Rm >640 N/mm²; Rp0,2 >440 N/mm²; A5 >20%; Av >30 J	Indicado para a soldagem de união e revestimento de aços refratários. O depósito de solda tem uma excelente resistência contra gases de combustão sulfurosa e resiste à formação de carepa até 1100 °C. Pré-aquecimento e temperatura de entrepasses de 200 a 400 °C (conforme material de base e espessura).	2,50 / 3,25 / 4,00	70 / 90 / 120
8556 E 25 4 MPR 26 150					2,50 / 3,25 / 4,00	90 / 120 / 170
SFA-5.4 E410NiMo-15 / 8556 E 13 4 B 20	C 0,04; Si 0,3; Mn 0,6; Cr 12,5; Ni 4,5; Mo 0,5	ACI, GR. CA 6 NM, G-X5 Cr Ni 13 4, G-X5 Cr Ni 13 6, X6 Cr 13.	Rm >760 N/mm²; A5 >15%; TT 600 °C/1h resfr ar	Eletrodo básico ligado na alma para a soldagem de aços martensíticos-ferríticos laminados, forjados e fundidos de composição similar resistentes à corrosão. Aplicado na construção de turbinas resistentes à corrosão, assim como na construção de caldeiras. Resistente contra a ação da água, vapor e atmosfera marítima. Eletrodo de fácil remoção da escória. Em paredes espessas, pré-aquecimento e entre passes 100-160 °C. Tratamento térmico pós soldagem 580-620 °C.	2,50 / 3,25 / 4,00 / 5,00	80 / 110 / 140 / 180
SFA-5.4 E410NiMo-25 / 8556 E 13 4 B 20	C <0,06; Cr 12; Ni 4,5; Mo 0,6			Eletrodo de revestimento básico para a soldagem de aços inoxidáveis martensíticos e martensíticos-ferríticos de composição similar. Resiste contra água, vapor e maresia. Pré-aquecimento 150-200 °C e entrepasses 180-260 °C. Tratamento térmico pós soldagem 650-750 °C.		
SFA-5.4 = E420-26 / 8555 E 6 UM 400 RZ	C <0,2; Cr 14; Mo 1,5	Revestimento de todos os metais de base adequados para a soldagem. Observar a influência da diluição e introdução de calor. União: aços resistentes a corrosão beneficiáveis ligados ao Cr com C<0,20% (soldagem de manutenção). Soldagem de revestimento resistente a corrosão em GS-C25, 41 Cr 4, etc.	Rm >750 N/mm²; Rp0,2 >550 N/mm²; A5 >12%; Dureza 250 HB (450 HB sem TT); TT 705 °C/2h restr forno	Indicado para a soldagem de união e revestimento de aços empregados na construção de turbinas, válvulas e caldeiras para vapor. Temperatura de trabalho até 500 °C. Com a adição de Mo na liga, obtém-se uma alta resistência à fadiga e formação de carepa até 800 °C. Aços sensíveis ao endurecimento, pré-aquecer a 200 °C.	2,50 / 3,25 / 4,00 / 5,00	80 / 110 / 140 / 180
SFA-5.4 = E420-15 / 8555 E 6 UM 400 RZ						
SFA-5.4 E430-25 / 8555 E 5 UM 250 RZ	C <0,1; Cr 16	Revestimento: todos os aços adequados para a soldagem como aço-carbono e baixa liga. Observar a influência da diluição e introdução de calor. União: aços ligados ao Cr de composição similar com C<0,20%, AISI 430 Ti, 431, X6 CrTi 17, X20 CrNi 17 2.	Rm >450 N/mm²; A5 >20%; Dureza ≈ 250 HB sem TT; ≈ 200 HB com TT; TT 840 °C/2h restr forno até 595 °C/ar	Indicado principalmente para a soldagem de revestimento resistente à corrosão e abrasão, como componentes de válvulas de vapor, água e gás. Resiste a formação de carepa até 900 °C. Pré-aquecimento e entrepasses 200-300 °C. Revenimento pós soldagem 730-800 °C.	2,50 / 3,25 / 4,00 / 5,00	80 / 110 / 140 / 180
SFA-5.4 E430-26 / 8555 E 5 UM 250 RZ						
DESENVOLVIMENTO ESPECIAL	C 0,04; Cr 16; Ni 6	ACI, GR CA 6 NM, G-X5 CrNi 13 4, G-X5 CrNi 13 6, X6 Cr 13.	Rm 750 N/mm²; Rp0,2 600 N/mm²; A5 15%; Av 47 J; TT 600 °C/2h resfr ar	Eletrodo básico para a soldagem de aços similares resistentes à corrosão como aços inoxidáveis martensíticos e martensíticos-ferríticos. Aplicado principalmente na construção de turbinas de hidroelétricas, componentes de vedação, caldeiras para vapor, resistindo à ação da água, vapor e maresia.	2,50 / 3,25 / 4,00 / 5,00	80 / 110 / 140 / 180

• Arames e varetas (*TIG*, *MIG*, *MAG* e arco)

NORMA ASME/AWS NORMAS DIN	ANÁLISE MÉDIA DO METAL DEPOSITADO (%)	APLICAÇÕES	PROPRIEDADES MECÂNICAS DEPÓSITO DE SOLDA	DESCRIÇÃO	Ø mm	TIG (G) ARG	MAG (S) ARG/S-S3 M1	GÁS MISTO M2	M3	CO₂	MIG (S)	Aços inox (A)
SFA-5.18 ER70S-3 8559 SG1 / WSG1	C 0,1; Si 0,6; Mn 1,2	Aços de construção com limite de resistência até 580 N/mm².	Rm >480 N/mm²; $Rp_{0,2}$ >400 N/mm²; A_5 >22 %; Av >27 J (-18ºC)	Arame cobreado para a soldagem com proteção gasosa de aço carbono e baixa liga. Apropriado para soldagem da raiz em temperaturas de trabalho até -50 ºC.	1,20 1,60 2,40 3,25	•		•		•		
SFA-5.28 ER80S-Ni2	C 0,08; Si 0,5; Mn 1; Ni 2,5	Aços de construção TTSi 35, TTSi 45 (N+V), aços ligados ao níquel para baixa temperatura.	Rm >550 N/mm²; $Rp_{0,2}$ >470 N/mm²; A_5 >24 %; Av >27 J (-62ºC); TT 620ºC/1h rest forno até 316ºC/ar	Vareta ligada ao níquel, cobreada, indicada principalmente para a soldagem de aços para baixa temperatura (-80 ºC).	1,20 1,60 2,40 3,25	•						
SFA-5.28 ER80S-D2 8575 SG Mo (= SFA-5.28 ER80S-G)	C 0,1; Si 0,6; Mn 1,2; Mo 0,5	ASTM-A 335, GR P1, aços de construção sem liga, aços para vasos de pressão e aços com 0,5% de Mo até 510 N/mm² de resistência à tração.	Rm >550 N/mm²; $Rp_{0,2}$ >470 N/mm²; A_5 >20 %; Av >50 J	Arame e vareta cobreada a a soldagem de aços de construção de caldeiras, vasos de pressão, etc. Depósito de solda resistente ao fissuramento e à fadiga. Indicado para temperaturas de operação de -45 até 550 ºC.	1,00 1,20 1,60 2,40 3,20	•		•	•	•		
SFA-5.28 ER80S-B2 8575 SG CrMo 1	C 0,1; Si 0,5; Mn 0,6; Cr 1,3; Mo 0,5	ASTM-A 193 GR B7, A 335 GR P11, A 335 GR P12.	Rm >550 N/mm²; $Rp_{0,2}$ >470 N/mm²; A_5 >19 %; TT 620ºC/1h rest forno até 316ºC/ar	Arame cobreado para a construção de vasos de pressão, caldeiras, etc. Indicado para temperaturas de trabalho até 570 ºC.	1,20 1,60 2,40 3,25	•			•			
SFA-5.28 ER90S-B3 8575 SG CrMo 2 (= SFA-5.28 ER90S-G)	C 0,06; Si 0,7; Mn 1,1; Cr 2,5; Mo 1	ASTM-A 335 GR P22, GS-18 CrMo 9 10, CrMo 9 10.	Rm >600 N/mm²; $Rp_{0,2}$ >470 N/mm²; A_5 >22 %; Av >48 J TT 730ºC/2h	Arame cobreado para a soldagem de caldeiras, vasos de pressão, tubos, etc. Empregado principalmente na indústria petroquímica em temperaturas de trabalho até 600 ºC.	1,20 1,60 2,40 3,20	•		•				
SFA-5.9 ER502 (SFA-5.28 ER80S-B6) 8575 SG CrMo 5	C 0,06; Si 0,4; Mn 0,4; Cr 5,5; Mo 0,6	ASTM-A 213, A 217 GR C5, A 335 GR P5.	Rm >420 N/mm² (>550); ($Rp_{0,2}$) >470 N/mm²); A_5 >20 % (>17); TT 840ºC/2h rest forno até 595ºC/ar (TT 740ºC/1h rest forno até 595ºC/ar)	Vareta cobreada para a soldagem de aços submetidos a elevadas temperaturas (até 600ºC).	1,20 1,60 2,40 3,20	•						
SFA-5.9 ER505 (SFA5.28 ER80S-B8) 8575 SG CrMo 9	C 0,1; Si 0,5; Mn 0,5; Cr 9,0; Mo 1,0; Ni 0,3; Cu 0,10	ASTM-A 335 P 9, X 9/X 12 CrMo 91.		Vareta cobreada para soldagem de revestimento e união de aços de alta resistência mecânica, em especial tubos de caldeiras na ind. petrolífera, submetidos a temperaturas de até 600ºC.	2,40 3,20	•						
= SFA-5.28 ER90S-B9 8575 SG-X 10 CrMoVNb 9 1	C 0,1; Si 0,2; Mn 0,5; Cr 9,0; Mo 1,0; Ni 0,8; Nb 0,05; V 0,2	T91, P91.	Rm >620 N/mm²; $Rp_{0,2}$ >410 N/mm²; A_5 >16 %; TT 760ºC/2h	Vareta para soldagem de revestimento e união de aços de elevada resistência mecânica, submetidos a temperaturas de até 600ºC.	2,40 3,20	•						
SFA-5.9 ER307 8556 SG X15 CrNiMn 18 8	C 0,1; Si 0,5; Mn 4; Cr 21; Ni 9; Mo 1	Aços de soldabilidade restrita como aços baixa liga e sem liga (beneficiáveis), aços resistentes ao calor, aços inoxidáveis, dissimilares.	Rm >590 N/mm²; A_5 >30 %	Especial para a soldagem de aços de soldabilidade restrita, dissimilares, aço com 14% Mn. Depósito de solda resistente à corrosão, abrasão e formação de carepa até 850 ºC.	1,20 1,60 2,40 3,20	•		•	•			

• Eletrodos e varetas (cobre, alumínio e suas ligas)

NORMA ASME / AWS – NORMAS DIN	ANÁLISE MÉDIA DO METAL DEPOSITADO (%)	APLICAÇÕES	PROPRIEDADES MECÂNICAS DEPÓSITO DE SOLDA	DESCRIÇÃO	INSTRUÇÕES PARA SOLDAGEM E DIMENSÕES (Ø mm / (A) / Tig Ø mm / MAS mm)
1732 EL Al Mn 1 — 1732 SG Al Mn 1	Al resto; Mg 0,3; Si 0,4; Mn 1,2	Ligas de alumínio manganês, ligas de alumínio com até 3% Mg, AlMn, AlMnMg, AlMg3.	R_m 110 N/mm²; $R_{p0,2}$ 40 N/mm²; A_5 20%	Liga de alumínio manganês para a soldagem de ligas de alumínio, manganês e magnésio. Peças acima de 15mm de espessura, pré-aquecer a 150 - 250 ºC.	Ø 2,50/3,25/4,00/5,00 — (A) 70/90/120/140 — Tig 2,00/3,00/4,00 — MAS 1,20/1,60
SFA-5.10 ER5654	Ti 1; Cr 2; Mg 3,5; Al resto	Ligas de alumínio magnésio de composição similar como 5254 e 5652.	R_m 200 N/mm²; $R_{p0,2}$ 80 N/mm²; A_5 20%	Liga especial de Al-Mg-Cr-Ti para a soldagem de ligas similares resistentes ao peróxido de hidrogênio em temperaturas de trabalho inferiores a 66 ºC.	Tig 2,40/3,20/4,00 — MAS 1,20/1,60
SFA-5.10 ER5356 — 1732 SG Al Mg 5	Mn 0,1; Mg 5; Cr 0,1; Ti 0,1; Al resto	Ligas de alumínio magnésio, como AlMg3, AlMg5.	R_m 250 N/mm²; $R_{p0,2}$ 100 N/mm²; A_5 25%	Liga especial de Al-Mg para temperaturas de trabalho de -196 a +150 ºC. Peças acima de 15 mm de espessura, pré-aquecer a 150 ºC.	Ø 2,50/3,25/4,00/5,00 — (A) 60/80/110/130 — Tig 2,00/2,40/3,00/4,00 — MAS 1,20/1,60
SFA-5.3 E4043 — 1732 EL Al Si 5 — SFA-5.10 ER4043 — 1732 SG Al Si 5	Si 5; Al resto	Ligas de alumínio silício similares assim como ligas de alumínio dissimilares.	R_m 140 N/mm²; $R_{p0,2}$ 60 N/mm²; A_5 20%	Liga de Al-Si. Em paredes espessas recomenda-se pré-aquecimento de 150 - 250 ºC na região do chanfro.	Ø 2,50/3,25/4,00/5,00 — (A) 60/80/110/130 — Tig 2,00/2,40/3,00/4,00 — MAS 1,20/1,60
1732 EL Al Si 12 — SFA-5.10 ER4047 — 1732 SG Al	Si 12; Al resto	Ligas de alumínio fundido com até 12% Si como G-AlSi 10 Mg, G-AlSi12.	R_m 180 N/mm²; $R_{p0,2}$ 80 N/mm²; A_5 5%	Liga especial de Al-Si. Peças espessas, pré-aquecer 150 - 250 ºC.	Ø 3,25/4,00 — (A) 90/130
SFA-5.13 ECuAl-E — 8555 E 31 UM 300 CN	Al 14; Cu resto	Soldagem de revestimento sobre aço, aço fundido, bronze alumínio, cobre e suas ligas sujeitas à abrasão, compressão, etc.	Dureza 300 HB	Eletrodo básico para a soldagem de revestimento em regiões sujeitas à alta abrasão c/ compressão. Depósito de solda resistente à corrosão química e erosão.	Ø 3,25/4,00
SFA-5.6 ECuAl-A2 — SFA-5.7 ERCuAl-A2 — 1733 EL Cu Al 9 — 1733 SG Cu Al 8	Al 9; Cu resto	Soldagem de união de aços, aços fundidos e ferro fundido para resistência à corrosão, abrasão e erosão.	R_m 520 N/mm²; $R_{p0,2}$ 230 N/mm²; Dureza 150 HB	Liga especial de cobre alumínio para a soldagem de união e revestimento. Depósito de solda resistente à corrosão química, erosão e água do mar.	Ø 3,25/4,00/5,00 — (A) 90/130/170 — Tig 1,60/2,40/3,20/4,00 — MAS 1,20/1,60
SFA-5.6 ECuAl-B — 8555 E 31 UM 200 CN	Al 12; Cu resto	Soldagem de revestimento sobre aço, aço fundido, bronze alumínio, cobre e suas ligas sujeitas à abrasão, compressão, etc.	R_m 630 N/mm²; $R_{p0,2}$ 280 N/mm²; Dureza 8%, 200 HB	Eletrodo básico para a soldagem de revestimento em regiões sujeitas à elevada abrasão com compressão. Depósito de solda resistente à corrosão química e erosão.	Ø 3,25/4,00/5,00 — (A) 90/130/170
SFA-5.6 ECuMnNiAl — 1733 EL Cu Mn 14 Al	Al 7; Cu resto; Mn 11; Ni 2,5; Fe 2	Ligas de cobre alumínio com níquel e manganês. Revestimentos com elevada resistência à corrosão em aços sem e baixa liga e ferro fundido.	R_m 650 N/mm²; $R_{p0,2}$ 400 N/mm²; A_5 15%; Dureza 200-300 HB	Depósito de solda de altíssima resistência à corrosão, desgaste por fricção e ao calor (até 300 ºC). Indicado principalmente na indústria química, petroquímica, naval, siderúrgica, etc.	Ø 3,25/4,00 — (A) 90/130
SFA-5.6 ECuSn-C — 1733 EL Cu Sn 7	Sn 7; Cu resto	Ligas de Cu-Sn como bronze com 6-8% Sn, latão (Cu-Zn), liga de Cu-Sn-Zn-Pb. Revestimento de ferro fundido.	R_m 300 N/mm²; $R_{p0,2}$ 180 N/mm²; Dureza 120 HB	Liga de cobre e estanho para a soldagem de união de cobre e suas ligas, bronze estanho e soldagem de revestimento em aços e fundidos. Depósito de solda de ótima resistência ao desgaste por fricção e à corrosão.	Ø 3,25/4,00 — (A) 110/150
1733 EL Cu Sn 13	Sn 12; Cu resto	Ligas de Cu-Sn como bronze com 10-12% Sn, liga de Cu-Zn (latão), liga de Cu-Sn-Zn-Pb. Revestimento de ferro fundido.	R_m 350 N/mm²; $R_{p0,2}$ 200 N/mm²; Dureza 120 HB	Aplicado em mancais, eixos, válvulas, rotores de bombas, carcaças de bombas, etc.	
SFA-5.6 ECu — SFA-5.7 ERCu — 1733 EL Cu Mn 2 — 1733 SG Cu Sn	Mn 2; Cu resto; Sn 0,8	Cobres soldáveis como cobre desoxidado.	R_m 250 N/mm²; A_5 35%; Dureza 50 HB	Liga especial p/ soldagem de Cu puro. É indispensável pré-aquecimento p/espessuras >5 mm, como regra geral, calcula-se a pícada 1 mm 100 ºC, limitado a 600 ºC.	Ø 3,25/4,00/5,00 — (A) 120/160/200 — Tig 1,60/2,40/3,20 — MAS 1,20/1,60

• Eletrodos e varetas (cobre, alumínio e suas ligas)

NORMA ASME / AWS — NORMAS DIN	ANÁLISE MÉDIA DO METAL DEPOSITADO (%)	APLICAÇÕES	PROPRIEDADES MECÂNICAS DO DEPÓSITO DE SOLDA	DESCRIÇÃO	Ø mm	(A)	Tipo de	MAS
1732 EL Al Mn 1 / 1732 SG Al Mn 1	Al resto; Mg 0,3; Si 0,4; Mn 1,2	Ligas de alumínio manganês, ligas de alumínio com até 3% Mg, AlMn, AlMnMg, AlMg3.	Rm 110 N/mm²; $Rp_{0,2}$ A_5 40 N/mm²; 20%	Liga de alumínio manganês para a soldagem de ligas de alumínio à manganês e magnésio. Peças acima de 15mm de espessura, pré-aquecer a 150 - 250 ºC.	2,50 / 3,25 / 4,00 / 5,00	70 / 90 / 120 / 140	2,00 / 2,40 / 3,00 / 4,00	1,20 / 1,60
SFA-5.10 ER5654	Ti 1; Cr 2; Mg 3,5; Al resto	Ligas de alumínio magnésio de composição similar como 5254 e 5652.	Rm 200 N/mm²; $Rp_{0,2}$ A_5 80 N/mm²; 20%	Liga especial de Al-Mg-Cr-Ti para a soldagem de ligas similares resistentes ao peróxido de hidrogênio em temperaturas de trabalho inferiores a 66 ºC.	·	·	2,40 / 3,20 / 4,00	1,20 / 1,60
SFA-5.10 ER5356 / 1732 SG Al Mg 5	Mn 0,1; Mg 5; Cr 0,1; Ti 0,1; Al resto	Ligas de alumínio magnésio, como AlMg3, AlMg5.	Rm 250 N/mm²; $Rp_{0,2}$ A_5 100 N/mm²; 25%	Liga especial de Al-Mg para temperaturas de trabalho de -196 a +150 ºC. Peças acima de 15 mm de espessura, pré-aquecer a 150 ºC.	·	·	2,00 / 2,40 / 3,00 / 4,00	1,20 / 1,60
SFA-5.3 E4043 / 1732 EL Al Si 5 / SFA-5.10 ER4043 / 1732 SG Al Si 5	Si 5; Al resto	Ligas de alumínio silício similares assim como ligas de alumínio dissimilares.	Rm 140 N/mm²; $Rp_{0,2}$ A_5 60 N/mm²; 20%	Liga de Al-Si. Em paredes espessas recomenda-se pré-aquecimento de 150 - 250 ºC na região do chanfro.	2,50 / 3,25 / 4,00 / 5,00	60 / 80 / 110 / 130	2,00 / 2,40 / 3,00 / 4,00	1,20 / 1,60
1732 EL Al Si 12 / SFA-5.10 ER4047 / 1732 SG Al	Si 12; Al resto	Ligas de alumínio fundido com até 12 % Si como G-AlSi 10 Mg, G-AlSi12.	Rm 180 N/mm²; $Rp_{0,2}$ A_5 80 N/mm²; 5%	Liga especial de Al-Si. Peças espessas, pré-aquecer 150 - 250 ºC.	2,50 / 3,25 / 4,00 / 5,00	60 / 80 / 110 / 130	2,00 / 2,40 / 3,00 / 4,00	1,20 / 1,60
SFA-5.13 ECuAl-E / 8555 E 31 UM 300 CN	Al 14; Cu resto	Soldagem de revestimento sobre aço, aço fundido, bronze alumínio, cobre e suas ligas sujeitas a abrasão, compressão, etc.	Dureza 300 HB	Eletrodo básico para a soldagem de revestimento em regiões sujeitas à alta abrasão c/ compressão. Depósito de solda resistente à corrosão química e erosão.	3,25 / 4,00	90 / 130	·	·
SFA-5.6 ECuAl-A2 / SFA-5.7 ERCuAl-A2 / 1733 EL Cu Al 9 / 1733 SG Cu Al 8	Al 9; Cu resto	Soldagem de união de bronze alumínio e cobre e suas ligas. Revestimentos de aços, aços fundidos e ferro fundido para resistência a corrosão, abrasão e erosão.	Rm 520 N/mm²; $Rp_{0,2}$ A_5 230 N/mm²; 25%; Dureza 150 HB	Liga especial de cobre alumínio para a soldagem de união e revestimento. Depósito de solda resistente à corrosão química, erosão e água do mar.	3,25 / 4,00 / 5,00	90 / 130 / 170	1,60 / 2,40 / 3,20 / 4,00	1,20 / 1,60
SFA-5.6 ECuAl-B / 8555 E 31 UM 200 CN	Al 12; Cu resto	Soldagem de revestimento sobre aço, aço fundido, bronze alumínio, cobre e suas ligas sujeitas a abrasão, compressão, etc.	Rm 630 N/mm²; $Rp_{0,2}$ A_5 280 N/mm²; 8%; Dureza 200 HB	Eletrodo básico para a soldagem de revestimento em regiões sujeitas à elevada abrasão com compressão. Depósito de solda resistente à corrosão química e erosão.	3,25 / 4,00 / 5,00	90 / 130 / 170	·	·
SFA-5.6 ECuMnNiAl / 1733 EL Cu Mn 14 Al	Al 7; Cu resto; Mn 11; Ni 2,5; Fe 2	Soldagem de cobre alumínio com níquel e manganês. Revestimentos com elevada resistência a corrosão em aços sem e baixa liga e ferro fundido.	Rm 650 N/mm²; $Rp_{0,2}$ A_5 400 N/mm²; 15%; Dureza 200-300 HB	Depósito de solda de altíssima resistência à corrosão, desgaste por fricção e ao calor (até 300 ºC). Indicado principalmente na indústria química, petroquímica, naval, siderúrgica, etc.	3,25 / 4,00	90 / 130	·	·
SFA-5.6 ECuSn-C / 1733 EL Cu Sn 7	Sn 7; Cu resto	Ligas de Cu-Sn como bronze com 6-8% Sn, latão (Cu-Zn), liga de Cu-Sn-Zn-Pb. Revestimento de ferro fundido.	Rm 300 N/mm²; $Rp_{0,2}$ A_5 180 N/mm²; 25%; Dureza 120 HB	Liga de cobre e estanho para a soldagem de união de cobre e suas ligas, bronze estanho e soldagem de revestimento em aços e fundidos. Depósito de solda de ótima resistência ao desgaste por fricção à corrosão. Aplicado em mancais, eixos, válvulas, rotores de bombas, carcaças de bombas, etc.	3,25 / 4,00	110 / 150	·	·
1733 EL Cu Sn 13	Sn 12; Cu resto	Ligas de Cu-Sn como bronze com 10-12% Sn, liga de Cu-Zn (latão), liga de Cu-Sn-Zn-Pb. Revestimento de ferro fundido.	Rm 350 N/mm²; $Rp_{0,2}$ A_5 200 N/mm²; 25%; Dureza 120 HB	·	·	·	·	·
SFA-5.6 ECu / SFA-5.7 ERCu / 1733 EL Cu Mn 2 / 1733 SG Cu Sn	Mn 2; Cu resto; Sn 0,8	Cobres soldáveis como cobre desoxidado.	Rm 250 N/mm²; A_5 35%; Dureza 50 HB	Liga especial p/ soldagem de Cu puro. É indispensável pré-aquecimento p/espessuras >5 mm, como regra geral, calcula-se p/cada 1 mm (100 ºC), limitado a 600 ºC.	3,25 / 4,00 / 5,00	120 / 160 / 200	1,60 / 2,40 / 3,20	1,20 / 1,60

• Eletrodos (ferro fundido)

NORMA ASME/AWS – NORMAS DIN	ANÁLISE MÉDIA DO METAL DEPOSITADO (%)	APLICAÇÕES	PROPRIEDADES MECÂNICAS – DEPÓSITO DE SOLDA	DESCRIÇÃO	INSTRUÇÕES PARA SOLDAGEM / DIMENSÕES (Polaridade – Ø mm – I(A))
SFA-5.15 RCI / 8673 G Fe C-1	C 3,3 / Mn 0,7 / Si 3	Ferro fundido cinzento e ferro fundido nodular.	Rm 350 N/mm² / Dureza 160 HB	Vareta de ferro fundido especialmente desenvolvida para o enchimento de grandes áreas de ferro fundido cinzento. Esta vareta é utilizada juntamente com o fluxo "KST VFe Flux" e a chama do maçarico deverá ser ligeiramente carburante. O pré-aquecimento deverá se situar entre 600-700 °C, após a soldagem deixar resfriar lentamente no forno ou coberto com areia.	↑ ; Ø 4,00/6,00/8,00/10,00 mm ; 70/90/130/170 A
A-5.15 ENi-CI / 73 E Ni - BG1	C <2 / Ni >92	Soldagem de enchimento e união de: ferro fundido maleável GTS-35 até GTS-70, ASTM-A 47 GR-32 a 220 todos GR, ferro fundido cinzento GG 18 até GG 30, ASTM-A 48 classe 20 a 60, ferro fundido nodular GGG 40 até GGG 70, ASTM-A 536 GR 60-40.	Rm 280 N/mm² / $Rp_{0,2}$ 250 N/mm² / A_5 5% / Dureza 160 HB	Eletrodo básico grafítico com alma de níquel para a soldagem de ferro fundido usinável, reconstrução de peças em ferro fundido cinzento e maleável. O eletrodo deposita um metal com boa fluidez, isento de poros e mordeduras permitindo operar com baixa amperagem, amenizando o resfriamento brusco na zona de transição, tornando-a usinável.	GOLD 2 / GOLD + ; Ø 2,50/3,25/4,00/5,00 mm ; 60/80/110/150 A
A-5.15 ENiFe-CI / 73 E Ni Fe - BG1	C <0,2 / Ni <60 / Fe >40	Soldagem de união e enchimento de: ferro fundido nodular GGG 40 até GGG 80, ferro fundido nodular austenítico, ferro fundido lamelar GG 10 até GG 40, Ni-resist.	Rm 350 N/mm² / $Rp_{0,2}$ 300 N/mm² / A_5 10% / Dureza 190 HB	Eletrodo especial com 60% Ni e 40% Fe para a soldagem de ferro fundido usinável mesmo frio, ferro fundido nodular perlítico e ferrítico, ferro fundido austenítico, ferro fundido cinzento, ferro fundido nodular com aço, etc., sem pré-aquecimento. O eletrodo deposita um metal de boa fluidez, sem respingos e mordeduras, mesmo operando com amperagem mais elevada o aporte de calor no metal de base é reduzido.	Ø 2,50/3,25/4,00 mm ; 60/80/110 A
SFA-5.15 ENiFe-CI / 673 E Ni Fe - BG1	C <0,2 / Ni 40 / Fe 60	Soldagem de união e enchimento de: ferro fundido nodular, ferro fundido cinzento e ferro fundido maleável.	Rm 480 N/mm² / $Rp_{0,2}$ 350 N/mm² / A_5 16% / Dureza 180 HB	Eletrodo revestido de excelente rendimento à base de Ni-Fe para a soldagem a frio de todos os tipos de ferro fundido cinzento e nodular, bem como ferro fundido com aço. A característica especial do revestimento propicia um arco suave e estável, isento de descontinuidades, mesmo operando com uma corrente de baixa intensidade.	Ø 2,50/3,25/4,00 mm ; 70/100/120 A
SFA-5.15 ENiFe-CI / 673 E Ni Fe - BG1	C <0,2 / Ni 30 / Fe 70	Ferro fundido cinzento e ferro fundido nodular.	Rm 500 N/mm² / Dureza 220 HB	Eletrodo especial de alto rendimento à base de Ni e Fe, indicado principalmente para a soldagem de ferro fundido cinzento e nodular. Devido às características de seu revestimento, o arco elétrico apresenta-se suave e estável, mesmo operando com correntes de baixa intensidade, permitindo ainda uma penetração segura no metal de base.	Ø 2,50/3,25/4,00/5,00 mm ; 80/110/140/160 A
DESENVOLVIMENTO ESPECIAL	C <0,2 / Ni >80 / Fe <20	Ferro fundido cinzento e ferro fundido nodular.	Rm 400 N/mm² / Dureza 180 HB	Eletrodo de desenvolvimento especial com alma de níquel com adição de ferro pelo revestimento. Indicado para a soldagem a frio de todos os tipos de ferro fundido cinzento e nodular, assim como para união destes com aços. Especialmente indicado na recuperação de carcaças de motores. Depósito de solda de alta resistência ao fissuramento.	Ø 2,50/3,25/4,00 mm ; 70/90/130 A
A-5.15 ENiCu-B / 73 E Ni Cu - BG1	C 0,4 / Ni >60 / Cu >25	Ferro fundido cinzento : GG 10 até GG 40, ASTM-A 48 classe 20 a 60, ferro fundido maleável.	Rm 450 N/mm² / $Rp_{0,2}$ 250 N/mm² / A_5 15% / Dureza 160 HB	Eletrodo especial a base de Ni-Cu para a soldagem a frio de ferro fundido cinzento e maleável. O metal depositado é usinável, livre de poros e fissuras, ideal para enchimento de falhas de fundição pela sua coloração próxima ao ferro fundido.	Ø 2,50/3,25/4,00 mm ; 70/100/120 A
A-5.15 ESt / 73 E Fe-1 S1	Análise da alma: C <0,15 / Mn 1 / Si <1,5 / Fe Resto	Soldagem de ferro fundido queimado, corroído e todos os tipos de ferro fundido cinzento.	$Rp_{0,2}$ >350 N/mm² / A_5 >20%	Eletrodo revestido com alma de Fe para a soldagem de recuperação em peças de ferro fundido, onde não é necessário usinagem. Utilizado também como camada intermediária em ferro fundido de má qualidade, falhas de fundições profundas ou quando não se consegue ligações perfeitas chapas de Ni e Ni-Fe.	Ø 2,50/3,25/4,00/5,00 mm ; 80/110/140/160 A
DESENVOLVIMENTO ESPECIAL	C 0,04 / Si 0,5 / Cr 3 / Ni 6 / Mn 0,8	Soldagem de revestimento em ferramentas de ferro fundido como: cinzento, nodular, austenítico, meehanite, perlítico.	Dureza 380 HB	Eletrodo básico para a soldagem de enchimento e revestimento de todos os tipos de ferros fundidos.	

• Arame tubular

NORMA ASME/AWS NORMAS DIN	ANÁLISE MÉDIA DO METAL DEPOSITADO (%)	APLICAÇÕES	PROPRIEDADES MECÂNICAS DEPÓSITO DE SOLDA	DESCRIÇÃO	INSTRUÇÕES PARA SOLDAGEM E DIMENSÕES				
					Polaridade	Ø mm	(V)	(A)	GAS
DIN 8555 MF 4 GF 55 PST	C 0,4; Mn 2,0; Si 0,5; Mo 0,5; Cr 8,0	Revestimento de peças como: matrizes de forjaria, rebarbadores, martelos, eixos, etc.	Dureza 53-57 HRC	Arame tubular para soldagem com proteção gasosa ligado ao Cr e Mn. Apropriado para o revestimento de peças sujeitas ao atrito metal-metal combinado com elevado impacto. Excelentes características de soldagem de fácil remoção da escória. Depósito de solda isento de trincas e porosidade, mesmo aplicando múltiplas camadas.	⊞	1,20; 1,60	17-31; 27-31	100-300; 200-450	Ar +20% CO₂
8555 MF-4-GF-60	C 0,5; Mn 2; Si 0,8; Cr 6; Mo 0,5; V 0,7; Al 0,5	Revest. em equips. e peças de terraplenagem como: rodas motrizes, conchas de draga, lábios de caçamba, ferramentas de estampo, rosca transportadora, punções, facas e tesouras, almofadas para outros tipos de revestimento, matrizes de forja, revestimento preventivo para aço duro ao Mn.	Dureza 55-60 HRC	Arame tubular autoprotegido para a soldagem de revestimento que requer resistência ao impacto e à abrasão. Especialmente indicado para a reconstituição e revestimento de matrizes em aço-carbono, baixa liga e aços ferramenta, formando uma camada tenaz e resistente ao desgaste, mesmo em alta temperatura.	⊞	1,20; 1,60; 2,00; 2,40; 2,80	24-28; 22-33; 23-33; 24-33; 25-33	100-250; 150-350; 200-400; 250-450; 300-500	·
8555 MF-7-GF-250 K	C 0,75; Mn 14,5; Si 0,8; Cr 2,5; Ni 0,5	Recuperação de equipamentos em aço duro ao manganês ("Hardfield"), sujeitos à forte impacto / abrasão como: mandíbulas e cones de britadores, lâminas e martelos de impacto, dentes de escavadeira, lábios de caçamba, equipamentos ferroviários, etc.	Dureza 220 HB após solicitação por impacto: 400 HB	Arame tubular autoprotegido para a soldagem de aço duro ao manganês exposto a extrema pressão e impacto. Elevada tendência ao endurecimento por impacto aliada à elevada tenacidade e resistência a abrasão e fissuração.	⊞	1,20; 1,60; 2,00; 2,40; 2,80	24-28; 22-33; 23-33; 24-33; 25-33	100-250; 150-350; 200-400; 250-459; 300-500	·
8555 MF-10-GF-60 GR	C 5; Mn 0,9; Si 1,2; Cr 25; Al 0,5; Nb 6,5	Revestimento protetivo para todos os tipos de aços e ferros fundidos que requerem resistência a abrasão e impacto moderado como: destilarias, equipamentos de dragagem, siderurgia, terraplenagem, mineração, etc.	Dureza 62 HRC	Arame tubular autoprotegido. Indicado para peças e equipamentos submetidos a elevada abrasão com impacto moderado. O aspecto dos cordões é liso e uniforme, caracterizando um menor coeficiente de atrito.	⊞	1,20; 1,60; 2,00; 2,40; 2,80	22-27; 25-30; 26-31; 27-31; 27-32	100-250; 150-350; 200-400; 250-450; 300-500	·
8555 MF-10-GF-65-GR	C 5; Mn 0,8; Si 1; Cr 22	Revestimento resistente ao desgaste por abrasão mineral aplicado nos diversos equips. das indústrias como: equips de movimentação de terra e areia, equips de usinas e destilarias, equips siderúrgicos, etc.	Dureza 65 HRC	Arame tubular autoprotegido, fornecendo um depósito de carbonetos complexos em uma matriz de alta resistência. Aplicado em regiões onde o desgaste é ocasionado por poeira, areia, cascalho, minério, carvão, lama, cimento, escória, etc., para temperaturas de trabalho até +450 °C.	⊞	1,60; 2,00; 2,40; 2,80	25-30; 26-31; 27-31; 27-32	150-350; 200-400; 250-450; 300-500	·
8555 MF-10-GF-65 GRTZ	C 5,5; Mn 1,5; Si 1,6; Cr 22,5; Nb 7; Mo 6; W 2; V 1	Revest. de equips. submetidos a elevada abrasão e temperatura. Setor sucroalcooleiro: martelos, facas, bagaceira, exaustores, etc.; mineração; siderurgia: cones de autoforno, calha rotativa, quebrador de sínter, etc.	Dureza 65 HRC	Arame tubular autoprotegido contendo em seu interior, elementos de liga, desoxidantes, formadores de escória e fornecendo ainda um depósito de carbonetos complexos em uma matriz altamente resistente (65 HRC). Indicado para operar em temperaturas de aproximadamente 650 °C.	⊞	1,60; 2,00; 2,40; 2,80	24-30; 25-32; 25-33; 26-34	150-350; 200-400; 250-450; 300-500	·
DESENVOLVIMENTO ESPECIAL	C 1,2; Mn 4; Si 4,2; Fe resto; Ni 45	Ferro fundido nodular: GGG 38 - GGG 70. Ferro fundido cinzento: GG 10 - GG 40. Ferro fundido maleável: GTW 35 - GTW 65, GTS 35 - GTS 70. Ferro fundido austenítico: GGL-Ni (140-180 N/mm²), GGG-Ni (370-410 N/mm²).	Dureza 120-150 HB	Arame tubular autoprotegido para a soldagem de reparo e revestimento de todos os tipos de ferro fundido entre si ou dissimilares (Ex.: Ferro fundido cinzento X aço carbono), dispensando o pré-aquecimento. Depósito de solda usinável e devido a sua composição especial, as possíveis descontinuidades são isola-das, apresentando ainda, uma coloração similar ao ferro fundido.	⊞	1,60; 2,00; 2,40; 2,80	22-33; 23-33; 24-33; 25-33	150-350; 200-400; 250-450; 300-500	·
≅ SFA-5.13 ECoCrA; 8555 MF 20 GF 40 ZCT	C 0,1; W 4,5; Cr 28; Co resto	Componentes de vedação de válvulas para vapor e produtos corrosivos, revestimento de eixos, misturadores, camisa de cilindro, válvulas de motores de combustão interna, aços ferramentas para trabalho a quente, bombas para elevadas temperaturas, etc.	Dureza a 600 °C 39-43 HRC ≅ 32 HRC	Liga de cobalto resistente à corrosão, erosão, cavitação, abrasão e ao impacto. Para temperatura de operação até 900 °C. Depósito de solda usinável. Recomenda-se pré-aquecer >400 °C.	⊞	1,20; 1,60	24-30; 24-33	80-250; 100-300	100% Ar ou Ar +1%O₂

• Arame tubular

Firma ASME/AWS Normas DIN	Análise Média do Metal Depositado (%)	Aplicações	Descrição	Propriedades Mecânicas Depósito de Solda	Ø mm	(V)	(A)	GAS
A-5.22 E410NiMo-T1	C 0,04 Si 0,25 Mn 0,35 Cr 12 Ni 4,2 Mo 0,65	ACI, GR, CA GNM, G-X5 CrNi 13 4, G-X5 CrNi 13 6, X6 Cr 13.	Arame tubular para a soldagem de aços inoxidáveis martensíticos e martensíticos ferríticos de composição similar. Aplicado principalmente na construção de turbinas de hidroelétricas, vedações e caldeiras. Depósito de solda resistente à ação da água, vapor e matéria. Em peças espessas recomenda-se um pré-aquecimento e entrepasses de 100 - 150 ºC.	R_m >760 N/mm² A_5 >5% TT 60ºC/1h rest.ar	1,20 1,60	16-32 24-33	80-250 100-300	100% CO₂ ou Ar +20% CO₂
A-5.22 E308LT-1	C ≤0,03 Mn 1,4 Si 0,8 Cr 20 Ni 10,5	Aços inoxidáveis austeníticos como AISI 304 e 304L.	Arame tubular para processos automáticos e semiautomáticos, indicado para a soldagem de aços inoxidáveis austeníticos de composição similar e inoxidáveis ferríticos tipo 13% Cr. Depósito de solda austenítico com 10% de ferrita, apresentando ainda como característica a excelente soldabilidade fora de posição.	R_m 600 N/mm² $R_{p0,2}$ 450 N/mm² A_5 35% Av 63 J	1,20 1,60	16-32 24-33	80-250 100-300	100% CO₂ ou Ar +20% CO₂
A-5.22 E316LT-1	C ≤0,03 Mo 2,9 Mn 1,4 Si 0,8 Cr 19 Ni 12	Aços inoxidáveis austeníticos como AISI 316 e 316L.	Arame tubular para processos automáticos e semiautomáticos, indicado para a soldagem de aços inoxidáveis austeníticos de composição similar e revestimentos que requerem elevada resistência à corrosão química. Depósito de solda austenítico com 13% de ferrita, tendo como característica, excelente soldabilidade fora de posição.	R_m 600 N/mm² $R_{p0,2}$ 490 N/mm² A_5 32% Av 56 J	1,20 1,60	16-32 24-33	80-250 100-300	100% CO₂ ou Ar +20% CO₂
A-5.22 E309LT-1	C ≤0,03 Mn 1,4 Si 0,8 Cr 23,5 Ni 12,6	Aços inoxidáveis tipo AISI 309, 309L e 309S, almofadas para revestimento duro e cladeamento, aços inoxidáveis ferríticos tipo 13% Cr, união de dissimilares como aço carbono X aço inoxidável, etc.	Arame tubular para processos automáticos e semiautomáticos, indicado para a soldagem de aços inoxidáveis de composição similar, união de dissimilares e camada intermediária, tanto para revestimento duro quanto para o cladeamento. Depósito de solda de estrutura austeno-ferrítica (FN 20), apresentando ótima resistência à corrosão e excelente soldabilidade fora de posição.	R_m 580 N/mm² $R_{p0,2}$ 470 N/mm² A_5 32% Av 50 J	1,20 1,60	16-32 24-33	80-250 100-300	100% CO₂ ou Ar +20% CO₂
A-5.22 E307LT-3*	C 0,04 Mn 6 Si 1 Cr 19 Ni 8	Soldagem de união de dissimilares e aços de soldabilidade restrita, aços duros ao Mn, aços resistentes ao calor. Utilizado também como almofada na soldagem de revestimentos duros resistentes à abrasão e na soldagem de manutenção na indústria em geral.	Arame tubular autoprotegido para processos automáticos e semi-automáticos. Depósito de solda com extrema tenacidade, resistente à corrosão, fissuração, cavitação e fragilização por fase sigma, mesmo a temperaturas acima de 500 ºC, resistente à formação de carepa até 850 ºC.	R_m 620 N/mm² $R_{p0,2}$ 400 N/mm² A_5 35% Av 80 J Dureza 220 HB após encruamento 450 HB	1,60 2,00 2,40 2,80	25-30 26-31 27-32 27-32	150-350 200-400 250-450 300-500	·
55 MF1-GF-350	C 0,14 Mn 1,4 Si 1,6 Cr 0,5	Indicado para revestimento de munhões, eixos, rodetes, roda de ponte rolante, equip. rodante de terraplenagem, almofadas para outros revestimentos de maior resistência à abrasão, etc.	Arame tubular autoprotegido, indicado para o revestimento de peças e equipamentos sujeitos ao impacto, atrito e à abrasão. Depósito de solda com propriedades uniformes, permitindo a aplicação de multicamadas isentas de descontinuidades e boa tenacidade.	Dureza 35 HRC	1,20 1,60 2,00 2,40 2,80	24-28 22-33 22-33 24-33 25-33	100-250 150-350 200-400 250-450 300-500	·
REVESTIMENTO ESPECIAL	C 0,04 Mn 15 Si 0,8 Cr 15	Revestimento de seções onde ocorrem elevadas solicitações por impacto e abrasão como mantelos, trilhos, rolos de britadeiras, engrenagens pesadas (rodetes), etc.	Arame tubular autoprotegido, fornece um depósito de solda austenítico com elevada tendência ao endurecimento quando solicitado por impacto ou pressão e consequentemente elevando sua resistência à abrasão. Apresenta ainda, como característica, boa resistência à corrosão e fissuração e elevada tenacidade.	Dureza 250 HB após solicitação por impacto: 400 HB	1,60 2,00 2,40 2,80	24-30 24-31 24-31 25-31	150-350 200-400 250-450 300-500	·
N 8555 MF 1 200 P	C 0,06 Si 0,9 Mn 1,75	St 33, St 37-2, St 44-2, St 52-3, HI, HII, 17Mn4, 19Mn6, StE 255 até StE 420, St 35, St 35.4, St 35.8 a St 45.8, St 52.4, StE 210.7 até StE 415.7 TM, X 42 até X 60 (API-5LX), GS-38 até GS-52, C10/CK10 até C35/CK35.	Arame tubular autoprotegido análogo ao eletrodo revestido E 7018. Depósito de solda de elevada resistência mecânica com elevada taxa de deposição, indicado para a soldagem de união e revestimento de aços de construção em geral.	R_m 550 N/mm² $R_{p0,2}$ 450 N/mm² A_5 25% Dureza 180 HB	2,00 2,40	25-28 25-30	275-410 300-450	·

• Eletrodos (resistentes a abrasão)

Norma ASME/AWS — Normas DIN	Análise Média do Metal Depositado (%)	Depósito de Solda — Dureza	Rend. (%)	Propriedades e Áreas de Aplicações	Ø mm	(A)
8555 E1 UM 250	C 0,1 / Mn 1,5 / Cr 1	225 - 275 HB	120	Eletrodo básico para a soldagem de revestimento em trilhos, engrenagens, eixos, rodas de ponte rolante e demais regiões, onde é requerida tenacidade e dureza medianas, podendo ser aplicadas camadas múltiplas. O depósito de solda é facilmente usinável e ótima remoção de escória.	3,25 / 4,00 / 5,00	120 / 150 / 180
8555 E1 UM 300	C 0,1 / Mn 1 / Cr 3	275 - 325 HB	120	Eletrodo básico para a soldagem de revestimento em peças sujeitas a atrito, forte impacto, permitindo ainda a aplicação de múltiplas camadas isentas de trincas. O metal depositado é usinável, podendo elevar a dureza por chama.	3,25 / 4,00 / 5,00	120 / 150 / 180
8555 E1 UM 350	C 0,15 / Mn 1 / Cr 3	325 - 375 HB	120	Eletrodo básico aplicado em peças de equipamentos sujeitos ao atrito. O revestimento é denso e isento de fissuras, podendo ser usinado com ferramentas de metal duro.	3,25 / 4,00 / 5,00	120 / 150 / 180
8555 E6 UM 40	C 0,5 / Cr 5	37 - 43 HRC	130	Eletrodo indicado para peças sujeitas à elevada atrito e impacto. Apesar de sua elevada dureza, o metal depositado é tenaz, evitando desta forma, fissuras no cordão e destacamento do revestimento, possibilitando ainda efetuar revestimentos de elevadas espessuras.	3,25 / 4,00 / 5,00	120 / 150 / 180
8555 E6 UM 60	C 0,5 / Mo 0,8 / Cr 9 / V 1,5	57 - 61 HRC	130	Eletrodo básico para a soldagem de revestimento de peças de máquinas sujeitas à elevada abrasão/atrito. Indicado também para a recuperação do fio de corte de ferramentas para corte a frio, assim como, última camada (preventiva) de aços austeníticos ao Mn ("Hadfield"). Depósito de solda somente usinável por esmeril.	2,50 / 3,25 / 4,00 / 5,00	70 / 110 / 150 / 180
8555 E3 UM 45 T	C 0,2 / W 4,5 / Cr 2,5 / V 0,6	45 HRC s/TT; 48 HRC 550°C/2h ar; 250HB 780°C/2h forno; *45 HRC 1070°C/óleo; *43 HRC 550°C/2h resfr. jato ar; *têmpera/revenimento	130	Eletrodo revestido básico indicado para a recuperação de aços ferramenta para trabalho a quente, como rebarbadores, navalhas de corte, matrizes de forja, etc., e confecção de ferramentas em aço-carbono e baixa liga, revestindo-se a área solicitada de rebarbadores, estampos, punções, etc. O depósito de solda é usinável; pré-aquecimento recomendado : aço ferramenta: 300 - 400 °C; aço-carbono e baixa liga: 200 - 300 °C.	3,25 / 4,00 / 5,00	110 / 140 / 170
8555 E4 UM 60 ST	C 0,25 / Cr 4,0 / Mo 2,5 / V 0,3	58 HRC	130	Eletrodo de revestimento rutílico, indicado para a recuperação de aços ferramenta, para trabalho a quente e frio como: facas de corte, rebarbadores, matrizes de forjaria, etc., assim como, revestimento de cantos de ferramentas em aço-carbono. O depósito de solda apresenta elevada dureza e tenacidade, isento de descontinuidades mesmo aplicando multi-passes.	2,50 / 3,25	75 / 100
8555 E4 UM 60 ST	C 0,9 / Cr 4,5 / Mo 8 / W 2	60 HRC s/TT; 64 HRC 530°C/2h ar; 250HB 850°C/2h forno; *62 HRC 1220°C/óleo; *65 HRC 530°C/2h resfr. jato ar; *têmpera/revenimento	130	Eletrodo básico indicado para a recuperação do fio de corte de aço rápido, assim como do revestimento de aço estrutural para corte a quente. O depósito de solda tem elevada dureza, aliada a uma boa tenacidade e resiste ao revenimento até 550 °C. Para o revestimento do aço estrutural (aço-carbono), pré-aquecer 300 - 500 °C e para recuperação do aço rápido, normalizar 850 °C/3h e a seguir, pré-aquecer a 500 - 700 °C.	2,50 / 3,25 / 4,00 / 5,00	70 / 80 / 110 / 140
8555 E4 UM 60 ST	C 0,8 / W 18 / Co 5 / Cr 4,3 / V 1,6 / Mo 1	62 HRC s/TT; 63 HRC 570°C/1h ar; 250HB 820°C/5h forno; *64 HRC 1220°C/óleo ou óleo; *64 HRC 570°C/1h; *têmpera/revenimento	140	Eletrodo básico de aço rápido ligado principalmente ao Tungstênio. Indicado para a soldagem e recuperação de cantos de ferramentas em aço-carbono e baixa liga, assim como para o revestimento de ferramentas para o corte a frio e a quente. Na soldagem, para minimizar a diluição, recomenda-se menor amperagem possível e cordões filetados.	2,00 / 2,50 / 3,25 / 4,00	55 / 85 / 120 / 140
SFA-5.13 EFeMn-A — 8555 E7 UM 250 K	C 0,8 / Mn 13 / Ni 3,5	225 HB endurecido a frio 450-560 HB	120	Eletrodo austenítico ao Mn para um depósito de alta tenacidade, mesmo submetido a forte solicitação por impacto, apresentando ainda elevada tendência ao endurecimento por impacto. Indicado para recuperação de partes desgastadas de aço duro ao Mn, tais como, revestimento em peças para máquinas de terraplenagem, lábios de caçamba, dentes de escavadeiras, mandíbulas e cones de britadores, lâminas e martelos de impacto, agulhas e desvios de trilhos.	3,25 / 4,00 / 5,00	100 / 140 / 170
SFA-5.13 EFeMn-B — 8555 E7 UM 200 K	C 0,8 / Mn 13 / Mo 1	220 HB endurecido a frio ≈ 450 HB	120	O revestimento sobre aço Mn deverá ser efetuado de forma que haja baixo aporte de calor, resfriamento dos cordões de solda com água ou panos úmidos, ou ainda, colocar a peça em uma cuba de água, expondo somente a superfície a ser revestida.	3,25 / 4,00 / 5,00	120 / 170 / 220
8555 E6 UM 55 R	C 0,3 / Cr 14	55 HRC	120	Eletrodo especial que deposita uma liga resistente ao atrito metal/metal e a oxidação. Indicado especialmente para a recuperação de eixos, engrenagens de baixa liga, sede de válvulas, braços e pás de misturadores, rodas matrizes, pinos e elos de corrente, etc.	3,25 / 4,00 / 5,00	120 / 170 / 220

• Eletrodos (resistentes a abrasão)

NORMA ASME/AWS · NORMAS DIN	ANÁLISE MÉDIA DO METAL DEPOSITADO (%)	DEPÓSITO DE SOLDA · DUREZA	REND. (%)	PROPRIEDADES E ÁREAS DE APLICAÇÕES	DIMENSÕES (Ø mm / A)
8555 E6 UM 60	C 0,8; Cr 9,5; Mo 0,5; V 0,4; Si 1	55 - 60 HRC	130	Eletrodo de revestimento básico, deposita um cordão de aspecto uniforme. Especialmente indicado para o revestimento de peças para maquinário de terraplenagem, mineração, cones de britadores, etc. A liga do depósito de solda é adequada para solicitações conjuntas de alta abrasão e impacto. Usinável somente por esmeril.	2,50/80; 3,25/120; 4,00/160; 5,00/200
8555 E6 UM 60 G	C; Cr; Mn; Ti; Mo	60 HRC	160	Eletrodo revestido especial ligado ao C, Cr, Ti e Mo. Desenvolvido especialmente para o setor sucroalcooleiro para a construção de picotes em camisas de moenda. Possui elevada resistência à abrasão úmida associada à elevada resistência à compressão e alta elasticidade com baixos índices de fissuras, mesmo aplicando multipasses, proporcionando excelente resistência ao destaque.	2,50/80; 3,25/100; 4,00/150; 5,00/180
8555 E10 UM 60 GR	C 3,5; Cr 29	57 - 60 HRC	160	Eletrodo de alto rendimento contendo carboneto de Cromo. Indicado para revestimento de equipamentos submetidos a elevado desgaste, principalmente por abrasão mineral com impacto moderado como componentes de máquinas para terraplenagem, instalação para trituração de rochas, transportadoras helicoidais, bombas, transportadoras de lama e areia, etc.	2,50/110; 3,25/140; 4,00/180; 5,00/220
8555 E10 UM 65 GRZ	C 5; Cr 32	62 - 63 HRC	170	Eletrodo de alto rendimento à base de carbonetos de cromo para revestimentos de peças de equipamentos submetidos a elevado desgaste por abrasão. O eletrodo é apropriado para cordões fileirados em cantos e bordas nos equipamentos de terraplenagem, indústrias cimenteiras, cerâmicas, etc.	2,50/90; 3,25/140; 4,00/180; 5,00/220
8555 E10 UM 60 R	C 4; Cr 25	60 HRC	160	Eletrodo de alto rendimento ligado na alma ao cromo. Excelente resistência à abrasão severa ligada à erosão, cavitação e atrito com impactos moderados. Devido a pouca diluição com o metal base obtém-se alta dureza no primeiro passe e devido aos carbonetos bem homogeneizados no depósito, obtém-se alta performance na resistência a oxidações a altas temperaturas. O eletrodo é apropriado para picote de moendas, fábricas de cimento, minerações, pedrarias, siderúrgicas e bordas de desgaste.	2,50/90; 3,25/120; 4,00/140
8555 E10 UM 65 GR	C 5; Cr 22,5; Nb 6	65 HRC	160	Eletrodo especial para a soldagem de revestimentos duros altamente resistentes ao desgaste, devido à presença de carbonetos de Cr e Nb. Desenvolvido especialmente para o setor sucro-alcooleiro no revestimento de martelos, facas, bagaceiras e exaustores.	2,50/100; 3,25/140; 4,00/200; 5,00/310
8555 E10 UM 65 GRZ	C 5; Cr 22; Mo 8; Nb 8; V 1; W 2	63 - 65 HRC	240	Eletrodo revestido de alto rendimento que deposita uma liga de altíssima resistência ao desgaste devido à presença de formadores de carbonetos especiais (Mo, Nb, V, W). Utilizado principalmente em peças para máquinas de terraplenagem, indústrias sucroalcooleiras, de cimento, cerâmica e britadores de sinter nas siderúrgicas. A resistência à abrasão é garantida em temperaturas de trabalho até 600 °C.	3,25/140; 4,00/180
8555 E10 UM 65 GRZ	C 6; Cr 43; B 2	66 - 68 HRC	160	Eletrodo revestido de elevada resistência à abrasão mesmo exposto a elevadas temperaturas. Indicado para o revestimento/reparo de capambas, dentes de escavadeiras, quebradores de sinter, calhas de alimentação de alto-forno, roscas transportadoras, na indústria sucroalcooleira onde requer a máxima eficiência contra desgaste como bagaceiras, exaustores, etc.	3,25/140; 4,00/200; 5,00/310
DESENVOLVIMENTO ESPECIAL	C 5; Cr 30; Fe 5,5; W 5	62 HRC	-	Eletrodo revestido desenvolvido para depositar, em forma de spray, uma liga de carbonetos de cromo resistente ao desgaste por abrasão. Indicado especialmente para chapiscar rolos de moenda na indústria sucroalcooleira, propiciando melhor arrasto do bagaço.	3,25/140; 4,00/180; 5,00/240
SFA-5.11 ENiCrMo-5 · 8555 E23 UM 200 CKNTZ	C 0,06; Ni >56; Cr 15,5; Mo 16	Rm 700 N/mm²; Rp0,2 400 N/mm²; A5 10%; Dureza 200 HB; 400 HB após solicitação (submetido à ação da lima)	170	Eletrodo especial que deposita uma liga conhecida como HASTELLOY C que resiste à corrosão, tanto em meios oxidantes, como redutores. Indicado especialmente para o revestimento em ferramentas para trabalho a quente, tais como, matrizes de corte, bigornas em máquinas de forja, matrizes de forja, punções e rebatadores a quente, etc. O revestimento tem como característica a excepcional tenacidade e endurecível com impactos em elevadas temperaturas.	2,50/90; 3,25/130; 4,00/180; 5,00/240

• Varetas para brasagem

NORMA ASME / AWS / NORMAS DIN	ANÁLISE MÉDIA DO METAL DEPOSITADO (%)				APLICAÇÕES	PROPRIEDADES MECÂNICAS - DEPÓSITO DE SOLDA	DESCRIÇÃO	DIMENSÕES (∅ mm)
SFA-5.8 BCuP-3 / 8513 L Ag 5P	Ag 5,5 / P 6 / Cu resto				Cobre, latão e bronze estanho.	Temp. Trabalho 710 °C / Rm (em Cu) 250 N/mm² / Densidade 8,2 g/cm³	Vareta de cobre, fósforo e prata, indicado especialmente nas instalações hidráulicas, tubulações, na indústria de refrigeração, mecânica de precisão, etc. Regulagem da chama: neutra.	2,00 / 3,00
SFA-5.8 BCuP-5 / 8513 L Ag 15P	Ag 15 / P 5 / Cu resto				Cobre, latão e bronze estanho.	Temp. Trabalho 710 °C / Rm (em Cu) 250 N/mm² / Densidade 8,4 g/cm³	Vareta de cobre, fósforo e prata, indicado especialmente em instalações sujeitas a vibração e variação térmica. Regulagem da chama: neutra.	2,00 / 3,00
SFA-5.8 BAg-2a / 8513 L Ag 30 Cd	Ag 30 / Zn 21 / Cu 28	Cd 21			Aços, ferro fundido, cobre e suas ligas, níquel e suas ligas.	Temp. Trabalho 680 °C / Rm 330 N/mm² / Densidade 9,2 g/cm³	Vareta com elevado teor de prata e cádmio. Consumível de vasta aplicação, como nas indústrias eletro-mecânicas, óticas, refrigeração, etc. Regulagem da chama: neutra até levemente redutora.	2,00 / 2,50 / 3,00
SFA-5.8 BAg-2	Ag 35 / Zn 21 / Cu 26	Cd 18			Aços, aços inoxidáveis, níquel e suas ligas, cobre e suas ligas, metal duro.	Temp. Trabalho 660 °C / Rm 380 N/mm² / Densidade 9,2 g/cm³	Vareta de prata com cádmio de vasta aplicação como, na indústria de material elétrico, mecânica de precisão, etc. Regulagem da chama: levemente redutora.	2,00 / 2,50 / 3,00
SFA-5.8 BAg-1	Ag 45 / Zn 16 / Cu 15	Cd 24			Aços diversos, cobre e suas ligas, níquel e suas ligas.	Temp. Trabalho 620 °C / Rm 420 N/mm² / Densidade 9,4 g/cm³	Vareta de prata com cádmio de vasta aplicação como, equipamentos químicos, óticos, instrumentos elétricos, etc. Regulagem da chama: levemente redutora.	2,00 / 2,50 / 3,00
SFA-5.8 BCuP-1	P 5 / Cu resto				Cobre e suas ligas.	Temp. Trabalho 790 °C / Rm 240 N/mm² / Densidade 8,2 g/cm³	Liga de Cu-P e Cu-P banhado com prata (Super) de excelente capilaridade. Aplicado na indústria elétrica, tubulação na indústria de refrigeração, instalação hidráulica, etc. Regulagem da chama: neutra.	2,00 / 2,50 / 3,00

15.2.12 Solda pelo processo oxiacetilênico

São realizadas através da queima da mistura de oxigênio e acetileno misturados nas proporções corretas em um maçarico. A chama resultante dessa queima pode chegar a temperaturas ao redor dos 3.200°C. O processo de soldagem a gás é na realidade uma fusão onde as duas partes do material que deve ser soldado são aquecidas até o seu ponto de fusão e depois unidas. Essa fusão pode ser feita sem adição ou com a adição de um material (eletrodo) similar ao que está sendo trabalhado. Na soldagem por fusão por chama oxiacetilênica pode-se realizar soldas homogêneas (metal de adição idêntico ao metal base) com ou sem material de adição (caldeamento). Os bordos das duas peças a unir e o material de adição, quando houver, são levados simultaneamente à fusão. Neste processo, teremos na zona de fusão o material fundido com estrutura própria, com propriedades mecânicas tão boas quanto a do material de base, isto devido ao desenvolvimento conseguido nos materiais de adição e nos métodos de operação.

A reação química da chama oxiacetilênica pode ser ajustada pela variação da velocidade de adição do oxigênio ou do gás combustível na mistura, modificando assim as características da chama.

Os equipamentos de solda/corte oxiacetilênica são portáteis e de fácil manuseio.

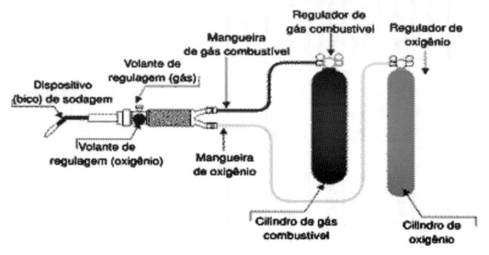

Maçarico

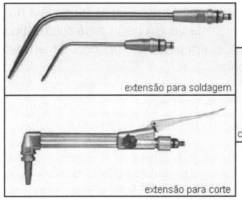

Mangueiras: Obedecem a um código fixo de cores: acetileno – vermelho; e, oxigênio – verde. As conexões do oxigênio são de rosca direita e as do acetileno são de rosca esquerda.

Regulador de gás: Sua função principal é o controle da pressão do gás. Ele reduz a pressão alta do gás que vem do cilindro para a pressão de trabalho do maçarico, mantendo-a constante durante toda a operação.

Válvulas retentoras: São válvulas colocadas nas linhas de oxigênio e acetileno, ou na saída dos reguladores para evitar o refluxo da chama do bico para dentro do maçarico. Isso pode ocorrer quando a velocidade da chama é maior que a velocidade de fluxo do gás. Neste caso a chama pode atravessar a câmara de mistura em sentido contrário e alcançar a mangueira e, em casos extremos, ao gás dentro do cilindro.

Cilindros com gases: O oxigênio é acondicionado em cilindros metálicos de alta pressão (200 bars), pintados na cor preta (para uso industrial) ou verde (para uso medicinal). O acetileno que, por ser um gás instável, vem dissolvido em acetona e acondicionado em cilindros metálicos pintados na cor bordô, cheios de uma massa porosa. A pressão dos cilindros é baixa, ao redor de 15 bars.

- **Espessuras** = de 1 a 360mm.
- **Velocidades** = 10 a 30m/h.

412   *Prontuário para Projeto e Fabricação de Equipamentos Industriais*

15.2.13 **Oxicorte**

O corte de materiais é uma das mais importantes etapas na cadeia dos aços. Tanto as chapas prontas devem ser cortadas em peças para seu destino final, como as sucatas devem ser cortadas em peças de menores dimensões para facilitar seu processamento posterior.

Pode-se definir como "um processo de seccionamento de metais pela combustão localizada e contínua devido à ação de um jato de O_2 de elevada pureza, agindo sobre um ponto previamente aquecido por uma chama oxicombustível".

Princípio de operação: Na temperatura ambiente e na presença de O_2, o ferro se oxida lentamente. À medida que a temperatura se eleva, esta oxidação se acelera, tornando-se praticamente instantânea a 1.350°C. Nesta temperatura, chamada de temperatura de oxidação viva, o calor fornecido pela reação é suficiente para liquefazer o óxido formado e realimentar a reação. O óxido no estado líquido se escoa, expulso pelo jato de O_2, permitindo o contato do ferro devidamente aquecido com O_2 puro, o que garante a continuidade ao processo. As condições básicas para a ocorrência do oxicorte são:

- A temperatura de início de oxidação viva deve ser inferior à temperatura de fusão do metal.
- A reação deve ser suficientemente exotérmica para manter a peça na temperatura de início de oxidação viva.
- Os óxidos formados devem ser líquidos na temperatura de oxicorte, facilitando seu escoamento para possibilitar a continuidade do processo.
- O material a ser cortado deve ter baixa condutividade térmica.
- Os óxidos formados devem ter alta fluidez.

Gases utilizados no processo:

- **Oxigênio (O_2):** Por si só não é inflamável, porém, sustenta a combustão, reagindo violentamente com materiais combustíveis, podendo causar fogo ou explosões. No processo oxicorte faz as funções de oxidação e expulsão dos óxidos fundidos.

- **Gases combustíveis para a chama de preaquecimento:** São vários os gases combustíveis que podem ser utilizados para ignição e manutenção da chama de aquecimento. Entre estes podemos citar: acetileno, propano, propileno, hidrogênio, GLP e até mesmo mistura destes. A natureza do gás combustível influi na temperatura da chama, no consumo de O_2 e, consequentemente, no custo final do processo.

- **Acetileno (C_2H_2):** Entre os diversos combustíveis gasosos é o de maior interesse industrial, por possuir a maior temperatura de chama (3.160°C) devido, entre outros fatores, este hidrocarboneto possuir maior percentual em peso de carbono comparativamente aos demais gases combustíveis. É um gás estável a temperatura e pressão ambiente, porém, não se recomenda seu uso com pressões superiores a 1,5kg/cm², onde o gás pode decompor-se explosivamente. É inodoro e por esta razão leva um aditivo que possibilita sua detecção olfativa em caso de vazamento.

- **GLP ($C_3H_8 + C_4H_{10}$):** O gás liquefeito de petróleo no Brasil tem como composição quase que totalmente uma mistura de 2 gases: propano e butano, que são hidrocarbonetos saturados. É incolor e inodoro quando em concentrações abaixo de 2% no ar. Também leva aditivos que possibilitam detectar olfativamente sua presença na atmosfera. É um gás 1,6 vezes mais pesado que o ar, sendo utilizado como combustível para queima em fornos industriais, aquecimento e oxicorte.

A seleção do gás combustível deve levar em conta os seguintes:
- Espessura.
- Tempo requerido no preaquecimento para o início da operação.
- Quantidade de inícios de corte na borda ou perfurações no meio necessárias na operação.
- Custo e forma de fornecimento do gás combustível (cilindros, tanques ou tubulação).
- Custo do O_2 requerido para a combustão completa.
- Possibilidade de utilização do combustível em outras operações como soldagem, aquecimento ou brasagem, entre outras.
- Segurança no transporte e utilização do produto.

Estação de trabalho: Deve ter no mínimo os seguintes equipamentos:
- Um cilindro ou instalação centralizada para gás combustível.
- Um cilindro ou instalação centralizada para o O_2.
- Duas mangueiras de alta pressão para condução dos gases, podendo ser três se utilizar maçarico com entradas separadas para o O_2 de corte e o de aquecimento.
- Um maçarico de corte.
- Um regulador de pressão para O_2, podendo ser dois nos casos de maçarico com 2 entradas de O_2.
- Um regulador de pressão para o gás combustível.

- Dispositivos de segurança (válvulas unidirecionais e antirretrocesso de chama).

Maçarico de corte: É o equipamento que mistura o gás combustível com o O_2 de aquecimento para a peça na proporção correta para a chama, além de direcionar também o jato de O_2 de alta velocidade para o bico de corte.

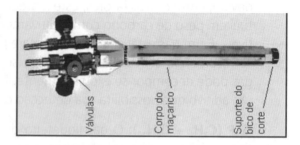

Bicos de corte: São montados na cabeça do maçarico de modo a conservar separadas as misturas dos gases de preaquecimento do O_2 de corte, servindo também para direcioná-los

para a superfície a ser cortada por meio dos orifícios do seu interior.

Cada fabricante possui características e especificações técnicas próprias para seus bicos, o que influencia o resultado do corte nos aspectos de qualidade, velocidade de corte, consumo de gases e, em consequência, o custo total da operação de corte.

Máquina de corte portátil: Conhecido também como tartaruga, este equipamento é composto por um carro motriz, um dispositivo para colocação de um ou mais maçaricos, um contrapeso, uma haste, um trilho e um controle simples da velocidade através de potenciômetro. O maçarico de corte é acoplado no carro motriz através de hastes e o operador acerta o carro nos trilhos definindo a trajetória de corte. Uma vez iniciado o corte, o operador faz eventuais correções na distância bico, peça e/ou trajetória para tornar o corte uniforme. As maquinas portáteis são normalmente utilizadas para cortes retilíneos e circulares.

Máquina de corte pantográfica: Neste equipamento, os maçaricos são acoplados a um dispositivo copiador, normalmente preso a uma mesa. Este dispositivo pode ser fotoelétrico ou mecânico. São equipamentos estacionários, sua velocidade de corte é controlada eletronicamente. Possui recursos automáticos para abertura do gás de corte e compensação de altura do bico que ficam localizados em um painel de comando central.

Máquina de corte CNC: Tal como nas máquinas pantográficas, podem ser acoplados diversos maçaricos, porém, neste tipo os controles de velocidade e trajetória de deslocamento são feitos através de microprocessadores, possibilitando a utilização deste sistema integrado a sistemas computadorizados controlados por *CAD*.

15.2.14 Plasma

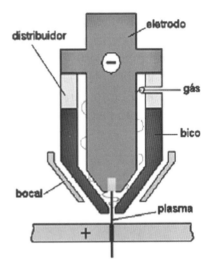

Criado na década de 50 e tornou-se muito utilizado na indústria devido a sua capacidade de cortar qualquer metal condutor de eletricidade, principalmente os metais não ferrosos que não podem ser cortados pelo processo oxicorte. O processo consiste na utilização do calor liberado por uma coluna de plasma, resultante do aquecimento; por meio de um arco elétrico – de um gás, em alta vazão rotacional. Este plasma é transferido ao metal a ser cortado. A parte do metal se funde pelo calor do plasma e este metal é expulso com auxílio do gás em alta vazão.

Em 1968 surge a primeira grande inovação, a injeção de água entre o bico e um bocal frontal, com o objetivo de ampliar a vida útil dos consumíveis e na qualidade de corte.

Em 1983 torna-se industrialmente viável a utilização do plasma com oxigênio para materiais ferrosos. Com o oxigênio como gás de plasma o calor do processo provém de duas fontes: a do plasma e da reação exotérmica da oxidação do ferro. A resultante é um aumento considerável de velocidade e qualidade de corte.

Em 1989 lança-se o bocal protetor eletricamente isolado que minimiza a formação de arco duplo e aumenta a vida útil dos consumíveis, Para melhorar a vida útil dos consumíveis, principalmente nos processos com o uso do oxigênio como gás de plasma, em 1990 são incorporadas sequências lógicas no sistema plasma com ajustes específicos de corrente e vazão e pressão de gás nos intervalos de início e final de corte, conhecido como tecnologia *LongLife*. Esta tecnologia conta ainda com o aprimoramento do projeto do eletrodo. Com um inserto de háfnio de menor diâmetro, amplia-se a capacidade de refrigeração do eletrodo. Nesta mesma época surge o plasma de alta definição que revoluciona o processo plasma e o torna aplicável em peças com maiores exigências de qualidade de corte. O processo utiliza um orifício reduzido no bico e um canal extra para saída de excesso de gás plasma resultando num corte praticamente sem chanfro e sem geração de escória.

Em 1993 é lançado o processo com jato de ar auxiliar aplicado coaxialmente ao jato de plasma. Esta força de constrição aumenta a eficiência do jato proporcionando um aumento de velocidade e redução do ângulo de corte. Em 2004 são incorporadas novas tecnologias ao processo plasma de alta definição com o objetivo de melhorar o desempenho e consistência do processo. O resultado foi a criação do processo *HyPerformance* ou plasma de alto desempenho. Com todo este avanço tecnológico, o plasma torna-se um dos processos mais importantes na indústria do corte do País. Atualmente o plasma vem sendo usado tanto para acompanhar o crescimento da indústria, bem como na substituição de processos mais lentos ou com maiores custos operacionais.

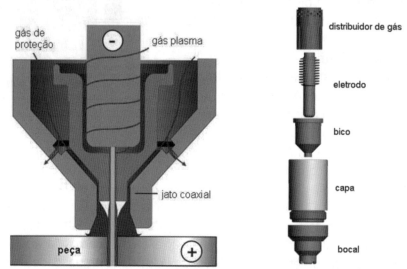

Plasma com jato coaxial   Peças de uma tocha plasma

O corte a plasma é um processo que utiliza um bico com orifício otimizado para constringir um gás ionizado em altíssima temperatura, tal que possa ser usado para derreter seções de metais condutores. Um gás eletricamente condutivo (plasma) é usado para transferir energia negativa fornecida pela fonte plasma da tocha para o material a ser cortado. A tocha serve de suporte para os consumíveis e fornece um fluido refrigerante para estas peças (gás ou água). O distribuidor ou difusor de gás é construído de material isolante e tem como principal finalidade dar sentido rotacional ao gás. O eletrodo conduz a corrente até um inserto de háfnio que emite os elétrons para geração do plasma. O bico constringe o plasma e o guia para o metal a ser cortado. A capa tem como função manter os consumíveis alinhados e isolar a parte elétrica do bocal frontal. O bocal frontal guia o fluxo de jato de ar coaxial. Por ser refrigerado e isolado, o bocal pode ser apoiado à chapa.

Corte manual: São muito simples e de fácil operação. Os sistemas mais modernos possuem o bocal isolado eletricamente, o que permite que o operador apoie a tocha na peça, e/ou utilize uma régua ou gabarito para guiar o corte. As fontes inversoras são preferidas devido a sua portabilidade. O corte manual é largamente utilizado em cortes de chapas finas até grandes espessuras, e apresenta vantagens devido a flexibilidade da tocha, facilidade de operação, velocidade de corte e menor deformação das chapas.

Corte mecanizado: É todo aquele onde um sistema automático manipula a tocha de plasma. Os sistemas podem ser simples como uma "tartaruga" ou até os mais complexos, manipulados e comandados por CNC.

Os sistemas manuais podem ser adaptados para trabalhar no método mecanizado e devem ser respeitados os limites de aplicação recomendados pelo fabricante do sistema para este método. Geralmente, a capacidade de corte dos sistemas manuais é reduzida à metade para o corte mecanizado. Esta redução não está relacionada diretamente com a capacidade da fonte e, sim, pelo aquecimento progressivo da tocha. Como no plasma a velocidade reduz sensivelmente com o incremento da espessura, em chapas mais espessas o tempo de corte é grande devido a baixa velocidade. Esta é a principal razão de se limitar a espessura para se garantir uma velocidade razoável e permitir a refrigeração adequada da tocha.

Os sistemas mecanizados geralmente possuem tochas refrigeradas por líquido refrigerante. O líquido é guiado na parte interna do eletrodo permitindo um jato de líquido exatamente na parte traseira do háfnio – parte que fica no estado líquido durante o corte. Um sistema básico mecanizado é constituído por:

- Fonte de energia.
- Console de ignição – Alta frequência.
- Console de controle de gás.
- Tocha plasma.
- Conjunto de válvulas.

Seleção e tipos de gases: O gás no processo plasma tem duas funções distintas:

- Insumo para geração do plasma.
- Refrigeração dos consumíveis. Ainda, nos sistemas com partida por contato serve como agente para afastar o eletrodo móvel.

Na grande maioria dos sistemas manuais, utiliza-se uma única fonte de suprimento de gás para realizar as duas funções de formação de plasma e refrigeração dos itens consumíveis. Neste caso, a vazão do gás torna-se um fator de extrema importância para o desempenho do processo. Se a vazão é excessiva implicará uma boa ação de refrigeração, porém, com consequências danosas ao plasma. Se insuficiente, além da perda de qualidade do plasma, a vida útil do consumível é reduzida drasticamente. A vazão nos sistemas de gás único é sempre mais elevado que nos sistemas de múltiplos gases. Existem alguns sistemas manuais de correntes mais elevadas que podem utilizar a combinação de mais de um gás. Em consequência tem-se uma tocha mais robusta e pesada.

Os sistemas mecanizados possibilitam o uso de dois gases distintos para plasma e para proteção. Nestes casos, o eletrodo é refrigerado internamente por um líquido refrigerante. A vantagem dos sistemas múltiplos gases está no fato de selecionar um gás de plasma mais adequado ao tipo de material a se cortar independentemente de sua capacidade de refrigeração.

A seleção deve se dar primeiramente para atender aos requisitos de qualidade e produtividade do material a se cortar. O ar comprimido é sempre a melhor segunda opção técnica e a primeira em conveniência e custo. Quando se deseja a melhor combinação para obter melhor qualidade e produtividade, os gases recomendados são mostrados na tabela.

Plasma de alta definição: A definição ou qualidade de corte é caracterizada pelo desvio e angularidade da superfície de corte. A norma *ISO* 9013 estabelece critérios de avaliação com base na espessura. Este processo foi criado com o objetivo de produzir cortes com qualidade nível 3. Porém, em produção, com as constantes variações de pressão e vazão nos gases de plasma e proteção, aliado aos desgastes da tocha e dos consumíveis, o processo se mantinha com nível de qualidade entre o 4 e 5 e uma vida útil do bico e eletrodo de aproximadamente 2 horas. Por este fato, o processo tendia ao colapso na sua utilização para a indústria devido ao alto custo operacional e baixa consistência.

Em 2003 foram investidas elevadas quantias em pesquisa e desenvolvimento para resolver a inconsistência e aprimorar o processo de alta definição. O resultado foi o desenvolvimento de duas novas tecnologias que revolucionaram o plasma de alta definição. Um controle sinérgico para o gás e um novo desenho de tocha que permite a flutuação do tubo de refrigeração dentro do eletrodo proporcionaram a consistência do processo, ou seja, produção de cortes com qualidade nível 3 por um longo período de vida dos consumíveis bico e eletrodo. O processo que foi batizado de *hyperformance* ou plasma de Alto Desem-

Soldagem – II

penho já é comercializado desde 2004 e os resultados médios comprovam a qualidade nível 3 em uma vida útil de eletrodo e bico em média de 6 horas.

Relação com outros processos: O processo plasma ocupa uma vasta área de aplicação com vantagens técnicas e econômicas. Porém, existem aplicações que os outros processos de corte térmico (ou termoquímico) mais adequados. Para peças em aço-carbono, com espessuras acima de 40mm, o processo mais recomendado é o oxicorte devido ao baixo custo inicial e operacional do processo. Para peças de espessura abaixo de 6mm, com requisitos de ângulo reto, ou nível 1 ou 2, segundo a *ISO* o processo mais recomendado seria o *LASER*.

- **Espessuras** = de 6 a 150mm.
- **Velocidades** = 10 a 450m/h.

15.2.15 *LASER*

O *LASER* é a abreviação de "*Light Amplification by Stimulated Emission of Radiation*", ou seja amplificação da luz por emissão estimulada de radiação. É um sitema que produz um feixe de luz coerente e concentrado através de estimulações eletrônicas ou transmissões moleculares para níveis mais baixos de energia em um meio ativo (sólido, líquido ou gasoso). Quando aplicado no processamento de materiais, verifica-se que a alta densidade de energia do feixe *LASER* promove a fusão e evaporação destes, em regiões muito localizadas em função do elevado gradiente térmico gerado.

Atualmente pode-se verificar a aplicação do *LASER* em áreas de processamento de materiais (soldagem, corte, tratamento térmico superficial, usinagem e gravação), além de: controle dimensional, medicina, odontologia, entretenimento, telecomunicações, etc.

Vantagens do corte *LASER* para a indústria: Costuma-se dizer que o "*LASER* é uma ferramenta de corte afiada e sem desgaste". Na verdade, ele é o mais avançado processo tecnológico para corte térmico, que possui como principais vantagens: alta precisão, excelente qualidade da superfície cortada, níveis mínimos de deformação, mínima zona termicamente afetada (ZTA), sangria estreita (Kerf), reduzindo perda de material, alta velocidade de corte, extrema versatilidade ao processar uma imensa variedade de materiais, sistema automatizado que possibilita o corte de figuras geométricas complexas com 2D ou 3D. Somada a estas características, a crescente evolução tecnologica tem possibilitado, nos últimos anos, a redução do custo do investimento inicial em equipamentos e o aumento da potência destes.

Materiais que podem ser processados: Uma das principais vantagens deste processo é a sua extrema versatilidade em processar diferentes materiais. Os mais comumente usados são: aços-carbono, aços galvanizados, aços inoxidáveis, alumínio e suas ligas, titânio, plásticos e acrílicos

Processo de corte *LASER*: Com o entendimento de que o *LASER* promove a fusão e evaporação de materiais em regiões muito localizadas, pode-se concluir que um processo de corte contínuo, de alta velocidade e de excelente qualidade, somente ocorrerá quando adicionar-se a este poderoso feixe de energia um jato de gás que, obviamente, seja compatível com o material a ser processado. Este gás é conhecido como gás de assistência, gás de processo; ou, ainda, gás de corte, e tem a finalidade de expulsar as partículas do material, como se estivesse "abrindo o caminho para o corte". Os gases de assistência mais comumente utilizados são o oxigênio e o nitrogênio.

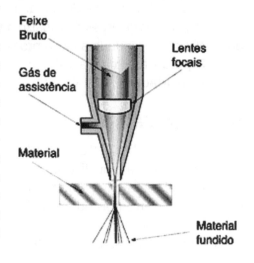

Tipos de *LASER* aplicados no processo de corte:

- ***LASER* sólido:** É concebido a partir de um meio ativo sólido. Destaque para o *LASER* "Nd:YAG", que produz potências médias relativamente baixas. Sua principal vantagem é a possibilidade de ser transmitido por fibras óticas; e sua principal limitação é a velocidade de corte mais baixa que o CO_2.

- ***LASER* a gás:** Concebido a partir de um meio ativo gasoso. O *LASER* CO_2 é o sistema de geração de feixe mais amplamente utilizado no processo de corte de materiais. Apesar de sua designação, o meio ativo é formado por uma mistura de gases geralmente composta por dióxido de carbono, nitrogênio e hélio, em percentuais variáveis que dependem da especificação de cada fabricante de equipamento. Estes são os gases conhecidos como gases *LASER*.

Capítulo 16
DESCONTINUIDADES EM JUNTAS SOLDADAS

É qualquer interrupção da estrutura típica de uma junta soldada. A existência de descontinuidades em uma junta não significa que esta seja defeituosa. Esta condição depende da aplicação a que se destina o componente e é, em geral, caracterizada pela comparação das descontinuidades observadas ou propriedades medidas com níveis estabelecidos em um código, projeto ou contrato pertinente.

16.1 Distorção

É a mudança de forma da peça soldada devido às deformações térmicas do material durante a soldagem. Podem ser controlados ou corrigidos com: projeto cuidadoso da peça ou estrutura, planejamento da sequência da deposição das soldas, projeto adequado do chanfro, adoção de técnicas especiais para a deposição da solda.

16.2 Preparação incorreta da junta

É a falha em produzir um chanfro com as dimensões ou forma especificada.

16.3 Dimensão incorreta da solda

As dimensões de uma solda são especificadas para atender os requisitos de projeto e, não estando de acordo com as exigências, são consideradas defeituosas. As dimensões de uma solda podem ser verificadas por meio de gabaritos.
Abreviações: P1, P2 = Pernas//g = Garganta.

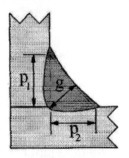
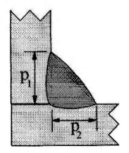

Cordão côncavo   Cordão convexo

16.4 Perfil incorreto da solda

O perfil de uma solda é importante, pois variações geométricas bruscas agem como concentrador de tensão, facilitando o aparecimento de trincas. O perfil do cordão pode também ser considerado como inadequado quando: facilitar o aprisionamento escória entre passes de soldagem, levar ao acúmulo de resíduos e, assim, prejudicar a resistência a corrosão da estrutura, fazer com que a solda tenha, em alguns locais, dimensões incorretas.

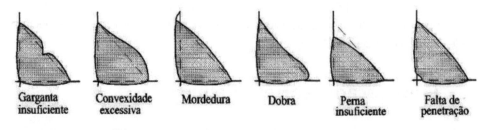

Garganta insuficiente   Convexidade excessiva   Mordedura   Dobra   Perna insuficiente   Falta de penetração

16.5 Formato incorreto da solda

O posicionamento ou dimensionamento inadequado das peças pode levar a problemas como o desalinhamento em juntas de topo.

16.6 Porosidade

É formada pela evolução de gases, na parte posterior da poça de fusão, durante a solidificação da solda. Os poros têm usualmente um formato esférico, embora poros alongados (porosidade vermiforme) possam ser formados, em geral, associados com o hidrogênio. As principais causas operacionais da formação de porosidade estão relacionadas com contaminações de sujeira, oxidação e umidade na superfície do metal de base, de consumíveis de soldagem ou no equipamento de soldagem (como no sistema de refrigeração e em roletes tracionados de arames) ou por perturbações na proteção (turbulência no gás proteção devido a uma vazão muito elevada ou a problemas no equipamento ou por efeito de correntes de ar).

Parâmetros inadequados de soldagem como corrente excessiva e um arco muito longo podem, também, causar a formação de porosidade, particularmente, na soldagem *SMAW*. Neste processo, estas condições favorecem a degradação do revestimento ou o consumo excessivo de desoxidantes, propiciando a evolução de CO na poça de fusão e a formação de porosidade.

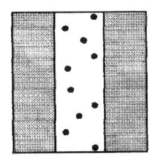
Poros distribuídos

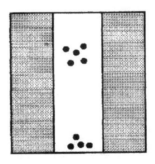
Poros agrupados

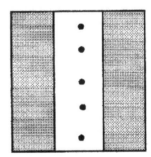
Poros alinhados

16.7 Inclusões de escória

Este termo é usado para descrever partículas de óxido e outros sólidos não metálicos aprisionados entre passes de solda ou entre a solda e o metal de base.

Em vários processos de soldagem, uma escória é formada por materiais pouco solúveis no metal fundido e que tendem a sobrenadar na superfície da poça de fusão devido a sua menor densidade. Uma manipulação inadequada do eletrodo durante a soldagem pode fazer com que parte da escória escoe à frente da poça de fusão aprisionando-o sob o cordão. Adicionalmente, na soldagem com vários passes, parte da escória depositada com um passe pode ser inadequadamente removida e não ser refundida pelo passe seguinte ficando aprisionada sob este passe. Diversos fatores podem dificultar a remoção da escória, incluindo, a formação de um cordão irregular ou uso de um chanfro muito fechado. Inclusões de escória podem favorecer a iniciação de trincas.

16.8 Falta de fusão

Refere-se à ausência de união por fusão entre passes adjacentes de solda ou entre a solda e o metal de base. É causada por um aquecimento inadequado do material sendo soldado como resultado de uma manipulação inadequada do eletrodo, do uso de uma energia de soldagem muito baixa, da soldagem em chanfros muito fechados ou, mesmo, da falta de limpeza da junta. É um concentrador de tensões severo, podendo facilitar a iniciação de trincas, além de reduzir a seção efetiva da solda para resistir a esforços mecânicos.

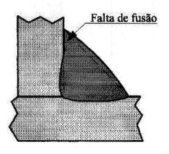

16.9 Falta de penetração

É a falha em se fundir e encher completamente a raiz da junta e é causada pela manipulação incorreta do eletrodo, um projeto inadequado da junta ou, alternativamente, a escolha de um eletrodo muito grande para um determinado chanfro e o uso de uma baixa energia de soldagem. Causa uma redução da seção útil da solda além de ser um concentrador de tensões. Logicamente para as juntas com penetração parcial, a falta de penetração, desde que mantida nos limites especificados, não é considerada como um defeito de soldagem.

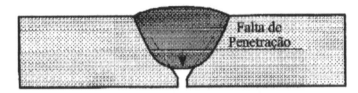

16.10 Mordedura

São reentrâncias agudas formadas pela ação da fonte de calor do arco entre um passe de solda e o metal de base ou outro passe adjacente. Quando formada na última camada do cordão, a mordedura causa uma redução da espessura da junta e atua como um concentrador de tensões. Quando formada no interior da solda, ela pode ocasionar a formação de falta de fusão ou de inclusão de escória. Mordeduras são causadas por manipulação inadequada do eletrodo, comprimento excessivo do arco e por corrente ou velocidade de soldagem elevadas. A tendência à formação desta descontinuidade depende também do tipo de consumível (eletrodo, fluxo ou gás de proteção) usado.

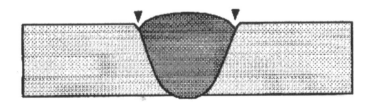

16.11 Trincas

São consideradas as descontinuidades mais graves por serem fortes concentradores de tensões. Trincas resultam da atuação de tensões de tração sobre um material incapaz de resistir a elas, em geral, devido a algum problema de fragilização. Podem se formar durante, logo após a soldagem, ou em outras operações de fabricação subsequentes a soldagem ou durante o uso do equipamento.

Capítulo 17
INSPEÇÃO DE JUNTAS SOLDADAS

17.1 Antes da soldagem

- Procedimentos e qualificações.
- Planos de fabricação e testes.
- Especificação e qualidade do metal base.
- Equipamentos de soldagem e auxiliares.
- Consumíveis de soldagem.
- Projeto e preparação das juntas.

17.2 Durante a soldagem

- Controle da montagem e ajuste das peças.
- Qualidade das soldas de ponteamento.
- Controle da distorção.
- Conformidade com procedimentos de soldagem e planos de fabricação.
- Controle da temperatura de preaquecimento e entre passes e métodos de medição.
- Manuseio e controle dos consumíveis de soldagem.
- Qualificação dos soldadores para as operações executadas.
- Limpeza entre passes e limpeza final da junta.
- Inspeção não destrutiva (exame visual e, caso necessário, outros).

17.3 Após a soldagem

- Conformidade com desenhos e especificações.
- Limpeza.
- Inspeção não destrutiva.
- Inspeção destrutiva (por exemplo, ensaios mecânicos, em amostras).
- Ensaios de operação.
- Controle de reparos.
- Controle de tratamento térmico após a soldagem e de outras operações.
- Documentação das atividades de fabricação e inspeção.

17.4 Ensaios não destrutivos (END)

- **Visual:**
  Método mais simples e utilizado. Precede qualquer outro tipo de ensaio e pode ser feito a olho nu ou com o uso de microscópios, lupas, réguas e gabaritos.

- **Líquido penetrante:**
  Usado para a revelação de descontinuidades superficiais. Baseia-se na penetração por um líquido apropriado e na sua posterior remoção pela aplicação de um material. Método simples, rápido e barato, pode ser aplicado a peças de praticamente qualquer tamanho, pode ser usado para peças únicas ou em batelada (no caso de produção seriada), tem uma grande sensibilidade para a detecção de trincas.

- **Partículas magnéticas:**
  Usado para a revelação de descontinuidades superficiais e subsuperficiais em materiais ferromagnéticos pela aplicação de um campo magnético e deposição de um pó capaz de ser atraído para as regiões em que este campo magnético escapar do interior da peça. O campo magnético pode ser aplicado pela passagem direta de uma corrente elétrica pela peça ou pela imersão desta no campo magnético gerado, em geral, por um eletroímã.

- **Ultrassom:**
  Um feixe de ultrassom é introduzido no material e as informações são obtidas com base na transmissão deste feixe através do material e na sua reflexão por interfaces e descontinuidades.

  Os ultrassons são ondas mecânicas de frequência elevada (acima da capacidade da audição humana). É usado para a inspeção do interior de peças metálicas, plásticas e cerâmicas e para a medida de espessura. Possui elevada sensibilidade e a capacidade de localizar descontinuidades com precisão. Com a técnica "pulso-eco", é necessário, para a inspeção, o acesso a apenas um lado da peça. Devido às suas características, é um método de ensaio muito adequado para a detecção de descontinuidades planares (como trincas).

- **Radiografia e gamagrafia:**
  Baseado em variações da absorção de radiação eletromagnética penetrante (raios X e gama) devidas a alterações de densidade, composição e espessura da peça sob inspeção. **A radiografia** é realizada com raios X que são gerados pelo impacto contra um alvo metálico de elétrons acelerados no vácuo por uma fonte de alta-tensão. **A gamagrafia** utiliza radiação gama resultante da reação nuclear em uma fonte de material radioativo. Como esta última não necessita de energia elétrica para a sua operação, ela é particularmente usada em inspeções no campo. Em algumas aplicações especiais, radiação corpuscular (feixes de elétrons e de nêutrons) pode ser usada. Em qualquer caso, devido aos efeitos extremamente perigosos da radiação penetrante para os seres vivos, são necessários cuidados especiais de segurança para a realização deste ensaio. Detecta a presença de descontinuidades internas e externas em metais ferrosos e não ferrosos e em materiais não metálicos e permite a obtenção de um registro permanente do resultado do ensaio. O resultado do ensaio é, em geral, registrado em filme ou, menos comumente, em telas fluorescentes.

➢ Visualização de filmes

 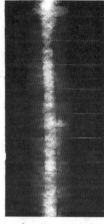 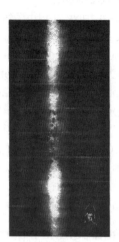

Falta de penetração   Inclusão escória   Porosidade

- **Endoscopia:**
  O ensaio com a utilização de videoendoscopia é uma técnica de inspeção visual remota, que possibilita avaliar regiões que tenham um difícil acesso e que não possam ser observadas diretamente ao olho humano. A imagem é produzida em um monitor colorido e gravada em videocassete acoplado ao equipamento, esta gravação é editada e convertida para um CD.

Capítulo 18
ACABAMENTO

18.1 Passivação

A resistência à corrosão de um aço inox depende de um filme superficial protetor (Cr_2O_3), a chamada película passiva, que o próprio aço desenvolve quando é exposto a meios oxidantes.

Para que este filme cubra completamente a superfície do aço inox e possibilite uma proteção adequada contra a corrosão, é necessário que ele se desenvolva sobre uma superfície metálica completamente limpa. A limpeza de superfície é também importante do ponto de vista higiênico.

Elevadas demandas de limpeza superficial são impostas em vários segmentos industriais, tais como nas Indústrias farmacêuticas, nuclear, cervejaria e alimentícia.

A composição química da película superficial de um material passivável é muito importante quando se considera a intensidade da passivação, os Inoxidáveis devem conter um mínimo de 12% de cromo para assegurar passivação suficiente para resistir a ataques brandos de corrosão, como, por exemplo, a ação das intempéries. Todavia, quando se faz o recozimento dos aços inox 18/8, pode-se eventualmente chegar a níveis de apenas 9-10% de cromo na película superficial, e esta perda é atribuída ao esgotamento do cromo contido do óxido e da matriz logo abaixo do óxido.

Durante o tratamento térmico, a temperatura elevada força o cromo a sair da matriz para interface óxido-matriz, por isso a camada de liga matriz se torna deficiente de cromo. O cromo que foi forçado para fora da matriz e também do óxido recentemente formado, nestas temperaturas elevadas, propaga-se constantemente para a interface óxido-gás, onde reage com o oxigênio. Isto acontece mesmo quando se usa atmosfera protetora durante o recozimento.

Por esta razão é que se utiliza decapagem eletrolítica de chapas laminadas a frio mesmo quando o recozimento é feito em atmosfera protetora, em geral a decapagem química remove apenas parcialmente a película superficial empobrecida em cromo. Consequentemente, a decapagem química gera uma superfície relativamente grosseira, tendo em vista que o tempo de dissolução da película de óxidos varia ao longo da superfície.

Além disso, o óxido formado em alta temperatura não é homogêneo em composição (provável mistura de Cr_xO_y, Fe_xO_y, Ni_xO_y), e tem uma solubilidade diferente na solução decapante, por isso algumas áreas são dissolvidas preferencialmente a outras. Quando o óxido é removido destes lugares, a solução começa a dissolver a liga matriz com evolução de hidrogênio, o qual em determinadas proporções penetra no metal.

Do ponto de vista teórico, considera-se que o aço inox consiste de muitos elementos com solubilidades diferentes na solução decapante e a superfície é um estado não potencializado e permanece como tal após o final do processo, esta superfície não potencializada é um local ideal para nucleação de corrosão, e decapagem não é capaz de restaurar a condição inicial da superfície.

Pelas razões acima, a decapagem é seguida de tratamento de passivação, a fim de tornar a superfície mais passiva, devido à dissolução preferencial de ferro durante o processo, a solução de passivação enriquece a camada mais externa em cromo. O cromo nesta camada enriquecida é oxidado a óxido de cromo iii, o qual oferece excelente resistência à corrosão de aço inox, por outro lado, a passivação não remove completamente a camada degenerada e hidratada originada durante o processo de decapagem.

18.2 Banho de decapagem

O tempo e permanência à temperatura ambiente no banho devem variar de 15 minutos até o tempo necessário para eliminar a contaminação.

- **Produtos:** Ácido sulfúrico (H_2SO_4) = 10% // Cloreto de sódio (NaCl) = 4% // Água = restante

18.3 Banho de passivação

Deixar a peça no máximo 15 minutos no banho e tomar cuidados para que o tempo não seja ultrapassado demasiadamente, pois este banho pode atacar a superfície do material. Não devem ser passivadas as peças em material que não tenha molibdênio (por exemplo *AISI* 304).

- **Produtos:** Ácido nítrico (HNO_3) = 15 a 20% // Água = restante
- **Pastas:** Os produtos disponíveis que atendem os requisitos: Soldix nuclear (fornecedor UNICHEMICALS) e gel decapante Avesta (fornecedor AXELCHEMIE).

18.4 Teste de contaminação

Misturar os componentes e vaporizar a solução sobre a superfície a ser testada com auxílio de um vaporizador (do tipo utilizado em plantas domésticas). A solução apresenta uma cor âmbar, no caso de existir qualquer contaminação a solução torna-se azul. Após 30 segundos, a solução deve ser completamente eliminada da superfície do material. A solução permanecendo por mais tempo causará manchas no material. Pode-se utilizar o produto pronto de fabricantes específicos (por exemplo: Ferroxil da Axel Chemicals), neste caso o mesmo deve ser testado anteriormente em uma peça que mostre contaminação visível.

- **Produto:** Ferrocianeto de potássio = 30g // Ácido nítrico concentrado P. A. = $30cm^3$ // Água destilada = 1litro // Detergente = 3 gotas.

18.5 Lixamento e polimento

Corrosão prematura, ancoramento de produtos, contaminação bacteriológica e contaminação cruzada estão diretamente relacionados com a realização de um tratamento de superfície inadequado. O pré-requisito básico para se obter um resultado aceitável quando se está utilizando aços inoxidáveis consiste em obedecer na íntegra às instruções relativas aos cuidados no manuseio e aplicação de um tratamento de superfície adequado ao uso.

As superfícies por mais perfeitas que sejam apresentam particularidades decorrentes de: lixamento, polimento, torneamento, fresamento, retífica, etc. Estes processos apresentam um conjunto de irregularidades, com espaçamento regular ou irregular e que tendem a formar um padrão ou textura característica em sua extensão, podendo ser analisadas segundo suas características químicas e mecânicas (composição, dureza, tensões) e suas características geométricas (desvios de medida, de posição, de forma, ondulação, rugosidade). É impossível produzir superfícies perfeitas.

Em equipamentos fabricados em aço inoxidável, normalmente, é realizada uma operação de lixamento manual ou mecânico, que consiste no trabalho efetuado com abrasivos específicos para este fim (discos, rodas, folhas ou cintas de lixa), variando desde granas próximas a 36 até próximas a 400, que produzem na superfície uma textura rugosa composta de picos e vales (sulcos superficiais), geralmente realizado para uniformizar a superfície, suavizar costuras de solda ou eliminar o próprio cordão e alcançar apropriadas tolerâncias dimensionais. É comum para o usuário destes equipamentos especificar o número da grana, geralmente na faixa do n° 80 ao n° 240 (o qual indica o número de riscos por polegada linear).

Quando requerido, o lixamento é seguido de polimento mecânico, que consiste no trabalho realizado com pastas ou massas abrasivas, aplicadas à superfície com rodas de pano, feltro ou material similar, variando desde grana 320 até próxima a 1.000 que produzem nesta um aspecto espelhado em função do trabalho de tombamento dos picos superficiais, originando uma aparência brilhante e reflexiva.

Raramente, são seguidas as recomendações do fabricante do aço inox para realizar um tratamento químico posterior (desengraxamento, decapagem e passivação), pois frequentemente é dada maior importância à aparência do material do que ao seu desempenho.

Normalmente as superfícies lixadas ou eventualmente polidas mecanicamente resultam em problemas e ocorrências superficiais, como segue:

- As tensões de tração, que são criadas na camada superficial do material, através do trabalho a frio, decorrente do lixamento ou polimento mecânico, estabelecem grandes tensões superficiais, as quais podem propiciar a corrosão acelerada da superfície ou torná-la de difícil limpeza, se os contaminantes não forem totalmente solúveis, além de originar corrosão sob tensão fraturante caso o material seja exposto ao meio contendo halogênios (cloretos).

- O resultado de superfícies lixadas está diretamente associado à rugosidade que o tratamento gera, podendo nestas superfícies ocorrer aderência e incrustação de produtos, que resulta nos componentes e equipamentos industriais, decréscimos de vazão, baixa transmissão de calor e, principalmente, perda total de carga de produtos em função de contaminação bacteriológica e cruzada. Em função destes problemas de incrustação os custos de manutenção acabam sendo elevados, pois as paradas para limpeza são mais constantes, fazendo com que o rendimento do sistema diminua consideravelmente.

Acabamento 435

- A área superficial absoluta é largamente aumentada, este aumento de área possibilita a preferência de depósitos de contaminação ocasionando vários problemas, entre eles a pirógena, além de favorecer uma maior possibilidade de corrosão acelerada, já que a área de contato com os prováveis produtos agressivos tem acréscimo de cerca de 80% em relação à área efetiva.
- Como a operação de lixamento de uma superfície é onerosa, geralmente ela não é repetida tantas vezes quantas necessárias para alcançar o fundo do perfil superficial original. Portanto, o resultado é uma superfície aparentemente boa onde o nivelamento e o seu brilho é conseguido graças ao polimento mecânico, que faz com que haja o tombamento dos picos, porém, esta sobreposição de material resulta nas chamadas microbolsas de polimento mecânico. Estas microbolsas tendem a armazenar impurezas, incluindo lubrificantes de polimento (óleo, grafite, cera parafínica) e partículas dos materiais abrasivos (silicatos), onde tais substâncias podem vir à tona no futuro, originando condições para o desenvolvimento de colônias de bactérias, possibilitando contaminação bacteriológica e cruzada, quando os componentes estiverem em serviço. Além disso, a superfície fica engordurada, podendo interagir com o produto ou agir como isolante entre o meio e esta, o que impede sua autopassivação, podendo em função disso causar graves problemas de corrosão, caso tais superfícies venham a ter contato com produtos agressivos.
- Como se pode observar, o acabamento mecânico de uma superfície melhora o nivelamento superficial atendendo os requisitos de lisura, brilho e aspectos dimensionais, todavia não elimina os problemas mencionados, portanto, superfícies obtidas pelo processo mecânico serão aparentemente satisfatórias, porém, não atenderão as elevadas demandas de limpeza e sanitariedade requeridas nas Indústrias de processo.

18.6 Sanitariedade

A disponibilidade de componentes e equipamentos industriais para uso em sistemas com exigências de alta sanitariedade dependem de dois fatores: a construção com concepção sanitária (*ASME BPE – GMP*) e ao mesmo tempo a superfície com acabamento sanitário.

Normalmente a construção com concepção sanitária envolve equipamentos que em uma primeira etapa possam ser desmontados com facilidade e permi-

436 Prontuário para Projeto e Fabricação de Equipamentos Industriais

tam uma limpeza rápida, e ainda não possuam em sua geometria regiões que possam reter produtos em macroescala, pois nesses casos torna-se necessário realizar limpezas periódicas com maior frequência, o que causa perdas de produção, com elevação dos custos de produção. Quando se especifica um acabamento de superfície como sendo sanitário, tais superfícies não devem, se possível, transferir quaisquer substâncias para o meio (produto) e por outro lado nenhuma partícula ou produto (do meio) deve aderir a estas superfícies, nem reagir com substâncias dos arredores.

18.7 Eletropolimento

Este processo consiste na remoção de material sem danificar a superfície, originando um nivelamento uniforme das saliências, o que permite a obtenção de um lustro superficial de elevado nível, além disso, remove metal da superfície de trabalho sem transformação mecânica, térmica ou química, eliminando as camadas danificadas mecanicamente, permitindo ainda que as propriedades originais do material sejam completamente restabelecidas.

- **Conceito:** Processo de corrosão eletrolítica controlada, obtida através da passagem de corrente elétrica retificada entre um catodo e a peça (anodo) através de um eletrólito, a qual provoca o nivelamento e o brilho da superfície metálica pela remoção dos picos e riscos superficiais.

- **Efeitos:** A forma e estrutura das superfícies de aços inoxidáveis são principalmente alteradas pelo eletropolimento em microescala. Toda a rugosidade e linhas de fissuras na estrutura são aplainadas e removidas. Há semelhantes valores de índice de rugosidade, a superfície eletropolida mostra em comparação com uma superfície mecanicamente produzida uma redução da real expansão de aproximadamente 80%, a qual leva a uma redução correspondente de interações com os arredores. Em microescala, a superfície fica plana e isenta de rugosidade, em macroescala ela mostra certa ondulação residual dependendo da estrutura em sua condição inicial. Ao mesmo tempo é livre de rebarbas, buracos, dobras e resíduos de material, o que elimina por definitivo os problemas de incrustação e aderência de produtos nas paredes internas dos equipamentos nas indústrias de processo.

Acabamento

- **Cuidados após eletropolimento:** O uso de métodos convencionais, tais como a limpeza mecânica, danificam a superfície tratada; além disso, os produtos químicos normalmente utilizados são dispensáveis, já que tais superfícies possuem alta pureza e sanitariedade, permitindo que a limpeza seja efetuada com hidrojato e auxiliada de esponjas macias ou espátulas de plástico quando o produto possuir características de alta aderência.

- **Vantagens em relação ao polimento mecânico:** Um acabamento superficial que atende às elevadas demandas de limpeza e sanitariedade normalmente exigidas nas Indústrias alimentícias, farmacêuticas e afins.
  - ✓ Elevada resistência à corrosão, principalmente as do tipo localizada como pite, fresta sob tensão e sob fadiga.
  - ✓ Menor tendência à formação de incrustações, o que faz com que as limpezas periódicas de um lado de componentes ou equipamento industrial sejam muito menos frequentes e, consequentemente, se tenha menores custos de manutenção e aumento no seu desempenho.
  - ✓ As superfícies são metalicamente limpas, lisas e livres de fadiga, tensões superficiais e fissuras microscópicas.
  - ✓ As superfícies são minimizadas em relação a sua área absoluta, quimicamente passivas, livres de rebarbas, fragmentos, partículas e absorções de gases, sendo brilhantes e decorativas.
  - ✓ Estas qualidades tornam o aço inoxidável eletropolido adequado para aplicações nas indústrias alimentícia, cervejeira, farmacêutica, nuclear, papel e celulose e processos químicos em geral.

- **Tabela de rugosidade**

ACABAMENTO	RA(µm)	RMS	RA(µ'')
Laminado Quente	2,00 – 2,60	92 – 120	80 – 104
Lixamento Mecânico GR50	1,02 – 1,30-	47 – 60	41 – 52
Lixamento Mecânico GR80	0,67 – 0,80-	31 – 37	27 – 32
Lixamento Mecânico GR120	0,42 – 0,50-	19 – 23	17 – 20
Lixamento Mecânico GR 150	0,40 – 0,47	18 – 22	16 – 19
Lixamento Mecânico GR 180	0,35 – 0,42-	16 – 19	14 – 17
Lixamento Mecânico GR 220	0,27 – 0,32-	12 – 15	11 – 13
Lixamento Mecânico GR 320	0,23 – 0,27-	10,5 – 12,5	9 – 11
Laminado a Frio (2B)	0,10 – 0,20	5 – 9	4 – 8

18.8 Zincagem ou galvanização a fogo

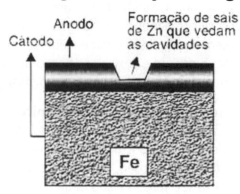
Revestimento Anódico

Pesquisas demonstram que a corrosão é a principal responsável pela grande perda de ferro no mundo. Entre os processos de proteção já desenvolvidos, um dos mais antigos e bem-sucedidos é a zincagem por imersão a quente ou, como é mais conhecida, galvanização a fogo.

Em 1741, o químico francês Melouin descobriu que o recobrimento de zinco poderia proteger o aço da corrosão. Em 1837, o engenheiro Sorel patenteou a galvanização a fogo utilizando o termo galvanização (do nome de Luigi Galvani, 1737-1798, um dos primeiros cientistas interessados na eletricidade) porque é a corrente galvânica que protege o aço. Ela se denomina desta maneira porque quando o aço e o zinco entram em contato em um meio úmido é criada uma diferença de potencial elétrico entre os metais.

Assim, o principal objetivo da galvanização a fogo é impedir o contato do material base, o aço (liga ferro carbono), com o meio corrosivo. Como o zinco é mais anódico do que o elemento ferro na série galvânica, é ele que se corrói, originando a proteção catódica, ou seja, o zinco se sacrifica para proteger o ferro.

Mesmo que uma pequena área fique exposta, o metal base não sofre os efeitos da corrosão, pois, sendo o zinco anódico, ele aumentará sua taxa de corrosão protegendo catodicamente a área descoberta.

A zincagem por imersão a quente tem seu processo perfeitamente definido, sendo basicamente o mesmo para qualquer produto, podendo variar na espessura de camada, dependendo da geometria da peça, composição química do material base (aço).

Acabamento

Espessura do revestimento de zinco exigido pela norma ABNT NBR 6323

MATERIAL	Massa mínima por unidade de área (g/m²)		Espessura mínima equivalente do revestimento (um)	
	Amostra individual	Média das amostras	Amostra individual	Média das amostras
Fundidos	660	600	77	85
Conformados mecanicamente				
e < 1,0mm	300	350	42	49
1,0 mm $\leq$ e < 3,0 mm	350	400	49	56
3,0 mm $\leq$ e < 6,0 mm	450	500	63	70
e $\geq$ 6,0	530	600	74	

18.9 Pintura

18.9.1 Graus de oxidação

A norma sueca *SIS*-05.5900 classifica da seguinte maneira os graus de oxidação de uma superfície de aço:

- **Grau A** – Superfície de aço com carepa de laminação intacta em toda a superfície e praticamente sem corrosão.
- **Grau B** – Superfície de aço com princípio de corrosão e com início de desprendimento de carepa de laminação.
- **Grau C** – Superfície de aço, onde a carepa de laminação foi eliminada pela corrosão sem que haja formação de cavidades no substrato.
- **Grau D** – Superfície de aço onde a carepa de laminação foi eliminada pela corrosão e apresenta formação de cavidades no substrato.

18.9.2 Limpezas de superfície

- Limpeza por meio de lixas, espátulas, etc.
- Limpeza com ferramentas mecânicas manuais.
- Limpeza com solventes.
- Limpeza com jato d'água.
- Jateamento abrasivo ao metal quase branco grau Sa 2½.
- Este grau de limpeza de superfície remove quase totalmente os produtos de corrosão. Após o jateamento, a superfície deverá apresentar coloração cinza-claro com leves sombras.
- Jateamento ao metal branco Sa3.

Prontuário para Projeto e Fabricação de Equipamentos Industriais

- Este grau de limpeza remove toda e qualquer impureza da superfície, deixando-a completamente limpa. Após o jateamento, a superfície deverá apresentar aspecto metálico e uniforme, coloração cinza-claro e completamente sem manchas. Este é considerado o maior estado de limpeza e será utilizado somente em caráter especial, quando o revestimento assim o exigir em forma de aderência.

18.9.3 Recomendações básicas para um sistema de pintura industrial

- A superfície deve estar totalmente limpa, isenta de óleo, graxa e de produtos de corrosão.
- Deve-se evitar qualquer tipo de contaminação de superfície limpa.
- Não se deve aplicar a tinta sobre superfície úmida e/ou molhada.
- Não se deve aplicar a tinta sobre a superfície com temperatura inferior a $10^{\circ}C$.
- Não se deve aplicar a tinta quando a umidade relativa do ar for superior a 85% ou em dias chuvosos.
- Não se deve aplicar a tinta sobre a superfície cuja temperatura desta seja superior a $52^{\circ}C$.
- Aplicar as demãos subsequentes somente quando as anteriores estiverem convenientemente secas.
- Em todas as demãos de tinta deverão ser feitos recortes à trincha em cordões de solda, cantos, fendas, etc.
- As superfícies usinadas de flange e conexões devem estar protegidas do jateamento abrasivo e pintura por meio de um tampo de madeira ou pelo envolvimento de uma lona plástica.
- Em equipamentos, tubulações e estruturas que serão submetidos a solda na montagem deve ser deixada uma faixa de 5cm sem pintura.

18.9.4 Três exemplos de sistemas de pintura

- **Tubulações e equipamentos com temperatura de trabalho de até +70°C (isolados e não isolados) e estruturas metálicas não galvanizadas:**
  - ✓ **Preparo da superfície:** Jateamento abrasivo ao metal quase branco, padrão Sa 2½.
  - ✓ **Pintura de fundo:** Uma demão de tinta etilsilicato de zinco, padrão Petrobras N 1661, espessura = 40µm.

Acabamento

✓ **Pintura de acabamento:** Uma demão de tinta epoximastic modificado, padrão Petrobras N 2288 alumíno, espessura = 100µm.
Uma demão de tinta epóxi poliamida modificado, padrão Petrobras N 1198 tipo II, espessura = 40µm.
Uma demão de tinta poliuretano alifático, padrão Petrobras N 1342, espessura = 40µm.

- **Tubulações e equipamentos com temperatura de trabalho de até +71°C e 150°C (isolados e não isolados):**
  ✓ **Preparo da superfície:** Jateamento abrasivo ao metal quase branco, padrão Sa 2½, conforme norma sueca *SIS* 05.5900.
  ✓ **Pintura de fundo e de acabamento:** Duas demãos de tinta epóxi alta espessura pigmentado com alumínio e óxido de ferro micáceo lamelar, espessura = 100µm por demão.

- **Tubulações e equipamentos com temperatura de trabalho de até +150°C e 540°C (isolados e não isolados):**
  ✓ **Preparo da superfície:** Jateamento abrasivo ao metal quase branco, padrão Sa 3.
  ✓ **Pintura de fundo e de acabamento:** Duas demãos de tinta alumínio silicone para alta temperatura com secagem por umidade, não necessitando aquecimento, espessura = 25 µm por demão.

Nota

Normalmente os sistemas de pintura são desenvolvidos pelos clientes, que têm o conhecimento de todas as condições onde o equipamento será instalado. Quando não for especificado, a caldeiraria deve adotar um sistema e informar ainda na fase de orçamento, deixando a cargo dos clientes sua aprovação ou reprovação.

18.9.5 Tipos de tintas (ref. Sumaré)

- **Etilsilicato de zinco:**

Recomendada como tintas de fundo em sistemas de pintura expostos a ambientes marítimos ou a altas temperaturas (até 400°C). Protegem o aço-carbono e evitam a progressão de corrosão sob a película nas áreas afetadas por danos mecânicos.

• Epóxi:

Os mais utilizados na proteção anticorrosiva, em função de sua resistência a umidade, solventes e soluções ácidas ou alcalinas.

Indicados para proteção de aço-carbono, concreto e, com *primer* adequado, de aço galvanizado, bem como de outras superfícies sujeitas a ambientes de média ou alta agressividade.

• Epóxi alcatrão:

Revestimento de alta resistência química e à umidade. Caracteriza-se também por sua excelente resistência à abrasão.

• Fenólicas:

Têm seu uso indicado para áreas específicas da indústria onde haja necessidade de alta dureza e grande resistência química e mecânica.

• Poliuretanos:

Asseguram a melhor retenção de cor e brilho quando expostos ao intemperismo, em função de sua resistência à radiação ultravioleta dos raios solares. Utilizados para acabamento, em conjunto com os revestimentos epóxi, em sistemas de pintura expostos a ambientes de alta umidade ou ambientes industriais.

• Alquídicos:

Recomendamos para superfícies expostas em ambientes de média e baixa agressividade.

• Acrílicos:

Os polímeros acrílicos oferecem excelente resistência ao intemperismo sem perder a cor. Proporcionam ainda grande retenção de brilho e boa flexibilidade.

• Tintas de silicone:

São utilizadas na pintura de chaminés, caldeiras, tubulações quentes ou outras superfícies que trabalhem com temperatura entre 180°C e 550°C.

Para se obter bom desempenho de pinturas que trabalham com altas temperaturas, é necessário o jateamento da superfície e a aplicação de um *primer* à base de etilsilicato de zinco.

- **Tintas de silicato:**

São tintas para alta temperatura que não necessitam de pré-cura, pois sua cura é realizada pela reação do silicato com a umidade do ar a temperatura ambiente.

18.9.6 Equivalências de tintas

ÍNDICE DE EQUIVALÊNCIA

PRODUTOS SUMARÉ QUE ATENDEM ÀS ESPECIFICAÇÕES PETROBRAS, SIDERBRÁS E USIMINAS.

PETROBRAS	SIDERBRÁS	USIMINAS	NOME DO PRODUTO
N-1194F	-	-	ZINC CLAD XI WB BR
N-1195G TIPO I	-	-	SUMADUR 195 TIPO I
N-1195G TIPO II	-	-	SUMADUR 195 TIPO II
N-1196F	-	-	SUMADUR 196
N-1197D	SB-40	-	SUMACRIL 197
N-1198F TIPO I	SB-10	-	SUMADUR 198 I
N-1198F TIPO II	-	-	SUMADUR 198 II
N-1202F	SB-6	NCU-0187a	SUMADUR 120
N-1211E	-	-	SUMADUR 125
N-1228D TIPO I	SB-77	-	ADMIRAL PRIMER 528
N-1228D TIPO II	SB-77	-	ADMIRAL PRIMER 529
N-1232E	-	-	ADMIRAL ESMALTE S/B
N-1233C	-	-	SUMACROM 233
N-1259E	SB-38	NCU-0181a	ADMIRAL 259
N-1261E	SB-4	NCU-0130b	SUMACLAD 261
N-1265F	SB-25	NCU-0133a	SUMASTIC 265
N-1277B	-	-	SUMAZINC 278
N-1342	-	-	SUMATANE 342
N-1349D	-	-	SUMADUR 121
N-1585	SB-53	NCU-0129a	SUMADUR 293 SHOP PRIMER
N-1657B	-	-	SUMADUR 122
N-1661F	-	NCU-0135a	ZINC CLAD 61 BR
N-1761D	SB-202	NCU-201	SUMASTIC 266
N-1850B	SB-47	-	SUMADUR 124
N-2198B	SB-54	NCU-0182a	SUMADUR SP 530
N-2231B	-	NCU-200	SUMATERM 3951
N-2288C	-	-	SUMASTIC 228 AR
-	SB-67	-	ZINC CLAD II BR
-	SB-55	NCU-0142a	SUMADUR 123 II
-	SB-76	NCU-0131a	SUMADUR 123 I
-	SB-7	NCU-0132a	SUMADUR 126
N-2492A	-	-	ADMIRAL ESMALTE
N-2628	-	-	SUMADUR 628
N-2629	-	-	SUMADUR 629
N-2630	-	-	SUMADUR 630

Revisão de 11/2001. Substitui a de 7/00.

RENNER HERRMANN S.A.
Divisão Marítima e Manutenção Industrial

NORMAS PETROBRAS

PETROBRAS	CÓDIGO A	CÓDIGO B	PRODUTO	BT
N-1194	594.0938	890.2300	Rezinc SAZ 594	1265
N-1195 G tipo I	635	835.0900	Revran FHB 635	0536
N-1195 G tipo II	625	825.0600	Revran FHB 625	0555
N-1197 D	683	-	Rekokril FSB 683	0101
N-1198 F tipo I	630	830.0720	Revran FBR 630	0535
N-1198 F tipo II	620	820.0401	Revran FBR 620	0554
N-1198 F tipo II	620.0900	Tricomp.	Revran TRI 620	1601
N-1202 F	520.0495	820.0400	Revran TLS 520	0521
N-1211 E	528.0493	820.0800	Revran PLB 528	0522
N-1228 D tipo II	500.0490	-	Rekomar ZAR 500 tipo II	0204
N-1228 D tipo I	500.0299	-	Rekomar ZAR 500 tipo I	0203
N-1232 E	604	-	Rekomar FSB 604	0210
N-1233 C	500.0499	-	Rekomar PLB 500	0201
N-1259 E	691.0900	859.0500	Rekofen FAL 691	0746
N-1261 E	588.0799	888.0720	Rekovin PWB 588	1056
N-1265 F	220.0990	828.0900	Rekotar DHS 220	0844
N-1277 B	524.0940	822.9404	Rezinc PRZ 524	1263
N-1342	640	840.0720	Rethane FBR 640	0847
N-1349 D	530.0490	830.0500	Revran PLB 530	0553
N-1514 tipo I	680.0799	-	Rekosil FIT 680	0953
N-1514 tipo II	680.0599	-	Rekosil FIT 680	0952
N-1585	520.0496	820.3800	Revran SPN 520	0520
N-1661 F	595.0936	890.2800	Rezinc ESZ 595	1267
N-1661 F	597.0939	890.1436	Rezinc EPD 597	1270
N-1761 D	231.0849 (Marrom) 231.0990 (Preto)	834.0720	Rekotar ARA 231	0645
N-1850	520.0485	825.0720	Revran PFZ 520	0509
N-2198 B	540.0495	840.0225	Revran PAA 540	0532
N-2231 B	596.0919	890.1150	Rezinc ART 596	1268
N-2288 C	535.0920	831.3600	Oxibar DAL 535	0527
N-2492 A	600	-	Rekomar FBR 600	0220
N- 2628	629	825.0900	Revran FHS 629	0584
N- 2629	998.0149 (Branco) 998.0700 (Verde)	898.0900	Revran ARQ 998	2100
N- 2630	528.0100 (Branco) 528.0412 (Verm. Óxido) 528.0300 (Cinza)	825.0900	Revran PHZ 528	0583

Capítulo 19
TRANSPORTE

É o final, no entanto, deve ser a primeira coisa a ser pensada, ainda, na fase de orçamento. Nos casos em que os equipamentos ultrapassarem os limites, transporta-se as partes e a montagem é feita no campo.

19.1 Visualização

NEXTRANS TRANSPORTES
Guarulhos, 14 de Dezembro de 2009.
ISO 9001

Impressão e acabamento
Imprensa da Fé